Martha Gellhorn war ihr Leben lang süchtig nach dem Reisen. In ›Reisen mit mir und einem Anderen‹ erzählt sie von ihren fünf Höllenfahrten, Reisen nach China und Afrika, in die Karibik, nach Russland und Israel, die gründlich anders verlaufen als geplant. Kaum hat sie den sogenannten unwilligen Begleiter, ihren damaligen Ehemann Ernest Hemingway, etwa überredet, mit ihr nach China zu reisen, wo dieser keineswegs hin will, entpuppt sich die Fahrt als absolute Schreckensreise. Doch was soll's, Marthas Credo lautet: »Egal, wie grauenhaft die letzte Reise auch war, wir geben niemals die Hoffnung auf, dass es bei der nächsten klappt.«

»Eines der besten Reisebücher der Welt … Immer geht schief, was schiefgehen kann, und Martha Gellhorn gibt alles zu. Scharfzüngig, witzig, selbstironisch.«

Antje Deistler, WDR 2

Martha Gellhorn, 1908 in St. Louis/Missouri geboren, war Autorin, Essayistin, Reise- und Kriegsreporterin. Sie studierte in Bryn Mawr, ging 1930 nach Paris. 1937 folgte sie Ernest Hemingway in den Spanischen Bürgerkrieg. Bis zum Ende des Kalten Krieges war sie bei jedem wichtigen internationalen Konflikt dabei, um als Reporterin darüber zu berichten. Martha Gellhorn starb 1998 im Alter von 90 Jahren in London. Bei Fischer Taschenbuch liegt bereits ihr Erzählungsband ›Paare‹ vor.

Weitere Informationen finden Sie auf www.fischerverlage.de

Martha Gellhorn

Reisen mit mir und einem Anderen

Fünf Höllenfahrten

Aus dem Englischen von
Herwart Rosemann

Mit einem Nachwort von
Sigrid Löffler

FISCHER Klassik

Für Diana Cooper in beständiger Liebe

MIX
Papier aus verantwortungsvollen Quellen
FSC® C014496

Erschienen bei FISCHER Taschenbuch
Frankfurt am Main, November 2018

Die Originalausgabe erschien 1978 unter dem Titel
›Travels with Myself and Another‹ bei Eland Books, London

Für die deutschsprachige Ausgabe:
Lizenzausgabe mit freundlicher Genehmigung des

Überarbeitete Übersetzung

Druck und Bindung: GGP Media GmbH, Pößneck
Printed in Germany
ISBN: 978-3-596-90704-5

Martha Gellhorn

Inhalt

Der gute Reisende weiß nicht, wo er hingeht.
Der große Reisende weiß nicht, wo er gewesen ist.

Chuang Tzu

Spring, bevor du schaust.

Alte slawische Volksweisheit

Oh, S., die Sehenswürdigkeiten sind schlimmer als die Reisen.

Sybille Bedford, Zu Besuch bei Don Otavio

Einleitung

Wir können nicht alle ein Marco Polo oder eine Freya Stark sein, aber dennoch sind Millionen von uns Reisende. Die großen Reisenden von einst und jetzt gehören zu einer eigenen, unerreichbaren Klasse, sind Reisende aus Profession. Wir sind Amateure, und wenn wir auch mal stolze Zeiten erleben, wir werden müde, unsere Lebensgeister schwinden, Groll steigt in uns auf. Wer hat nicht im Verlauf einer Reise schon Sätze gehört, empfunden, gedacht oder ausgesprochen wie: »Haben sie schon wieder das Gepäck verloren, um Gottes willen?« – »Sie meinen, wir sind bis hierher gekommen, um das zu sehen?« – »Warum müssen die denn so verdammt viel Lärm machen?« – »Dies soll ein Zimmer mit Ausblick sein?« – »Ich schlage ihm lieber die Zähne ein, als ihm ein Trinkgeld zu geben.«

Aber wir bleiben standhaft und tun unser Bestes, die Welt kennenzulernen, und wir kommen herum. Wir fahren überallhin. Bei unserer Rückkehr hört sich niemand bereitwillig unsere Reisegeschichten an. »Wie war die Reise?« sagen sie. »Wunderbar«, sagen wir. »In Tbilissi sah ich …« Schon werden Augen glasig. Sobald es die Höflichkeit erlaubt oder gar noch früher, dreht sich die Unterhaltung wieder um das Neuste am Platz, um Tratsch, um den letzten politischen Exzeß, wer was gelesen hat, die Glotze von gestern abend. Die Leute reden lieber vom Wetter, als sich unsere glühenden Berichte über Kopenhagen, den Grand Canyon, Katmandu anzuhören.

Der einzige Aspekt unserer Reisen, der garantiert Zuhörer findet, ist das Unglück. »An der großen Pyramide hat dich das Kamel abgeworfen, und du hast dir ein Bein gebrochen? Du hast den Taschendieb durch die Galerie und ganz Neapel gejagt, und alle deine Reiseschecks und dein Reisepaß waren weg? Eingeschlossen und vergessen in einer Sauna in Viipuri? Ptomainvergiftung, weil du Augen vom Schaf auf einem Drusen-Fest gegessen hast?« Das hört man gern. Alle können es kaum erwarten, daß wir mit Erzählen aufhören, damit sie ihre eigenen Leidensgeschichten aus fremden Ländern auftischen können. Wir hegen und pflegen unsere Unglücksfälle, das ist klar, und hier haben wir nun eines den großen Reisenden voraus: Sie, die alle erdenklichen, eindrucksvollen Qualifikationen für den Job haben, leiden an Späßen echten Mangel.

Ich lese kaum Reisebücher, ich reise lieber. Und so ist dieses auch kein richtiges Reisebuch. Damit Sie wissen, daß ich weiß, wovon ich rede, stelle ich mich erst einmal mit meinem »Reisezeugnis« vor. Danach wird das Buch zum Bericht über meine besten Schreckensreisen, aus einer umfangreichen Sammlung ausgewählt und mit Hingabe erinnert, jetzt, da sie vorüber sind. Alle Amateurreisenden haben solche Schreckensreisen erlebt, lange oder kurze, früher oder später, in dieser oder jener Weise. Als Forscher in Sachen Unglück stelle ich fest, daß wir auf unsere Pein alle gleich reagieren: abgekämpft und verbittert für den Augenblick, stolz danach. Nichts ist besser für die Selbstachtung als das Überleben.

Zum Reisen braucht man inzwischen ziemliches Durchhaltevermögen, und mit jedem Tag wird's schlimmer. Erinnern Sie sich an die alten Tage, als es noch Gepäckträger gab und keine Luftpiraten? Erinnern Sie sich daran, daß Hotels gebaut und fertig waren, ehe man hinkam? Erinnern Sie sich, daß die Gewerkschaften nicht gerade an Ihrem Ankunfts- oder Abreiseort streikten? Erinnern Sie sich, daß wir großzügige Portionen Butter und Marmelade zum Frühstück bekamen und nicht nur diese kleinen Cellophan- und Pappbehälter? Erinnern Sie sich daran, daß das Wetter zuverlässig war? Erinnern Sie sich, daß man seine Reise nicht wie eine militärische Operation planen und im voraus buchen mußte, einschließlich Vorauszahlung? Erinnern Sie sich an ein sauberes Mittelmeer? Erinnern Sie sich, daß man ein Mensch, nicht ein Schaf war, eingesperrt in Flughäfen, Bahnhöfen, Skilifts, Kinos, Museen, Restaurants unter anderen Schafen? Erinnern Sie sich noch, daß man wußte, was das eigene Geld in anderen Währungen wert war? Erinnern Sie sich, daß Sie vertrauensvoll daran glaubten, alles würde gutgehen, und nicht etwa, es wäre ein Wunder, wenn nicht alles schiefliefe?

Wir sind keine Helden wie die großen Reisenden, aber wohl gerade deshalb sind wir Amateure ein ziemlich zäher Menschenschlag. Egal, wie grauenhaft die letzte Reise auch war, wir geben niemals die Hoffnung auf, daß es bei der nächsten klappt. Gott weiß, warum.

I

Mein Reisezeugnis

Die Idee zu diesem Buch packte mich, als ich auf einem kleinen, verkommenen Strand am Westzipfel Kretas saß, umgeben von einem leckgeschlagenen Schuh und einem verrosteten Nachttopf. Um mich herum: der Abfall unserer Spezies. Ich hatte das niederschmetternde Gefühl, daß ich mit dieser Art Zeitvertreib mein Leben verbrachte und meine Tage sehr wohl hier zu Ende gehen könnten. Tiefschwarze Nacht in der Seele des Reisenden, es kann einem überall jederzeit passieren.

Niemand erwähnte diese Abfallgrube, niemand empfahl sie mir. Ich fand sie ganz ohne Hilfe, als ich auf dem billigen Nachtflug nach Heraklion eine Landkarte studierte. Sehr selbstzufrieden zudem, weil ich so praktisch geworden war. Denn ehe ich ins Unbekannte sprang, telefonierte ich, man höre und staune, mit dem griechischen Reisebüro in London, erhielt eine Karte von Kreta, eine Hotelliste und den üblichen Reise-Schmonzes in der üblichen rosaroten Prosa. Lesestoff fürs Flugzeug.

Weit weg und einsam in einer Bucht lag ein Ort namens Kastelli mit einem Zwei-Sterne-Hotel. Genau das richtige. Abseits von ausgelatschten Pfaden war das Hotel sicher eine hübsche, kleine Taverne, sauber und ohne fließendes Wasser, mit einer Trauben-Pergola. Ich stellte mir Kastelli als ein unverdorbenes Fischerdorf mit Häusern wie Würfelzucker vor, zusammengedrängt an einem goldenen Strand. Den ganzen Tag lang wollte ich in herrlichem Wasser schwimmen, das war Zweck der Reise. Abends tränke ich Ouzo in der Trauben-Pergola und sähe den Fischern zu, die herumschlurften wie Zorba bei Mondschein.

Von Heraklion nach Kastelli zu kommen, mit drei Bussen, dauerte so lange wie von London nach New York mit dem Jumbo-Jet. In allen Bussen dudelte arabisch klingende Musik. Kastelli besaß zwei Straßen mit gedrungenen Betonhäusern und Geschäften. Die Ägäis war nicht in Sicht. Das Zwei-Sterne-Hotel war ein dreistöckiger Betonklotz, mein Zimmer eine Art Abstellraum mit der vollen Ausstattung an toten Fliegen, zerquetschten Mücken an den Wänden und haarigen Staubballen, die über den Boden wehten. Die Bevölkerung von Kastelli schien, nicht ganz überraschend, in sprachlosem Brüten versunken zu sein, genauso wie der Besitzer des Zwei-Sterne-Hotels, in welchem ich, wiederum nicht überraschend, der einzige Gast war. Auf eine Seite des Postamts, meinem Zimmer gegenüber, hatte ein politisch Begeisterter einen großen schwarzen Slogan gemalt. *Amerikanoi* hieß das erste Wort, und ich brauchte wahrlich kein Griechisch, um zu wissen, daß es *Yankee go home* hieß. Ich konnte es natürlich kaum erwarten, dem nachzukommen, bereitwilligst – worauf Sie sich verlassen können. Aber es gab dazu bis zum Nachmittagsbus des nächsten Tages keine Möglichkeit.

Ich hatte beachtliche Anstrengungen unternommen, diese Todesfalle zu erreichen, um zu schwimmen. Und ich würde schwimmen! Am Morgen brachte mich ein zwanzigminütiger Gang, vorbei an einer stillgelegten Fabrik und einigen versteckt liegenden, unbewohnten Villen, zu einem Strandcafé, in dem unaussprechliches Essen und ein Klo zum Umziehen, halb gefüllt mit schimmeligen Kartoffeln, angeboten wurden. Und nun aber zum Strand, der kleinen Abfallgrube, von der See vollgekippt mit Unrat, ganz abgesehen von den zerdrückten Zigarettenpackungen, Konservendosen, schmutzigen Zeitungen und Flaschen, die Badende vor mir zurückgelassen hatten. Wie dem auch sei, niemand war da, und das Wasser sah gut aus, transparent und ruhig über Sand, aber zu flach zum Schwimmen. Hinter der kleinen Felszunge kabbelten sich die Wellen mit weißen Schaumspitzen, kein Hindernis für einen tüchtigen Schwimmer. Einmal draußen im tiefen Wasser, schnappte mich die Strömung und begann mich mit einiger Beschleunigung westwärts zu ziehen. Nächster Halt: Malta.

Man glaubt von uns, daß wir aus Erfahrungen lernen. Wahnsinnig nützlich, wenn man sich zu spät an Erfahrungen erinnert. Während ich wild strampelte, um an die Küste zu kommen, fiel mir die Rundumströmung von Mauritius ein, die mich einmal für kurze Zeit eingefangen hatte und in einem schnellen, grauslichen Trip rund um die Insel tragen wollte. Solche Strömungen können eine unangenehme Begleiterscheinung großer, isoliert liegender Inseln sein. Darüber informiert zu werden wäre schon hilfreich. Ein paar Minuten zuvor hatte ich mich selbst gewarnt, mich bei der Rückkehr nicht gegen die Felszunge schlagen zu lassen. Ein paar Minuten später tat ich mein Bestes, eben dort an Land geworfen zu werden. Wurde weggespült, krallte mich wieder an, bis ich mich ins stille, geschützte Wasser zurückziehen konnte. Und jetzt saß ich da auf dem Sand, leicht aus Schrammen blutend, ziemlich nach Luft schnappend und verzweifelt.

Où sont les plages d'antan? Ich erinnere mich an Strände, die, von Tang abgesehen, frei von Gerümpel waren, dazu sicher und oftmals so verlassen, daß ich der einzige nackte Bewohner war. Die Schlupfwinkel rund um die kleinen karibischen Inseln, das Wasser türkis und nilgrün; die Buchten in Kuba, umgeben vom Dschungel; Mexiko am Golf und Pazifik; Strände vor Schirmkiefern entlang der Var-Küste, die Mittelmeerküste Italiens bis nach Kalabrien hinunter, die Costa Brava und der großartige Strand von Zarauz; wunderschöne Strände im Staat Washington; Meilen weißen Sandes am Indischen Ozean in Kenia. Die Natur ist meine wahre Liebe, besonders dieser herrliche Treffpunkt von Meer und Land. Er war für immer verloren, geschändet und überrannt – ich selbst zu einem Häufchen verachtenswerten

Elends geschrumpft, hier draußen vor Kastelli. Die Zukunft erschien rabenschwarz. An keinen Ort mehr hinfahren zu können, der des Hinfahrens wert war. Ich konnte genausogut mit dem Reisen aufhören.

Mit dem Reisen aufhören? Komm, komm, nun aber ... Das zog die Verzweiflung nur widersinnig in die Länge. Ich war schon an weit schlimmeren Orten als Kastelli. Zudem machten sich Millionen anderer Reisender hoffnungsvoll auf den Weg, nur um symbolischerweise zwischen einem leckgeschlagenen Schuh und einem verrosteten Nachttopf zu landen. Ich war kein Wesen ohnegleichen, ausgesucht für besonderes Mißgeschick. Nebenbei war ich, was das Reisen angeht, in derselben Lage wie der Leopard, der zu seinen Flekken stehen muß. Ich war mein ganzes Leben lang eine Reisende, angefangen in der Kindheit mit den Straßenbahnen meiner Geburtsstadt, die mich nach Samarkand, Peking, Tahiti, Konstantinopel transportierten. Ortsnamen waren der stärkste Zauber, den ich kannte. Und sie sind's noch. Und ich hatte seit meinem einundzwanzigsten Geburtstag wie verrückt darauf hingearbeitet, meinen Plan zu verwirklichen, überall gewesen zu sein und jedes und jeden gesehen zu haben und darüber zu schreiben.

Ein aufmunterndes Gespräch mit mir selbst war angezeigt. Wenn du schon nicht aus Erfahrungen lernen kannst, dann kannst du sie wenigstens nutzen. Was hast du mit deiner langen Erfahrung an Schreckensreisen, die dich in einem Dreckloch wie diesem hat enden lassen, angefangen? Stöhnen ist unangebracht. Fang an zu arbeiten! Arbeit ist das beste Mittel gegen Verzweiflung. Okay, in Ordnung, einverstanden. Aber zuerst laßt mich raus aus Kastelli.

Es ist ein Jammer, daß Erfahrung ohne Erinnerung nutzlos bleibt. Die ernsthaften Reiseschriftsteller sehen und verstehen nicht nur alles um sich herum, sie verfügen auch noch aus vergleichbaren Reisen über genaue Kenntnisse der Geschichte und Literatur, die sie damit in Bezug bringen können. Ich aber wußte nicht einmal mehr, wo ich gewesen war. Ich glaube, ich bin mit einem schwachen Gedächtnis geboren, so wie man mit einem schwachen Herzen oder schwachen Fußknöcheln geboren wird, ich vergesse Orte, Leute, Ereignisse und auch Bücher, sobald ich sie hinter mir habe. Die großartigsten Landschaften, die größten Reisefreuden – alles verschwommen. Was Daten betrifft – welches Jahr? welcher Monat? –, ist die Situation völlig hoffnungslos. Ich warte immer noch auf die versprochene Zeit, von der es heißt, sie käme mit fortgeschrittenem Alter, wenn man vergißt, was man zum Frühstück gegessen hat, aber die Vergangenheit leuchtend klar vor einem steht – wie ein ganz persönliches *son et lumière.* Ich aber weiß genau, was ich zum Frühstück gegessen habe. Ich kann, wenn ich's versuche, die wichtigsten Geschehnisse des letzten Monats rekonstruieren, doch die Vergangenheit liegt verschleiert vor mir wie in Wolken, mit dem einen und anderen Lichtschimmer.

Die Tiefpunkte einiger Schreckensreisen waren unvergeßlich, aber mir fehlten Einzelheiten. Zum allererstenmal begann ich damit, alte Papiere zu durchstöbern – Archäologie im Wohnzimmer. Wer rastet, der rostet, deswegen sammelt eine rasende Reporterin nur wenig Papiere. Da waren Briefe an meine Mutter, die vernünftigerweise etwa zehn Prozent der ganzen Lawine aufgehoben hat, und neun Tagebücher – nur hingekritzelt, um mich daran zu erinnern, wo ich im jeweiligen Jahr war, seither nicht mehr angerührt – und ein paar konfuse Notizen sowie veröffentlichter und unveröffentlichter Kleinkram. In diesem Zeug zu stöbern machte mich unglücklich. Flüchtige Blicke auf die Vergangenheit, die doch traurig waren, weil die Zeiten vorbei und die Menschen nicht mehr da sind. Und anstatt dass meine Erinnerung aufgefrischt wurde, geriet sie noch mehr durcheinander. Eine andere Vorgehensweise musste her.

Bevor ich die besten der schlechtesten Reisen aussuche, sollte ich mich eigentlich erst der Länder erinnern, in denen ich gewesen war. Unter »gewesen war« verstehe ich, daß ich mich lange genug dort aufgehalten habe, um etwas vom Leben, von Sitten und Gebräuchen zu erfahren. Eben nicht wie in Indien (das damalige Indien), als ich in Karatschi landete, einen schnellen Blick auf die Kühe und die armen gequälten Kinder warf und wie ein geölter Blitz zum Flughafen zurücklief – nichts wie weg. Oder Französisch-Guyana, wo ich nur drei abstoßende Stunden verbrachte. Oder Venezuela oder die Philippinen, totale Amnesie. Die Arbeit ging langsam voran. Immer wieder fiel mir mitten in der Nacht ein Land ein. Schließlich war meine Aufstellung vollständig: dreiundfünfzig Länder, inklusive aller Staaten Nordamerikas außer Alaska.

Wenn ich versuchte, an Inseln zu denken, dann ließ mein Gedächtnis nach und versagte. Die Karibik ist ja wie besät mit Inseln. Es war leichter, die Namen der vier zu erinnern, auf denen ich nicht gewesen war: Barbuda, Barbados, Isla de Margarita, Jamaika. Und die griechischen Inseln von Korfu bis Rhodos mit ganz vielen kleinen dazwischen, und Capri und Ischia und Sizilien und Mallorca und Elba und Korsika und Gozo und Comino und Bermuda und Bali und Honolulu und Hawaii und Guam und Midway und Wake und Macao und Gran Canaria und São Miguel und wahrscheinlich noch andere.

Dies ist die Liste der Länder, einfach so, wie ich sie in Erinnerung habe: Frankreich, Großbritannien (vier Teile), Deutschland, Österreich, die Schweiz, Liechtenstein, Italien, Spanien, Andorra, Kanada, Mexiko, Kuba, Griechenland, Surinam, Haiti, die Dominikanische Republik, China, Hongkong, Burma, Malaysien, Niederländisch-Ostindien, Portugal, Finnland, Holland, Dänemark, Schweden, Polen, Rußland, Kamerun, Tschad,

Sudan, Kenia, Uganda, Tansania, Ägypten (einschließlich des Gaza-Streifens unter ägyptischer, später dann israelischer Herrschaft), Israel, Libanon, Jordanien, Jugoslawien, Luxemburg, Mauritius, Tunesien, Marokko, Algerien, Thailand, Südvietnam, Türkei, San Marino, Irland, Tschechoslowakei, Costa Rica, Malta, die Vereinigten Staaten von Nordamerika rauf und runter, kreuz und quer.

Sobald ich einmal diese Gedächtnisübung gestartet hatte, stieg mir die Statistik zu Kopf. Ich rechnete mir aus, daß ich in vierundzwanzig dieser Länder mehrfach eingereist bin, von zwei Aufenthalten in Niederländisch-Ostindien bis zu ungezählten Reisen in Europa, der Karibik und Ostafrika. Als Basis fürs Umherziehen dienten sieben Länder, in denen ich lebte und elf Wohnsitze von einiger Dauer einrichtete. Als Wohnsitz bezeichne ich eine gemietete oder gekaufte Wohnung oder ein Haus, das man, falls geistesgestört, auch baut. Ich baute eineinhalb Häuser in zwei Ländern, und nach meiner Meinung ist Häuserbauen weit schlimmer als jede Schreckensreise. Der Witz ist, daß man bei Null anfängt, in der Vorstellung, man werde dort eine ganze Weile wohnen, vielleicht für den Rest seines Lebens. Dann aber nutzt man den Wohnsitz nur ein paar Jahre und gibt ihn auf, im allgemeinen mit seinem ganzen Inhalt.

Wohnsitze unterscheiden sich von möblierten Übergangswohnungen. Ich konnte mich an siebzehn erinnern, bevor ich das Erinnern aufgab. Einige der möblierten Übergangswohnungen gingen festen Wohnsitzen voraus, manche hatten mit Jobs zu tun, doch zumeist waren und bleiben sie Schlupflöcher zum Schreiben. Zu Hause, wo immer das ist, gibt es Störungen. Ich werde an fremdländischen Plätzen seßhaft, in möblierten Übergangswohnungen, wo ich niemanden kenne und dann eine symbiotische Beziehung zu einer Schreibmaschine eingehe. Das ist stationäres Reisen im Gegensatz zu beweglichem Reisen – und ich liebe es.

Gleichgültig, wie wenig zufriedenstellend die Arbeit oder wie trostlos das »möbl. App.« ist, ich habe die mit Sorgfalt ausgesuchte Landschaft, ob Meer oder Gebirge, und die Freude daran.

Wie seltsam doch, daß, wer früh sich krümmt, auch Häkchen bleibt. Wer hätte denn den bleibenden Eindruck vorhersehen können, den meine Straßenbahnreisen als Kind hinterlassen haben? Keine andere Art zu leben hätte mich so sehr und so lange fesseln können, und ich werde sicherlich so weitermachen und versuchen, noch mehr von der Welt zu sehen und zu erfahren, was in ihr geschieht, bis ich umfalle.

Obwohl ich soviel herumgekommen bin, habe ich nie daran gedacht, übers Reisen zu schreiben. Dann mal los.

2

Mr. Mas Tiger

Als das Jahr 1941 begann, hatte der japanisch-chinesische Krieg schon so lange gedauert und war so weit entfernt, daß er mehr als historische Tatsache denn als Krieg eingestuft wurde. Im Vergleich zu Großbritanniens Kampf ums Überleben erschien der Ferne Osten schal und unbedeutend. Aber zu der altbekannten Geschichte um China war etwas Neues hinzugekommen. Japan gehörte nun als dritter Partner der Achse an, der sogenannten »Neuen Ordnung«. Mein Boss, Chefredakteur von *Collier's* und einer der nettesten Männer, die ich je kennengelernt habe, folgerte daraus, daß die Japaner, die ja schon in Indochina eingedrungen waren, nicht untätig herumsitzen und schon bald den Osten so zerstören würden, wie es ihre Partner mit dem Westen taten. Er war einverstanden, daß ich über die kämpfende chinesische Armee und die Verteidigungsvorbereitungen rund um das Südchinesische Meer berichtete.

Die Deutschen waren erschreckend erfolgreich, Europa ging verloren und wurde zum Schweigen gebracht. Aber gleich ungezählten Millionen anderer Menschen glaubte ich zu keiner Zeit, daß Großbritannien besiegt, Amerika neutral bleiben und Hitler-Deutschland das Leben auf diesem Planeten erobern und beherrschen und vergiften würde. Nach langen Jahren würde uns der

Sieg zukommen, doch das bedeutete gleichzeitig das Ende der Welt. Das Ende der Welt? Ich fühlte mich zur Eile getrieben: Los, los, ehe es zu spät ist. Was ich damit meinte – ich hab's vergessen. Ich war entschlossen, den Orient zu erleben, bevor ich starb oder die Welt unterging oder was immer als nächstes kommen sollte. Der Orient: In meiner Vorstellung Bilder aus Kindertagen, nicht die Wirklichkeit. Die Wirklichkeit lag in anderer Richtung, jenseits des Atlantiks.

Was ich nun lediglich zu tun hatte, war, nach China zu kommen. Zu dieser Superschreckensreise beschwatzte ich einen Unwilligen Begleiter, nachstehend bezeichnet als UB, der keineswegs dahin wollte, wohin er nun sollte. Er hatte seine frühen Jahre nicht damit verbracht, sich auf Straßenbahnfahrten etwas zusammenzuträumen, und sein Kopf steckte nicht voller Fu Manchu und Somerset Maugham. Er behauptete, einen Onkel gehabt zu haben, der in China Missionsarzt gewesen war und sich auf Pferdes Rücken selbst den Blinddarm herausoperierte. Man zwang ihn auch, von seinem Verdienst klingende Münze zur Bekehrung heidnischer Chinesen abzuzweigen. Diese Tatsachen schienen UB gegen den Orient eingenommen zu haben. Ich ließ mit meinem Gurren nicht locker, bis er gequält stöhnend nachgab. Das war unglaublich selbstsüchtig von mir, und so etwas wiederholte sich nie. Schreckensreisen stand ich danach allein durch. Es war in Ordnung, sich selbst kopfüber ins Unglück zu stürzen, falsch, irgend jemanden mit hineinzuzerren.

Im frühen Februar des Jahres 1941 machten wir uns mit dem Dampfer von San Francisco aus auf nach Honolulu. Wir stellten uns vor, diese Fahrt verliefe wie in guten alten, schon fernliegenden Tagen, als man von New York nach Frankreich auf einem französischen Schiff übersetzte und in köstlichen Speisen und Getränken und in Luxus schwelgte. UB hatte immer die richtige Einstellung zum Vergnügen: Nimm's, solange du kannst. Anstelle der erhofften Freuden wurden wir auf den Decks wie Pingpongbälle hin und her geschleudert, wir warfen uns in festgenagelte Möbel, bis sich die nicht festgenagelten Möbel auf uns warfen. Schließlich – unfähig, gerade zu stehen – zogen wir uns in unsere Kojen zurück, wo wir dann lagen und aßen, tranken und versuchten, nicht auf den Boden gekippt zu werden. Tabletts krachten runter von unseren Schößen, Flaschen ergossen sich. Das Schiff bewegte sich nach Delphinsart voran, schön für einen Delphin, gemein für ein Schiff. UB nörgelte reichlich: Warum hatte uns niemand gewarnt; wenn er gewußt hätte, daß der Pazifik solch ein Ozean sei, nie hätte er einen Fuß darauf gesetzt; ein Mensch solle bei den Wassern bleiben, die er kenne, und in der Tat kenne er und respektiere er eine Menge Seen und Flüsse; und betrachte es, wie du willst, M., dies ist ein schlechtes Zeichen. Die Seereise dauerte im groben eine Ewigkeit. Irgendwo hinter den abscheulichen grauen Wellen würde sich Honolulu auftun, ein Zufluchtsort voller Sonne, zum Schwimmen, mit Frieden und festem Boden unter den Füßen. Aber vor dem traditionellen Aloha-Willkommensgruß warnte uns auch niemand.

Ich gab meiner Mutter per Luftpost einen vollständigen Bericht: »Zum Schluß hatten wir beide je achtzehn Leis um unsere Hälse. UBs Gesicht war blanker Haß. Er sagte zu mir: ›Noch nie habe ich so dreckige, verdammte Blumen um meinen Hals gehabt, und den nächsten Hundesohn, der mich berührt, mache ich fertig, und zu was für einem Misthaufen wir gekommen sind, und bei Christus dem Herrn, wenn noch mal irgendwer zu mir Aloha sagt, spucke ich ihm ins Maul zurück.‹ Kannst du's dir vorstellen?

Mit den Leis war es noch lange nicht zu Ende. Unter den Horden, die an Bord schwärmten, um Leute zu begrüßen und Freunden Leis umzuhängen, waren auch Fotografen. Ein dicker Mann, den wir noch nie gesehen hatten, kam zu uns. Er war Ire und betrunken. Er sagte zu UB: ›Ich bin genau so 'n großer Mann wie Sie, und ich kann genausoviel trinken.‹ Dann schwankte er, und UB fing ihn auf. ›Hier‹, sagte er zu einem in der Nähe stehenden Fotografen, ›mach auch ein Bild von mir. Ich bin, wo ich herkomme, ein toller Mann.‹ Und ich sagte schnell, um Schlimmeres zu verhüten: ›Worauf Sie sich verlassen können.‹ Und dies ist nun das Bild. Wir drei. Er taumelte von dannen, und wir sahen ihn nie wieder.«

Dieses Bild ist eines der wenigen, der bedauerlich wenigen, die meine vielfachen Wohnsitzwechsel überlebt haben. UB grinst wie ein Wolf mit offenem Fang über Halsbändern aus Blumen. Ich im Profil, ebenfalls blumengeschmückt, scheine nach hinten zu fallen und sehe ziemlich verwirrt aus. Zwischen uns, ohne Blumen, aber mit dem Glas in der Hand, der dicke Mann, der es schaffte, sich liebevoll an uns zu lehnen. Wenn ich die Art sehe, wie die Leute mit Kameras herumlaufen, haben wohl alle anderen immer schon begriffen, was es für einen Wert hat, wenn man seine Reisen auf Film festhält. Ich weiß erst jetzt, was ich verpaßt habe. Anstelle gewaltig dicker Alben besitze ich nur eine einzige dünne Mappe mit Fotos, und die bringen mich in meinen dahinschwindenden Jahren nur zum Lachen.

Der Bericht fährt fort: »An Bord erschien auch eine Tante von UB, eine echte vollblütige Tante, wie UB sagte. Sie war die Lästigste von allen – mit ihrer feinen Mißachtung der Gefühle oder Beschwerden anderer (UBs Gesicht war jetzt weiß und naß vor Schweiß und Entsetzen, der Boden stieg hoch und traf mich, vor Kopfschmerzen konnte ich nicht mehr sehen, es war wie eine Vortragsreise mit all diesen überschwenglichen Leuten, die sich nicht abschütteln ließen). Wir wurden sie am Dock los, und da war dann Bill, der sah sehr nett aus, sauber, verläßlich, vernünftig, ruhig und einfältig. Er nahm uns ins Hotel mit, wo wir uns über Alkohol hermachten, um durchzuhalten, und wir unterhielten uns gut mit ihm über diesen Verteidigungskrempel, Fachkram, der uns interessiert und von dem ich wenigstens Ahnung haben muß. Er ging dann, nicht ohne das Versprechen losgeworden zu sein (Louise schickte ihn deswegen), daß wir am Abend mit dem American King dieser Insel und seiner Queen dinieren würden. Dies ist ein Ort, an dem Gastfreundschaft zum Fluch wird und niemand allein sein will. Wir aßen mit der Tante und einer traurigen Ansammlung von Leuten, die eigentlich Missionare sein sollten, aber nicht mal freundlich waren, einfach dummen Leuten zu Mittag, dazu nichts zu trinken. Ich fürchtete, vor Langeweile in Ohnmacht zu fallen. Und nun stell dir UB dabei vor. Zum Schluß hatten wir eine Stunde am Strand für uns allein, und dann kamen die Leute ins Hotel, uns zu besuchen. Dann gingen wir zu Tisch. Ein Leben, was?

Das Dinner war für etwa fünfzig Leute gedacht – in einem weiten, von Fackeln erleuchteten Patio mit hüpfendem Springbrunnen. Das eindrucksvollste Haus, das ich, von einer Filmkulisse abgesehen, je gesehen habe, für mich nicht schön, aber reich, reich, reich. Es gibt gerade einen Streik der Straßenbahnarbeiter, und alle sagten mit festen, haßerfüllten Stimmen: ›Laßt sie nur streiken, bis sie verhungern, nur nicht nachgeben, es ruiniert uns sonst unsere herrlichen Inseln …‹ Die Aktionäre bekommen jetzt 80 Prozent Dividende; sie könnten nicht mal einen Kompromiß schließen und sich mit 60 Prozent bescheiden. ›Laßt sie verhungern‹, hieß es bei den

Gästen weiter, und das bei sahnigen Speisen und Champagner: ›Laßt sie verhungern.‹ Nun ja, das war sehr entzückend und aufschlußreich.«

Daß ich diesen Brief gefunden habe, war eine angenehme Überraschung, authentische heiße Nachrichten vom Tage, zumal ich mich nicht weiter an Honolulu erinnere. Außer daß ich dort war, daß es mir nicht gefiel und daß ich mit Bill Pearl Harbor besuchte. Die Flugzeuge standen Flügelspitze an Flügelspitze, die Kriegsschiffe drückten sich aneinander, die japanischen Fischerboote lagen längsseits vor Anker, ideal für den japanischen Geheimdienst. Bill, ein Soldat, war entsetzt von diesem Aufzug, aber er war kein Fünf-Sterne-General und daher nicht in der Lage, irgend jemandem Angst einzujagen. UB sagte, das sei das beliebte System aus dem Ersten Weltkrieg: Bringt alles und alle an eine Stelle, und dann löscht den ganzen Verein aus. Als Pearl Harbor tatsächlich zehn Monate später ausgelöscht wurde, 3300 Offiziere und Mannschaften starben, wurden meine Landsleute mit dieser Dolchstoßgeschichte ganz wild gemacht; meine Wut richtete sich jedoch vielmehr gegen den US-Generalstab, der für die Japaner das üppigste Ziel der Welt angelegt hatte.

Wir zogen uns nach Hawaii zurück, unbemerkt von Touristen, friedlich und schlicht. Meine Notizen strahlen förmlich vor lauter Beschreibungen des Schönen: Zuckerrohrfelder und weite Viehweiden, Teegärten, Fischerdörfer, entzückende japanische Kinder. Ich erinnere mich jedoch nur, daß ich über Vulkanlava krabbelte und kletterte, auf vergeblicher Suche nach der Hawaii-Gemse oder einem ähnlichen Tier. UB genoß Hawaii mehr als ich. Er brannte wirklich nicht gerade vor Ungeduld, den Orient zu erreichen. Dann höre ich wieder unverändert meine innere Stimme (in einem weiteren Brief an meine Mutter): »In einer halben Stunde gehen wir zum Clipper. Ich bin sehr aufgeregt und zufrieden und froh wegzukommen. Wenn ich daran denke, daß alle Namen dieser Orte Wirklichkeit werden. Und ich werde dort sein ... Mir ist es egal, wohin wir kommen. Alles ist neu, ich möchte einfach alles sehen.«

Flugreisen waren nicht schon immer so widerwärtig, und die großen Pan-Am-Flugboote waren ganz wunderbar. Wir flogen den ganzen Tag lang in geräumigem Komfort, aßen und tranken wie die Wilden, besuchten den Kapitän, hörten unseren Mitreisenden zu, dösten, lasen, und am späten Nachmittag landete das Flugzeug auf dem Wasser bei einer Insel. Die Passagiere hatten Zeit zum Schwimmen, für ein Duschbad, das Dinner, und sie schliefen in Betten. Da Flugreisen in dieser Form wohl unübertrefflich waren, sind sie natürlich verschwunden.

Auf dem Weg nach Hongkong, in Guam, wurden wir mit dem Speerfischen bekannt gemacht. Durch einen Reisenden, den ich meiner Mutter beschrieb als einen »Typ wie Lawrence von Arabien, ein Marine-Pilot, unterwegs nach Ägypten«, und das ist alles, was ich von ihm weiß – mein sündhaft schlechtes Gedächtnis. Ich habe niemals einen Fisch mit der Harpune getroffen oder es auch nur versucht. Ich hielt es für töricht und unpassend, in Tiefen zu tauchen, in die ich nicht gehörte, und mich in Dinge einzumischen, die ich nicht verstand. Ich hielt respektvollen Abstand, blieb an der Oberfläche und beobachtete die Unterwasserszenerie mit ihren Fischen all die Jahre lang voller Freude. Die Fische sollten mich für ein Ruderboot halten. Es ist ja gar nicht so leicht im Leben, eine unfehlbare Quelle der Freude zu finden.

UB gefiel Hongkong sofort. Hongkong besaß keinerlei Ähnlichkeit mit der Stadt von heute, wie man sie im Fernsehen sieht, ein Wald aus Wolkenkratzern, ein Mini-New-York vor einem großen dreieckigen Berg. Die Reisenden des nächsten Jahrhunderts, immer vorausgesetzt, es gibt noch welche, werden kaum noch wissen, ob sie nun in Buenos Aires oder Chicago sind, Wolkenkratzer überall, Wolkenkratzer, die einem das Herz brechen. Als wir Hongkong sahen, wirkte sein Geschäftszentrum wie aus einem Wust alter Hölzer eilig zusammengenagelt, und es klang wie ein Dauer-Neujahrstag in China. Es strahlte nur so in Farben von Wimpeln und Schildern, die engen Straßen verstopft mit Rikschas, Fahrrädern, Menschen, aber nicht mit Autos. Das höchste Gebäude war eine viereckige Bank, und sie war nicht einmal besonders hoch. Die feinen Leute wohnten in anmutigen Häusern an den Flanken des Peak, ihre soziale Stellung war an der Höhe des Hauses ablesbar.

Wir wohnten in einem alten Hotel der Stadtmitte, vielleicht dem einzigen überhaupt am Platz: mit großen Räumen, Ventilatoren an den Decken, antik eingerichteten Badezimmern, einer weiten Halle mit großen, abgenutzten Ledersesseln, für mich alles sehr wie bei Maugham. UB versammelte in Windeseile um sich herum ein gemischtes Publikum, vom Ortspolizisten, mit dem er Fasanen schoß, bis zum dicken, reichen, zwielichtigen Geschäftsmann, der ihn zu chinesischen Schlemmeressen einlud. Ein glatzköpfiger Europäer mittleren Alters von unbestimmbarer Nationalität und Beschäftigung, ein selbsternannter »General«, war besonders beliebt, ebenso ein riesiger höflicher Schlägertyp aus Chicago namens Cohen, von dem UB annahm, daß er für irgendeinen chinesischen Kriegsherrn den Gorilla spielte.

UB konnte Partygeschwätz nicht ertragen, ebensowenig kurze Diskussionen um Politik oder die Künste. Aber er wurde niemals müde, wahren Geschichten aus dem Leben zuzuhören, je unwahrscheinlicher, desto besser. Er brachte es fertig, mit einem Trupp von Männern fast den ganzen Tag oder die ganze Nacht lang zusammenzusitzen. Oder sogar fast den ganzen Tag und die ganze Nacht, wenn auch vielleicht mit anderen Leuten, wo immer er sich einmal niedergelassen hatte. Alle wurden durch ununterbrochen herbeigeschaffte Getränke gestärkt, während er über Anekdoten und Erinnerungen vor Lachen brüllte. Für ihn klappte dieses System einfach. Abgesehen davon, daß es Teil seines Vergnügens war, lernte er so die Gegend und die Leute kennen – durch die Augen und Erfahrungen aller, die hier lebten.

Wenn ich auch selbst eine lebhafte Gesellschafterin bin und laut über meine eigenen Witze lachen kann, war mir das Trinken neu und meine Methode, etwas in Erfahrung zu bringen, doch recht unterschiedlich: Ich wollte alles selbst sehen, nicht nur davon hören. UB war gleichgültig, was ich tat, solange er es nicht auch tun sollte.

Sosehr ich Konversation liebe, ich mag sie nur schubweise für ein paar Stunden, keine Marathons und selten in Gruppenformation. Ich stahl mich aus den großen Ledersesseln davon. UB sagte dann meistens freundlich: »M. macht sich auf, den Puls der Nation zu fühlen.«

Vier Tage nach unserer Ankunft in Hongkong flog ich allein weiter über Tschungking und Kunming nach Lashio, zum Ende der Burmastraße, und dann kam ich sofort auf gleichem Wege zurück mit Material für einen *Collier's*-Artikel. Die Fluggesellschaft hieß China National Aviation Company (CNAC), bestand aus zwei DC 3 und drei DC 2, älteren, spartanisch ausgestatteten Maschinen. Im Vergleich zu heutigen Reiseflugzeugen waren dies fliegende Maikäfer. Der Boden verlief steil, die Sitze waren aus Segeltuch auf Metallrahmen, die Toilette hinter einem grünen Vorhang ließ einen kleinen kreisförmigen Blick auf die Erde unten zu.

Die DC 3 konnte einundzwanzig Passagiere befördern, die DC 2 vierzehn, aber die Sitze wurden entfernt, um Platz für Fracht zu schaffen. 5000 Kilo Post und 55 Millionen Dollar in Banknoten (sehr schwer) gehörten zur monatlichen Durchschnittsfracht. Das gleiche Flugzeug schleppte auch Wolfram und Zinn aus China heraus. Von der Burmastraße abgesehen, war die CNAC die einzige Kontaktmöglichkeit zwischen der Welt draußen und dem »freien« China, entsprechend etwa einem Drittel Chinas, das nicht von den Japanern besetzt war und von Generalissimo Tschiang Kai-schek regiert wurde. Lastwagen brauchten auf der spektakulären Korkenzieher-Burmastraße von Rangun bis nach Tschungking vierzehn Tage. Die wiederum brachen in erschreckend großer Zahl einfach zusammen oder stürzten in Schluchten. Die fünf schäbigen kleinen Flugzeuge der CNAC hielten das »freie« China im Geschäft.

Es gab sieben noch lebende amerikanische CNAC-Piloten, zehn chinesische und chinesisch-amerikanische Kopiloten sowie zwölf Bordfunker und zwei Stewardessen. Der Pilot auf meinem Rund- und Ausflug war Roy Leonard. Er sah aus wie ein ganz normaler Mittelwestler und klang auch so. Er wurde nach einer Stunde in der Luft mein erklärter Held. Er war drei- oder vierunddreißig, mittelgroß, braunes Haar, dünn, ganz und gar nüchtern bei der Sache, stets gut gelaunt und in China so zu Hause und locker, als ob es Indiana wäre. Ich erfuhr nie, warum er nach China gekommen war, aber er flog hier schon seit Jahren, zeitweise als Tschiangs Privatpilot. Ich glaubte, einem Genie bei der Arbeit zuzuschauen, und beobachtete alles genau, nachdem ich mich sofort in der Pilotenkanzel niedergelassen hatte.

Die Japaner schlossen Hongkong ein und demonstrierten ihre feindlichen Absichten, indem sie zwei CNAC-Flugzeuge angriffen und abschossen. Die CNAC änderte daraufhin einfach ihre Methoden. Jetzt kletterten die CNAC-Maschinen bei Nacht und schlechtem Wetter hoch über Hongkong, ehe sie die japanischen Linien überflogen. Flüge wurden verschoben oder gestrichen, wenn das Wetter zu gut war. Die Reisenden erfuhren die Abflugzeit nur wenige Stunden vorher. Bei Tageslicht sah das Flugfeld von Hongkong abschreckend kurz aus, mit dem Meer auf der einen Seite und dem Abhang des Peak auf der anderen. Nachts, wenn man nicht sah, was eigentlich geschah, war es weniger aufregend.

Wir verließen Hongkong um 4 Uhr 30 morgens bei kräftigem Wind in einer DC 2; Fracht, sieben chinesische Passagiere, ich und Roy Leonard. Ich kann mich nicht an einen Bordfunker erinnern, finde auch keinen Hinweis auf ihn in meinen alten, unordentlichen Bleistiftnotizen. Mit Sicherheit gab es auch keinen Kopiloten oder eine Stewardess. Normalerweise war jede Maschine mit einem Bordfunker besetzt, dessen Aufgabe es war, Wetterberichte zu empfangen und vor dem Landen darauf zu achten, daß die Piste nicht bombardiert worden war oder unter Wasser stand. Die Reisenden erhielten eine grobe braune Decke und eine braune Tüte, für den Fall, daß sie sich erbrechen mußten. Das Flugzeug war weder geheizt, noch hatte es Druckausgleich.

Wir stiegen hinauf wie eine Wendeltreppe entlang, in engen, rüttelnden Kurven über Hongkong, bis wir 14000 Fuß erreichten. Alle Lichter wurden gelöscht, bis auf das schwache Licht in der Pilotenkanzel, und wir überflogen die japanischen Linien, weit unter uns hell erleuchtet. Nach einer halben Stunde erwischte uns der Sturm. Ich beobachtete die flackernde Auspuffflamme an einem Flügel, als er in einer Wolke verschwand, die körnig aussah und hart wie Granit. Der Hagel klang wie eine Dreschmaschine. Alles fror ein, auch der Windgeschwindigkeitsmesser. Roy erklärte mir, wenn die Geschwindigkeit unter 63 Meilen die Stunde fiele, dann bliebe das Flugzeug praktisch stehen und finge an zu trudeln, aber es gebe keinen Grund zur Besorgnis. Er öffnete sein Fenster einen Spalt und schätzte die Windgeschwindigkeit auf seine Weise. Er hatte das oft so gemacht. Die Windschutzscheibe war mit Eis bedeckt. In diesen Wolkenmassen ließen Aufwinde das Flugzeug hochsteigen und runterfallen, der Magen machte die gleichen senkrechten Bewegungen mit. Weil ich ungeteiltes Vertrauen zu Roy hatte, beunruhigte mich das Verhalten des Flugzeugs nicht, aber ich verging vor Kälte. Hinten in der Kabine erbrachen sich die Reisenden oder versteckten sich vor dem Lärm und dem Toben unter ihren Decken. Dies alles dauerte anderthalb Stunden, und Roy meinte danach, nun sei der Rest der Reise gemütlich. Wir flogen zwar immer noch blind in den Wolken, aber ich dachte mir, es sei schlechtes Benehmen, das überhaupt zu erwähnen.

Wir landeten um zehn Uhr in Tschungking. Das Flugfeld war ein Streifen auf einer schmalen Insel im Jangtsekiang. Zwei Monate im Jahr lag die Insel zwanzig Meter unter Wasser, der Fluß stieg bei Nacht auf unheimliche Weise auf diese Höhe an. Als wir kreisten, um zu landen, sah ich Tschungking auf der Berghöhe liegen, es sah aus wie eine ausgedehnte, graubraune Trümmerfläche. Die Passagiere empfahlen sich dankbar. Während das Flugzeug aufgetankt wurde, saßen Roy und ich auf dem feuchten Boden und verzehrten ein üppiges Frühstück: eine Schüssel trockenen Reis und Tee. Das war die einzige Verpflegung bis zum späten Nachmittag in Kunming, wo wir noch mal das gleiche Futter bekamen. Ich sagte ja bereits, von Komfort konnte keine Rede sein.

Weitere Reisende kamen, und wir starteten nach Kunming. Das Land blieb den ganzen Nachmittag lang sichtbar, Berge in wechselnden Farben, mit einem Puzzlemuster aus kleinen bestellten Feldern. Einige graue Dörfer, ein paar einsame Bauernhöfe tauchten in dieser Weite auf, die Wege sahen aus wie Tierpfade. Roy flog das Flugzeug, als ritte er ein Pferd und schlängelte sich durch die Täler. »Ich fliege da hin, wo ich hinsehen kann«, sagte er. Er probierte eine neue Route aus, um die Japaner zu täuschen.

In einem ganz bestimmten Augenblick merkte ich, daß dieses Flugzeug wirklich ungewöhnlich war, da es anscheinend in der Luft stehenbleiben konnte. Wir befanden uns tief in einem Tal zwischen mächtigen Bergen. Roy sagte, wir stünden nicht so richtig still, doch die Stärke des Gegenwinds betrug 60 Meilen die Stunde, so daß wir langsamer flogen. Dann begann er ein drolliges Versteckspiel, flog erst so hoch, daß er über Berge hinwegsehen konnte, dann ließ er sich wieder fallen. Er versuchte rauszufinden, wie die Dinge in Kunming für uns standen. »Jawoll«, sagte er, und wir flogen geradewegs zum Landen. Der Himmel über Kunming war rauchig und gelb von Staub, aber frei von Flugzeugen der Japs. Das Bombardement des Tages war vorbei. Jeden Tag rannte das Bodenpersonal eilig herum, stellte die Markierungen der Startbahn, weißgestrichene Ölfässer, neu auf und füllte neue Bombenkrater, um alles für die Ankunft des CNAC-Flugzeugs bereitzumachen.

Wieder gingen die Passagiere wie erlöst davon, eine andere Gruppe kam, und weg waren wir, flogen in einer Höhe von 13000 Fuß über die Schluchten der Burmastraße. In so großer Höhe zu fliegen war notwendig, weil die verhaßten Fallwinde das Flugzeug in Sekunden Tausende von Fuß tief in den Talkessel fallen ließen. Wir waren immer kalt bis erfroren, doch ich begann mich zu schämen (schwach, nichts schlimmer, als schwach zu sein), weil ich auch aufgeregt war, meine Beine und Arme zappelten und meine Gedanken wohl kindisch und unangebracht waren. Und ich dachte mit Schrecken daran, daß ich grundlos in Tränen ausbrechen könnte. Als ich mit einem forcierten Lachen Roy ein paar meiner Symptome gestand, sagte er, das sei bloß der Sauerstoffmangel und mit mir würde wieder alles in Ordnung sein, wenn wir nach Lashio kämen – nach zehn an diesem Abend. Landelichter beleuchteten die Landebahn in Lashio. Es war für die Nerven viel angenehmer, im Dunkeln zu landen, weil man nicht sah, in was für ein Durcheinander man geriet. 16 Stunden und 1494 Meilen, falls man Luftlinie fliegen konnte, erschienen mir wie ein Mammuttrip. Roy und die anderen Piloten flogen diese Strecke allerdings regelmäßig jede Woche.

Das CNAC-Gästehaus in der Nähe des Lashio-Flugplatzes war eine Holzbaracke mit eisernen Pritschen und einer Dusche, wie himmlisch, und es gab einem die Möglichkeit, sich zu waschen und trotz der erstickenden Hitze zu schlafen. Roy machte sich am frühen Morgen mit einer zweiundzwanziger Büchse auf, Wild zu schießen. Ich wanderte durch den Basar des Dorfs, fand

Burma-Rubine und Eier in Körben aus Bananenblättern und hübsche kleine Burmesinnen, die sich unter einem Wasserhahn wuschen. Die Japs bombardierten Kunming im allgemeinen zwischen zehn und elf Uhr morgens, aber es war gefährlich, sich auf ihren Stundenplan zu verlassen. Heute jedenfalls kamen sie zu spät. Wir hingen schwitzend rum, was mal eine nette Abwechslung war, bis das Radio berichtete, daß siebenundzwanzig Jap-Maschinen Kunming um ein Uhr mittags eine halbe Stunde lang bombardiert hätten, aber jetzt verschwunden seien, so daß wir wieder aufsteigen konnten. Zurück, wie wir gekommen waren, bei Tageslicht hoch über der Burmastraße: ein schönes Land ohne Hoffnung, zerklüftete Berge und wieder Berge, das braune Band der Straße. Diese heißen grünen Berge waren der Brutplatz für Malariamücken. Die bösartige, lebensbedrohende Malaria gehörte zu den weiteren Gefahren einer Reise auf dieser Straße. Wir landeten in Kunming um fünf Uhr dreißig am dunklen Nachmittag, die Stadt in Rauch eingehüllt und von Feuern erleuchtet.

Ich bin während Bombenangriffen in finnischen Städten gewesen, und Madrid wurde fast täglich von Artilleriefeuer ausgefegt, doch Kunming war eine Sache für sich. Um die Stadt lief eine große Mauer, durch die ein geschnitztes, buntes Tor führte. Die Häuser bestanden aus Holz oder aus Lehmbacksteinen, sie hatten geschwungene Simse. Die Japs behaupteten, die Stadt zerstört zu haben, aber im gleichen Maße, wie sie sie zerstörten, bauten die chinesischen Bewohner sie wieder auf. Durchhalten war die Geheimwaffe der Chinesen. Die Japaner hätten das begreifen sollen, und auch jeder andere sonst sollte sich besser daran erinnern.

Zuerst rochen wir den Rauch und den Gestank aus zerborstenen Abwasserleitungen. Stromkabel lagen herum wie Schlangen über Haufen von Trümmern. An den Rändern eines frischen Kraters hing, ja sank ein kleines Haus, die Familie saß drinnen bei Kerzenschein und aß. Es gab keine Geräusche außer die von Hämmern. Gewaltige Menschenmengen setzten stumm ihre Häuser, so gut sie konnten, beim Schein von Kerzen und Kerosinlampen wieder zusammen. Etwas war mit den Feuerschläuchen nicht in Ordnung, aus dem Fluß ließ sich kein Wasser pumpen. Zwei große Feuer loderten, eine Kette aus Chinesen, meilenlang, reichte Eimer von Hand zu Hand. Niemand schluchzte oder weinte. Alle, auch die Kinder, arbeiteten schweigend.

Ein Teil der Stadt war noch von elektrischem Licht erleuchtet. In einem Speisehaus beugten sich lärmende Esser über Reisschüsseln. Vor einem Kino stand eine lange Schlange und wartete darauf, den Film *Kentucky* sehen zu können. Wir nahmen Rikschas zum Hotel, da wir unseren Weg zurück zu Fuß über das Geröll und die neuen Krater herum nicht finden konnten. Das Hotel bestand aus einer kleinen, schmutzigen Kneipe unten und ein paar kleinen, schmutzigen Zimmern oben. Der griechische Besitzer hieß Roy als Freund willkommen und war in Hochform. Jeder Tag, an dem sein Hotel intakt blieb, war wie eine besondere Gunst Gottes. Er sagte: »*L'alerte est très correcte ici.*« Die Leute hatten zwei oder drei Stunden Vorwarnung, so daß sie von der Stadt weglaufen konnten. Voralarm war ein Ballon, der über der Stadt wehte. Dann stiegen zwei Ballons hoch, und die Sirene heulte – höchste Zeit, sich wegzumachen. Zum letzten dringenden Aufruf holte man die Ballons runter, und die Sirene heulte anhaltend.

Einzige Opfer waren Leute, die vom täglichen Laufen in die Felder krank und müde geworden waren, einfach dablieben und es drauf ankommen ließen.

Auf Plündern stand Todesstrafe. »Sie haben rund 400 erschossen, seitdem gibt's keine Probleme mehr.« Heute war die Lage ungewöhnlich, nur vierzig Minuten Wartezeit, und die Japs, die der Grieche *ces bandits* nannte, kamen zu spät. Kunming war ohne Verteidigung, auch der Verkehr von der Burmastraße konzentrierte sich hier nicht. Roy glaubte, die Japaner benutzten Kunming als eine Art Zielscheibe für Bombenprobewürfe und für die Überlandnavigation, Teil der Ausbildung ihrer Piloten. Wir aßen Spiegelei und tranken warmes Bier, waren sehr lustig und gingen früh zu Bett, da wir vor der Morgendämmerung wieder weg mußten, gut versteckt, tief zwischen den Bergen fliegend, bevor die Japs zum üblichen Morgenangriff zurückkamen.

Das Landen in Hongkong in der dritten Nacht war genauso eindrucksvoll wie der Rest der Reise. Wir flogen stundenlang in so etwas wie Béchamelsauce. Hongkong blieb unsichtbar, der Peak ist allerdings immer da, eine Drohung für herumirrende Flugzeuge. Roy drehte und wendete, drehte und wendete, sah den Flugplatz für einen Augenblick durch ein Wolkenloch, ließ sich tiefer fallen, noch immer in diesem Kreismanöver, sah mehr, und schließlich, zweihundert Meter hoch, berührten wir fast Hausdächer und landeten sanft. Die chinesischen Passagiere neigten dazu, bei jeder sicheren Ankunft zu klatschen – Tränen in den Augen.

In der Geschichte der zivilen Luftfahrt kann es etwas Ähnliches wie die CNAC nicht noch einmal gegeben haben. Ich zweifle, ob es vergleichbare Piloten gab. Sie flogen nach dem Kompaß, auf Sicht und kraft ihrer Erfahrung. Hilfe vom Boden blieb begrenzt auf Kontakte in der Nähe von Städten, das *All-clear*-Signal beim Start und jene Wetterberichte, die man über Funk auffangen konnte. Ich erinnere mich an einen Wetterbericht: »Der Mond scheint.« Nicht sehr hilfreich. Die Piloten verdienten 1000 Dollar im Monat bei 85 Flugstunden und 10 Dollar mehr für jede Extrastunde. Für solche Summen riskieren Menschen nicht Woche für Woche ihr Leben. Sie waren ungeheuer stolz auf ihre phantastische kleine Fluggesellschaft. Und ich glaube, sie waren in ihre Art zu fliegen regelrecht verliebt. Mensch und

Maschine allein gegen die Japs und das Wetter und die Berge und die Landeplätze.

Dies war keine Horrorreise, es gab keinen einzigen langweiligen Augenblick. Voller Adrenalin und in bester Laune hätte ich nur zu gern den nächsten Flug wieder mitgemacht.

UB hatte, bevor wir die USA verließen, ein langes Stück Arbeit hinter sich gebracht, und wenn ich ihn nicht nach China gelockt hätte, würde er sicherlich seine Zeit irgendwo mit einer Angelrute in der Hand vertan haben. Und weil er so gemacht war, vertat er nun seine Zeit rund um Hongkong mit einer stetig wachsenden Bande von sogenannten Freunden. Er hatte gelernt, Kuli-Englisch zu sprechen, eine Sprache, die Verwandtschaft mit Westafrikas Pidgin und Karibik-Englisch aufwies. Man sah ihn mit Kellnern und Rikschakulis und Straßenverkäufern lachen, alle diese Gesellschaften hatten ganz offensichtlich viel Spaß miteinander. Er liebte chinesische Speisen und kam von Schlemmergelagen mit seinen anrüchigen chinesischen Freunden zurück und schwor, man habe sich von Geishas bedienen lassen, und beschrieb das Menü, bis ich ihn anflehte aufzuhören, weil mir speiübel wurde. Er war bereit, alles zu probieren, einschließlich Schlangenwein, die Schlangen vermutlich nett aufgerollt und gewürzt am Boden des Krugs.

Örtliche Gebräuche gefielen ihm, zum Beispiel das Ohrensäubern. Verkäufer mit Schachteln voller dünner

Stöckchen, obendrauf winzige, bunte Pompons, wanderten durch die Straßen, die Stöckchen waren Ohrenreiniger. Die Kunden hielten mitten in der geschäftigen Menge an, um mit unbeteiligtem Gesicht in ihren Ohren herumzustochern. Als pinkelten sie in einen Swimmingpool, meinte UB. Auch die chinesische Leidenschaft für Feuerwerkskörper machte ihm Spaß. UB kaufte täglich welche und war ziemlich enttäuscht, als ich darauf bestand, daß er sie nicht mehr in unseren Zimmern anzündete, wo sie wie explodierende Würmer über den Boden rasten. Er fand jemanden, mit dem er boxen konnte, und ging zu Rennen und erzählte, daß von den schwitzenden Pferden ein Färbemittel lief und geschickter orientalischer Betrug regierte. Von Anfang an kam er mit dem Zauber des Ostens viel besser zurecht als ich, anpassungsfähig und seiner selbst völlig sicher.

UB schrieb meiner Mutter über unser vergnügliches Hongkong-Erlebnis bis dahin und fügte hinzu, daß »M. sehr glücklich ist, sie behandelt die Männer wie Brüder und die Frauen wie Hunde«. UB war nun nicht eben der genaueste Typ auf diesem Erdenrund (ich bin's auch nicht), und so kann ich mich nicht erinnern, irgendeine Frau wie einen Hund behandelt zu haben. Mir fällt nur Emily Hahn ein, mit Zigarre und einer Menge Ahnung vom Orient, und ich war doch nicht so dumm, sie zu schneiden; und dann Madame Sun Yat Sen, klein und bewundernswert und anziehend, ganz im Gegensatz zu ihren Schwestern Madame Chiang und Madame Kung. Die waren das Letzte. Meine bevorzugte Gesellschaft waren die Männer von der CNAC mit ihren Frauen.

Ich meinerseits war nicht so rundum glücklich, während ich den Puls der Nation fühlte, und ich wurde von Tag zu Tag kleinmütiger. Opiumhöhlen, Freudenhäuser, Tanzhallen, Mah-Jongg-Salons, Märkte, Fabriken, Strafgerichte – ich sah im allgemeinen die Gesellschaft von unten statt von oben. Ein Opiumschuppen mußte für einen alten Schüler Fu Manchus aussehen wie Samt und Gold und wollüstige Sünde. Kleine erbärmliche Zimmer, mehr Flure als Zimmer, mit drei Reihen regalbrettgroßer Pritschen aus rohem Holz waren das, wo die Kulis Opium rauchten, zehn Cents für drei winzige Pillen; Opium war billiger als Essen, nahm den Appetit und gab den angestrengten, müden Muskeln eine Pause. In einem solchen Raum, hinter einer Korbfabrik, stopfte ein Mädchen von vierzehn die Pfeifen und spielte, wenn es nicht soviel zu tun hatte, mit einer Schildkröte. Eine andere solche Höhle (was für ein Wort!) war ein luftloses Loch hinter der Werkstatt eines Tischlers. Die Tischler arbeiteten von morgens sieben bis abends zehn. Ein fünfzehnjähriges Mädchen verdiente dort 70 Cents pro Tag. Die armseligen, dürren Raucher durften sie als Teil des Service tätscheln. In der nächsten Nachbarschaft lebten zwei Familien in einem Raum von der Größe eines Schlafwagenabteils für zwei Personen.

Die Chinesen, große Spielernaturen, zahlten einen Cent die Stunde, um in einem Mah-Jongg-Salon spielen zu können, bei einem Einsatz von zehn Cents je Runde. Sie spielten in konzentrierter Stille. Die Straßen waren voller Leute, die nachts auf dem Pflaster schliefen. Die Bordelle waren kleine Würfel aus Holz, die sich in einer engen Flucht aneinanderreihten. Zwei Dollar die Nacht pro Mann und Mädchen. Straßenverkauf ohne Lizenz war ein Verbrechen, die Strafe dafür konnte niemand bezahlen. Diese Menschen waren das wahre Hongkong, und dies hier war die grausamste Armut, schlimmer als jede, die ich vorher gesehen hatte. Schlimmer, weil sie den Hauch der Ewigkeit trug. So war das Leben immer gewesen, und so würde es bleiben. Die nackte Anzahl der Leiber, dicht an dicht, erschreckte mich. Da gab es keinen Platz mehr zum Atmen, diese zusammengepferchten Millionen erstickten sich gegenseitig.

Als ich schließlich eine klamme, schlechtbeleuchtete Fabrik besuchte, in der kleine Kinder Elfenbein in Kugeln schnitzten, einen Touristentand, konnte ich es nicht ertragen, noch mehr zu sehen. Ich bekam einen gelinden hysterischen Anfall.

»Sie sehen aus wie ungefähr zehn«, schrie ich UB an. »Es dauert drei Monate, eins von diesen verdammten Dingern zu machen. Ich glaube, es sind acht Kugeln in jeder Kugel. Sie sind blind, bevor sie zwanzig werden. Und das kleine Mädchen mit ihrer Schildkröte! Wir leben ja alle von Sklavenarbeit! Die Leute sind halb verhungert! Ich will weg, ich halte es hier nicht mehr aus!«

UB sah mich nachdenklich an. »Dein Problem, M., ist, daß du glaubst, jeder sei genau wie du. Was du nicht ertragen kannst, können sie auch nicht ertragen. Was für dich die Hölle ist, muß auch für sie die Hölle sein. Woher willst du wissen, wie sie ihr Leben empfinden? Wenn es so schlimm wäre, wie du glaubst, würden sie sich umbringen, statt noch mehr Kinder zu machen und Feuerwerkskörper zu zünden.«

Vor lauter qualvollem Grübeln über das Los meiner chinesischen Mitmenschen geriet ich in einen Zustand hysterischen Ekels, der kaum je nachließ. »Warum müssen sie bloß alle soviel spucken?« jammerte ich. »Man kann den Fuß nicht aufsetzen, ohne in einen dicken, schleimigen Glitsch zu treten! Und alles stinkt nach Schweiß und Dung!« Ich hätte mir natürlich selbst sagen können, daß das Spucken zur ortsüblichen Tuberkulose gehörte, und was den Gestank betraf, so hatte ich ja gesehen, wo und wie die Leute wohnten. Ich wußte, daß ich mich gemein benahm. Um weiteren hysterischen Anfällen zu entgehen, zog UB mit mir in ein Landhotel an der Repulse Bay um. Wir konnten uns nicht weiter entfernen, weil wir unsere Papiere und Genehmigungen für die Reise ins Innere noch nicht erhalten hatten. Das Hotel an der Repulse Bay war so englisch wie nur möglich, stand in einem hübschen Garten und war ganz in Chintz aufgemacht. Diener auf sanften

Sohlen trugen rosa Gin-Cocktails herum. Kein Spukken, kein Gestank, keine sichtbare Armut. UB neckte mich, weil ich in dieser sauberen, alles andere als orientalischen Enklave so zufrieden war, aber er war selbst recht glücklich. Er hatte nun genug Gesellschaft gehabt, und es reichte ihm, zu lesen und über die Hügel zu wandern.

Wir entschlossen uns, mittags in einer Sampan-Stadt essen zu gehen, bei mildem Wetter ein netter Spaziergang mit der Aussicht auf ausgefallene Fischgerichte. Die Sampan-Stadt verzückte mich – aus der Entfernung sah sie aus wie das malerische China in Filmen. Eine chinesische Frau stolperte die staubige Straße entlang, kam auf uns zu, und das gefiel UB, weil er für betrunkene Chinesen durchaus etwas übrig hatte. Ich glaube, er hielt die Hongkong-Chinesen mit ihrer Leidenschaft für Spiel, Reiswein und Feuerwerk für große Lebenskünstler. Dann begann die Frau Blut zu spucken und brach zusammen. UB sagte: »Sie ist fertig, die arme alte Lady«, und zog mich schnell weiter.

Wir hatten gerade die Choleraepidemie aus der Nähe gesehen. Die Choleraepidemie war die Folge von Luftschutzübungen, die man erst vor kurzem aufgegeben hatte. Vom Klang der Sirene in Angst und Schrekken versetzt, kippten die Latrinenkulis ihre Körbe mit Exkrementen einfach ins Wasser und flohen. Und Cholera brach aus. Ich bin sicher, daß UB stärker vom Anblick der sterbenden Frau beeindruckt war, als er je zugab. Er wurde nun zum Sanitätsbeamten unserer Chinareise. In China muß Wasser abgekocht werden, und man muß sehen, daß es abgekocht wird – so wie man ein Auge auf die Gerechtigkeit halten muß. UB überwachte das. UB kontrollierte auch die Chinineinnahmen, die ich sonst vergessen oder durcheinandergebracht hätte. Er sorgte dafür, daß wir zusätzliche Impfungen gegen alle grassierenden Krankheiten bekamen. Allein hätte ich nur die Hände gerungen und gestöhnt und mir alle Krankheitskeime gefangen, und das wäre mein Ende gewesen.

Über die kämpfende chinesische Armee zu berichten schien ein ganz vernünftiges Vorhaben zu sein – in New York, in China aber geradezu absurd bei diesen Entfernungen, dem Mangel an Straßen und Transportmitteln und jeglicher Form der Kommunikation und bei dem leisen Verlauf dieses Krieges. Die Japaner hielten die besten drei Viertel Chinas besetzt und hatten keine Veranlassung, weiter vorzustoßen. Sie bombardierten, ohne auf Widerstand zu stoßen, wie es ihnen gefiel. Es gab keine Front in der Nähe des entlegenen Tschungking, so daß UB entschied, wir sollten doch einen kurzen Sprung durch die Luft über die Berge in der Nachbarschaft machen und damit über die Japs hinweg, um uns dann auf dem Rückweg von hinten der Front bei Kanton zu nähern, und die war gleich neben Hongkong. Ich wundere mich jetzt, daß diese Reise je zustande kam. Seinerzeit, als ich keine Ahnung von den tatsächlichen Hindernissen hatte, kochte ich vor Wut und nörgelte herum und beschwerte mich über die Verzögerung. Was war für Kriegsberichterstatter natürlicher, fragte ich, als daß sie sich den Krieg ansahen?

Meine kleinen Einblicke in die Verhältnisse im Landesinneren hatten mich auf Ideen gebracht. Ich kaufte Keatings Floh- und Lauspulver ein, Flit, Thermosflaschen für abgekochtes Wasser, Desinfektionsmittel für nicht abgekochtes Wasser, Handtücher, Moskitonetze und Schlafsäcke und bildete mir ein, wir seien komfortabel ausgerüstet. UB übernahm die mühselige organisatorische Arbeit und kaufte nicht genügend Whisky ein, aber wie hätte er auch ahnen sollen, daß chinesische Generale dieses neue schmackhafte Getränk wie Wasser runterspülen würden. Wie sich herausstellte, flogen wir in anderthalb Stunden von Hongkong nach Namyung, wo die echte Schreckensreise erst anfing, und brauchten sieben Tage, um die Hälfte dieser Entfernung über Land zurückzulegen.

Am 24. März 1941 fanden wir uns mitten in der Nacht mit unserer Ausrüstung auf dem Flugfeld von Hongkong ein und standen erst einmal bei stürmischem Wind herum, bis der Flug abgesagt wurde. Sicht in Namyung null. Am nächsten Tag starteten wir um elf Uhr morgens bei wolkenverhangenem Himmel nach Namyung. Aus meinen Notizen: »Schöne Landung (blind).« Wie toll ich mich doch schon fand als alter Flughase in China! Es regnete in Namyung. Hier trafen wir nun die erste Gruppe unserer chinesischen Begleiter. Ich beschrieb sie meiner Mutter als »zwei chinesische Offiziere, wenn man so will, denn der eine kam vom politischen Flügel, der andere aus dem Transportwesen. Mr. Ma, der Politoffizier, war unser Dolmetscher und entpuppte sich recht bald als Idiot … Mr. Ho, der Transportkönig, war so tüchtig, wie man es als Mensch in diesem abstoßenden Land wohl nur sein kann. Wir mochten ihn sehr. Er sprach eine Sprache, die an Französisch erinnerte, und verfügte dabei über einen Wortschatz von rund dreißig Wörtern.« Doch während Mr. Ho, der uns gut gefiel, aus meinem Gedächtnis spurlos verschwunden ist, lebt Mr. Ma dort gut aufgehoben weiter.

An Mr. Ma war alles rund: runde Brille, runde Nase, runde Backen, runder Mund; er lächelte ständig oder wartete mit offenem Mund darauf, lächeln zu können. Er sagte, er sei an der Universität von Michigan ausgebildet worden, was wir ihm nicht eine Minute lang glaubten. Und mit der Zeit begannen wir zu zweifeln, ob er überhaupt Englisch oder Chinesisch verstand. Sein Lächeln konnte einen wahnsinnig machen. Armer Mr. Ma, dieser gutmütige Schwerarbeiter, er konnte nichts dafür, er war ein Narr.

In China waren die Fahrzeuge mit einem Fahrer besetzt und einem Mechaniker, der rausspringen mußte, um den Motor anzuwerfen, der am Motor herumfummelte, Reifen wechselte und Steine hinter die Räder klemmte, damit das Fahrzeug nicht wegrollte. Wir machten uns in einem kleinen, alten Chevrolet auf den Weg, zu sieben Personen, wobei UB und ich allemal dikker waren als jeder Chinese. Eingezwängt bekamen wir den ersten Geschmack von den ohnehin seltenen Straßen. Das waren keine Straßen, das waren Ströme von Schlamm, mit tiefen Fahrspuren, ausgelatscht und mit Steinen übersät. Man hielt nach jedem rückgratbrechenden Aufprall den Atem an. Die Reifen explodierten wie Feuerwerkskörper. Diese Fahrt währte bis zur Dunkelheit, und dann kamen wir zu unserem Hotel, Das Licht von Shaokwan, in einer Stadt gleichen Namens.

Mr. Ma hatte uns versichert, es sei ein elegantes Hotel, und folglich waren wir gleich ein bißchen entmutigt. Wir hatten ein Zimmer mit zwei Podesten aus Planken als Betten, einem wackeligen Bambustisch, einer Messingschüssel, einem harten Bambusstuhl und einem Bambusschemel, zwei Spielzeugkerosinlampen, Malariamücken sowie ein Stehplumpsklo am Ende des Flurs. Das Klo muß wohl einzigartig gewesen sein, da ich es nicht haßerfüllt erwähne; vielleicht gab es einen Krug mit Wasser zum Spülen. Es regnete noch immer, es regnete überhaupt immer, und es war kalt, aber Kälte schien die Mücken nicht zu stören.

Ich wunderte mich laut über die Waschmöglichkeit: Wie bitte schön sollten zwei Leute mit einer Schüssel Wasser zurechtkommen? Sollten wir uns die Zähne beide mit demselben Wasser putzen und dann damit das Gesicht waschen? UB sagte mir allen Ernstes, ich solle mich überhaupt nicht waschen, und wenn ich auch nur davon träumte, mir die Zähne zu putzen, sei ich verrückt. Ich täte besser daran, meinen Sauberkeitswahn unter Kontrolle zu bringen. »Kopf hoch«, sagte UB und kämpfte mit einem Moskitonetz. »Wer wollte denn nach China?«

Wir verbrachten nur drei Tage in Shaokwan, ein Geschwindigkeitsrekord, und machten in dieser Zeit unsere Höflichkeitsbesuche. Sie brachten mich zur Verzweiflung, alle diese Höflichkeitsbesuche, damals wie später, aber UB schlug sich heldenhaft. Die Last hatte voll und ganz er zu tragen, er allein mußte Komplimente austauschen und auf blumige Trinksprüche antworten. Als Frau hatte ich einfach nur zu lächeln, ich konnte es mir erlauben, einfach nur dabeizusein, still und leidend, und war dennoch manchmal so außer mir, daß ich in verrücktes Gekicher ausbrach, welches einfach ignoriert wurde. Mr. Ma übersetzte, langsam und schwerfällig. Wenn ich nach all diesen langen Jahren darüber nachdenke, muß ich UB Anerkennung zollen für seine Geduld und Höflichkeit, keine seiner bekanntesten Qualitäten, und ich glaube, er wollte die Ehre der Vereinigten Staaten retten. Er war auch genötigt, schmetternde Reden zu halten. Wie hat er das nur überlebt? Die Freude an chinesischem Essen half ihm ein wenig dabei, auch daß er den Reiswein ertrug, für mich schlicht gelbes Kerosin. In Shaokwan notierte ich:

»Lunch mit General Yu. Sieht aus wie Buddha. Der Generalstab mit Chu, Chiang, Wong, Chen etc. Leere Gläser ... nur chinesisches Feuerwasser. Riesige Mengen an Speisen. Vor dem Lunch viele Komplimente ausgetauscht. UB einfach hinreißend. Trinke Tee an einem separaten Tisch vor und nach dem Essen. Nach Hause zu den Mücken.«

Während wir auf irgendwelche weiteren Genehmigungen warteten, fuhren wir mit General Chu, und ganz sicher ohne jede Begeisterung, auf der ruinösen Straße zu einem Kloster. UB hatte nichts für Besichtigungen übrig. Ich erinnere mich immerhin, daß ich dachte: Das hier ist eine noch weniger anziehende Religion als die meisten. Aus meinen Notizen: »Zwei Tore, beide mit riesigen Holzstatuen von bunten bösen Teufeln, acht Meter hoch. Drinnen ein Tempel, 500 Tonbuddhas, drei gewaltige Goldbuddhas. Große Glocke. Priester in Blau, alle schmutzig, sehen wie Kretins aus, sechs kahlrasierte Stellen auf dem Kopf zeichnen die Vollpriester aus. Schöne Bäume. Niemand kennt ihre Namen.«

Wir fuhren zweimal eine Dreiviertelstunde hin und her, gerüttelt und gestoßen, um dann mit dem Provinzgouverneur zu frühstücken. Er mußte sein Gesicht wahren und durfte sich in Gastfreundschaft nicht vom General übertreffen lassen. Wir bekamen Jasmintee serviert, der schmeckte wie Kölnischwasser, und süße Kekse. Aber ich hätte Shaokwan gesegnet, hätte ich gewußt, was vor uns lag. Statt dessen wollte ich nur fort, nur den Komplimenten und Generalen entfliehen und damit dem Flitsprühen im Licht von Shaokwan und dem Chininschlucken und dem Lesen auf einem Bambusschemel. »Was man auch über den Krieg sagen mag«, erklärte ich UB gegenüber, »wenn man erst an die Front kommt, ist es wenigstens nicht langweilig.« UB hob die Brauen, aber enthielt sich eines Kommentars.

Wir verließen Shaokwan in einem sehr alten Lastwagen. In der Kabine der Fahrer, der Mechaniker und wir. Hinter uns unsere Eskorte, drei Offiziere – ein netter Generalstabsoffizier namens Tong, der nur Chinesisch sprach, gesellte sich zu uns, ebenfalls spurlos aus meinem Gedächtnis verschwunden – und vier Soldaten in verschossenen Baumwolluniformen, die alle etwa zwölfjährig aussahen. Die Straße übertraf alles bisher Dagewesene. Wir klammerten uns mit einer Hand an das Dach des Lastwagens, setzten einen Fuß aufs Armaturenbrett, und obwohl wir zusammengepreßt dasaßen wie siamesische Vierlinge, wurden wir schlimm zerschlagen. Der Trip dauerte drei Stunden und brachte uns 35 Meilen weiter, und dann hörte die Straße ganz auf. Da alles neu war und unser Unternehmungsgeist ungebrochen, waren wir immer noch imstande zu lachen, solange wir Luft dazu hatten. Meine Notizen sprechen von »einem Lastwagen, in dem man sich verletzen kann«. So kamen wir ans Ufer des Nordflusses, der auf der Karte aussah wir ein sich dahinschlängelndes Flüßchen, aber er war so breit wie der Mississippi und so bevölkert wie ganz China. Unser Transportgerät zu Wasser war ein uraltes, verrostetes Chriscraft-Boot, das einen großen geschlossenen Sampan an einem Tau hinter sich herzog, das wie eine Wäscheleine aus Bast aussah. Es war das einzige Motorboot auf dem Fluß.

Der Pilot oder Kapitän des Chriscraft war ein dürrer, kleiner Greis mit ein paar grauen Strähnen als Bart und einer Bambuspfeife. Er saß vorne in der Kabine im Schneidersitz stumm auf einem hohen Schemel. Ein Knirps, sein Enkel, wohnte offensichtlich in der Toilette, einem Klo, das unaussprechlich stank und verdreckt war. Er diente dem Kapitän als Steward, brachte ihm Schüsseln mit Reis und Tee und stopfte ihm die Pfeife. Alle zwei Stunden pumpte er das Chriscraft leer, um es vor dem Sinken zu bewahren. Auf dem Sampan ließ sich unser Militärkontingent bei der Sampan-Familie nieder, Abkömmlingen des Chriscraft-Greises, bestehend aus zwei Frauen, einem neugeborenen Baby (das dauernd weinte), zwei Jungen und zwei Männern. Die Frauen kochten für alle auf Holzkohleöfen. Die Teenager-Soldaten machten für die Offiziere die Betten und kochten Wasser für unsere Thermosflaschen.

Alles war bestens, bis auf die Tatsache, daß es für UB und mich keinen Platz gab. Wir zogen auf das kleine schräge Dach des Chriscraft, wo wir uns auf aufgewikkelten Tauen und Bootshaken niederließen, nicht den bequemsten Matratzen, und waren froh, an frischer Luft zu sein, weit weg von den alles durchdringenden Gerüchen und den ebenso durchdringenden Geräuschen. UB sagte: »Du wirst dich dran gewöhnen müssen, M. Du wolltest nach China.« Jeder Mensch hat seine Eigenarten. Eine der meinen ist leider eine unbezwingliche Reaktion auf das Geräusch des Abhustens und Ausspuckens von Schleim. Meine Reaktion besteht in Brechreiz. Es ist kein heftiger, ausgiebiger Brechreiz, nur ein plötzlicher, vorübergehender Krampf. Jenes Geräusch war die Hintergrundmusik, die vom Sampan kam.

Ich störte mich nicht an Rülpsern, egal wie lang, grollend oder gasig sie waren. Ich war immun gegen das Dauergeschwätz der Chinesen, das nicht melodisch ist, sondern ein näselnder, rauher Singsang. Das Schleimhusten schaffte mich. »Steck dir Watte in die Ohren«, sagte UB. »Du verpaßt nichts.« Wir hatten keine Watte. Mit der Zeit lernte ich, so zu würgen, daß es aussah, als hätte ich mich verschluckt. Niemand bemerkte es außer UB, der mich spöttisch anstarrte. Die Strafe entsprach nicht annähernd dem Verbrechen. Wer hatte uns schließlich nach China gebracht?

Vom Kabinendach aus hatte man eine hübsche Aussicht. Kleine Tempel sprossen aus Felsspalten, Segeldschunken wurden den Fluß hinaufgezogen, mit Gesang wie dem der Wolgaschiffer. Bambus und Kiefern wuchsen am Ufer. Sandbänke lagen wie Walrücken im Strom. Wir sahen einen Reiher und dann eine einzelne schwarze Ente. »Das ist bis jetzt das beste Zeichen«, sagte UB. Es war sehr schön und ruhig. Nach fünfundvierzig Minuten riß das Tau. Mr. Ma sah sich Bilder im *Time*-Magazin an. Mr. Ho schlief. Das Baby weinte.

Um vier nachmittags legte der Sampan am Chriscraft an. Es war Essenszeit. Wenn alles gutging, erhielten wir zwei Mahlzeiten am Tag, ungefähr um neun Uhr vormittags und um vier am Nachmittag. Eine Schüssel mit Reis und Tee, sofern wir nicht zu den Komplimenten und der Gastronomie von Generalen geladen wurden. Zum Nachtisch tranken wir Whisky mit glühendheißem Wasser aus unseren Thermosflaschen. Der Fluß glitzerte silbern im Abendlicht. Blauschwarze Berge standen vor einem grünlichen Himmel. Als wir an den armen Dörfern am Fluß, an Hütten auf Pfeilern und dicht zusammenliegenden Sampans vorbeiglitten, sagte UB: »Sie glauben wohl, die schönen Tage sind wieder da. Die Touristen kommen zurück an den Nordfluß.« Und dann schlief er, ein Talent, um das ich ihn beneidete. In der sternenlosen Nacht fingen wir an, auf Sandbänke aufzulaufen. Ein Mann von unserem Sampan maß mit einem Bootshaken den Wasserstand. Andere nicht sichtbare Bootsleute riefen zu uns herüber. Ich vermute, wir waren ein Verkehrshindernis. Nach dem fünften Hängenbleiben und Runterschleifen wickelte sich das Tau um die Schraube, das Chriscraft drehte sich im Kreis, und der Sampan bumste gegen unser Heck. Das Militär lag bequem zusammengerollt auf dem Boden des Sampans und schlief in seiner langen Unterwäsche.

»Mr. Ma! Mr. Ma! Fahren diese Boote immer bei Nacht den Fluß hinunter?« Mr. Ma wurde wach, setzte die Brille auf. »Oh, ja, immer. Sehr oft, vielleicht.«

»Fahren sie jetzt freiwillig, oder haben Sie es befohlen?« Ich konnte mir nur zu gut vorstellen, hier für immer mit zerbrochener Schraube festzuhängen.

»Sie sagen, sie können nichts mehr sehen.«

»Na gut, dann lassen Sie uns doch ankern.«

»Wir fahren jetzt zurück zu der Stadt da. Das ist sicherer.«

Irgendwie kamen wir auseinander und tuckerten ans Ufer zu einem Sampan-Dorf; die Umrisse der festgemachten Boote waren im Flackern der Kerosinlampen zu erkennen, ihre Gerüche und ihre Geräusche und ihre Mücken umschwirrten uns in einer dichten Wolke. UB erwachte, setzte sich kerzengerade auf und verkündete: »Diese Stadt heißt Tintack, das Seuchenzentrum von Südchina.« Er kam zwischen den aufgewickelten Tauen auf die Füße und rief wohlwollend: »Na, Jungs, habt ihr eine Sorte Cholera, die wir noch nicht haben?« Frauen kreischten, Babys heulten, Leute sprangen vor uns weg, zogen sich auf entferntere Sampans zurück. Ich schimpfte UB aus, weil er die Bevölkerung anscheinend vor Angst um den Verstand brachte. Er sagte, er versuche nur, freundlich zu sein, die Jungs müßten sich doch verdammt einsam fühlen mit ihrer Cholera. Ob ich denn nicht die schwarze Flagge gesehen hätte? Worauf ich zurückknurrte, er bilde sich das ein, selbst ein Mr. Ma wäre nicht so idiotisch, uns mitten in einer Choleraepidemie ankern zu lassen. UB fiel wieder in Schlaf, während ich einem Mann zuhörte, der auf unserm Sampan oder in der Nähe langsam, aber geräuschvoll drei Schüsseln voll Essen leerschlürfte, und dann seine Rülpser zählte. Im Dorf wurden die Gespräche wieder aufgenommen, Männer am Ufer sangen weitere Wolgaschifferlieder. Für drei Stunden der Dunkelheit war es in China fast still. Als der Morgen dämmerte, sah ich die schwarze Flagge.

Wir gingen um 9 Uhr 30 im Morgengrauen an Land, vierundzwanzig Stunden nach der Abfahrt vom luxuriösen Licht von Shaokwan. Wir landeten nicht an einer bestimmten Stelle, sondern schlitterten eine Schlammbank hinauf, die sich in nichts von allen übrigen Schlammbänken am Fluß unterschied. Ein Zug Soldaten in durchgeweichten Baumwolluniformen, acht Stallkulis und acht zwergenhafte Pferde waren angetreten, um uns zu empfangen. Menschen und Tiere schlotterten vor Kälte. UB nahm die Begrüßung durch den Zug in bestem Stil entgegen und sagte, sein Pferd sei gut dran, er könne ja gleichzeitig gehen und reiten, so daß sein Pferd dann sechs Beine habe. Ich machte mich daran, auf mein Pferd zu steigen, das wild ausschlug. Mr. Ma machte sich davon, rutschte aus und fiel flach in den dicken Matsch. Wir setzten uns bei strömendem Regen in Bewegung, allesamt stumm vor Erschöpfung.

Die Gangart der scheußlichen kleinen Pferde war mit keiner anderen bekannten Fortbewegungsweise eines Pferdes zu vergleichen. Es gab keine Möglichkeit, sie ohne Schmerzen zu reiten. Wenn zwei sich zu nahe kamen, schlugen sie aus und bissen sich. Die Stallkulis schrien sie an und prügelten mit langen Stöcken auf ihre Nüstern. Wir rückten durch unter Wasser stehendes Gelände vor, an einem Bach entlang, der durch den unaufhörlich schüttenden Regen mit schmutziggrauem Wasser gefüllt war, als käme es aus einem gigantischen, schäumenden Waschkessel. Schließlich kamen wir bei einer Kadettenausbildungsstätte an, wo wir zwei neue Gebäude inspizieren sollten. Die Posten kreischten Achtung, die Pferde schlugen aus, bissen und wieherten, wir tropften in die Gebäude hinein und wurden mit Tee, Grapefruit und Komplimenten bewirtet.

An die Gebäude ist mir keine Erinnerung geblieben, nur an die Fotos, die die Wände in der Offiziersmesse schmückten: Hitler, Mussolini, Daladier, Chamberlain, Roosevelt, Stalin, Göring, Tschiang. »Große Staatsmänner der Welt, mehr oder weniger«, sagte Mr. Ma. Wir überstanden die Abschiedskomplimente und ritten in strömendem Regen fünf Meilen weiter zum Divisionshauptquartier. Jetzt konnte man auch die ersten Triumphbögen sehen. Ich habe niemals wieder Triumphbögen für die Presse gesehen oder auch nur von solchen gehört; unser Seltenheitswert war vielleicht die Erklärung dafür. Die politische Abteilung, deren Werk sie waren, hatte sonst wohl wenig zu tun. Die Bögen waren aus Papier, mit der Hand beschrieben, im Regen ausgelaufen und auf Pfählen entlang des Weges errichtet. »Willkommen, unsere internationalen Freunde. Vereinigt alle demokratischen Nationen. Willkommen, Vertreter des Friedens und der Gerechtigkeit. Wir werden Widerstand leisten biß zum entgültigen Siek (sic!).« Ähnliche Botschaften begrüßten uns überall auf dem langen Treck. Einmal lief ein Mann neben unserer Kavalkade her und fragte, wohin wir als nächstes gingen, damit die politische Abteilung wieder einen Bogen aufstellen könne. Mein Lieblingsbogen war geheimnisvoll: »Nur die Demokratie überlebt die Zivilisation.« UB und ich brüteten über den Sinn, kamen aber zu keinem Schluß.

»Mr. Ma, was sind das da für Bäume?«

»Ganz gewöhnliche Bäume.«

UB lachte und versteckte es hinter einem Rülpser. Ich wußte ja schon, daß Mr. Ma als Quelle für Wissen nicht taugte, aber ich konnte mich eben nicht zurückhalten. Mr. Ma war mit seinen schwächlichen Sprachkenntnissen unsere einzige Verbindung zu den Menschen und Orten. Auf dem Fluß hatte ich auf eine der Barken gezeigt, die von singenden Männern stromaufwärts gezogen wurden, und gefragt: »Was befördern diese Boote, Mr. Ma?« – »Fracht, mehr oder weniger.« – »Wiesollichsnennen« diente Mr. Ma als Allzweckauskunft.

Fröhliches Geplauder beflügelte uns wohl an keinem Tag, aber an jenem ersten patschnassen Tag waren wir obendrein noch blind. Falls es etwas zu sehen gab, konnten wir es in dem peitschenden Regen nicht ausmachen. Wir versuchten, das Wasser aus unseren Hosenbeinen zu wringen, bevor wir mit dem General (Lin, Liu, Chen, Chang, was soll's?) zusammentrafen, der über einen dort kaum erhofften Kohleofen verfügte, an dem wir sitzen konnten, während wir uns technische Informationen über seine Division einflößen ließen. Tschiangs Armeen waren in neun Kriegszonen unterteilt; wir besuchten einen Sektor der Siebten Kriegszone. Das Gebiet war etwa so groß wie Belgien, bei einer Bevölkerung von 30 Millionen Zivilisten und 150000 Soldaten. Es gab keine Straßen und ganz offensichtlich keine motorisierten Transportmittel. Ich habe noch nie so viele zweirädrige Karren gesehen. Die Bevölkerung von Belgien beträgt 10 Millionen, und es wirkt wie ein dichtbesiedeltes kleines Land.

Kreuz und quer durch diese weite Region führten nur schmale Fußpfade, die ungezählte Dörfer verbanden, jedes bedauernswerter und reizloser als das nächste, dörfliche Elendsviertel aus Lehmblöcken. Die Hauptquartiere bestanden manchmal aus einem neuen Holzhaus, manchmal aus einem Haus aus Matten auf Stelzen oberhalb des Ententeichs. Das Teichwasser bestand aus verfaulendem Abfall und Schlamm, kaum aus Wasser; Schweine wühlten im Dreck, Fliegen schwärmten umher, und über allen Dörfern hing der Geruch Chinas: Fäkalien, der todbringende Dünger der Nation.

Ich hielt viele jetzt bedeutungslose Details über die Formationen, das Training, die Bewaffnung und die Aktionen der Zwölften Armeegruppe fest, die diesen Frontsektor verteidigte. Die entlarvende Notiz lautet: »Die Soldaten sehen immer aus wie traurige Waisenkinder.« Sie waren zum Weinen, diese unglücklichen Jungen, gewöhnlich barfuß, mit Wickelgamaschen an nackten Beinen, gekleidet in Baumwolluniformen. Man zahlte ihnen einen Hungerlohn, etwa 2,80 US-Dollar pro Monat und ein noch kleineres Reisdeputat. Von diesem Geld mußten sie ihre Lebensmittel selbst kaufen. Reis war reichlich da, aber sie konnten es sich nicht leisten zu kaufen, was sie brauchten. Die Soldaten, nicht die Generale, waren sehr dünn. Strafen und Disziplin waren preußisch. Obwohl wir uns alles genau ansahen, konnten wir nie ein Militärhospital entdecken, nicht einmal eine Sanitätsstation. Ich schwankte hin und her, wen ich am meisten bedauern sollte – die Bauern oder die Soldaten.

Unsere erste Nacht in der Kampfzone glich allen anderen. Wir schlotterten auf unsern Plankenbetten vor Kälte in unseren nassen Kleidern, dösten, wachten auf, um noch mehr zu zittern, und um sechs Uhr morgens wurden wir geweckt. UB bestieg sein Miniaturpferd um sieben und ritt fünf Meilen zurück, um vor Kadetten, die ihre Prüfung ablegten, eine zündende Ansprache zu halten. Ich bin mehr und mehr verwundert, daß er mich nicht erwürgte. Als er zurückkam, fragte ich ihn, was er den Jungen gesagt habe. Er starrte mich an. »Mach dich nicht lustig darüber, M., ich mußte vielleicht schon schlimmere Dinge tun, aber ich bezweifle es.«

Wir machten uns um zehn auf den Weg und ritten und gingen bei klarem, kaltem Wetter bis zum späten Nachmittag, fünfundzwanzig Meilen, gelegentlich mit einem erfrischenden Zug heißen Wassers aus unseren Thermosflaschen, aber ohne Essen. Es war hügeliges Land, wie eine endlose Achterbahn. In den Tälern pflügten die Bauern mühselig ihre Felder hinter Wasserbüffeln, Bauer und Büffel zur Hälfte in grauem Matsch steckend. Wir kamen durch schmuddelige Dörfer, jedes verziert mit einem Triumphbogen für uns und einem Ententeich samt Malaria für sich selbst. Niemand hatte je zuvor fremde weiße Teufel gesehen. Die Kinder schrien entweder vor Aufregung oder schluchzten vor Angst. Die Erwachsenen hatten versteinerte Gesichter, sie waren vom Leben ausgebeutet, von unvorstellbaren Krankheiten entstellt und gezeichnet. »Wenn uns nur nicht die Nasen abfallen«, murmelte UB, nachdem er wieder einen Bauern mit einem kleinen roten Loch in einem verwüsteten Gesicht gesehen hatte.

»Es sah aus der Luft so wunderbar aus«, sagte ich niedergeschlagen zu UB. »Die Berge und die Felder. Und nun sieht's nach nichts aus.«

»Es sieht groß aus«, sagte UB.

Wir rasteten abseits des Wegs unter einem breiten namenlosen Baum. Bäume waren selten, ein Luxus. Das Land brauchte man für die Produktion von Nahrungsmitteln. Die steilen Hügel trugen Büsche und hohes Gras. Vielleicht waren alle nützlichen Bäume gefällt und in Bauholz verwandelt worden. Sogar hier, mitten im Nirgendwo, gab es vorbeiziehenden Verkehr. Ein Händler mit einem Strang Sandalen um den Hals, ein Händler mit einem Karton voller Zahnstocher, ein Mann mit einem Sarg auf dem Rücken. »Der da hat eine gute, krisenfeste Arbeit, viele Kunden«, sagte UB.

Ich bemerkte, daß einige der nicht enden wollenden Hügel mit schwarzen Stoppeln bedeckt waren, und fragte Mr. Ma danach, wahrscheinlich, um zu testen, ob ich noch reden konnte: »Warum brennt man diese Hügel da runter, Mr. Ma?«

»Um die Tiger loszuwerden.«

»Tiger, Mr. Ma?«

»Ja, viele, mehr oder weniger. Sie müssen wissen, die Tiger fressen bestimmte zarte Wurzeln und süße Gräser, und wenn alles verbrannt ist, werden sie hungrig und verschwinden.«

UB legte sich mit dem Rücken auf den steinigen Grund, streckte das Gesicht zum Himmel und grinste, als hätte er die Engel singen hören. Mr. Mas vegetarische Tiger haben über die Jahre eine sehr komplexe, wechselnde symbolische Bedeutung angenommen und holen mich jedesmal in den schwärzesten Stunden meiner Schreckensreisen wieder ein.

Meine Notizen vom Tagesende halten fest: »UBs Pferd fiel auf ihn.« UB streckte den Arm über den Sattel und unter den Bauch des Pferdes und hob es hoch, murmelte etwas von Grausamkeit gegenüber Tieren und fing an, mit dem Pferd auf den Armen weiterzugehen. Ich sagte scharf: »Setz das Pferd ab.« Er sagte: »Nein, werde ich nicht tun. Das verdammte arme Pferd.« Ich sagte: »Du beleidigst die Chinesen. Setz es ab.« Er sagte: »Meine Loyalität gilt zunächst diesem Pferd.« Ich sagte: *»Du mußt jetzt das Pferd runterlassen! Bitte!«* – »Okay, armes altes Pferd, geh selbst, wenn du kannst.« Den ganzen Nachmittag lang hielt sich der Stallkuli hinter mir den Bauch und stöhnte.

An jenem Abend blieben uns Generale erspart. UB wäre zu Komplimenten nicht imstande gewesen. Wir zitterten und schliefen in einer Art Schuppen mit einer Matte als Trennwand zwischen uns und dem Militär. Oder besser – UB schlief. Ich lauschte und entdeckte, daß es noch schlimmer war, wenn sie ihr Rotzen mit einem langen, schleimigen Husten begannen.

Der Morgenritt im Regen war nur vier Meilen lang, bevor wir Reis und Tee zum Frühstück einnahmen. Der General namens Wong sah aus wie eine chinesische Puppe, sehr niedlich. Wir studierten mit ihm ganz ernst die Landkarte. Er zeigte uns, wie die Japaner 1939 und dann wieder im Mai 1940 von Kanton aus in einem Angriff mit drei Spitzen fast Shaokwan erreicht hatten. General Wong erklärte die Schlachtordnung für den Fall künftiger japanischer Angriffe: Die vorn liegenden Maschinengewehrposten würden sie aufhalten, die Reserven zögen auf, und die Japaner würden von Artillerie- und Mörserfeuer pulverisiert werden.

Das klang unwahrscheinlich, weil die Japaner Flugzeuge hatten, die Chinesen aber nicht. Ich für meinen Teil glaubte, daß die Japaner Shaokwan oder irgendwelche anderen Orte ihrer Wahl nicht eingenommen hatten, weil China ohne Straßen und riesig war und die Japaner, genauso unglaublich grausam wie die Nazis, den chinesischen Bauern beigebracht hatten, sie so zu hassen, wie es ihre Naziverbündeten den russischen Bauern beigebracht hatten. Verbrannte Erde ist die Waffe des Bauern. Zweimal verbrannten hier die Bauern ihre Ernten und ihren gelagerten Reis. Sie töteten alle Tiere, die sie nicht wegführen konnten, und ließen für die Japaner nur Leere übrig. Chinesische Soldaten waren Bauernsöhne. Obwohl man ihnen 1000 US-Dollar für jeden lebend gefangenen Japaner bot, gab es keine lebenden Gefangenen. Wie Rußland ist auch China kein Land, das man überfällt, wenn man bei Vernunft ist.

Am Nachmittag nahmen wir an einer Versammlung auf dem Paradefeld teil, das Regiment in Reihen dicht an dicht, die Soldaten zitternd vor Kälte, und dazu hundert Dorfälteste, aneinandergedrückt und vor Kälte schlotternd. Es war nicht so schlimm, weil UB keine Rede halten mußte. Wir hörten uns die Übersetzung der Reden an, aber Mr. Mas »Wiesollichsnennen« machte sie unergründlich. Mr. Ma war ganz erschöpft vor lauter Übersetzen. »Sie sagen, wenn die US wiesollichsnennen, dann machen wir den Rest. Sie lassen ihre amerikanischen wiesollichsnennen grüßen und hoffen, daß sie sehr glücklich sind mit der wiesollichsnennen Armee.« Reden waren überflüssig, da die Gegend mit Schildern geschmückt war, die uns die Parole für den Tag lieferten. »Nieder mit den Japanern. Die Welt wird es leichter haben. Unterstützung für Präsident Roosevelts Rede. Hilfe zur Demokratie-Nation. Internationale Hilfe und Sympathie immer gern gesehen.«

Mr. Ma sagte, dieses Dorf sei tausend Jahre alt, und das konnte wohl stimmen. Sie bauten ihre Dörfer wie Kaninchenhöhlen, Haus klebte an Haus an schlammigen, ziellosen, schmalen Wegen. Keine Gärten, kein freier Grund außer am Ententeich. Vielleicht zwang sie der für Reisfelder benötigte Raum dazu, in einem so engen Haufen zusammenzuleben, immer zu viele Leute auf zu wenig Raum. Oder vielleicht gefiel es ihnen so, weil sie froren in ihrem riesigen Land.

Wir wurden in einem Steinhaus in einem Steinzimmer auf einem Steinboden einquartiert. Es war sehr kalt. Die Tür öffnete sich hin zur Straße und ihren Gerüchen. Die Mücken wetteiferten mit den Fliegen und verloren. Der Whisky, unsere einzige Wärmequelle, war dank des begeisterten Zuspruchs der Generale zu Ende gegangen. Ich lag einen Fuß hoch über dem Boden auf meinen Brettern und sagte in die Dunkelheit hinein: »Ich möchte sterben.«

»Zu spät«, antwortete UB aus der anderen Ecke des Zimmers. »Wer wollte nach China?«

Warum dieses Dorf ein besonderes Problem darstellte, weiß ich nicht mehr. Am kalten grauen Morgen wurde ich mit der unfairen Tatsache konfrontiert, daß sich ein weibliches Wesen nicht mit Anstand erleichtern kann, und in einer Landschaft mit nackten Reisfeldern, einem schlammigen Meer, gab es keinen Ort, um sich zurückzuziehen. Die Dorflatrine war ein öffentliches Monument, ein Bambusturm, den man über eine zerbrechliche Bambusleiter erreichte, der obere Teil mit Matten abgeschirmt. Darunter am Boden stand ein fast zwei Meter hohes Ali-Baba-Gefäß, in dem der wertvolle Menschendünger gesammelt wurde.

»Ich kann nicht«, sagte ich und starrte auf den Turm.

»Niemand bittet dich drum«, sagte UB. »Du hast keine einzige chinesische Frau aus Schamhaftigkeit große Umstände machen sehen, oder? Ich empfehle den Ententeich, das ist hier der beliebteste Platz dafür.«

»Nein.«

»Tu's oder halt den Mund, M., wir müssen los wegen der nächsten Reden.«

Vorsichtig kletterte ich die Leiter hinauf, nervös wegen der Bambusarchitektur, aber getröstet durch die mich abschirmenden Matten. In diesem Augenblick hämmerte jemand auf die Nasenspitze einer japanischen Bombe, die in diesen Dörfern bei Luftangriffen als Sirene dient. Ich schaute nach unten und sah, wie die Bauern sich davonmachten. Das Dorf war leer, sogar die Schweine hatten es geräumt. Ganz weit unten auf der Straße grinste UB zu mir herauf.

»Was nun, M., was nun?«

»Nichts«, schrie ich, wütend über meine lächerliche Lage. »Hier bin ich, hier bleibe ich!«

»Alles chinesische Gute für dich«, rief UB und zog sich in einen Hausflur zurück. Eine Schwadron japanischer Flugzeuge flog vorbei, sehr hoch und sehr schnell. Es mußte sich wohl um die reguläre Strecke nach Kunming handeln. Ich hatte eine ausgezeichnete Aussicht. Sorgsam stieg ich wieder die Leiter hinunter zur Erde, wo mich UB herzlich lachend empfing.

»Oh, arme M., was für einen unrühmlichen Tod wärest du doch gestorben, die furchtlose Kriegsberichterstatterin, umgelegt bei der Erfüllung ihrer Pflichten. Aber wo? Aber wie? Die Weltpresse fragt danach.«

Ich fand keine Zeit, mein Selbstmitleid zu pflegen, weil wir schon wieder bei tiefem Himmel auf dem endlosen Pfad loszogen. Mr. Ma versprach uns große Attraktionen für den Tag. Die Armee würde uns Manöver zeigen. »Bodenbeschuß«, sagte UB zu sich selbst. »Welche Art von japanischen Flugzeugen haben Sie gesehen, Mr. Ma?«

Mr. Ma wurde zu Clausewitz. »Sie werfen eine Bombe«, erklärte er sorgsam, »wenn sie ein Haus zerstören wollen. Wenn sie viele Leute auf der Straße sehen, mehr oder weniger, kommen sie runter und beschießen sie mit Maschinengewehren.«

Wir erreichten eine Kaserne und einen General dazu. Dann ritten wir noch eine weitere Stunde in jene Gegend, wo uns die chinesische Armee zeigen wollte, wie sie im Kampf vorging. Dies war die eigentliche Front, was hieß, daß die Chinesen ihre Maschinengewehre auf den Hügeln stehen hatten und drei Kilometer entfernt die Japaner ebenfalls. Wir bezogen Station und beobachteten durch Feldstecher, wie unsere Jungen einen Angriff auf eine befestigte japanische Stellung am Berg simulierten. Sie machten das gut, es wirkte sehr kompetent und intelligent, dieses Manöver. Unter dem grauen Himmel zwischen den buckligen Bergen machten die Mörser ein fröhliches Geräusch, so laut wie alle Feuerwerkskörper in China zusammen. Die Echos der Explosionen knallten zwischen den Hügeln hin und her. Wir hatten Spaß an dem Geknalle, das lebhafteste Ereignis bis dahin. UB sagte ganz aufgemuntert: »Die Japaner denken, das ist Meuterei in der chinesischen Armee! Sie signalisieren Tokio, den Befehl zum Angriff zu geben! Sie erwarten, daß Shaokwan übermorgen fällt! In zwei Wochen sind sie vor den Toren Tschungkings! Aufregung breitet sich aus bis nach Kanton! Die Stadt ist eine wahre Brutstätte für Gerüchte!«

Der General sah verwirrt drein. Mr. Ma glotzte. Er hatte UB noch nie so reden hören. Er war UBs Gebrummel gewohnt: »Sagen Sie dem General, wir schätzen sehr … Sagen Sie dem General, wir bewundern zutiefst … Sagen Sie dem General, seine Division ist in der Welt ohnegleichen.«

»Bitte wiederholen Sie langsamer, Sir«, sagte Mr. Ma.

»Nein, nein, keine Sorge, Mr. Ma. Das war nur technischer Krempel, der M. weiterhilft bei ihrem Bericht über die Kanton-Front.«

Für den Abend war ein weiteres unterhaltsames Ereignis arrangiert worden: Theaterstücke, dargeboten von der politischen Abteilung. Wind strich über den Paradeplatz. Sechs Freudenfeuer wurden an den Ecken angezündet. Die Truppen, 1800 Soldaten, hockten auf dem feuchten Boden, wohingegen wir auf Stühlen den Ehrenplatz neben dem General einnahmen. Nach einer Dreiviertelstunde gelang es, eine Acetylenlampe anzustecken und die Bühne zu erleuchten. Zuerst wurden Reden gehalten. Mr. Ma tat so, als übersetze er, aber er murmelte nur Unsinn. Drei durchdringende Pfiffe kündigten den Regisseur an, der vor die Vorhänge aus blauem Tuch auf die kleine Bühne trat und den Namen des Stückes ankündigte: *»Teufelsgruppe!«*

Der Vorhang ging zuckend auf wie bei allen Schulaufführungen, die handelnden Personen kamen zum Vorschein: der chinesische Arbeiter, eine angemalte chinesische Dame (eine junge Propagandamitarbeiterin) und drei japanische Offiziere. Der Arbeiter, verkleidet als Hausmeister, war der Mann der Frau. Die Handlung war unkompliziert. Die Dame, eine treuergebene chinesische Spionin, köderte die Offiziere der Japs, um ihnen Geheimnisse zu entlocken. Die Offiziere der Japs trugen Papierhüte als japanische Militärkopfbedeckungen und Schnurrbärte, so schwarz wie Ruß. Die Offiziere der Japs begehrten die angemalte Dame mit unverhohlener, lüsterner Energie. Der Hausmeisterehemann machte gerissen die Japs-Offiziere lächerlich und beleidigte sie. Das ging so eine ganze Weile, und zum Schluß wurden die Offiziere der Japs auf der Bühne erschossen. Das Publikum fand es großartig, brüllte vor Lachen und spendete donnernden Beifall.

Dem zweiten Stück, *Querschnitt von Kanton,* von den gleichen Schauspielern aufgeführt, war kein solcher Erfolg beschieden. Offenbar bekam ich die feineren Pointen nicht mit. Das Publikum reagierte verdrossen, bis der alte Vater den Jap-Soldaten biß und weggeschleppt wurde, um lebendig begraben zu werden. Aber sein Sohn schnappte sich den Jap-Soldaten am Kragen und stieß ihn über die Bühne, offenbar in der Absicht, ihn in Stücke zu hacken. Das Publikum lachte nun herzlich. Der Vorhang fiel, als der Sohn mit erhobenem Schwert dastand, während der Japaner auf den Knien verängstigt um sein Leben flehte. Das wurde mit warmem Applaus, Lachen und fröhlichem Geschrei bedacht, sicher chinesischen Bravorufen.

Wir lachten auch, teils aus Vergnügen, andere lachen zu hören, teils vor Erlösung nach drei Stunden im Wind. Mr. Ma sagte: »Alle diese Stücke sind wahr. Es berührt die Gefühle des Generals sehr, diese Stücke zu sehen.«

UB sagte: »Vergiß nicht, M., wenn du das nächste Mal nach China kommst, deine lange Unterwäsche mitzubringen.«

»Ich springe lieber in langer Unterwäsche vom Empire State Building, als noch mal nach China zu kommen.«

»Das traue ich dir zu«, sagte UB ganz ernst, »wirklich.«

Die Japaner waren als laut, rüde, lächerlich und taktlos dargestellt worden, als großspurige, groteske Witzfiguren. Doch dieses Publikum bestand nicht aus grünen Jungen; sie waren schon hier gewesen, als die Japaner im vergangenen Jahr erfolgreich vorrückten. Sie kannten die Japaner. Ich konnte mir kaum ein Auditorium aus europäischen oder amerikanischen Soldaten vorstellen, das sich kaputtlacht über einen Schwank, in dem Deutsche als unbeholfene, laute, widerliche, komische Feiglinge erscheinen. Was hatte das zu bedeuten? Lag da ein tiefer Unterschied zwischen westlicher und östlicher Mentalität?

An einem seiner besten Tage, in einem Land, das ihm gefiel, mit viel zu trinken, war UB kein Mensch, der still sitzen blieb und sich solche langatmigen Spekulationen anhörte. Ich muß wohl hinter meinem eingefrorenen Lächeln aufgetaucht sein, um den General zu dieser seltsamen Einstellung gegenüber den Japanern zu befragen, anders kann ich mir meine Tagebucheintragung nicht erklären: »Der General erzählte Geschichten über Grausamkeiten.« Wenn der General uns Geschichten über Grausamkeiten erzählte, dann fand zumindest er die Japaner nicht nur komisch. Mr. Ma steuerte eine Geschichte über acht Dorfmädchen bei. »Da die Mädchen vom Dorf es mit ihrer Jungfräulichkeit sehr genau nehmen, wehrten sie sich wütend. Aber man zog sie nackt aus und vergewaltigte sie sehr schwer.« Der gute Mr. Ma, er konnte alles töricht wirken lassen.

Und so machten sich die Vertreter der Gerechtigkeit und des Friedens auf den Weg zurück zum Fluß. Mr. Ho brach während eines kalten Drei-Stunden-Ritts in Nebel und Regen sein Schweigen. Ich frage mich, ob meine Notizen wörtliche Übertragungen seines verdrehten Französisch sind oder ob sich Mr. Ma einschaltete: »Schlechtes Territorium (das politische Feld), die Bürger nehmen den armen Leuten das ganze Geld ab … Ich wollte aber auch nicht zum Militär. Schau. Ich töte Sie. Sie töten mich. Sofort. Notwendig. Das ist auch schlecht. Die Welt ist blöd. Vielleicht ist unser Gott böse.« Mr. Ho war Katholik. Er verdiente 120 chinesische Dollar im Monat, ohnehin wertloses Geld, und ein Paar Schuhe kostete 200 Dollar. Er hatte Frau und acht Kinder in Macao.

Ich habe keine Erinnerung daran, was UB tat. Ich ritt mit gesenktem Kopf, so müde nickend wie das Pferd. Wir kamen wieder an den Reisfeldern vorbei und an den dort schrecklich mühevoll arbeitenden Bauern. »Mr. Ma« – ich bin sicher, es klang halb verrückt – »was für einen Spaß haben eigentlich die Menschen in China?«

»Das chinesische Volk ist sehr ernst. Es arbeitet nur. Zum Vergnügen spricht und ißt man.«

Krieg ist wahrlich kein Spaß, nicht die Zeit, um auf den Straßen zu tanzen. Aber hier gab es keinen Krieg, hier herrschte ein nicht erklärbarer Waffenstillstand. Ich war sicher, dieses China war immer schon in hoffnungsloser Armut und Krankheit versunken, der Krieg machte den Normalzustand nur etwas schlimmer.

Wir fielen in Wongshek und bei der 189. Division ein. Feierlich blau gekleidete Soldaten standen da im Regen, und UB hatte eine Rede zu halten. Die Worte blieben ihm im Hals stecken, Schulkinder begrüßten uns mit Fähnchen, Hochrufen und einem Lied. Dann folgte eine weitere Ansprache, an die Dorfbewohner. Wir besichtigten ein Trainingslager, eine Kaserne, Klassenzimmer. Auf Plakaten stand zu lesen: »Ein herzliches Willkommen den amerikanischen Zeitungsreportern.« UB war außer sich vor Wut: Es war ihm egal, wie sie mich nannten, aber *er* war kein Zeitungsreporter. »Willkommen, amerikanische Freunde, die ihr unsere mangelhaften Absichten überwacht.« – »Es ist gut für engere Beziehungen zwischen China und Amerika, daß ehrenwerte Besucher kommen, unser Land zu besuchen.« Kein anderer Zeitungsreporter oder Ausländer war je hier gewesen, ebensowenig jemand aus den höheren militärischen Kreisen von Tschungking. UB und ich stimmten darin überein, daß dies sehr vernünftig von ihnen war. Im Gegensatz zu uns wußten sie offenbar über die Reisebedingungen in China Bescheid und auch über die Art und Weise, wie dieser Krieg vonstatten ging. Tschiangs Armee diente als defensiv eingestellte Nachhut, wurde aber nirgendwo eingesetzt, um die Japaner aus China zu vertreiben. Ohne Unterstützung aus der Luft hätte sie auch nicht viel tun können, selbst wenn die Japaner Tschiangs Hauptsorge gewesen wären.

UB sagte: »Kopf hoch, M. Du hast die chinesische Armee gesehen, niemand kann dir Vorwürfe machen, wenn es keine Kämpfe gibt.«

Die chinesische Armee siedelte sich auf Dauer dort an, wo sie einmal stationiert war. Die Soldaten bekamen keinen Heimaturlaub. Wie hätten sie auch nach Hause kommen sollen? Sie bauten sich ihre Kasernen und Schulen, sie übten, sie blieben. Sie würden so lange bleiben, wie die Japaner blieben. Zwei Jahre am selben Platz waren das nun bereits für die Männer, die wir erlebt hatten. Analphabeten-Bauernfamilien konnten ihren Analphabeten-Soldatensöhnen nicht schreiben, und wir konnten kein System des Posttransports entdecken, uns auch keines vorstellen. Niemand kümmerte sich um diesen verlorenen Winkel des Landes. Vielleicht bedauerte UB diese Vernachlässigung, und aus lauter Freundlichkeit versuchte er, in seinen täglichen Ansprachen und Trinksprüchen, die ihm so schwerfielen, diesen vergessenen Menschen einen Hauch von Bedeutung zu vermitteln. Ich stöhnte nur ständig: »Gott, hilf ihnen allen«, war aber dabei kaum in der Lage, ein höfliches Lächeln zu wahren.

Das Abschiedsessen war sensationell. Generale und Oberste drängten sich um eine lange Tafel. Speise folgte auf Speise. Wenn man sich verzählte, waren die Herrlichkeiten nicht mehr zu sehen. Eßstäbchen führten in meinen Händen ihr Eigenleben, und so gebrauchte ich Zinngabel und -löffel, die ich in der Tasche bei mir trug. Ich stopfte das willkommene Essen in mich hinein und übersah dabei völlig, daß die Party sich in eine Saufschlacht verwandelt hatte. UB allein gegen vierzehn chinesische Offiziere. Einer davon stand auf und hielt einen Trinkspruch, auf den UB antwortete. Dann tranken er und UB die Gläser leer – scheußlichen gelben Reiswein, chinesischen Wodka. Wenn einer der Sprüchemacher pausierte, erhoben sich die anderen, was UB nötigte, schnörkelig zurückzuplappern und wieder auf ex zu trinken. Als alle vierzehn die erste Runde hinter sich hatten, warfen sie sich erneut ins Gefecht. UB atmete ziemlich heftig, aber er sah aus wie ein Mann, der gegen alle Wahrscheinlichkeiten eine Schlägerei gewinnt.

Langsam wurde der eine oder andere Offizier scharlachrot im Gesicht und rutschte unter den Tisch. Andere wurden weiß und fielen wie erschossen um. UB stand auf den Füßen wie Atlas. Ich murmelte, er hole sich einen Schlag, ob es das wert sei, Patriotismus reiche nicht, er solle doch an Schwester Cavell denken. Aber er strahlte vor Kämpferstolz. Keine Frage, es ging nicht mehr um die Ehre der Vereinigten Staaten, seine ganz persönliche Ehre stand auf dem Spiel. Er war bereit, sie unter den Tisch zu trinken, und wenn er dabei sterben sollte. General Wong lief violett an, seine Augen wurden wäßrig, und er hatte Mühe, scharf zu sehen, so daß er sich schwankend erhob und seinen Trinkspruch zur Wand statt zu UB sprach. Mr. Ma war zu betrunken, um UBs schönsten Trinkspruch auf die glorreiche und heldenhafte Armee des Generalissimo zu übersetzen. Die halbe Kompanie lag unter dem Tisch, der Rest zumeist mit dem Kopf darauf. UB überragte uns wie ein Turm, schwankend, aber triumphierend. General Wong, in dessen Macht es lag, Aufschub zu gewähren, entschuldigte sich für die Schmach, seinen verehrten Gästen keinen Reiswein mehr anbieten zu können.

UB ging behutsam. »Ich glaube, denen hab ich's gezeigt, was, M.?«

»Wie fühlst du dich?«

»Wie ein Mensch, der nie wieder eine Rede oder einen Trinkspruch halten wird.«

Diese Orgie begann um 10 Uhr 30 morgens, einer seltsamen Essenszeit. Um eins waren wir an Bord des Chriscraft. Wir nahmen feierlich Abschied, tuckerten hundert Meter flußaufwärts, ankerten und warteten auf einen Soldaten, der im Dorf verschwunden war. Es regnete. Ich weiß nicht, warum ich immer wieder den Regen erwähne – es gab nur einen Tag ohne Regen. Die Kabine des Chriscraft war mir vor sieben Tagen (Tage wie Jahre) als menschliche Behausung ungeeignet erschienen. Es stank aus der Toilette, die beiden kurzen Pritschen waren mit Stoff überzogen, der von jahrealtem Schmutz dunkel und fettig war. Ich streute Keating-Pulver auf die Pritschen, und dann hockten wir darauf wie heimgekehrte Brieftauben. UB machte ein Nickerchen. Um drei Uhr wurde der vermißte Soldat gefunden, und wir fuhren auf den Fluß hinaus. UB las.

Ich rief über das Knattern des Chriscraft-Motors hinweg: »Das Schlimmste ist überstanden.«

UB blinzelte mich an und widmete sich wieder seinem Buch.

»Mr. Ma sagt, wir werden morgen gegen Mittag in Shaokwan sein. Mehr oder weniger. Dann nehmen wir den Zug nach Kweilin. Er sagt, wir kriegen im Zug alles zu essen, was wir möchten, und wir haben ein Erster-Klasse-Abteil für uns allein. Müßte doch eigentlich interessant werden, es ist der einzige Zug in der ganzen Republik China. Meinst du nicht auch?«

UB las weiter, aber er hatte damit begonnen, seinen Kopf wie ein Pendel hin und her zu wiegen.

»Und die Jungs von der CNAC nehmen uns in Kweilin an Bord, und von da bis Tschungking ist es nur noch ein Katzensprung. Ich rechne damit, daß wir übermorgen spätnachmittags in Tschungking sind.«

UB fuhr fort, zu lesen und den Kopf zu wiegen.

»Und in Tschungking muß einfach alles klappen. Schließlich ist Mr. Wieheißternoch reich, und er hat in den USA gelebt und in Europa, er muß ein vernünftiges Haus haben. Er hat auf mich den Eindruck eines Mannes gemacht, der seine Bequemlichkeit liebt.« Ich sprach über einen chinesischen Potentaten, vielleicht Tschiangs Botschafter in Washington, ich habe seinen genauen Rang vergessen, der mir sein Haus in Tschungking angeboten hatte, weil ich über Beziehungen verfügte. Ich akzeptierte dankend, in dem Wissen, daß er glaubte, meine Beziehungen könnten ihm nützlich sein, und obwohl ich wußte, daß sie dies nicht sein würden. Meine Beziehungen waren die Roosevelts. Ich mochte Mrs. Roosevelt sehr, und da der Präsident mit seinem Charme jeden gewann, hatte er bei mir leichtes Spiel. Damals war das Weiße Haus noch kein kaiserlicher Palast und ganz eindeutig kein Nixon-Basar, in dem man Gunst kaufen und verkaufen konnte. Mir sein Haus zu überlassen war eine Fehlkalkulation jenes chinesischen Potentaten.

»Bäder und Laken und richtige Betten und trockene,

saubere Kleidung und kein Moskitonetz mehr. Mein Gott, ich kann's kaum erwarten.«

UB sah mich an. »Du hoffst und hoffst, M. Angeblich ist die Hoffnung eine natürliche menschliche Empfindung. Ich werde lesen.«

Die Nacht verlief wie üblich, ohne die Möglichkeit, sich auf den kurzen Pritschen auszustrecken, mit Krämpfen in den Beinen, kalt: nichts Ungewöhnliches. Gegen Mittag waren wir bereit, von Bord zu gehen. Gegen drei Uhr erreichten wir die Landestelle am Flußufer, aber die Straße zurück nach Shaokwan war wegen des Regens unpassierbar. Sie war schon vorher unpassierbar genug gewesen, nun war sie von den Fluten weggespült. Wir verließen das Boot und schlenderten durch den Schlamm zu einem Dorf, in dem wir Feuerwerkskörper und Wein in einem Steinkrug kauften. Ein Bote wurde losgeschickt, vier Kilometer entfernt mehr Benzin für das Chriscraft zu holen, weil wir mit dem Boot nach Shaokwan weitermußten.

Wir saßen auf dem Dach des Chriscraft in leichtem Sprühregen, steckten die keineswegs nach UBs Maßstäben geratenen, kümmerlichen Feuerwerkskörper an und tranken Wein. In der Tasse der Thermoskanne hatte der Wein eine bedrohlich wirkende rosa Farbe, war dicklich und schleimig; er sah aus wie Haaröl und schmeckte vielleicht auch nach Haaröl, wenn ich auch einräumen muß, daß ich noch nie Haaröl gekostet habe – nicht einmal in China. Ich setzte alle Hoffnung auf Wärme und Betäubung durch Alkohol. Wir tranken auch noch um sechs Uhr, als der Bote zurückkam. Ich hob den Steinkrug gerade zum Eingießen hoch, als ich etwas darin kratzen hörte.

»Was ist da drin?« sagte ich und schüttelte den Krug.

»Es ist sogenannter Frühlingswein«, sagte UB ausweichend. »Es war alles, was Mr. Ma kriegen konnte. Gilt als besonders nobel. Die Chinesen trinken ihn als Aphrodisiakum.«

»Was ist in dem Krug?«

»M., bist du sicher, daß du's wissen willst?«

»Ja.«

»Nun gut, Schlangen. Aber tote. M., wenn du jetzt erbrichst, schwöre ich, daß ich es dir übelnehme.«

Als wir mitten in der Provinz Kwantung waren, hatte der Steuermann des Chriscraft seinen Besitz vermehrt. Anstelle des dünnen Schlepptaus besaß er nun ein kräftiges Stahlseil. Um acht Uhr, mitten im Strom und in schwarzer Nacht, wickelte sich dieses Kabel mit all seinen zehn Metern Länge um die Schraube. Die Chinesen besprachen sich laut und lang. Der kleine Junge sah elend aus. Niemand wollte in den Fluß tauchen und versuchen, das Kabel abzufeilen. UB hatte nie ein Wort der Beschwerde geäußert, wie ein Held aus dem Widerstand, der sich unter Folter weigert zu reden. Er versank einfach in noch tieferes Schweigen. Ich beschwere mich im allgemeinen mehr, als ich esse, aber auf dieser Reise wagte ich es nicht, da ich der schuldige Teil war, und beschränkte mich auf Stöhnen und Seufzen und das Anrufen von Gott. Die Situation war so hoffnungslos, daß nun auch ich in Schweigen verfiel, teilnahmslos und benommen – mehr aus Verzweiflung denn vom Schlangenwein. Wir aßen auf dem Sampan zu Abend, Reis und Tee. Wir kehrten auf das Chriscraft zurück. Da es keine Beleuchtung gab, konnten wir nicht lesen. Wir warteten. Um 9 Uhr 30 drängten wir uns alle auf dem Sampan zusammen, der an einem Schaufelradflußdampfer festgemacht wurde. Der Flußdampfer war eine moderne Version von Reisen auf dem Zwischendeck im 19. Jahrhundert; die Chinesen hockten darauf zusammengepfercht wie Vieh. Mr. Ma, Mr. Ho, der stumme Mr. Tong, UB und ich schliefen im engen hinteren Teil des Sampans auf dem Boden. Vorn der Rest unserer unglücklichen Welt: das weinende Baby, die hustenden, rotzenden, spuckenden, furzenden, rülpsenden Erwachsenen, das alles die ganze lange Nacht hindurch.

Wir mußten inzwischen beinahe zu Chinesen geworden sein, fähig, auch das Gräßlichste durchzustehen. Von einer Stunde Aufenthalt abgesehen – der Dampfer hatte eine Panne –, wurden wir den Nordfluß langsamer hinaufgezogen, als wir zu Fuß gebraucht hätten, denn der Dampfer hielt überall an, um Passagiere auszuspeien und aufzusaugen. Um zehn Uhr am zweiten Morgen kletterten wir in Shaokwan von unserem Sampan. Wir hatten dreiundvierzig Stunden auf dem Fluß verbracht.

Wir bedankten uns bei den Knabensoldaten und gaben ihnen Trinkgeld, was zur Abwechslung einmal Fröhlichkeit erzeugte. Unsere Offiziere begleiteten uns zum Bahnhof, wo wir sie baten, nicht zu warten. Unser Aufenthalt dort konnte Stunden dauern, und unser Vorrat an Komplimenten war längst erschöpft. Ich wollte Mr. Ma küssen, denn ich betrachtete ihn längst als einen Narr Gottes; aber da ich wußte, daß er schockiert gewesen wäre, beließ ich es beim Händeschütteln und Lächeln, bis mir das Gesicht weh tat. Schließlich waren wir allein in unserem Erster-Klasse-Abteil und lehnten uns aus dem Fenster, um die Menge zu beobachten. Weiter oben auf dem Bahnsteig winkte eine Horde lachender, schwatzender, lustiger Leprakranker einem abreisenden leprakranken Genossen zu.

Ich sagte: »Ich kann's nicht ertragen. Ich kann keine weitere Minute ertragen und keinen weiteren solchen Anblick.«

»Bis jetzt«, sagte UB, der die muntere Gruppe ruhig studierte, »haben wir noch unsere Nasen.«

Das Erster-Klasse-Abteil war von Asche bedeckt, der Fußboden eine Matte aus Obstschalen und Zigarettenkippen. In einem Wutanfall stürmte ich durch den Zug, bis ich den Schaffner fand, einen uninteressierten, verbitterten Jugendlichen in Khakishorts und Sandalen. Ich schrieb an meine Mutter: »Ich zwang den Zugjungen, wenigstens so zu tun, als wolle er unser Abteil reinigen. In China reinigt man alles mit einem feuchten

Lappen. Der Lappen ist dunkelgrau von Schmutz und riecht so faulig, daß man weggehen muß, wann immer er gebraucht wird. Falls etwas nicht schon dreckig und mit Keimen beladen war, nach dem Wischen mit dem Lappen ist es bestimmt so. Es gab nichts zu essen. Wir kauften Apfelsinen und hartgekochte Eier (beides sicher) in einem Bahnhof. Plötzlich wurde das Land wunderschön und das Wetter auch. Es war sehr heiß im Zug. Die blauen und braunen Berge waren gut zu sehen. Ohne genügend zu essen, ohne etwas zu trinken außer abgekochtem Wasser, mit schmutzigen, kratzenden Plüschsitzen und Asche in den Augen, war dies doch der angenehmste Tag, den wir erlebt haben. Die Reise dauerte 25 Stunden, und wir legten etwas weniger als 600 Kilometer zurück.«

Ich hatte einen anderen westlichen Passagier in Shaokwan den Zug besteigen sehen und schloß mit UB eine Wette ab.

»Ich wette mit dir 20 chinesische Dollar, daß er aus St. Louis kommt.«

»Warum?«

»Ich glaube, es ist wie ein Gesetz. Wenn man an die übelsten, abgelegensten Orte kommt, stammt der Fremde immer aus St. Louis.«

»Abgemacht.«

Ich marschierte den wackeligen Zug entlang, bis ich den Mann sah, der allein in seinem verschlackten Abteil saß und las. Ich fragte ihn, ob er Amerikaner sei. Ja. Ob er aus St. Louis komme? Er wirkte nur wenig überrascht und sagte ja. Ich sagte: »Danke schön«, ging davon und kassierte 20 chinesische Dollar.

UB dachte darüber nach. Stunden später sagte er: »Vielleicht ist es etwas, was du dir vom Wasser holst. Vielleicht kannst du nichts dafür.« Weil ich auch aus St. Louis stamme.

In Kweilin verließ UB dann die übermenschliche Ergebung in sein Schicksal; er wurde heftig, stampfte durch den Raum, trat nach dem wenigen, was zum Treten da war, und schrie: »Diese Hurensöhne, diese wertlosen Scheißer, diese Dreckschweine, diese *Bastarde.*« Das Hauptquartier der Zwölften Armee hatte Möglichkeiten, mit Kweilin Kontakt aufzunehmen, die wiederum konnten Hongkong anfunken. UB hatte vor Tagen eine Nachricht nach Kweilin geschickt und gebeten, sie nach Hongkong weiterzuleiten – den Wunsch an die CNAC nämlich, uns in Kweilin an Bord zu nehmen. Die Leute in Kweilin aber hatten sich um nichts gekümmert.

Kweilin lag nicht auf der planmäßigen CNAC-Route. Es war nur ein Zwischenstop, um Fracht ein- oder auszuladen. In Hongkong hatten wir verabredet, daß man uns auf einem Frachtflug abholen würde. Das Wetter änderte sich wieder zum Normalen, heftiger Regen mit Sturm. Kweilin lag angeschmiegt zwischen ungewöhnlichen Bergen – scharfen, spitzen, pyramidenförmigen Bergen, mit einem Pelz aus Bäumen; Berge, wie ich sonst nirgendwo welche gesehen habe, herrlich und romantisch, wenn man sie sich durch die Wolken erheben sah. Sie waren für ein landendes Flugzeug nicht gerade beruhigend, ein schwieriges Terrain. Nun saßen wir im Palast-Hotel von Kweilin wahrhaft gründlich fest.

Und fest saßen wir auch in dem bislang schlimmsten Schmutz. Zerdrückte Bettwanzen an den Wänden, Bettwanzen, die über die Plankenbetten krochen und aus dem Holzfußboden guckten. Abgesehen davon, daß sie beißen, stinken Bettwanzen. Zwei Bambusstühle, ein kleiner Tisch, eine Kerosinlampe, eine Schüssel mit schmutzigem Wasser, kein Spucknapf, um es auszuschütten. Am Ende des Korridors eine ordentliche, moderne Porzellantoilette in einer Betonzelle, aber nicht an moderne Installation angeschlossen. Die Schüssel floß über. Der Anblick war abstoßender als der Gestank, wenn auch der Gestank schon vom Besten war. Ich streute überall Keating-Pulver hin, bis unser Zimmer aussah, als wäre es von einem Senfpulver-Wirbelsturm getroffen worden. Wir stritten uns, ob das Schlafen auf dem Fußboden sicherer sei als auf den Bretterbetten.

Ich kann mir nicht vorstellen, wie wir jene Tage hinter uns gebracht haben, ohne den letzten Rest Verstand zu verlieren. UB sagte einmal, er könnte, wenn er nur eine Luftpistole hätte, die Bettwanzen erschießen. Sie seien langsam, aber klein und deshalb für einen Sportsmann als Ziel geeignet. Ich meine mich zu erinnern, daß er versuchte, eine Steinschleuder zu bauen, aber es gelang ihm wohl nicht. Er schlug sie mit einem Schuh tot. Ich schrieb einen langen, jaulenden Brief an meine Mutter: »China hat mich kuriert. Ich will nie mehr reisen. Die Mühsale (wirklich unglaublich) wären noch zu ertragen, aber die Langeweile nicht ... Vielleicht hatte man vor dem Krieg, als Ausländer im Luxus und in Europäern vorbehaltenen Vierteln lebten, hier seinen Spaß. Aber das Leben, wie ich es in Hongkong sah, ist so öde wie in irgendeinem Country-Club. Das wirkliche Leben in Asien zu beobachten ist schlimm genug, daran teilzuhaben ein einziger Schrecken.« Meine Mutter kannte mich gut; sie hatte über all die Jahre meine Rufe aus der Wüste erhalten. Ich wage zu behaupten, sie las diesen Brief amüsiert und voller Sympathie für UB, der mich zu ertragen hatte und den zauberhaften Orient obendrein.

Schließlich kam das CNAC-Flugzeug, voll mit Fracht. Die Fracht bestand aus Packen schönen Papiergeldes, Millionen und Abermillionen von Dollars, für die Republik China in Großbritannien und Hongkong hergestellt. Das Geld war nur das Papier wert, auf dem es gedruckt war. Wir saßen auf den Ballen und kreischten über die Witze der Piloten – aus purer Freude, wieder unter unseresgleichen zu sein. Ich bin sicher, daß die Schranke zwischen den Rassen – weiß, schwarz, braun, gelb – nicht nur Folge der Vorurteile gegenüber Hautfarben und der Ungleichheit der Sitten und Werte ist. Sie entsteht weithin aus Langeweile, dem wahren Mörder in menschlichen Beziehungen. Wir lachen nicht über die gleichen Witze. Wir langweilen uns gegenseitig zu Tode. Wann immer ich später die Chinesen zusammen lachen sah, sagte ich: »Bitte übersetzen, schnell, schnell, damit ich den Witz verstehe.« Wenn ich dann die Übersetzung hörte, versteckte ich mich hinter einem verwunderten Lächeln. Was um Himmels willen gab es denn da zu lachen?

Vom Flugfeld im Flußbett bis zur Innenstadt von Tschungking auf den steilen Felsen darüber mußte man über viele Stufen den Hang überwinden. Ich weiß nicht mehr, wie wir das ersehnte, uns überlassene Haus erreichten. Von der Haustür kam man direkt ins Wohnzimmer. UB warf einen Blick in den Raum, schnupperte kurz und ging dann ins Schlafzimmer, wo er so heftig lachte, daß er sich hinlegen mußte. Ich saß wie versteinert auf einem Stuhl. Das Wohnzimmer war möbliert mit kippeligen, kleinen Lacktischen und eilzuggrauen Plüschsesseln und -sofas, geschmückt mit gehäkelten Schondeckchen. Die Deckchen waren schwarz von fettigem Schmutz, aber einige davon blieben verdeckt vom glänzenden Haar dreier junger chinesischer Krimineller. Die rekelten sich auf Sesseln und Sofas und machten sich nicht die Mühe, aufzustehen oder zu reden, als wir reinkamen. Sie trugen modisch gestreifte Anzüge und spitze Schuhe und starrten uns aus Eidechsenaugen an. Augenscheinlich hatten sie unsere Bleibe benutzt: Unter den billigen Satinbettdecken trugen die

Laken und Kopfkissenbezüge die Flecken ihres Haaröls. Im Bad floß abermals eine schöne importierte Porzellantoilette auf den Kachelboden über.

UB hatte sich ausgelacht. Er stand auf und straffte seine Kleidung. »Nun, ich denke, ich geh mal raus und sehe mir an, was die Jungs in der Eckkneipe trinken. Was hast du vor?«

Ich hatte vor, verrückt zu werden. »Die Wand anstarren.«

Irgend jemand, nicht ich, denn ich besaß längst nicht mehr die Kraft zur Selbsterhaltung, muß das Bad gesäubert und die Bettwäsche gewechselt haben. Zwei Eimer mit Wasser sorgten für *le confort moderne*. Man hob den Deckel des Spülungsbehälters hoch, goß Wasser rein, und dann konnte man aufregenderweise die Toilette damit spülen; der andere Eimer war dazu da, sich in der Schüssel zu waschen. Ich stand in der Badewanne und nahm meine tägliche Dusche mit Hilfe einer Teetasse.

Die Kriminellen blieben im Wohnzimmer.

»Wer sind die?« fragte ich UB.

»Wahrscheinlich Wieheißternochs Leibwächter, die den Auftrag haben, uns auszuspionieren. Niemand hat ihnen gesagt, daß wir die Vertreter von Gerechtigkeit und Frieden sind.«

Wir blieben mehrere Wochen in Tschungking, aber der Ort blitzt immer nur kurz in meinem Gedächtnis auf. Tschungking war niemals dazu ausersehen, Hauptstadt zu werden, sein einziger Vorzug war, daß die Japaner es nicht erreichen konnten. Ich sehe die Stadt als graue, formlose, schlammige Ansammlung von tristen Betongebäuden und Armenhütten, zu deren besten Zügen noch ein lebhafter Markt gehörte. Die Japaner bombardierten, wann sie wollten, jedoch nicht, während wir da waren. Die Einwohner flüchteten in Höhlen, die als Luftschutzbunker dienten. 500 waren unlängst durch Ersticken und panisch fliehende Füße ums Leben gekommen, als eine Bombe den Eingang zu einer solche Höhle verschloß. Mengen von dünnen, baumwollgekleideten, ausdruckslosen Leuten schwärmen durch die Straßen. Leprakranke gab es reichlich. Es waren Bettler und verzeihlicherweise bösartige. Man beeilte sich, Geld im Portemonnaie zu finden; ging's nicht schnell genug, dann berührten sie einem die erschauernde Haut.

UB war guter Laune, ich nicht. Er fand unterhaltsame Kumpane, aus meinem Gedächtnis entschwunden, und Whisky, zweifellos aus Botschaftsbeständen. Ich glaube, er konnte inzwischen mit China umgehen und war, wie man so sagt, angepaßt. Er flog nach Chengtu, einer Gegend im Norden und höchst geheim, wo Zehntausende von chinesischen Bauern mit Handschaufeln Berge abtrugen und die Erde korbweise für ein gewaltiges Flugfeld planierten, auf dem »Fliegende Festungen« landen sollten. UB sagte, so müsse es ausgesehen haben, als Sklaven die Pyramiden bauten. Die Fröhlichkeit der Bauern rührte ihn. Sie sangen bei der

Arbeit. Die Bewohner einzelner Dörfer standen im Wettbewerb miteinander, Fähnchen flatterten. Das beste Tagesteam schoß nachts zur Feier des Sieges Feuerwerkskörper ab. Mit mehr Zeit und ohne mich, die dauernd stöhnte und seufzte, hätte sich UB wohl zum glücklichen China-Experten entwickeln können. Sauberkeit war für ihn kein so hoher Wert wie für mich; nicht höher als alles Göttliche, und all die sichtbaren Krankheiten brachten ihn nicht zur Verzweiflung. Er sah die Chinesen als Volk, ich dagegen sah sie als Masse niedergetrampelter, tapfer dem Untergang zustrebender Menschen. Verärgert durch meine Art, gesellige Zusammenkünfte vor jedem anderen zu verlassen, hatte UB schon lange zuvor das Dogma aufgestellt: »M. liebt die Menschheit, aber sie kann Menschen nicht ertragen.« Die Wahrheit war, daß ich in China kaum irgend etwas ertragen konnte.

Dr. Kung, der Finanzminister, schloß mich sofort in sein onkelhaftes Herz und bedachte mich mit einer großen Schachtel Pralinen, aus der er seine Lieblingssorten gefuttert hatte, und mit einem roten chinesischen Satinkleid, mit gelben und purpurfarbenen Blumen bestickt. UB sagte, das sei kein Kleid vom lieben Onkel, es sehe aus wie das Neuste, was in den Bordellen von Tschungking Mode sei. Dr. Kung organisierte auch ein Fest, bei dem ich zu seiner Rechten saß. Mit seinen Eßstäbchen pickte er ausgewählte Bissen für meine Schüssel: Meeresschnecken, Stücke schwarzen Gummis mit Fäden daran, tausendjährige Eier, außen ölig schwarz und innen mit blutroten Dottern. UB, an einem unbedeutenden Platz an der Tafel sitzend, genoß dieses Festessen sehr. Er sah zu, wie ich blaß wurde und plapperte, alles sei viel zu köstlich, aber ich könne nun keinen Bissen mehr nehmen, nein, wirklich nicht. »Aber Dr. Kung (verzweifelt kokett), Sie wollen doch nicht, daß ich so dick werde, daß ich mein hübsches rotes Kleid nicht mehr tragen kann.«

Irgendwo auf einer Party traf ich Madame Kung. Sie erinnerte mich an die üppigen, reichen, vulgären Matronen in den Hotels von Miami Beach. Die Piloten der CNAC schätzten sie gar nicht, weil sie verlangte, daß Passagiere ausgeladen werden mußten, damit für ihre Koffer Platz war, wenn sie nach Hongkong flog. Sie hatte einen Sinn für Kleidung; ich habe eines ihrer Kleider als das schönste in Erinnerung, das ich je gesehen habe. Es war das klassische chinesische Modell, niemals übertroffen, in schwarzem Samt. Die kleinen Knöpfe, die diese Gewänder vom Kragen bis zum Knie schließen, sind im allgemeinen aus geflochtener Seide gemacht; ihre Knöpfe waren ebenso große Diamanten. Sie sagte, daß sie auch Rubin- und Smaragdknöpfe besitze. Saphire seien nicht mehr in Mode, weil sie nicht richtig zur Geltung kämen. Ich kann nicht sehr gelitten haben, sonst würde ich mich an mehr erinnern.

Zwei Besuche stechen mit seltener Klarheit hervor, obwohl ich zu jener Zeit nicht wußte, wie außergewöhnlich sie waren. Der Generalissimo und Madame Tschiang luden uns zum Essen ein, eine intime Begegnung zu viert. Der Generalissimo wollte Neues von der Kanton-Front hören. Ihr Haus war bescheiden, auch hier gab es Schutzdeckchen auf den Polstermöbeln, aber es war sauber, und die Kriminellen fehlten. Pomp war in Tschungking sinnlos. Madame Tschiang schränkte sich nicht gerade ein, wenn sie im Ausland war; sie bewohnte einmal ein ganzes Stockwerk im Waldorf. Immer noch eine Schönheit und ein berüchtigter Vamp, war sie reizend zu UB und höflich zu mir. Madame Tschiang dolmetschte UB, und mir war klar, daß der Generalissimo Englisch ebenso gut verstand wie wir. Er war dünn, untadelig gekleidet in seiner einfachen grauen Uniform, hielt sich aufrecht und wirkte wie einbalsamiert. Ich mochte ihn nicht, aber er tat mir leid; er hatte keine Zähne. Als ich dies später einem Bediensteten der amerikanischen Botschaft berichtete, war der ganz außer sich ob der Ehre, die uns zuteil geworden war, denn es war das höchste Kompliment, vom Generalissimo ohne sein Gebiß empfangen zu werden.

Ich war ganz überrascht, daß ich nachlässige, beiläufige Notizen über unsere Unterhaltung bei Tisch gefunden habe. Wenn ich es richtig rekonstruiere, fragte der Generalissimo UB, was er von einigen Artikeln halte, die in der westlichen Presse über das kommunistische China erschienen waren. Keiner von uns beiden hatte sie gelesen, und wir hatten ohnehin keine Meinung dazu. Der Generalissimo erklärte sodann, die Kommunisten seien geschickte Propagandisten ohne viel Kampfkraft. Die KP besäße keine militärische Stärke, und die Regierung hätte keine Veranlassung, Gewalt gegen sie einzusetzen. Falls die KP versuche, Schwierigkeiten zu machen, die nachteilig für den Krieg seien, dann würde die Regierung gewisse Maßnahmen gegen sie ergreifen, sobald Fragen der Disziplin berührt wären. Die Vierte Armee auf dem Langen Marsch – das sei ein Zwischenfall ohne große Bedeutung. Intensive KP-Propaganda in den USA ließe Amerika glauben, daß die KP für den Widerstandskrieg notwendig sei. Im Gegenteil – die KP behindere die chinesische Armee.

Er wiederholte dies, nach meinen Aufzeichnungen, auf verschiedene Weise, bei vier verschiedenen Anlässen. Madame Tschiang sagte dann, sie bekomme Briefe aus den USA, die besagten, daß die Kuomintang-Armeen (Tschiangs) die Soldaten der Vierten Armee auf dem Langen Marsch (Maos Leute) in die Rücken schössen, wo sie doch befehlsgemäß auf dem Rückzug seien. Der Generalissimo sagte, dies sei nicht wahr, seine Soldaten feuerten niemals auf die Vierte Armee, und die Kommunisten entwaffneten die Kuomintang-Streitkräfte, wann immer möglich, um mehr Waffen und Territorium in ihren Besitz zu bringen. Madame Tschiang sagte: »Wir versuchen nicht, sie zu zermalmen.«

Falls UB dieses Gespräch begriffen hatte, dann ließ er es mich nicht wissen. Ich muß mich gelangweilt haben, aber ich erwartete von politisch mächtigen Leuten nichts anderes, als daß sie langweilig waren. Es kommt daher, daß niemand sie unterbricht oder mit ihnen streitet oder ihnen sagt, sie sollen den Mund halten. Je mächtiger, desto langweiliger. Fünfunddreißig Jahre danach ist mir klar, daß die Chinesen uns mit Propaganda vollpumpten, was etwa so wirksam war, wie Wasser in Sand zu gießen. Wir hatten keine Ahnung, was in China wirklich vorging, und auch nicht, daß der Generalissimo und Madame Tschiang, für die Macht alles war, die chinesischen Kommunisten fürchteten, nicht etwa die Japaner. Sie waren keine Narren. Die Japaner würden eines Tages verschwinden; historisch gesehen waren die Japaner wie ein Aufflackern von Furunkeln. Die wahre Bedrohung für Tschiangs Macht kam vom chinesischen Volk selbst und damit von den Kommunisten, die unterm Volk lebten und es führten. Ich brauchte kein politisches Detailwissen, um in ein paar Stunden zu dem Schluß zu kommen, daß diesen beiden steinharten Herrschern die elenden Horden ihres Volkes völlig gleichgültig waren und umgekehrt ihr Volk keinen Grund hatte, sie zu lieben. Eine Klasse von Oberlehnsherren und Abermillionen verbrauchbarer Sklaven; so sah China für mich aus. Der Krieg reichte nicht als Erklärung für den furchtbar erbärmlichen Zustand des Volkes.

Madame Tschiang und UB verstanden sich schon prächtig, als ich mich einmischte. Ich fragte Madame

Tschiang, warum sie sich nicht um die Leprakranken kümmerten, warum sie diese armen Kreaturen als Bettler über die Straßen laufen ließen. Sie explodierte. Die Chinesen seien human und zivilisiert, eben keine Leute aus dem Westen. Sie würden Leprakranken niemals den Kontakt zu andern Sterblichen versagen. »China hatte schon eine große Kultur, als Ihre Vorfahren noch auf Bäumen lebten oder sich blau anmalten.« Welche Vorfahren? Affen oder die alten Briten? Ich war wütend und schmollte. Um mich zu besänftigen, schenkte mir Madame Tschiang einen Bauernstrohhut, den ich hübsch fand, und eine Jadebrosche, in Silberfiligran gefaßt, die ich kitschig fand. Ich wußte nicht, wie ich diese Geschenke ablehnen sollte, und war keineswegs besänftigt. UB benahm sich anständig, bis wir unsere Verbeugungen und Kratzfüße hinter uns hatten und aufbrachen. Dann lachte er wie eine Hyäne und sagte: »Das dürfte dich wohl lehren, dich nicht mit der Kaiserin von China anzulegen.«

»Warum tun sie nicht etwas für ihr Volk, statt mit ihrer Vergangenheit anzugeben. Alle Reichen, die wir getroffen haben, kümmern sich um nichts, außer um ihre Einnahmen und ihre Macht. Ich würde keinem von ihnen trauen. Dies ist ein verderbtes Land. Was ist mit ihnen bloß los?«

»Wiesollichsnennen. Vielleicht. Mehr oder weniger.«

Auf dem Markt sprach mich verstohlen eine große blonde holländische Frau an. Sie trug einen Herrenfilzhut und ein geblümtes Baumwollkleid über Hosen und fragte, ob wir Tschou En-lai sehen wollten. Der Name Tschou En-lai bedeutete mir nichts. Ich antwortete, ich würde UB fragen. Ich erzählte UB, daß sich irgendeine Irre auf dem Markt mit diesem Vorschlag an mich herangeschlichen habe, und er sagte: »Oh, ja, er ist ein Freund von Joris.« Joris Ivens, ein reizender Mann, ist ein holländischer Dokumentarfilmer, der 1938 oder 1939 in China arbeitete. Die Holländerin hatte mir aufgetragen, mit meiner Antwort wieder zum Markt zu kommen. Dort folgte dann eine Szene direkt aus James Bond, aber lange vor James Bond.

Unsere Order lautete, am nächsten Tag so lange herumzuwandern, bis wir sicher waren, daß wir nicht von unseren eigenen Kriminellen oder irgendwelchen anderen verfolgt würden, und dann auf den Markt zu kommen. Von dort führte die holländische Dame uns durch ein Gewirr von Gäßchen, um weitere Verfolger abzuschütteln. Schließlich wurden wir in Rikschas gepackt, und für das letzte Stück Weg wurden uns die Augen verbunden. Nachdem uns die Augenbinden abgenommen worden waren, fanden wir uns in einer kleinen weißgekalkten Zelle wieder, darin ein Tisch mit drei Stühlen und Tschou En-lai hinter dem Tisch. Ich war einigermaßen verdrossen, da ich dachte, wir spielten Räuber und Gendarm, und Albernheiten bei andern immer sehr rasch mißbilligte.

Ich habe keine Ahnung, was Tschou in Tschungking trieb oder wie er dort sein Leben organisierte, wo er dauernd in Gefahr schwebte.

Tschou trug ein kurzärmeliges weißes Hemd mit offenem Kragen, schwarze Hosen und Sandalen, die Kleidung eines unterbezahlten Buchhalters. Auch er hatte einen Dolmetscher. Wir sprachen Französisch, merkten aber an seinen leuchtenden, belustigten Augen, daß er auch ohne Übersetzung verstand. Nicht benötigte Dolmetscher waren vielleicht eine unergründliche orientalische Sitte, oder vielleicht dienten sie auch als lebende Tonbandgeräte. Auf jeden Fall behinderte uns nicht die Umständlichkeit einer Übersetzung. Zum ersten und einzigen Mal fühlten wir uns bei einem Chinesen wohl. Wir lachten über dieselben Witze. Ich glaube, UB erzählte ihm von der Kanton-Front. Keiner von uns beiden hätte ihm intelligente Fragen über den Langen Marsch stellen können, über die Kommunisten, wo sie waren und wie sie vorgingen, weil wir nichts über diese Dinge wußten, nicht einmal wußten, wer Tschou war. Er war Kommunist, lebte im Untergrund, das ergab Sinn; und ich erinnerte mich reichlich spät und vage an Malrauxs *La Condition Humaine,* wo geschildert wird, wie Tschiang den Befehl gab, Kommunisten lebend in die Heizkessel von Lokomotiven zu werfen. (Ich erröte über meine damalige Unkenntnis.)

UB war kenntnisreich bis ins Detail, sobald ihn etwas interessierte, aber China stand nicht auf seiner Liste.

Tschou muß uns für hirnlose Hammel ersten Ranges gehalten haben, was unserer gemeinsamen Fröhlichkeit aber keinen Abbruch tat. Ich wünschte, ich hätte der Nachwelt Zitate von Tschou zu überliefern, doch ich erinnere mich an kein Wort. Dabei hatten wir Wörtern gelauscht, bis wir ganz beschwipst davon waren. Das Bedeutende war nicht, was Tschou sagte, sondern was er war. Er saß in seinem kahlen, kleinen Zimmer, in unauffälliger Kleidung, und er war jemand. Wir hielten Tschou für einen Gewinn, für den einzigen guten Mann, den wir in China getroffen hatten. Und wenn er die chinesischen Kommunisten repräsentierte, dann gehörte die Zukunft ihnen. Was mich betrifft, so war ich von diesem bezaubernden Mann überaus angetan; hätte er gesagt: »Nehmen Sie meine Hand, und ich führe Sie ins Land der Lust, nach Xanadu«, dann hätte ich mich nur kundig gemacht, daß Xanadu nicht in China liegt, hätte nur darum gebeten, rasch meine Zahnbürste holen zu dürfen, und wäre bereit zum Aufbruch gewesen.

Monate später wurden wir nach Washington gerufen, um Fragen über China zu beantworten. Wir gingen mürrisch hin und berichteten diesen Schreibtischgeheimdienstlern, daß die Kommunisten in China die Macht übernehmen würden – nach diesem Krieg. Warum? Weil der Haufen um Tschiang die Hölle und es heuchlerischer Quatsch sei, von Demokratie in China zu reden. Es gebe nicht eine Spur davon, und die Leute würden jeden Wechsel begrüßen, auch wenn ihn zweiköpfige Wesen vom Mars brächten; aber wie es nun mal stehe, sei der beste Mann im Land ein Kommunist, und es sei sicher anzunehmen, daß er ein paar Kameraden von seiner Machart habe. Wie üblich nannte man uns Kassandras und wie üblich Sympathisanten. Ich war erstaunt, als Tschou, dieser nette Mann aus dem weißgekalkten Keller in Tschungking, als Außenminister des neuen China auftauchte. Alle Dokumentarfilme und Reisebücher über Tschous China zeigen, daß die Verbesserungen gegenüber Tschiangs China unermeßlich, ja unbegreiflich sind; ungeachtet dessen, daß Leute wie wir darin umkämen. Leute wie wir sind nicht mehr als ein Tropfen in diesem unvergeßlichen Ozean menschlichen Elends.

Während des Tschungking-Intervalls bekam ich irgendwann Chinafäule an meinen Händen. Das war eine sehr häufige und abscheuliche Krankheit, eine starke Hautpilzerkrankung (glaube ich). Plötzlich entdeckte ich, daß die Haut zwischen meinen Fingern wegfaulte in einer gelben, mit Blut vermischten Brühe. UB warf einen Blick auf diese Schweinerei und sagte: »Um Gottes willen, such dir einen Arzt, ruf die US-Botschaft an, tu was; dies könnte der erste Schritt dazu sein, die Nase zu verlieren.« Die Einzelheiten liegen nun im üblichen Nebel der Zeit verborgen, doch das Ergebnis war, daß ich große weiße Handschuhe trug, ähnlich wie die eines Motorradfahrers, darunter eine übelriechende Salbe. Die Salbe verschmutzte die Handschuhe, und ich war ungefähr so verführerisch wie ein Leprakranker. Der Arzt hatte mir versichert, daß ich meine Finger nicht verlöre, aber die Krankheit sei in höchstem Maße ansteckend. UB mangelte es an Mitgefühl.

»Bei Gott, M.«, sagte er, »das hast du dir wirklich selbst eingebrockt. Ich habe dir gesagt, du sollst dich nicht waschen.«

Sogar eine unübertroffene, unübertreffbare Schrekkensreise muß eines Tages enden, obwohl ich oft glaubte, sie würde es nie tun. Wir planten, mit der CNAC nach Rangun weiterzufliegen, von wo aus UB den Clipper nach Hause erreichen würde. Meine Aufgabe war noch nicht erledigt, ich mußte mir noch die Verteidigungsanlagen der Nachbarländer ansehen und hatte vor, nach Singapur und Java zu flitzen und dann einen Monat später in den neuerdings höchst glanzvoll wirkenden Okzident zurückzukehren. Ich hüpfte die vielen Stufen von Tschungking zum Fluß und Flugzeug hinunter. Auf Nimmerwiedersehen, schreckliches China. UB hatte sich mit einer halben Flasche Gin und seinem Lilien-Becher für den Flug vorbereitet. Wo und wie UB diesen erwarb, habe ich nie erfahren. Er trug ihn zusammengefaltet in der Brusttasche seiner Jacke bei sich; er war untrennbar von ihm; er bewachte ihn eifersüchtig; er teilte ihn mit niemandem, er war sein liebster privater Besitz.

Das Flugzeug war fast voll besetzt mit chinesischen Passagieren, die alle sehr froh waren wegzukommen.

Für kurze Zeit blieben sie munter, bis sich das Flugzeug sehr bald wie ein Schmetterling in einem Hurrikan aufführte, über die Flügel nach links und rechts kippte und in weiten Zickzacks über die Landschaft schwebte. Dann trafen wir auf die Fallwinde über der Burmastraße. Statt uns vorwärtszubewegen, schienen wir in einem Expreßaufzug zu stehen. Die Passagiere begannen laut zu jammern. UB und ich, nicht von der Luftkrankheit befallen, bewunderten den Piloten. Wir waren fest angeschnallt, und UB hatte gerade sorgsam seinen Lilien-Becher gefüllt, als das Flugzeug von einer ungeheuren Strömung gepackt und wie eine Rakete nach oben geschleudert wurde. Trotz der Gurte hoben wir uns in unseren Sitzen. Schreckensschreie erfüllten die Luft, vermischt mit Schluchzen und dem Geräusch heftigen Erbrechens. Nachdem das Flugzeug in den Weltraum aufgestiegen war, fiel es nun runter wie eine abstürzende Rakete.

Der Volksmund behauptet (mit welchem Beweis, möchte ich gern wissen), daß ein Ertrinkender vor dem letzten tödlichen Schluck sein ganzes Leben blitzartig vorbeiziehen sieht. Ich kann bezeugen, daß ich in den langen Sekunden des Herunterfallens eine Menge dachte. Ich wußte, die Flügel würden abknikken. Womöglich würden wir aufprallen, bevor die Flügel abgerissen wären, aber auf jeden Fall war ein Überleben ausgeschlossen. Ich wollte UB sagen, daß ich aufs bitterste bereute, ihn in diese Schreckensreise hineingezerrt zu haben, und es mir nie vergeben würde, seinen Tod verursacht zu haben – in der Blüte seiner Jahre, sein Werk unvollendet, seine Kinder vaterlos. Mein Herz brach vor Trauer um UB, und es zerriß vor Schuldgefühlen. In einer seltsam steifen Haltung hielt UB seinen Lilien-Becher mit beiden Händen, seine Augen fixierten die Kabinendecke. Vom Lilien-Becher abgesehen, sah es aus, als betete er. Im Tumult der Schreie der Passagiere legte ich meine gesalbte, behandschuhte Hand auf seinen Ärmel und sagte: »Es tut mir leid, es tut mir leid«, da ich keine Zeit mehr hatte, eine Rede zu halten. UB hörte es nicht oder nahm es nicht zur Kenntnis. Ich schloß die Augen, weil ich dachte, ich würde es lieber nicht sehen, wie wirklich ein Flügel vom Rumpf Abschied nahm.

In Bodennähe erhob sich das Flugzeug langsam – samt seiner Flügel. Wir gewannen die normale Flughöhe, welche das auch sein mochte, denn nichts war ja normal auf CNAC-Flügen, und das Flugzeug flog im Schmetterlingsstil weiter. UB lächelte selig.

»Ich habe keinen Tropfen verloren«, sagte er. »Der Gin schoß aus meinem Lilien-Becher, ich hab's gesehen und alles wieder aufgefangen, nachdem es schon an der Decke angekommen war. Nicht einen einzigen Tropfen verloren.«

»Gott sei Dank«, sagte ich, atemlos vor Erleichterung, daß ich noch atmen konnte.

»Du weißt, M.«, sagte UB, »für jemanden, der nicht an ihn glaubt, hast du in verflucht nahem Kontakt zum Herrn gestanden, seit du nach China gekommen bist.«

Rangun mag sehr wohl die Perle des Orients sein. Die Hitze war unvorstellbar. Dies müssen die Hundstage vor den Monsunregen gewesen sein. Man hatte das Gefühl, man könnte die Hitze durchschneiden und wie Fetzen nassen Löschpapiers in der Hand halten. Sie machte UB fertig. Er war wie ein gestrandeter Wal. Er konnte nicht atmen, und ich, die ich Hitze liebe, blühte keineswegs auf. Die einzige Art, zu Schlaf zu kommen oder überhaupt zu leben, war, im Hotelzimmer nackt auf dem Marmorboden unter dem Schaufelventilator zu liegen. Ich war niemals ganz nackt, weil ich meine Motorradhandschuhe nicht ausziehen konnte, nicht mal zum Duschen. Der Haken an der Chinafäule ist, daß man sie einfach durch Berührung der eigenen Haut weiter verbreitet, kratzt man sich am Kopf, hat man eine neue Stelle mit Chinafäule. Ich war dieser Handschuhe ziemlich überdrüssig und ihres Geruchs auch. UB neigte dazu, sich von mir fernzuhalten.

Ich war genötigt, das Büro der Fluggesellschaft aufzusuchen, bekam aber dabei keine der berühmten Pagoden zu sehen, sondern nur von der Hitze erdrückte Leute. UB mußte wegen seines Tickets eine Unterschrift leisten, so daß er einmal mit mir ging, blind von Schweiß, aber nicht so blind, daß er nicht die burmesischen Priester gesehen hätte, träge junge Männer in orangefarbenen Baumwollsarongs oder orangefarbenen Tüchern, die auf einer Schulter befestigt waren, Messingschüsseln zum Betteln in der Hand. »Religiöse Rumtreiber«, knurrte UB.

Die Zeit nahm ihre schreckliche Gewohnheit wieder auf, stillzustehen, aber schließlich keuchten wir uns durch die letzte Nacht. Ich wollte UB für seine Großzügigkeit preisen, mit nach China zu kommen, ohne dazu verpflichtet zu sein, für die Nachsicht, mit der er es unterlassen hatte, mich zu ermorden; für all seine Witze; und ich wollte ihn wissen lassen, daß ich traurig war wegen der Zeit, die er in der Hölle vergeudet hatte. Mein Gehirn war verschmort, ich konnte keine Sätze bilden. Mit Tränen in den Augen berührte ich seine Schulter und sagte: »Ich danke dir.«

Er riß sich los und rief: »Nimm deine widerlichen, dreckigen Hände von mir.«

Wir sahen uns in schockiertem Schweigen an. Sollten dies die Abschiedsworte zwischen uns sein, nachdem wir alle Schrecken einer Superhorrorreise miteinander geteilt hatten? Dann rollten wir über den Marmorboden und lachten, jeder in seinem eigenen Tümpel von Schweiß.

UB verpaßte das Beste von Asien. Singapur und Batavia waren ein Wirbel an Fröhlichkeit, besonders Singapur mit all den reizenden Burschen in Uniform, frisch aus Großbritannien eingetroffen, um diese Bastion des Empires zu verteidigen. Die Fröhlichkeit war vielleicht ein bißchen fieberhaft. Ich glaube, die Holländer fühlten bewußt und die Briten unbewußt, daß sie den letzten Akt vor dem schicksalhaften Vorhang durchlebten. Es gab viel zu bemängeln, aber im Vergleich zur chinesisch-imperialen Herrenklasse, wie ich sie gerade erlebt hatte, war die europäisch-imperiale Herrenklasse so harmlos wie Florence Nightingale. Die britischen Kolonialisten waren einem Hautfarbenkomplex erlegen, die gemeinste Dummheit des britischen Empire, beschämend für alle Neuankömmlinge aus Großbritannien. Die Holländer waren das nicht. Die Holländer waren aufgeklärte, ehrenwerte Herrscher, wenn ihnen auch ihre guten Taten später nicht halfen. Ich war nicht beauftragt worden, die Probleme des Empire zu studieren. Dies waren keine Schreckensreisen, und sie gehören daher auch nicht in dieses Buch. Ich lebte im Luxus, sauber wie ein Pinguin, geheilt von der Chinafäule, flitzte in militärischen Geschäften umher, genoß Vergnügungen serienweise und war mit prächtigen Gefährten unterwegs. Und ich verbarg meine Ahnungen gegenüber denen, die bleiben mußten.

In einem hatte ich recht: Im Orient endete eine Welt.

3
Bummeln auf Booten

Während des schrecklichen Jahres 1942 lebte ich sicher und behaglich in der Sonne, und ich haßte es. Nachrichten erreichten uns in regelmäßigen Abständen übers Radio, und keine war gut. Aber wir begriffen nicht, wie schlecht es stand. In Bröckchen und (wie ich jetzt sehe) geschickt zensiert, gaben uns die Nachrichten keinen Gesamtüberblick. Der einzige Krieg, den ich verstand oder den ich mir vorstellen konnte, war ein Krieg zu Lande. Und der erschütterte einen ja schon genug: Die Deutschen schwappten wie eine Flutwelle über Rußland hinweg, und Rommel trieb sein Unwesen in der Wüste. Ich glaube, meine Ignoranz war typisch. Das große Publikum – die meisten von uns gehören dazu – erkannte nicht, daß die tödliche Gefahr auf See lauerte. Wir hätten den Krieg verloren, wenn wir weiterhin Schiffe in dem furchtbaren Ausmaß von 1942 verloren hätten: Frachtschiffe, von denen in den Ruhmesarien undankbarerweise kaum je die Rede ist; ohne die Großbritannien aber verhungert und unser Krieg von Rußland bis Nordafrika liegengeblieben wäre wie ein Motor ohne Treibstoff. 1508 alliierte Handelsschiffe mit insgesamt 8 336 258 Bruttoregistertonnen sanken in einem Jahr auf den Grund des Meeres. Ich kann mir das kaum selbst plastisch vor Augen führen, geschweige denn anderen. Ich komme der Sache wohl am nächsten, wenn ich es ein Ausbluten nenne.

Dann begannen die amerikanischen Nachrichtensendungen in großer Erregung über deutsche U-Boote zu berichten, die entlang der Ostküste der USA, im Golf von Mexiko, in der Karibik und sogar noch vor Brasilien Schiffe versenkten. Mir gefiel der Ton nicht. Es klang so prahlerisch, als wolle man uns weismachen, auch wir in unserer durch nichts zu erschütternden Sicherheit seien in Gefahr. Was wir nicht waren. Es hat auf nordamerikanischem Boden seit 1865 keinen Krieg mehr gegeben. Das Leiden in Europa und im Fernen Osten entzog und entzieht sich dem amerikanischen Vorstellungsvermögen. Niemand weiß wirklich, was der moderne Krieg bedeutet, wenn er ihn nicht zu Hause erlebt hat. Aber ich zeigte Verfallserscheinungen: Statt dort zu sein, wo ich hingehörte, nämlich bei den Leuten, die mit ihren Leben zahlten, hörte ich am Radio vom Krieg. Also nahm ich einen kurzen Urlaub von meinen privaten Verpflichtungen und häuslichen Aufgaben, entfloh dem Radio und zog durch die Karibik, um über diesen Nebenkriegsschauplatz zu berichten und über die, wenn es sie überhaupt gab, unbedeutenden U-Boot-Aktivitäten in nahe gelegenen Gewässern.

Dreiundvierzig Jahre später brachte ich mich dazu, die Tatsachen herauszufinden, und entdeckte mit Bestürzung, daß allein 1942 in der Karibik 251 Handelsschiffe versenkt worden waren. Im August und September – das waren die Monate, in denen ich durch diese Gegend bummelte – waren die Verluste am größten: 71 Schiffe in 61 Tagen. Weil ich davon damals weder eine Ahnung hatte noch hätte haben können, da dies Informationen höchster Geheimhaltungsstufe waren, versuchte ich mein Bestes mit dem schwachen Material, das ich zur Hand hatte. Ich liebe den Journalismus, er bringt immer eine Chance, etwas Neues zu sehen und zu lernen, und mich interessierte alles, was ich sah, ich war allerdings von der Bedeutung meines Auftrags nicht gerade überwältigt.

In Haiti erwarteten die dort ansässigen Deutschen, gutbehandelte und vor Stolz platzende internierte Nazis, daß Deutschland im nächsten Jahr siegen und sie selbst zu mächtigen Gauleitern würden. Puerto Rico war jetzt ein riesiger See- und Luftstützpunkt; ich holte mir die Erlaubnis zu einem Flug mit einer Fliegenden Festung auf Anti-U-Boot-Patrouille. Die Mannschaft war prima, der Trip aber eher wie eine Busfahrt, die Flüge mit der CNAC hatten mich verwöhnt. Die kleinen braunen, sanften Puertoricaner, die in armseligen Slums wohnten und viel zu jung darin starben, waren die Leute, die mir am besten gefielen. Ihre Söhne bewarben sich eifrigst als Freiwillige bei der US-Armee. Bei 50 Dollar im Monat und so viel Essen, wie sie wollten, war dies ihre erste Chance, ein annehmbares Leben zu führen.

Alle überlebenden Seeleute von torpedierten Handelsschiffen wurden nach Puerto Rico gebracht, ehe man sie auf anderen Schiffen wieder losschickte. Man erkannte sie sofort in den Bars entlang des Hafens: hagere Männer in neuen, billigen Zivilkleidern, die noch an einer besonderen Art von Feuerschock litten. Ich hing dort herum und hörte ihnen mit Mitleid und Bewunderung zu, aber es war mir klar, daß ich nicht wirklich begriff. Rettungsboote waren außerhalb meiner Erfahrung.

»Ich glaube, der zehnte Tag war ungefähr der schlimmste. Da gab ich fast ganz die Hoffnung auf.« – »Einer von den Kumpeln drehte ein bißchen durch, so um den vierzehnten Tag, weißt du noch, Bert?« – »Du sahst selber auch nicht gerade gut aus, John.« – »Du kannst es an ihren Augen ablesen, verstehst du, die kriegen so ’n Kuckucksblick. Hatte einen Kumpel, der wollte sich umbringen.« Ein einsamer Junge in der Condado-Bar erzählte mir immer wieder, daß Kapok viel besser sei als die alten Rettungsgürtel, Kapok gehöre in alle Schiffe. Er kam aus Brooklyn. Achtzehn Tage lang war er in einem Rettungsboot herumgetrieben. Er sprach von einem Mann, der sich in den Tauen eines Rettungsbootes verfing, kurz nachdem der Torpedo getroffen hatte. »Der Mann muß wohl gesprungen sein, aber nicht weit genug, und dann hing er da, verstehn Sie, also tot.« Wie war das denn im Rettungsboot? »Weiß nicht mehr, ich glaube, in Ordnung.«

Ich schrieb über solche Dinge, weil ich den Auftrag dazu hatte, und Charles Colebaugh, der engelsgleiche

Redakteur von *Collier's,* war damit zufrieden, ich jedoch nicht. Inzwischen wußte ich, daß in dieser Region Krieg herrschte, wenn er auch unter dem klaren blauen Wasser unsichtbar blieb, und es kam mir uninteressant und langweilig vor, über einen Krieg zu berichten, ohne Kampfhandlungen und eigene Beobachtungen schildern zu können. Es mußte eine bessere Möglichkeit geben, den Job anzugehen.

Um meine Spesen bei *Collier's* zu rechtfertigen, sagte ich mir, ich könnte doch Überlebende aus torpedierten Schiffen aufsammeln oder geheime Verstecke von U-Boot-Nachschub oder verborgene feindliche Funkgeräte aufspüren; jedenfalls fand der Krieg hier auf See statt, und daher sollte ich mich auch auf See begeben. Mein heimlicher Traum, den ich wohlweislich für mich behielt, war es, tatsächlich ein U-Boot zu sichten. St. Thomas, eine amerikanische Insel, war mit dem Flugzeug von Puerto Rico aus einfach zu erreichen. Danach gab's keine offizielle Weiterbeförderung mehr – bis zur nächsten amerikanischen Basis auf Antigua, etwa 275 Meilen entfernt, wie mir die Landkarte zeigte. Dazwischen lag eine Kette kleiner Inseln mit verlockenden Namen wie Tortola, Virgin Gorda, Anguilla, St. Martin und St. Bartholomäus, Saba, St. Kitts. Was auch immer dabei herauskommen würde, ich bekäme eine unbekannte Welt zu sehen.

In St. Thomas versuchte ich, eine Schaluppe zu mieten. Ein alter Neger, der für den Handelsverkehr zwischen den Inseln Boote mit Vorkriegsstandard vermittelte, erklärte mir, niemand auf St. Thomas sei so dumm, in der Hurrikansaison den Hafen zu verlassen. Weder er noch sonstwer von den Ortsansässigen mache sich um U-Boote Sorgen, aber um Hurrikane sehr wohl, und ihre Bibel, ein Almanach für die Gegend, sage einen schlimmen Sturm für diesen Monat voraus. Als ich die hier lebenden Weißen um Rat fragte, fragten sie zurück, ob ich denn nicht von den U-Booten gehört hätte, fast gleich nebenan in der Anegada-Passage. Sie sagten mir auch, kein Weißer könne in diesen Schaluppen der Einheimischen reisen. Ich solle besser bis nach dem Krieg warten und eine Yacht mieten wie jeder andere.

Da über mein Vorhaben auf der Insel geredet wurde, hatte das den Besuch eines stämmigen Texas-Majors zur Folge, dem man die Wache über die Insel anvertraut hatte. Er brachte mir eine Miniatur-Derringer mit Perlmuttgriff und Silberplattierung. Sie sah genauso aus wie eine Waffe für eine Geistesgestörte im Negligé, aufgeputzt mit Straußenfedern und bereit, ihren Liebhaber zu erschießen. Er gab mir vier Kugeln, stumpfe zweiunddreißiger, zeigte mir, wie man dieses todbringende Spielzeug lud, und sagte ganz ernsthaft, daß die Pistole einen Mann in zwei Hälften pusten würde, und ich solle nicht zögern, sie zu gebrauchen. »Sie wissen ja gar nicht, was alles passieren kann, wenn Sie ganz allein da draußen sind.«

Ich sagte, ich könne seine wertvolle Pistole nicht annehmen, hätte noch nie eine Handfeuerwaffe gebraucht und sei niemals um meine Ehre besorgt. Er blieb aber hartnäckig, bis ich mich schließlich bedankte, das hübsche Ding in Kleenex wickelte, die Kugeln in einen Luftpostumschlag steckte und das Ganze unten in meinem Koffer vergrub. Irgendwo auf der Reise muß ich sie dann versenkt haben. Nach diesem Komödienauftakt brach ich in einem uralten Motorboot nach Tortola auf, ein Vier-Stunden-Trip.

Mein Herz hüpfte vor Freude. Das tut es rettungslos immer, außer bei Regen, sobald ich merke, daß ich nicht mehr nach der Landkarte reise. Das Motorboot warf mich – durchnäßt von Gischt, aber in bester Stimmung – in Road Town an Land, einem Haufen ungestrichener Hütten entlang einer staubigen Straße. Es gab zehn weiße Inselbewohner und 7000 Schwarze, keine Autos, einige Fahrräder und ein Taxi: ein Ruderboot. Der britische Kommissar, gleichzeitig Arzt, der den kleinen Vorrat an Arzneien verwaltete, war auch noch Friedensrichter und Herausgeber der mit der Hand vervielfältigten Zeitung, und er fand keinen Gefallen an meinem Vorhaben, aber reichte mich weiter an den örtlichen Krämer, Mr. de Castro, einen weißhaarigen, würdevollen Schwarzen.

Mr. de Castro machte mich mit seinem Sohn Carlton bekannt, dem Besitzer eines Kartoffelboots namens *Pilot,* einer zehn Meter langen Schaluppe mit einem Segel und einem Behälter für Kartoffeln. Die Fracht wurde von Insel zu Insel verkauft, auf der Rückfahrt nahm man mit, was immer zum Kauf angeboten wurde, vornehmlich Rum und Tabak, um es vornehmlich auf die heimatliche Insel zurückzuschmuggeln.

Carlton de Castro war der Star von Tortola, fünfundzwanzig Jahre alt, kaffeebraun, mit gebogenen Wimpern, gelockten Koteletten und goldenen Schneidezähnen. Er trug seine Kapitänsmütze über einem Ohr und hatte eine drollige Art, sich zu geben – wie ein Pariser Nachtclub-Apache, der den Seemann spielt. Sein Boot, so sagte er, sei »sauber wie Feuer«, aber er war wegen des »Hurry-cane« nicht sehr wild auf den Trip. Ich hielt ihm Banknoten von *Collier's* unter die Nase und korrumpierte ihn. Am nächsten Morgen würden wir auslaufen.

In der Zwischenzeit ging ich einkaufen, denn ich mußte mich ja ernähren. Carlton wollte zwei Fässer mit Wasser und Steine als Ballast einlagern, den Rest sollte ich besorgen. Ich erstand die übliche, scheußliche Notverpflegung wie Dosen mit Bohnen, Sardinen, Tee, Kekse und ein Objekt, das sich Super-Sanitär-Kübel nannte, aus grauem glänzenden Email; schließlich noch einen großen schwarzen Regenschirm als Schutz vor Sonnenbrand. Der Kommissar lieh mir großzügigerweise zwei Militärdecken und ein Kopfkissen.

Dann schüttete es vom Himmel, als wolle es niemals mehr aufhören. Das Meer sah aus wie frisch gerührter Zement. Es verschlug mich in das Social Inn, eine kaum erklärliche Herberge – warum sollte sich auch jemand hierher verirren? – mit zwei schmutzigen Schlafzimmern, Bierflaschen und Zigarettenkippen in die Ecken gefegt – Andenken an die Überlebenden von einem englischen Schiff, die vor ein paar Tagen nach Puerto Rico geschafft worden waren. Regen stob durch die Fensterläden und unter der Tür hindurch. Es gab kein elektrisches Licht, schlimm für jemanden, der gern liest, und der einzige Platz zum Sitzen war unter dem fleckigen Moskitonetz auf dem Rand des Himmelbetts. Ich fürchtete, alles in Brand zu setzen, wenn ich eine Kerosinlampe unter dieses Zelt mitnahm. Das Social Inn erinnerte mich an das Palace Hotel in Kweilin, wenn es auch keine Wanzen gab, und für kleine Gnaden muß man stets dankbar sein. Es regnete und regnete. Ich saß zwischen meinen Konservendosen, aß ab und zu daraus und las Krimis, solange das schwache Tageslicht anhielt.

Von Zeit zu Zeit wagte ich mich unter meinem neuen Regenschirm in den strömenden Regen hinaus, um den einzigen Patienten im Ein-Zimmer-Hospital zu besuchen, einen jüdischen Flüchtling aus Wien, der, wie ich glaubte, wohl im Sterben lag; er war so gelb und dünn und vom Fieber ausgezehrt. Wahrscheinlich hatte er Malaria und Gelbsucht. Er war den Nazigaskammern entkommen und hatte auch den »Blitz« in London als Feuerwächter überlebt. Durch eine wirre Laune des Schicksals, wie sie Kriege kennzeichnen, war dieser Mann, ursprünglich Parfumhersteller, von der britischen Regierung nach Tortola geschickt worden, damit er eine Tabakindustrie aufbaute. Natürlich konnte man Tabak hier nicht anpflanzen, und er wollte entweder sterben, um der hoffnungslosen Langeweile der Insel zu entkommen, oder nach England zurückkehren und in die britische Armee eintreten. Er besaß eine klarere Vorstellung über die Gründe, die zu diesem Krieg geführt hatten, als irgend jemand sonst hier in der Gegend und war wild entschlossen, aktiv an ihm teilzunehmen.

Ich kam mir hartherzig vor, ihn hier sterben zu lassen unter zwar freundlichen, aber doch verständnislosen Fremden. Aber wenigstens konnte er mit mir reden, wir kannten beide die Nazis, uns verband der Haß auf sie. Aber als nach drei Tagen der Regen aufhörte, sagte ich auf Wiedersehen und versicherte ihm wider besseres Wissen, er werde genesen. Vielleicht ein Jahr später schickte er mir ein Foto von einem rundlichen, lächelnden Mann. Weihnachtskarten folgten. Er hatte sich auf St. Thomas niedergelassen, war verheiratet, hatte geschäftlich irgendwie mit Parfum zu tun und war von seinem neuen Leben entzückt. Ich liebe Happy-Ends und ganz besonders solche aus jenem Krieg. Es gab viel zu wenige davon.

Die *Pilot* setzte um sieben Uhr morgens Segel; ich winkte den Zuschauern huldvoll zu, Mr. de Castro senior und einem älteren Amerikaner, dessen Sohn in Australien stationiert war. Der Amerikaner hatte mir die Hand geschüttelt, wie man nach einer Beerdigung die

Hinterbliebenen begrüßt, und gesagt: »Meine Liebe, ich hoffe, Sie wissen, was Sie tun.« Vor mir liegen zwei vergilbte und unscharfe kleine Schnappschüsse von der *Pilot* mit der Mannschaft und mir, und ich verstehe jetzt sein Aufnimmerwiedersehen-Verhalten.

Die *Pilot* auf See sieht aus wie die Zelluloidschiffchen, mit denen Kinder in Badewannen spielen. Auf dem anderen Foto bin ich vorn in der Mitte zu sehen, in meinem Reiseaufzug, bestehend aus kurzen Shorts, Hemd, Sandalen, umgeben von barfüßigen schwarzen Männern: Carlton – »Cahltin« – mit einem schicken bunten Tuch um den Hals; George – »Gawge« –, ein netter Riese mit randlosem Filzhut und ausgefransten Hosen bis zur Wade; Walter – »Walteh« –, in schmutziger, ärmelloser Weste und Shorts; Voosten, nackt bis zur Taille, und Irvine, in einem Hemd, das er offen und flatternd wie einen Mantel über Unterhosen trug. Sie sehen aus wie Bösewichter. Ich hielt sie für nette Burschen, bis auf Carlton, der mir zu eitel war. Und das dubiose Boot machte mir keine Sorge.

Die *Pilot* war einmal weiß gewesen. Das Deck fiel nach hinten ab, ohne Handlauf. Die Kajüte war anderthalb Meter lang, breit und hoch; ich konnte darin weder stehen noch liegen oder gar sitzen, denn es war darin so heiß wie in einer Sauna. Mittschiffs auf der Backbordseite war ein kleines Beiboot an Deck festgezurrt. Man sah Wurmlöcher darin, und es gab nur ein Ruder. Bestenfalls hätte es drei Leute gefaßt, ehe es vollief und sank. Es gab keine Rettungsgürtel, keinen Sextanten, kein Logbuch, kein Barometer und keine Seekarten. Ein Kompaß baumelte am Heck an der Ruderpinne. Das einzige Segel glich einer Patchworkdecke.

Das Beiboot war nicht mal so lang, wie ich groß bin. Carlton legte die Lukenabdeckung so hinein, daß sich eine Art Liegesitz ergab, konvex über zwei Drittel der Länge, dann ein Knick und ein konkaves Stück. Ich breitete auf dieser Fläche die Decken aus, schob das Kissen an ein Ende, meine Beine unter den Sitz und ließ mich mit dem Schirm als Schattenspender häuslich nieder. Nun mußte ich mich nur noch ducken, wenn der Baum herüberschwang.

Das Meer sah völlig ruhig aus, aber das täuschte. Lange Wellen bewegten sich wie Muskeln unter der Meereshaut. Die *Pilot* senkte und hob sich in kurzen, ruckartigen Bewegungen. Soweit es ging, legte ich mich in dem Beiboot zurück. Ich fühlte mich nicht sonderlich gut, weigerte mich aber, darüber nachzudenken. Wenn dies das beste Verhalten der *Pilot* bei bestem Wetter war, dann zog ich es vor, nicht weiter vorauszuschauen. Stunden später, wir segelten noch immer an den Küsten Tortolas entlang, wurden wir von einem anderen kleinen Segelboot begrüßt.

Carlton rief den Vorbeisegelnden, einem alten Mann mit Sohn, zu: »Wassachste, Mann, wassachste?«

Der alte Mann schrie: »Oh, Gott, Mann, wohin gehste?«

»Ganz umme Welt, Junge.«

»Was für Fracht?« fragte der Sohn.

»Die Lady«, sagte Carlton, woraufhin alle Männer auf beiden Booten vor Lachen kreischten.

Fünf Stunden später begann die Mannschaft sich anzubrüllen. Das war die Art und Weise, wie Befehle gegeben und befolgt wurden. Es war Nachmittag, und wir machten am Pier des wunderschönen Strands von Virgin Gorda fest, weil Irvine Geld von seiner Frau holen wollte. »Sie hat de Kasse«, sagte er. Mit *Collier's*-Dollars, aufgeteilt nach Rang, und mit ihren eigenen konnte jeder Mann kaufen, was er wollte, und es verkaufen, wo er konnte – freier Warenverkehr ohne Kontrollen.

Ein Neger mit weißem Haar und Schnurrbart, einem weißen Tropenhelm und rosafarbener Sonnenbrille empfing mich im Namen Seiner Majestät von Großbritannien. Es war Mr. Samuel Flax, der Regierungsvertreter für diese Insel. Er stiftete mir einen Dosenöffner, da ich meinen im Social Inn hatte liegenlassen, und führte mich zu der schönsten Bucht, die ich bisher in der ganzen Welt gesehen hatte. »Oh, Moddom, der Krieg ist sehr schwer«, sagte Mr. Flax. »Wir bekommen kein Mehl und so was, fast. Und die armen Männer, wo werden torpediert. Ja, Moddom, wir können nur hoffen, daß der Allmächtige uns beschützt.«

Der Krieg schien zu fern, um wahr zu sein; es gab nichts zu tun für den Allmächtigen auf Virgin Gorda, und diese kleine Bucht war eine Stelle, an der sich seit Anbeginn der Zeiten nichts geändert hatte, ein Halbkreis aus weißem Sand, an den Seiten gerahmt von gewaltigen, fast kubischen, glatten Felsen, die sich übereinanderschoben und so kühle Höhlen formten, mit türkisblauem Wasser über dem gefurchten Sand des Meeresbodens. George schlug ein paar Kokosnüsse auf, aus denen ich trank. Mr. Flax warnte mich davor, die Blätter des Manchineelbaums zu berühren, wenn meine Haut naß sei, weil ich dann Blasen, so groß wie ein Zwei-Schilling-Stück, bekäme. Und dann überließen sie mich einer der größten Freuden im Leben – nackt in einem sauberen tropischen Meer zu schwimmen.

Um zehn an diesem Abend segelten wir weiter. Der Mond stand am Himmel, voll und klar; der Himmel war samtschwarz, mit Sternen bestäubt, also jener Himmel, der auf Kreuzschiffen romantische Liebesaffären heraufbeschwört. Wir steuerten geradewegs auf die Anegada-Passage zu, ein geheimnisvoller Name, berüchtigt als Jagdrevier der U-Boote. Diese Strecke war die längste der Route, neunzig Meilen zwischen Virgin Gorda und Anguilla. Wenn ich auch meine Matratze aus Lukenplanen mit gemischten Gefühlen benutzte, von der Schönheit, der Ruhe, der unermeßlichen Weite des Raums war ich hingerissen, auch aufgeregt, denn nun bewegten wir uns ja in einer richtigen Kriegszone; wer konnte wissen, was noch geschehen würde? Es begann wieder zu regnen, ich kauerte unter meinem Schirm, und es war überraschend kalt. Die Nacht entwickelte die unangenehmste Eigenschaft aller Nächte, nämlich lang zu sein. Bei Sonnenaufgang lag Virgin Gorda noch in Reichweite eines Schwimmers. Mittags war die Insel immer noch nah. Der Wind blähte kaum das Segel.

Das Besondere an der *Pilot* bei Flaute war, daß sie auf der Stelle eine Gigue wie auf Schlaglöchern tanzte. Flaute, das klingt nach Sichtreibenlassen auf einer Luftmatratze im Swimmingpool. So war es nicht, jedenfalls nicht auf der *Pilot.* »Gigue« ist auch nicht ganz richtig, es war mehr ein gleichzeitiges Stoßen und Rollen.

Am vorigen Tag, als der Wind den Geruch wegblies, hielt ich die Mahlzeiten der Mannschaft einfach nur für grobes Zeug. Gawge, der Koch, stellte ein Holzkohleöfchen neben dem Beiboot auf, wohl weil das verhinderte, daß Öfchen und Töpfe und Lebensmittel von Deck schlingerten. Er buk dann ein Pfannenbrot namens »Dumb Johnny Cake«, machte Tee und Reis mit Fisch und Zwiebeln. In der windstillen Hitze aber, während die Sonne auf meinen Sonnenschirm und das Öfchen neben mir glühte, wurde mir von dem Geruch des Fischs und der Zwiebel im Verbund mit dem rollenden Gigue-Tanzen des Boots ausgesprochen übel. Ich hatte keine Seekrankheit vorhergesehen, und ich konnte mich auch nur erinnern, zweimal richtig seekrank gewesen zu sein, aber ich wußte noch gut, daß dies eines der übelsten Leiden des Fleisches ist, die einem widerfahren können. Ich erreichte nie das aktive Stadium der Krankheit; mir war nur andauernd speiübel.

In diesem abgestumpften Zustand reduzierte ich meine Hoffnung auf ein einziges Ziel im Leben: nur runter von der *Pilot*. Dies geschah Jahre, bevor ich den geistigen und medizinischen Wert von Alkohol erkannte; wenn ich allein reiste, führte ich keinen mit.

»George, wie lang war die längste Flaute, in der ihr je gesteckt habt?«

»So zehn Tage, meine ich.«

Schon war mir klar, warum die Überlebenden in Puerto Rico von Männern erzählten, die durchdrehten, die aus ihren Rettungsbooten springen wollten. Wie konnten sie nur zehn Tage, achtzehn Tage ohne Schutz vor dieser unbarmherzigen Sonne aushalten, in noch kleineren Booten treibend, erschöpft von der unaufhörlichen Bewegung, mit knappen Rationen oder gar keinen, mit einem Schluck Wasser am Tag bei quälendem Durst?

»George, wenn wir fünf Tage in der Flaute liegen, springe ich über Bord. Zehn Tage halte ich nicht aus.«

Er lachte. »Redense kein Unsinn, wir werd'n hier nich länga rumhäng'n.«

»George, bist du mit dem Kochen fertig?«

»Ja, nehmses Essen mit für die Jungs.«

Aber der Geruch hielt sich.

Weit im Norden zogen Wolkenstreifen über den Himmel. Drei schwarze Vögel, die aussahen wie Dornier-Flugzeuge, flogen, scharf konturiert, mit weit ausgebreiteten, unbewegten Flügeln, hoch über uns.

Ich rief Irvine am Ruder zu: »Was sind das für Vögel?«

»Kenn'n Namen nich. Wir nennense einfach Hurry-Cane-Vögel.«

Für gewöhnlich sprachen die Männer untereinander Karibik-Englisch, ein unentwirrbares Sprachknäuel. Für mich verwendeten sie ihre Version von reinem Englisch. Wenn sie sprachen, klang es so, als bellten sie sich gegenseitig an, und jeder Satz hatte am Ende den Tonfall einer Frage. Jetzt, da das Segel schlaff herunterhing, schliefen sie im Laderaum. Irvine nickte am Ruder ein. Ich hatte Bücher bei mir, konnte aber nicht lesen, weil das pausenlose Stampfen die Buchstaben auf den Seiten hüpfen ließ und sich ein bohrender Kopfschmerz zu meiner Übelkeit gesellte. Ich beobachtete das Meer, in der Hoffnung, weit weg einen Geleitzug zu sehen, ein Patrouillenflugzeug, irgend etwas, was die Monotonie durchbrach, und wurde aufgemuntert von vier fliegenden Fischen.

Gegen Nachmittag erschienen aus dem Nichts Schwärme von winzigen, durchsichtigen, roten Ameisen und fingen an, mich zu beißen. In der Morgendämmerung hatte ich den zerdrückten Leib einer sehr dikken Spinne auf meinem Kissen gefunden und sofort im Boot nach dem Gefährten gesucht, aber vergeblich. Sie sah aus wie eine jüngere Tarantel mit haarigen Beinen, aber grau und nicht schwarz. Da ich mich noch bewegen konnte, schien es mir ein guter Zeitpunkt zu sein, das Schiff von Insekten zu reinigen, von kräftigen, zirpenden Kakerlaken in der Kajüte und diesen wahnsinnig machenden Ameisen. Ich kroch aus dem Beiboot und taumelte zur Kajüte, um Flit zu holen. Die Kajüte war mein Lagerraum und mein Badezimmer, der Standort des Super-Sanitär-Eimers und eines Kübels Seewasser zum Duschen.

Als ich Flit versprühte, erfaßte eine plötzliche Brise, nicht mehr als ein Flüstern von Wind, meinen Schirm, den ich dummerweise offen im Beiboot gelassen hatte, und trug ihn weg. Ich sah, wie er versank, wogend wie der Badeanzug einer altmodischen Dame, und ich kämpfte mit den Tränen. Es war, als hätte ich meinen letzten Freund auf Erden verloren. Zu all der Übelkeit würde ich jetzt auch noch schmerzhaft tomatenrot verbrennen, Brandblasen bekommen, mich schälen, nur damit die neue Haut wieder verbrannte. »War'n schönen Schirm«, sagte George mitfühlend. Tief in einer Grube von Selbstmitleid sitzend, sagte ich mir, der versunkene Schirm sei nun einfach zuviel. Warum nur, warum war ich mit der falschen Haut geboren worden, wo ich doch die Sonne so verehre? Protest aus Kindermund klingt so: »Das ist unfair.« Es ist unfair, dachte ich. Sind Ameisen und Seekrankheit und dieses stilliegende Boot nicht schon genug? Ich hätte fast losgeheult wegen meines Schirms.

Ich hatte keine Ahnung gehabt, daß ein Tag so lang dauern kann. Wenn er sich auch von den endlosen Tagen in China unterschied, er war kaum weniger schlimm.

In der Nacht kam eine Brise auf. Wieder öffnete sich der Himmel, um Regen herunterzuschütten, aber wir kamen vorwärts. Die Mannschaft ruhte sich abwechselnd auf Steinen im Lagerraum aus. Ich lag naß und frierend im Beiboot und flehte den Wind an, nicht aufzuhören – ja, das ist ein guter Wind, blas, blas, hör um Gottes willen nicht auf. Meine Zaubersprüche versagten. Wir waren zwar am Morgen nicht mehr in Sichtweite von Land, aber die Flaute war wieder da. Carlton war trübsinnig. Ich noch mehr, betrachtete es aber als schlecht für die Moral, wenn der Passagier Anzeichen von Entmutigung zeigte.

»Gefällt mir nich«, sagte Carlton.

»Warum?«

»Einfach, gefällt mir nich.«

»Glauben Sie, irgendwo entwickelt sich ein Hurrikan?«

»Kann's nich sagen.«

»Was dann sonst?«

»Weiß nich, wann wir da ankommen. Ham uns kaum bewegt die ganze Nacht. De Brise is wieda weg, sehnse?«

Ich versuchte, mir aus einer Decke, die ich über das Beiboot legte, ein Halbzelt zu machen, aber erstickte fast darunter, naß vor Schweiß. Ich dachte, ich sollte zur Abwechslung mal über Deck laufen, und fiel auf meinen unsicheren Beinen fast über Bord. Die Mannschaft zog sich in den Laderaum zurück, schweigsam, sich langweilend. Bis auf den Mann am Ruder, das uns nirgendwohin steuerte. Ich saß in der Kajüte auf dem Boden; ich war nicht in der Lage gewesen, alle Kakerlaken zu töten, und sie machten mich wild. Zurück ins Beiboot, in dem ich über meinem heimlichen Traum für diese Reise brütete:

Während ich in der Nacht durch diese U-Boot-verseuchten Gewässer segelte, würde in der Nähe einer kleinen Insel ein Periskop aus der Karibik auftauchen, gefolgt von den Haifischflanken dieses Unterwassermörders. U-Boote mußten ja auftauchen, um ihre Batterie neu aufzuladen (ich wußte damals so wenig wie heute, wovon ich rede). Sie brauchten Trinkwasser, würden ein Boot an Land schicken, um ihre Fässer aufzufüllen, oder was immer U-Boote verwendeten. Blind vor Kopfschmerzen und Übelkeit, dazu rot gebraten, rollte ich wie eine Wurst auf der Plane herum, und die *Pilot* stampfte und verhöhnte mich. Was wollte ich noch sagen, wenn dieser denkwürdige Augenblick stattfand? »Guten Abend, Herr Kapitän, wie geht's?« Ich hoffte, ein U-Boot käme hoch aus der See und versenkte uns, jetzt auf der Stelle. Nur zwei Tage und zwei Nächte dieser Art, und ich war ein Fall für die Klapsmühle.

Warum plärrten die ausgemergelten überlebenden Seeleute nicht wie Verrückte, wenn sie schließlich Land erreichten oder endlich auf See aufgefischt wurden? Ich hätte besser daran getan, nach meinem kleinen Probelauf auf der *Pilot* von ihren Qualen zu schreiben. Und nicht, wie ich's in Puerto Rico getan hatte, nachdem ich sie in Bars getroffen und ohne Erfolg versucht hatte zu verstehen, was sie mitgemacht hatten. Ich nahm an, daß es sich in dem Augenblick, wenn der Torpedo traf, anfühlte wie ein Artillerievolltreffer auf ein Gebäude. Soweit konnte ich ihren Geschichten noch folgen, aber nur bis zum Augenblick des Auftreffens. Über Explosionen konnte ich mitreden.

Meine Vorstellungskraft reichte nicht aus, mir die Nachwirkungen vorzustellen, die Rettungsboote, wenn die Überlebenden untereinander die Tage verglichen, die sie herumgetrieben waren, ehe man sie rettete. Nun aber gelang es mir, diese Tage voller Qualen nachzuempfinden, und ich fand es viel schrecklicher, von einem versteckten Gegner auf See angegriffen zu werden, als irgend etwas, was zu Lande geschah. Auf dem Land konnte man, wenn man noch lebte, wegkriechen oder ausgegraben oder weggebracht werden, Hilfe erhalten; man mußte nicht hilflos tagelang auf dem Wasser warten, ohne je zu wissen, wie das Ende sein würde. Wie viele starben in den Rettungsbooten vor Erschöpfung, mit ausgedörrten Körpern, wie viele starben an unversorgten Wunden? Die Überlebenden hatten nichts darüber gesagt.

Es ist wahr, daß wir ein Reservoir persönlicher Erfahrungen brauchen, um Verständnis zu entwickeln. Jede neue Erfahrung speist das Reservoir, die kleinste hilft.

Irvine, der wieder an der nutzlosen Ruderpinne stand, sagte: »Müssen ja irgendwann ankommen.« Er war ein netter Mensch.

»Ich glaube es nicht.«

»Wir müssen, muß gehn.«

In der Nacht peitschte wieder der Regen das Meer. Wenn man in einem Rettungsboot triebe, käme der Regen bestimmt wie vom Himmel geschickt, würde in allem, was Wasser nur fassen kann, gesammelt werden. Nach einem brennenden Tag kam es mir wie eine weitere Ungerechtigkeit vor, unter einer nassen Decke in nasser Kleidung schlottern zu müssen. Aber ich war schon über das Stadium der Empörung hinaus, war in der von geballter Unbequemlichkeit und Langeweile ausgelösten Lethargie versackt, die das echte Zeichen einer wahren Schreckensreise ist. Die Bewegung der *Pilot* schien unverändert zu sein – Rollen und Stoßen, Rollen und Stoßen.

Ich muß gedöst haben, als der Wind das Segel blähte, und wurde von Walteh am Ruder geweckt, der rief: »Cahltin, komm und kuck! Anguilla da vorne!« Die Nacht war schwarz, ohne jeden Stern, und doch sahen sie Land, eine dunklere Linie gegen das Meer. Wir würden sicher nicht umgehend in Anguilla ankommen, aber daß Land in Sicht war, ließ Hoffnung aufkeimen. Als wir morgens um acht ankerten, sagte Carlton mit so feierlicher Stimme wie Kolumbus, als er die Neue Welt entdeckte: »Schließlich haben wir es erreicht.« Es hatte drei Nächte und zwei Tage gedauert, neunzig Meilen durch die Anegada-Passage zu segeln, diese gefährliche Kriegszone, und an aufregenden Dingen waren uns drei Hurrikan-Vögel und vier fliegende Fische begegnet.

Carltons Schwiegermutter lebte auf Anguilla. Wir kletterten einen Hügel hinauf, der sich unter meinen Füßen bewegte, und einen felsigen Pfad entlang, der ebenfalls sanft wogte; ich hätte noch auf der *Pilot* sein können. In der Tür einer baufälligen Bude begrüßte mich eine alte farbige Frau in knittrigen Baumwollstrümpfen und einem verschossenen Sack aus Kretonne, von einer Sicherheitsnadel zusammengehalten; sie hieß die Heimatlosen und Seekranken in ihrem Schloß willkommen. »Ich bin Mutter Stoughten«, sagte sie. »Wir sind alle Fremde in einem fremden Land.« Es klang, als läse sie aus der Bibel vor, sehr anmutig. Mittels einer Waschschüssel und eines Eimers mit Wasser konnte ich in dem kargen Raum ein Bad nehmen. Mutter Stoughten schickte ein Kind los, von einem Nachbarn Bretter zu borgen, damit ich auf dem Gästebett ruhen konnte, einem leeren Eisengestell. Von einem andern Nachbarn lieh sie Eier und zwei Tassen, und in kürzester Zeit fütterte sie uns mit einem köstlichen Frühstück aus Eiern und trockenem, schwerem Brot und schwarzem Tee.

»Lieber Junge«, sagte Mutter Stoughten zu Carlton, »weißt du nicht, wieviel Angst du andern bereitest, wenn du in diesem Monat herumfährst?«

Carlton murmelte etwas.

»Es ist sehr rücksichtslos von dir.«

»Werd keinen Ärger kriegen«, sagte Carlton in seine Tasse hinein.

»Ah ja«, seufzte sie. Da Carlton aus der großen Welt kam, denn Tortola war im Vergleich zu Anguilla das Zentrum der Zivilisation, sagte sie: »Was für Nachrichten gibt es vom Krieg?« Sie sprach immer mit diesem kultivierten Akzent, der jetzt so klang, als rezitiere sie Gedichte.

»Immer gleiche«, sagte Carlton.

»Haben sie die Marne schon erreicht?«

»Nein.«

»Gut so«, sagte Mutter Stoughten glücklich.

Ein Zeitschriftenfoto von Prinzessin Elisabeth und Prinzessin Margaret war an die Wand geheftet, zwei blonde Mädchen, die Arme umeinandergelegt, und ein korrekt koloriertes Foto von König und Königin in Krone und Hermelin. »Wir wollen hoffen, daß der Krieg bald vorbei ist«, sagte Mutter Stoughten. »Im Namen aller armen Leute. Ich vertraue darauf, daß es der königlichen Familie gutgeht. Wenn Sie sich ausgeruht haben, meine Liebe, wird Sie unser Magistrat empfangen wollen.«

Ich fragte mich verblüfft, wozu wohl Anguilla einen Magistrat brauchte. Die Bevölkerung schien in einem Dutzend Hütten, ähnlich der von Mutter Stoughten, konzentriert zu sein, um Pfade herum verstreut in der unmittelbaren Nähe dichten Buschwerks. Da es also einen Magistrat gab, erforderte das Protokoll einen Besuch. Der Magistrat wohnte in einem großen, kahlen Haus auf einem kahlen Hügel und war ein farbiger Arzt, der in Schottland ausgebildet worden war. Sein Mobiliar war ärmlich, doch der Raum war reichlich geschmückt mit Lithographien von zotteligen Bergziegen oder vielleicht Schafen und Glockenblumen, von Glen Nevis, der Beschriftung nach, und mit Ansichten von Edinburgh Castle und mit Gruppenfotos, auf denen der Arzt als junger Mann mit einer schottischen Baskenmütze auf dem Kopf unter weißen Freunden in Kilts zu sehen war. Sein Wohnzimmer schrie vor Heimweh nach diesem fernen, kalten Land.

Er lud mich zu einem frühen Lunch ein, warnte mich aber, es werde nicht gut sein. Offenbar pflanzten die Leute hier kein Gemüse an, vielleicht war Gemüse nie Teil ihrer Ernährung gewesen. Als Früchte hatten sie Bananen und Mangos, die von selbst wuchsen. Ihre ständige Sorge war die Knappheit an Mehl. Wenn Mehl überhaupt kam, dann auf wenig verläßlichen Handelsbooten wie der *Pilot.* Wenn es Fleisch gab, dann wahrscheinlich von Ziegen am Ort und sehr zäh.

Wir aßen Ziegenfleisch und als besondere Leckerei zum Dessert Pfirsiche aus der Dose; dabei erzählte der Doktor von Schottland. Nach dem Essen brachte er mich genauso elegant und höflich wie Mutter Stoughten zum Pier zurück, wo Carlton wartete. Am

Pier lagen zwei auf Strand gesetzte Rettungsboote, ein Stahlboot mit Motor und Sonnensegel vom amerikanischen Frachter *Thomas McKean* und ein großes, offenes Ruderboot, so wie früher alle Rettungsboote waren, von einem englischen Schiff. Die Amerikaner waren hier nach acht Tagen gelandet, was schon schlimm genug war. Die Engländer waren dreiundzwanzig Tage auf dem Meer herumgetrieben, und der Magistrat-Doktor sagte, die Männer seien furchtbar krank gewesen. Wir sahen schweigend die Boote an. Die Insel Anguilla war weit weg von der Welt, so weit, wie man nur weg sein kann, doch der Krieg war an ihr Ufer geschwappt. Die Wirkung war wie ein Traum, wunderlich, unglaublich, als hätte es Steine geregnet.

Als der Doktor sich von seinen schönen Erinnerungen an Schottland losreißen konnte, erklärte er mir eine politische Verirrung aus jüngster Zeit. Den französischen Inseln war unter dem Vichy-Regime verboten worden, Fremde zu empfangen. Das brachte jedermann in Verlegenheit und zog unangenehme Verdächtigungen nach sich. Seit die französischen Inseln also geschlossen waren, verbreiteten sich Gerüchte. Die französischen Inselbewohner wurden beschuldigt, den Deutschen zu helfen. Ich hatte schon auf St. Thomas davon gehört. Der Doktor sagte, es sei unmöglich, er kenne die Leute von St. Martin gut, es seien anständige Leute wie die Leute auf Anguilla, wie alle Leute auf diesen kleinen Inseln. Sie würden niemals den Deutschen mit ihrer Grausamkeit beistehen. »Töten da unschuldige Seeleute«, sagte der Doktor, so als ob dies das schlimmste aller Verbrechen wäre und nicht zum üblichen Kriegsgeschehen zählte.

Er gab mir einen Brief mit an seinen Kollegen, den weißen Bürgermeister von Marigot, auf der französischen Seite von St. Martin, einer einzigartigen Insel, die halb französisch, halb holländisch ist. Um St. Martin herumzusegeln, zur Seite der verbündeten Holländer, würde einen Tag lang dauern, falls der Wind mitmachte, wogegen wir die französische Seite gegenüber von Anguilla vor Einbruch der Nacht erreichen konnten. Der Bürgermeister von Marigot war ein zivilisierter Mensch und würde mir, obwohl ich nach Vichy-Recht feindliche Ausländerin war, sicherlich erlauben, zu landen und mit dem Taxi auf die holländische Seite zu fahren. »Es ist sehr dumm und traurig«, sagte der Doktor, »wir haben auf diesen Inseln immer in Freundschaft zusammengelebt. Wir sind uns untereinander immer willkommen gewesen. Wir sind doch alle menschliche Wesen und Nachbarn.«

St. Martin wirkte so nah, als könne man leicht hinüberrudern. Die schnelle *Pilot* zockelte in fünf Stunden hinüber. Wir ankerten kurz vor Sonnenuntergang. Eine Stunde früher beobachtete ich von meinem Parkettplatz im Beiboot aus eine hochformelle Zeremonie. Walteh, der Schmutzigste der Crew, zog aus der Hosentasche eine kleine, zerknitterte Union-Jack-Flagge. Carlton hatte sich umgezogen, er trug eine bizarre Kostümierung, möglicherweise, um so den Franzosen imponieren zu können. Sie bestand aus einer blauen Satin-Lastex-Badehose, bedruckt mit gelben Palmen und tropischen Vögeln. Als Kapitän überwachte er, Haltung annehmend, das Hissen der Flagge. Als Irvine seine Arbeit beendet hatte und die Fahne an der Mastspitze flatterte, sahen sie mit Stolz zu ihr hinauf.

»Seid ihr denn alle Engländer?« fragte ich.

»Ja«, sagte Irvine, »de andern wechseln. Auf St. Thomas sinse jetzt amerikanisch. Alle wechseln, aber wir bleib'n imma de selben ollen Engländer.«

Mehr ruckend als segelnd kamen wir an der Mole vorbei in den Hafen. Ein weißes Haus mit rotem Dach, ein weißes Haus mit schwarzen Fensterläden, ein gelbes Haus standen aufgereiht hinter dem grauen steinernen Damm. Zwischen dem Damm und den Häusern spielten Männer Boule. Hinter diesem sehr französischen Mittelmeereindruck säumten dreistöckige Holzhäuser die einzige staubige Straße von Marigot, aneinandergebaut wie französische Stadthäuser, jedes mit langen Fenstern und langen Fensterläden hinter den Balkonen im zweiten Stockwerk, jeder dekoriert mit kuriosem Gitterwerk. Französisch-viktorianische New-Orleans-Architektur, dachte ich, und es hätte nicht hübscher sein können. Die Häuser waren in Pastelltönen gestrichen, rosa und blau und grün und gelb, weiß abgesetzt, wenn auch der Anstrich alt und blättrig war. Hier konnte man auch ohne frische Farbe leben. Marigot verfiel mit Würde.

Draußen vor der Stadt, wo ein paar Häuser verstreut an staubigen Pfaden lagen, war St. Martins Dschungel, kein echter, der ist ohnehin schrecklich, sondern einer aus großen (für mich) namenlosen Fiederbäumen und Flamboyants, Magnolien, Kapokbäumen, Brotfruchtbäumen, Königspalmen und ausgefransten Bananenbäumen, dazwischen Hibiskus und Bougainvillea, verwildert und üppig, um Farbe ins dunkle Grün zu sprenkeln.

Ich fühlte mich scheußlich und sah scheußlich aus in meinen schmutzigen Kleidern, mit meinem verfilzten Haar. Transparente Hautstreifen flatterten von jeder Körperstelle, die noch nicht vom Sonnenbrand blasig geworden war. Ein Gepäckträger führte mich die Hauptstraße entlang, an der vornehme Kreolendamen sich auf den Balkons Luft zufächerten und von Haus zu Haus schwatzten. Das Geschwätz stoppte, als sie mich anstarrten. Vielleicht dachten sie, ich sei eine neue Sorte von weiblichen Überlebenden. Der Gepäckträger brachte mich zur Polizeistation. Trotz Vichy regte sich niemand über Carlton und seine Mannschaft auf; sie waren ja Inselkumpel. Es gab da eine Grenze, wieweit man unsinnigen Anweisungen folgte. Falls man mich zur *Pilot* zurückbeordern sollte, war ich entschlossen zu toben, zu winseln oder zu behaupten, mein längst entfernter Blinddarm sei geplatzt. Ich sehnte mich verzweifelt nach einem Bett, auf dem ich liegen konnte, bis ich meine Landbeine wiederbekommen hätte.

Der Chef der Gendarmen grub in seinem Garten an der Polizeistation. Er las den Brief des Magistrats von Anguilla. Er zog den zweiten und dritten Gendarm zu Rate, die in der Station Domino spielten. Ich erklärte, daß ich nur darum bäte, ein Taxi mieten zu dürfen, so daß ich zur anderen Seite nach Phillipsburg überwechseln könne. Das Taxi konnte ohne Erlaubnis des Bürgermeisters nicht zur Verfügung gestellt werden. Das Telefon des Bürgermeisters war kaputt. Er wohnte standesgemäß auf seinem Besitz außerhalb der Stadt, und es war heiß. Weder der zweite noch der dritte Gendarm noch der Gepäckträger hatten Lust, dorthin zu gehen. Guter gallischer Instinkt und ebensolche Ritterlichkeit triumphierten. Der Chef-Gendarm sagte: »Sie bleiben besser über Nacht hier. Sie können den Bürgermeister am Morgen besuchen. Wir heißen Sie mit offenen Armen und Herzen willkommen. Es gibt keinen Grund, warum wir's nicht tun sollten.« Keinen Grund außer den ermüdenden Direktiven vom Gouverneur in Martinique, und der war weit weg.

Der Gepäckträger, der meinen Koffer schleppte, sagte, das Hotel werde von einem baskischen Ehepaar geleitet. In Wirklichkeit sagte er »baskihsch«, und ich rückte dicht auf, als er anfügte: »Se kommen hier nach so'n Krieg, den se in ihr Land vor fünf Jahr hatt'n, so ich erinner. Arme Leute, sieht aus, se können nich nach Haus. Se sprech'n Englisch nich so gut wie wir.«

Mrs. Higuera war mittleren Alters, aufgedunsen, dick, bleich, sichtlich mitgenommen vom Wechsel hierher aus ihrem frischen Klima daheim. Sie saß an einem Tisch unter einer Kerosinhängelampe, trug Haarwickel und einen Kimono und lauschte Mr. Higuera, der seinen Gästen seine Ansichten kundtat. Mr. Higuera trug den beliebten spanischen Stoppelbart, graue Borsten, die zwei Tage alt aussehen – niemals länger, niemals sauber rasiert, ein spanisches Geheimnis. Sein Haar bestand aus einem dicken, aufrecht stehenden grauen Schopf. Sein Hemd, eigentlich für einen festen Kragen gedacht, war mit einem Kragenknopf geknöpft; seine zerbeulten grünlichschwarzen Hosen wurden von Hosenträgern gehalten. Er war ein kräftiger Brocken Mann, und entsprechend kräftig vertrat er seine Ansichten.

Ich hatte Tausende wie ihn während des Kriegs in Spanien gesehen. Ihre Niederlage war auch meine. So wacklig im Kopf wie auf den Beinen sagte ich: *»Salud, amigos! Viva la Republica!«* Trotz des Vichy-Regimes und all seinem verachtenswerten Drumherum würde ich *»Viva la Republica!«* sagen, sooft ich wollte, solange ich lebte.

Mr. und Mrs. Higuera standen sofort auf und umarmten mich und fragten mich laut auf spanisch aus. Ja, ich war in Madrid auf der Seite der Republik gewesen. Ja, in Mexiko und Kuba gab es jetzt viele Basken, unter ihnen große *pelotaris.* Wir waren Busenfreunde innerhalb von drei Minuten. Die Gäste beobachteten uns mit einiger Verwunderung, bis sich die Higueras ihrer guten Manieren erinnerten und Monsieur Louis, einen jungen Geschäftsmann aus Guadeloupe mit vaselinegefettetem Haar, und Monsieur Jean, einen blonden französischen Jungen in den Zwanzigern, vorstellten. Mr. Higuera erklärte auf spanisch, daß Jean ein guter Junge sei, er habe sich von Frankreich aus nach Martinique in Marsch gesetzt, als die verdammten Hurensöhne, die deutschen Faschisten, Paris eingenommen hatten. Sie waren hier in den Ferien. Außerhalb der fünf französischen Karibik-Inseln waren auch sie durch höhere Gewalt zu feindlichen Ausländern geworden, ohne große Wahlmöglichkeiten, was Reisen und Transportmittel betraf.

Das Hotel der Higueras war genau das richtige für jemanden, der sehr viel Zeit mit Tagträumen unter demoralisierten Verdammten in der Südsee verbracht hatte. Das Erdgeschoß bestand aus einem einzigen Raum, an den sich die Küche hinter einem Perlenvorhang anschloß. Ein großer weißer, mit Kerosin betriebener Eisschrank stand in einer Ecke, war aber seit einem Jahr außer Betrieb. Die anderen Möbelstücke waren eine laute Nähmaschine, mit einem Handrad angetrieben, vier quietschende Rohrschaukelstühle und drei kleine Eßtische, bedeckt von karierten Tischtüchern mit Fett- und Weinflecken. Der Hoteldiener, ein farbiger Mann, der einen Overall und einen runterhängenden Strohhut trug, deckte die Tische, als müsse er ein schwieriges Puzzlespiel lösen. Die Beigaben bestanden aus Fliegen, Spinnennetzen, Insekten, die an der Kerosinlampe Selbstmord begingen, schmutzigen Gläsern, überfüllten Aschenbechern und Küchenqualm. Basken sind daheim für ihre Sauberkeit bekannt. Das Exil und die Hitze hatten an der offenen Herzlichkeit der spanischen Armen nichts geändert. Wir aßen Schweinefraß, lebten wie die Ferkel, trieften vor Schweiß und waren vom Hotel der Higueras begeistert.

Mein Bett gefiel mir. Es war ziemlich übel, aber eine Verbesserung gegenüber dem Beiboot. Die Matratze schien mir mit Kokosnußschalen ausgestopft zu sein, die Bettücher und der Kissenüberzug zeugten sowohl von der Pleite der Higueras wie vom Mangel an Waschmitteln. Der Geruch von Moder wehte überall wie Weihrauch. Ich klammerte mich ans Bett, das sich wie ein Schaukelpferd benahm, und fragte mich, ob die gute Erde je wieder stillstehen würde. Ich hatte die Nase voll von der *Pilot,* aber ein weiteres Merkmal von Schrekkensreisen ist es ja, daß man, wenn man sich einmal darauf eingelassen hat, es sich nicht wieder anders überlegen und aussteigen kann.

Am Morgen stattete der Bürgermeister mir einen Besuch ab. Er hatte eine feine, polierte schwarze Limousine, kaum sechs Jahre alt. Auf dieser Insel war das, als besäße man die Staatskutsche von England. Er war dick, blond, rotgesichtig und kräftig, in den Vierzigern, auf St. Martin geboren und der reiche Mann am Ort. Er fuhr mich nach Phillipsburg. Der französische Junge kam mit, um sich die unbekannte Welt der Alliierten anzusehen. Die einzige Pension in Phillipsburg gehörte einer gebildeten farbigen Frau, die bedauerte, mich nicht aufnehmen zu können. »Das Haus ist für eine Dame noch nicht wieder hergerichtet. Wir hatten diese zweiunddreißig holländischen Überlebenden hier, und sie tranken viel Punsch und rauchten eine Menge Zigaretten – versuchten, sich abzulenken, arme Männer. Ich habe noch keine Zeit gehabt, nach ihnen aufzuräumen.«

Weitere Schiffbrüchige überall, noch mehr versenkte Schiffe, deutsche U-Boote, die noch immer in der herrlichen See lauerten, wo es doch die Lebensregel für Inselleute ist, auf dem Wasser zu helfen, nicht zu töten.

»Arme Männer«, sagte der Bürgermeister so bedauernd wie seine offizielle Feindin, die farbige holländische Bürgerin. »Ich habe ein bißchen Waschmittel übrig, Mrs. Thomas, falls Sie das für Ihre Wäsche brauchen.« Wir schwiegen, als wir zurückfuhren, vielleicht dachten auch sie an diesen seltsamen Krieg, den man nicht sehen konnte, und an die Seeleute, die ihn erleiden mußten. Dann sagte der Bürgermeister auf französisch, als höfliche Geste gegenüber dem französischen Jungen: »Ich habe meine offizielle Pflicht getan. Sie können nicht in Phillipsburg bleiben, also müssen Sie in Marigot bleiben. Niemand kann von mir erwarten, daß ich eine Dame zwinge, in dieser erbärmlichen Schaluppe wegzufahren. Ich habe noch nicht viele Amerikaner kennengelernt, Madame, aber verzeihen Sie, sind solche Ideen bei Ihnen üblich, mit einem Boot dieser Sorte in Kriegszeiten zu reisen? Es wäre schon zu Friedenszeiten eine Katastrophe.«

»Wie anders hätte ich St. Martin besuchen können?«

»Nun, das ist wahr. Ich bezweifle, daß es zehn Leute hier gibt, die nicht auf der Insel geboren sind, aber die Hälfte von uns glaubt, wir sind Franzosen, die andere Hälfte glaubt, sie sind Holländer. Wir haben keine Grenzen zwischen uns, und unsere eigentliche Sprache ist das Englische. Wir leben seit drei Jahrhunderten friedlich zusammen. Ich glaube, so einen Ort gibt es nur einmal auf der Welt.«

»Sie sind gut dran«, sagte der französische Junge. »Die Insel ist arm und nicht von militärischer Bedeutung. Sie können hier für immer in Frieden leben.«

»Wir sind gut dran«, sagte der Bürgermeister.

Carlton wartete am Hotel. »Kein Wind«, sagte er, »sieht aus, als wär der Wind tot für imma.«

»Prima«, sagte ich, »ich will ohnehin nicht fort. Ich würde gern einen Monat hierbleiben.«

»Ich nich. Ich nehm Sie bis Antigua mit, dann fahr ich nach Haus. Je früher nach Haus, je besser. Ich riech den Hurry-cane irgendwo.«

Mit einem Picknick in der Tasche, Wasser und dikken Sandwiches, machte ich mich auf, die Insel zu erkunden. St. Martin war eine Trauminsel. Verschwiegene kleine Sandbuchten schmiegten sich in die Küste. Ich wählte eine weit von der Stadt weg, umgeben von dichtem Buschwerk, das ganz blank war vom Regen, eingerahmt von wedelnden Königspalmen. Unter einem porzellanblauen Himmel saß ich nackt im flachen Wasser und beobachtete ganze Schwärme von Fischen, erkannte jedoch nur silbrige kleine Barrakudas. Und watete hinaus, um im glasklaren nilgrünen Wasser zu schwimmen, wo man bis auf den Sand hinuntersehen konnte und noch mehr Fische entdeckte, die ins seidige, tief saphirblaue Meer hinauszogen. Und schwamm zurück, um im Schatten Sandwiches zu mampfen, und wieder hinaus zum Schwimmen. Die Sonne war keine Tortur, sondern ein Segen, so wie ich sie immer empfunden hatte, ehe ich mit der *Pilot* lossegelte. Ich vergaß den Krieg, er war der Alptraum von jemand anderem. Ich war in dem Zustand der Gnade, den man zu Recht Glück nennen kann – Körper und Geist in heiterem Einklang. Das geschieht einem als himmlische Überraschung beim Reisen, und darum werde ich nie aufhören zu reisen.

Die Zeit stand still. Ich wollte in der ruhenden Zeit verweilen, neue Badebuchten finden, im Dschungel herumlaufen und Geschichten über die Leute auf diesen Inseln ersinnen. Die Higueras hatten nicht erklärt, wie oder warum sie von Bilbao nach Marigot geflüchtet waren, und auch die Diskretion ist ein Nebenprodukt des Krieges, man drängt sich nicht in persönliche Angelegenheiten. Ich wußte auch nicht, welcher Umschwung oder welche Furcht den französischen Jungen veranlaßt hatten, aus Frankreich zu fliehen. Schon rankten sich erfundene Geschichten um sie. So sorgenfrei hatte ich mich seit meinen Mädchentagen nicht mehr gefühlt, als ich nur mit einem Rucksack gereist war und Europa für mich entdeckt hatte.

Der Wind blieb günstig, das heißt Flaute – vier Tage lang. An jedem Tag schwamm ich von einer schönen Bucht aus, wanderte durch den Dschungel, fand Orchideen und blühende Lianen, lauschte den Vögeln und den Geschichten in meinem Kopf. Das Glück war chronisch geworden. Dann kehrte die Wirklichkeit in Gestalt von Carlton zurück, der auffrischenden Wind ankündigte und ungeduldig war, fortzukommen. Ich sagte traurig *au revoir* und schüttelte den meisten die Hand und kletterte mit einem neuen Regenschirm zurück ins Beiboot.

Unser nächster Halt war St. Bartholomäus, immer nur kurz St. Barts genannt, eine weitere französische Insel. Wir ankerten im Hafen der Hauptstadt namens Gustavia, denn St. Barts war einst schwedisch. Die Hauptstadt bestand aus einer Handvoll Häusern, einer Schule, einer Kirche, einer winzigen Werft, wo an einem Kartoffelboot gearbeitet wurde und es gut nach frischem Holz roch, einer Bar und einem tristen Kramladen.

Obwohl St. Barts ein sehr kleines und verlassenes Eiland war, war man dort auf snobistische Weise stolz.

Mehr Weiße als Schwarze lebten hier. Die weiße Bevölkerung waren die Nachfahren von ein paar alten normannischen Seefahrern. Seit Jahrhunderten heiratete man untereinander, und so waren es arme, magere Leute mit schlechten Zähnen und krank aussehenden, häßlichen Gesichtern und häufig verwirrten Köpfen, aber eben erkennbar weiß. Hinter dem kleinen Hafen gaben ein paar standfeste Häuser Zeugnis von ebenso standfesten Schweden, wenn auch der Dschungel um sie herum- und sogar in sie hineinkroch. Mir wurde ein Zimmer in einem Haus angeboten, das der Besitzer vor zwei Monaten verlassen hatte. Ich mußte mir durch Ranken und Kletterpflanzen einen Weg eine verfaulte Treppe hinauf bahnen und mich gebückt durch dichtes Gebüsch kämpfen, um die Latrine und ein Badehaus im hinteren Teil zu erreichen.

St. Barts hatte keinen Bürgermeister, keine Gendarmen und keine Bürokratie. Es war vom Krieg noch weiter entfernt als St. Martin, die Einwohner interessierten sich einfach nicht dafür. Das einzige Zeichen, daß sich die Zeiten geändert hatten, war der Gesang, mit dem der Tag der Kinder in der Schule nahe meinem neuen Heim begann und endete. Die Lieder waren von der Vichy-Regierung angeordnet worden. Die Lieder waren fröhlich, und die Wörter bedeuteten den kleinen schwarzen Kindern nichts. »Rette Frankreich, Marschall, wir folgen dir.« Vorher hatten sie *»Allons enfants de la Patrie«* gesungen, und das würden sie auch wieder singen, wenn wir den Krieg gewonnen hatten. Mich ärgerte diese aufgezwungene Verehrung des Marschalls, ich verachtete diese dümmliche alte Vaterfigur, die ihren Namen für die Kollaboration mit den Nazis hergab.

Wenn die Kinder ihre herkömmlichen Lektionen in französisch sangen, hörte ich mit Vergnügen zu. Der Lehrer sang die Frage vor, dünne Stimmchen sangen unisono die Antwort zurück. »Welches sind die vier Elemente?« sang der Lehrer. »Die vier Elemente sind Erde, Luft, Feuer und Wasser«, sangen die Kinder. Sie sangen Geschichte, das Alphabet, Arithmetik und Literatur. Das hatte viel Charme und trainierte das Gedächtnis sicher bis zur Perfektion, aber es dauerte ziemlich lange, sechs und eine halbe Stunde täglich, mit einer zweistündigen Mittagspause. Der Unterricht war überall in der Metropole Gustavia zu hören.

Als ich über die Planken von der *Pilot* zum Pier ging, hatte da ein junger Franzose gestanden, ebenfalls blond, ebenfalls Jean heißend und mich beobachtend. Er sah sich die Zwiebelschalen und Fischköpfe an, die Überbleibsel vom Lunch an Deck, den schäbigen Rumpf und das schäbige Segel, das Auftreten der Mannschaft, die schon bei der Abreise nicht in frischer Wäsche gesteckt hatte und nun wirklich ranzig vor Dreck war, sowie mich, die ich mich nicht mehr ganz so schlimm schälte, aber doch ein trauriges Bild abgab. Seinem Gesicht konnte ich entnehmen, daß er uns für Abschaum hielt, andererseits erweckte ich sein Mitleid. Ich mußte in irgendwelchen obskuren, üblen Schwierigkeiten stecken, wenn ich gezwungen war, so zu reisen. Er schlug mir vor, mich zu einer schönen Bucht zu bringen, sobald ich meinen Koffer losgeworden war. Er wollte mit Harpune und Taucherbrille Hummer fangen, eine angenehme Art zu fischen; aber er war nicht auf Spaß, sondern auf Essen aus. Die Nahrung hier war karg und erbärmlich, er fischte aus Not.

Ich folgte ihm auf einem engen Pfad durch dunklen, kümmernden Dschungel und keuchte vor Hitze. Dies war nicht das leuchtende Grün von St. Martin, dies war klaustrophobisch, und es erinnerte mich sofort an Schlangen. Jede Insel hatte ihre eigene Persönlichkeit und Atmosphäre. St. Barts war gespenstisch, ich weiß nicht, warum. Schon im Augenblick, als wir landeten, hatte ich das Gefühl, den Ort nicht zu mögen. Ich hatte kein Verlangen zu bleiben, keine Wellen des Glücks würden mich hier überrollen. Die Bucht war anziehend, aber nicht zu vergleichen mit den schönen halbmondförmigen Sandstränden von St. Martin. Jean fischte mit Geschick und Konzentration und spürte Hummer auf, während ich schwamm und auf einen guten Wind hoffte, und zwar schnell.

Wir waren spät aufgebrochen, weit gegangen, Hummerfang braucht Zeit; es war dunkel, als wir nach Hause aufbrachen. Jean wirkte nervös, was die Zeit anging, als hätte er eine Verabredung. Wir hatten uns gegenseitig keine Fragen gestellt, ganz nach Kriegsetikette. Er sprach von den weißen Einheimischen und sagte: »*Ils sont pratiquement gaga, ils ne savent même pas comment se nourrir, ils n'ont pas assez d'intelligence ni d'énergie de cultiver des légumes. Ils passent leurs temps en étant fiers d'être blancs comme si c'était un acte de génie.*« Wenn er seine Nachbarn so wenig mochte, warum blieb er dann? Aber ich fragte nicht danach. Im Dunkeln sprang eine kleine, wilde Katze, kaum mehr als ein Kätzchen, aus den dampfenden Wäldern und hüpfte den Pfad entlang, steifbeinig wie eine Gazelle. Sie war ihrer Umgebung perfekt angepaßt: gefleckt mit Brauntönen. Ich fing sie und hielt sie fest in den Armen.

Jean bog auf einem unsichtbaren Pfad in den Dschungel ein, ich zog mit meiner Katze weiter nach Gustavia, wo ich sie in meinem muffigen Zimmer mit Kondensmilch fütterte, so daß sie zu einer anschmiegsamen, schnurrenden, anhänglichen Katze wurde. Jetzt würde ich auf der *Pilot* Gesellschaft haben. Das Lieben ist eine Gewohnheit wie jede andere auch, und man braucht dafür etwas in der Nähe, an dem man täglich üben kann. Ich mochte die Katze, die Katze schien mich zu mögen. Ich konnte den kommenden Tagen im Beiboot mit besseren Gefühlen entgegensehen, ich hatte ja die Katze zum Reden und zum Spielen.

Am Morgen brachte ich die Sprache aufs Wetter. Wann würden wir aufbrechen? Ich wollte nach Saba, einer holländischen Insel, die im Dunst der Hitze vor uns aufstieg wie ein grüner Vulkan. Carlton war mit jedem

Tag trübsinniger geworden. Einmal abgesehen vom unbeständigen Wind, wußte ich nicht, was mit ihm los war. Er sah mich nicht mehr an, stand nur mürrisch rum und betrachtete seine Füße.

»Sie sagen, es dauert nur vier Stunden, nach Saba zu segeln, Carlton.«

»Wohl eher acht oder zehn.«

»Es sind zweiundzwanzig Meilen.«

»Einige sagen zweiundzwanzig, einige fünfundvierzig.«

»Ich möchte sehr gern dahin.«

Er sagte nichts.

»Was wurmt Sie, Carlton?«

»Wetter gefällt nich. Saba hat kein Ankerplatz.«

»Lassen Sie uns frühmorgens lossegeln. Ich könnte mir die Stadt ansehen, und wir können für die Nacht hierher zurückkommen, wenn Sie meinen, daß es drüben nicht sicher ist.«

Carlton hatte ganz offensichtlich von dieser Reise die Nase voll. Immer wenn wir einen Hafen erreichten, wurden sie bezahlt. Nun hatten sie ein paar gute Geschäfte gemacht, und ein paar Geschäfte waren genug. Fast soweit, ihm die Hölle heiß zu machen, was dumm gewesen wäre, ging ich bis ans Ende des Piers, setzte mich und rauchte, um meine üble Laune zu besänftigen. Jean erschien und setzte sich neben mich. Ohne Vorrede stürzte er sich in Offenbarungen. Er war ursprünglich nach St. Barts gekommen, um sein Boot reparieren zu lassen. Ich erfuhr, daß er, als der Krieg begann, eine kleine Erbschaft als Boot-Tramper verplempert hatte. Er wollte St. Barts verlassen und sich den Freien Franzosen anschließen. Er schämte sich, auf dieser friedlichen Insel in Sicherheit zu leben, wo er doch eigentlich für sein Land kämpfen sollte. Aber er konnte nicht weg. Er war durch einen Voodoo-Zauber an die Insel gefesselt; besonders unangenehm, daß die Hexe seine Geliebte war.

Jedesmal, wenn er zu verschwinden versuchte, erwischte es ihn. Bei seinem ersten Fluchtversuch verlor er sein Boot, ein kompletter Schiffbruch, und er hatte noch Glück, daß er im Beiboot zurückkam. Und immer, wenn einer der seltenen Besucher ihm seitdem eine Mitfahrt anbot, wurde er von einer lähmenden Krankheit daran gehindert. Er breitete diese unheimliche Geschichte bei hellem Sonnenschein aus, während wir rauchten und unsere Beine vom Pier baumeln ließen. Wenn man annahm, daß er nicht verrückt war, dann war er wohl schon zu lange auf dieser Gespenster-Insel. Ich sagte ihm mit Bestimmtheit, Voodoo-Zauber sei Quatsch, und er könne mit uns kommen und sich von Antigua aus nach England durchschlagen. Der scharfe Ton schien ihn zu beleben. Er wollte nun auf der *Pilot* mitfahren, bat aber darum, daß wir nachts lossegelten, und beschwor mich, das Geheimnis zu wahren, damit die Hexe nicht von seinen Plänen erführe.

Er nahm mich dann mit nach Hause zu einer Hütte aus geflochtenem Schilf, und auch ich war von der Hexe beeindruckt. Sie war sehr schön, groß, mit üppigen Kurven, glatter brauner Haut, dichtem, welligen Haar bis zu den Schultern und großen grünen Augen: lebender Beweis dafür, daß die Rassenmischung eine Menge Gutes tut. Sie stand auf der Türschwelle, die Hände in den Hüften, und sah die blonde, sich häutende Besucherin mit unverhüllter Verachtung und Mißbilligung an. Ich wußte nicht, wie ich reagieren sollte, unterwürfig oder bissig? Jean, bei Tageslicht offenbar selbstbewußt, trug ihr auf, Essen zu bringen. Reis und Hummer und gebakkene Bananen. Köstlich. Vielleicht entschädigte ihn ihre Kochkunst für ihre Hexerei. Sie bewegte sich langsam, anmutig wie ein Panther; mit jeder Geste ließ sie ihren Groll spüren. Sie weigerte sich, mit uns zu sprechen oder zu essen.

Da ich mich nicht gerade erwünscht fühlen konnte, kehrte ich nach dem Lunch zum offenen Hafen zurück, fort von den unangenehmen Wäldern, und traf den Schulmeister, einen Franzosen mittleren Alters, der mit einer Insel-Schwarzen verheiratet war. Er war auch nicht gerade fröhlich und erzählte, was für ein Fehler es sei, eine schwarze Frau zu heiraten. Man versank in ihren schlampigen Gewohnheiten und erzeugte Herden von lärmenden, dummen Mischlingskindern. Es war sinnlos, den Schulkindern etwas beizubringen. Wieso brauchten sie die Kultur von *la belle France* auf

St. Barts? Aber er deutete nicht an, daß er auf mein Schiff kommen und fliehen wollte. Ich stieg in mein Zimmer rauf und fütterte mein schnurrendes Kätzchen, das einzige zufriedene Lebewesen, das ich bislang getroffen hatte.

Carlton war wütend über die Abfahrt bei Nacht. »Kein Grund dazu. Ich kenn dieses Wasser nicht. Doof. Ich bin für die *Pilot* verantwortlich.« Ich blieb hartnäkkig. Ich hatte es Jean versprochen, ich hatte die Hexe gesehen. Ich selbst wäre nur zu glücklich gewesen, diesen giftiggrünen Augen entkommen zu können. Gegen Mitternacht tauchte Jean an der Mole auf, zähneklappernd, mit blutunterlaufenen Augen. Er hatte hohes Fieber. Das einzige, was er tun konnte, war, zum Pier zu kommen, um mir zu sagen, wir sollten nicht warten. Rettung war nicht möglich, er würde nie in der Lage sein zu verschwinden. Er sah seinem Schicksal voller Verzweiflung entgegen. Offensichtlich glaubte er an schwarze Magie. Ich aber stellte mir vor, daß seine dämonische Geliebte sein Essen mit giftigen Pilzen, Schlangengift, Katzenpisse, was immer zur Hand war, vermischen konnte, mit allem, was der Verdauung abträglich war, wann immer er ruhelos wurde. Ich drängte ihn, dennoch mitzukommen, krank, wie er war. Vielleicht verlor die Zauberei mit den Seemeilen ihre Wirkung. Er wollte aber meine Sicherheit nicht gefährden, das Wetter war auch ohne böse Zauberformeln unsicher genug.

Ich hielt ihn für eine tragische Figur. Ich stellte mir sein Leben vor, angekettet an diese grünäugige, finstere Hexe, die, wenn sie seiner müde war, einen giftigen Sud brauen und ihn umbringen würde. Zehn Jahre später traf ich Jean auf St. Martin wieder. Er hatte eine hübsche weiße Frau und ein Baby, ein richtiges Haus über einem prächtigen Strand und ein Vergnügungsboot. Ich wagte es nicht, ihm Fragen zu stellen, und er trug mir auch keine Informationen über die Hexe oder seine Flucht aus ihren Klauen zu. Er wirkte gesund, glücklich und erfolgreich.

Carlton, der nun erfuhr, daß wir keinen zusätzlichen Passagier hatten, spuckte voll Abscheu aus und sagte, er lege sich jetzt im Laderaum schlafen, er sei kein Idiot, wir könnten im Morgengrauen segeln. Ich verbrachte unnötig eine Nacht, oder die Hälfte davon, im Beiboot, doch die kleine Katze machte es sich bei mir auf dem Kopfkissen bequem.

Vielleicht sorgte die Hexe für den Sturm, um mich festzuhalten. Wahrscheinlicher waren es die Ausläufer eines Hurrikans, aber ein Sturm war es in jedem Fall, ein viel zu starker Wind für unser Flickensegel. Und hohe Wellen mit schaumigen Kronen schlugen über uns zusammen. Ich wußte nicht, daß Katzen seekrank werden können. Meine Katze zitterte und miaute erbärmlich und erbrach dünne gelbe Bäche. Als nichts mehr zu erbrechen war, hoben und senkten sich ihre Flanken. Ich fühlte mich wie ein Ungeheuer: das arme kleine Ding gekidnappt zu haben und solchem Elend auszusetzen! Dann war ich zu beschäftigt mit der Betreuung der Katze, um mein eigenes Elend, die Nässe und die blauen Flecken zu spüren, während wir über die Wellenberge und Wellentäler nach Saba tauchten.

Saba ist eigentlich die Spitze eines Vulkans, und es gibt keinen Hafen an seinen steilen grünen Seiten. In der Nähe des Lands ließ der Wind nach, vielleicht war der Sturm nach Norden abgezogen. Walteh balancierte auf Deck und blies in eine Muschel, ein Geräusch wie ein schwaches Nebelhorn. Die sich auftürmenden grünen Felsen von Saba blieben still, und niemand erschien auf der gewaltigen Stufenleiter, die man in den Fels geschlagen hatte. So eine Treppe war mir seit Tschungking nicht mehr begegnet, und ich zweifelte, ob ich es hinauf schaffen würde – mit Beinen wie Spaghetti.

»Dies hier acht Faden tief«, sagte Carlton vorwurfsvoll, »auf offener See.«

»Aber der Wind läßt doch nach, Carlton. Bestimmt könnt ihr bis zum Morgen ankern. Ich komme gleich nach der Morgendämmerung zurück. Ich möchte der Katze eine Pause gönnen.«

Carlton schnaubte zur Antwort. Ein holländischer Polizeibeamter, sehr schmissig in Gamaschen und Militärkragen, war die Stufen heruntermarschiert und winkte mich von einem Streifen Kiesstrand aus an Land. Ich zahlte Carlton die Hafengebühr; er hatte nun fünf Siebtel seines Gesamthonorars erhalten. Irvine und

Voosten entfernten die Planen, setzten das Beiboot ins Wasser und ruderten mich und das Kätzchen zu den Kieseln, ein Ruder achtern wie die Gondolieri in Venedig. »Leben Sie wohl, hoffe, Sie sind sehr glücklich mit Ihrer kleinen Katze«, sagte George, der sanfte Riese.

»Nicht ›Leben Sie wohl‹, nur gute Nacht, George.« Ich wartete, um sicher zu sein, daß das Beiboot nicht unterging, bevor es zur *Pilot* zurückkam.

Der holländische Polizeibeamte trug netterweise meinen Koffer, wenn dies auch bestimmt unter seiner Würde und nicht sein Job war. Ich wankte hinter ihm her die Stufen hoch, das schreiende Kätzchen in den Armen. Bergsteigen! Das Dorf oben hieß offensichtlich Bottom, weil es auf dem Boden des Kraters erbaut worden war. Bottom besaß einen liebenswerten, niedlichen holländischen Charme und erschien mir wie ein schöner Septembertag in einem kühlen Land. Die Straßen waren korrekt im rechten Winkel angelegt und ordentlich gefegt. Die kleinen Häuser bestanden aus weißen Brettern mit Fundamenten aus Feldsteinen. Weiße Raffgardinen steckten hinter blitzblanken Fenstern. Es könnte durchaus Blumenkästen vor den Fenstern gegeben haben, ich weiß es nicht mehr.

Die schwarzen Einwohner kamen mir besser genährt vor als sonstwo, würdige Bürger mit Selbstachtung in sauberer, gestärkter Kleidung. Überall schon war ich fasziniert gewesen von der Art und Weise, wie die Karibik-Schwarzen den Ton ihrer jeweiligen Kolonialmacht übernahmen. Man konnte die Nationalität einer jeden Insel erkennen, ohne daß man sie gesagt bekam, als ob nationale Gene und Chromosomen von weit entfernten Regierungen hierher übermittelt worden wären. Nach dem Aussehen der Leute auf Saba, ihrer Stadt und dem kurzen Blick auf Phillipsburg zu urteilen, waren die Holländer die beste Kolonialmacht in diesem Teil der Welt, wie sie es auch im Fernen Osten, in Niederländisch-Ostindien, gewesen waren.

Der holländische Polizeibeamte lieferte mich im Regierungsgästehaus ab. Ich bin, wie ich schon überdeutlich gemacht habe, eine Reinlichkeitsfanatikerin und war außer mir vor Freude. Hier konnte man vom Boden essen, wenn einem nach solchen Verrenkungen zumute war, und es gab obendrein frische Eier und Butter und Milch und frisch gebackenes Brot. Dann war da ein richtiges Duschbad, das reichlich Wasser spendete, ein echtes Klo aus dem zwanzigsten Jahrhundert, ein funktionierender Kühlschrank, ein angenehm duftendes Schlafzimmer mit einem Himmelbett und schneeweißem Bettleinen und einer Nachttischlampe und einem makellosen Schrank mit Kleiderbügeln. Ich sagte der Katze, endlich seien wir auf die Füße gefallen. Es gab auch Alberta, die Hausdame der Herberge, die ein gestärktes weißes Kleid trug und einen Panamahut; sie war vierundsechzig Jahre alt, flink und sorgfältig und sprach Karibik-Englisch mit holländischem Akzent.

»Sie von Ammorika, Moddom?«

»Ja, Alberta.«

»Oh, Moddom, was tun wir ohn Ammorika? Ammorika hilft mir jeden Tag in mein Leben. So viele nätte farb'ge Leute von Saba gehn da zur Arbeit und se senden uns Menge Kleidä und Essen. Gott segne Ammorika, Moddom.«

Ich dankte ihr im Namen der Vereinigten Staaten, und sie fragte mich nach dem Krieg, aber ehe ich antworten konnte, sagte sie: »Als wir hört'n, sie greif'n Holland an, Moddom, da gab's kein trocken Auge auf de Insel. Lassen Sie uns nicht von Krieg sprech'n.« Ich wollte auch lieber von Futter für meine Katze reden und mich selbst mit Seife und Wasser bearbeiten. Ich sehnte mich nach dem herrlichen, sauberen Bett.

Bei Sonnenuntergang fing es an zu regnen, und der Wind verstärkte sich zum Sturm. Im Zickzack zuckten Acetylenblitze über den Himmel, und der Donner dröhnte wie Artilleriefeuer zwischen den Bergwänden rings um den Krater. Kalt und schlaflos aus Sorge um die *Pilot,* tröstete ich die Katze, derentwegen ich mit jeder Minute ein schlechteres Gewissen hatte. Warum hatte ich sie nur im Dschungel von St. Barts aus ihrem Familienleben gerissen? Wie erging es der Mannschaft? Schließlich sagte ich mir, daß sie von Beruf Seefahrer waren, auf dem Meer zu Hause, und wissen mußten, was zu tun war. Und ich schlief unruhig, wachte in der Morgendämmerung auf und eilte die vielen Stufen hinunter.

Die *Pilot* war verschwunden. Mich packte plötzlich das große Zittern, denn ich stellte mir vor, sie sei mit allen Leuten an Bord gesunken. Bis mir ein alter Fischer sagte, das Boot sei abgesegelt, sobald ich auf der Treppe nach Bottom hinauf außer Sicht war. Er sagte mir, Saba sei bei solchem Wetter kein Platz zum Ankern, ihre eigenen kleinen Fischerboote lägen an der anderen Inselseite auf dem Strand. Carlton und die Männer hatten an die *Pilot* und an ihr Leben zu denken; ich verstand sie, wünschte aber, sie hätten sich wenigstens verabschiedet. Dann fiel mir ein, daß George das ja so nett getan hatte. Jetzt saß ich auf Saba fest. Immer dankbar sein für kleine und große Gnaden: Welches Glück ich doch hatte, hier statt auf der gruseligen Insel St. Barts festzusitzen.

Die Sonne schien von einem blauweißen Himmel. Die grünen Kraterwände milderten den Wind. Es war ein schöner Tag und ein schöner Ort. Ich hatte keinen Grund zur Klage. Alberta brachte dem Funker eine Nachricht – ob er St. Kitts, dreißig Meilen entfernt, anfunken würde (oder was immer) und bitten könne, mir ein Motorboot zu schicken? Der Funker sagte Alberta, daß ihn der Sturm im Augenblick lahmgelegt habe, aber er würde St. Kitts so bald als möglich anfunken. Nach einem gewaltigen Frühstück wusch ich mir das Haar. Alberta wusch meine Kleider. Ich ging am Krater spazieren wie in einem Park. Die Katze tummelte sich um mich herum. Ich sah gepflegte Kühe. Ich konnte diesen

Leuten für ihre Ordnung und ihren Verstand nur Beifall spenden: Sie bauten Gemüse an, hüteten Hühner und Kühe, machten Butter und Käse und hielten ihre Puppenstubenhäuschen und Gärten hübsch. Ich fragte mich, wo auf Erden man solchen Frieden wie in Bottom finden würde.

Der Krieg ist zu teuer, als daß man ihn auf nutzlose Orte verschwendet. Der Krieg hatte die kleinen Inseln völlig isoliert, sie hatten untereinander kaum Kontakt, und draußen in der Welt waren sie unbekannt. Die ganze Karibik hinunter blieben diese kleinen grünen Juwele, nur Stecknadelköpfe auf der Landkarte, gnädig unbeachtet.

Nun, da ich im reinen Glück lebte und gutes Essen bekam, fing ich an, nervös zu werden. Das Rumpeln im Himmel könnte den nun schon so oft angekündigten Hurrikan voraussagen. Ein Hurrikan würde mich hier unbegrenzt festhalten. Hier gab es keine Gesellschaft, kein Café und keine Bar, wo ich hätte in einer Ecke sitzen und zuhören können. Die Wellen waren zu hoch und die Luft zu kühl, als daß ich vom Kiesstrand aus schwimmen gehen konnte. Die Bürger blieben bei Nacht still in ihren Häusern, und das einzige Licht in Bottom nach neun Uhr war das meine. Die aufmerksamen Holländer hatten Bücherregale in das Wohnzimmer des Gästehauses gestellt und Bücher auf die Regale. Ich hatte meine eigenen ausgelesen, und ohne etwas zu lesen, wäre ich wohl doppelt so zappelig geworden. Denn vor vierunddreißig Jahren war ich gar nicht so vernarrt in Ruhe und Frieden: Ich liebte Überraschungen und Aufregungen und Spaß und Risiko und seltsame Leute. Ich kränkte Alberta mit meinem Eifer wegzukommen und belästigte den Funker mit bohrenden Fragen.

Alberta weckte mich am dritten Morgen mit einem Frühstückstablett und Nachrichten. »Se ham ein Schnellboot, das wartet auf Se, Moddom. Das kost Se sechzig Dollar. Mein Gott!« Ich verschlang das leckere Frühstück, während Alberta meinen Koffer packte, küßte sie, gab ihr ein Trinkgeld, griff mir die Katze und rannte die langen Stufen hinunter. Das Schnellboot war eine ölige, zehn Meter lange Barkasse mit einer stinkenden, alten Maschine und hieß *Queen Mary*. Ihre Höchstgeschwindigkeit betrug fünf Knoten. Die drei Seeleute trugen Ölhäute. Das Meer sah schrecklich aus, endlos schwankende Bergspitzen. Ich wickelte die Katze in meinen einzigen Sweater, der ihr vielleicht half, mir nicht, und richtete mich auf eine neue Schreckensreise ein. Sie dauerte sechs Stunden und war die Wasserversion meiner Lastwagenreise zum Nordfluß. Ich glaubte, ich bräche mir das Steißbein, so hart knallte ich ständig gegen den Pumpenschacht, neben dem ich kauerte. Naß bis auf die Haut, halb erfroren und seekrank schwor ich, daß ich niemals mehr übers Meer reisen würde, wenn ich Antigua erreicht hätte. Das Meer war zum Schwimmen da und wunderbar zum Schwimmen, ansonsten haßte ich es.

Die Maschine machte so viel Krach – wie auch das Boot selbst, wenn es in die Wellentäler schlug –, daß ich die gequälten Klagelaute der Katze nicht hören konnte, und ihre kleinen Ströme von Erbrochenem fielen in all der Nässe ringsum nicht auf. Ein Matrose, der mit dem Fuß steuerte, sprach mich an. Inmitten dieser Hölle lehnte er sich herüber und rief: »Was halten Sie so von der Kriegssituation?«

Wir legten am Sandy Point an, wie man mir mitteilte. Ich stieg wie zerschlagen aus und fürchtete, meine Katze sei gestorben. Meine erste Handlung war, den Sweater aufzuwickeln und den kleinen, zitternden Körper zu trocknen. Der Hafenmeister, Mr. Williams, ein freundlicher farbiger Herr, sagte: »Oh, meine Liebe, es ist gegen das Gesetz, Hunde und Katzen zu importieren.« Ich hielt eine Rede, deren Eloquenz mich selbst fast zum Weinen brachte. Mr. Williams war sichtlich gerührt. Er würde den *Honourable Treasurer* anrufen; in der Zwischenzeit bat er die Katze und mich in den Komfort seines Büros.

Als Mr. Williams den Schatzmeister erreichte, sagte er: »Sir, hier ist ein weiblicher amerikanischer Journalist mit einer kleinen Katze. Sie behauptet, daß die Katze immer mit ihr reist. Sie gibt an, sie hat die Katze immer bei sich. Sie ist hier nur im Transit, Sir, und bittet um Erlaubnis, die Katze einzuführen.« Am anderen Ende der Leitung war offensichtlich ein gefühlvoller Mann. »Danke, Sir«, sagte Mr. Williams und wandte sich mir lächelnd zu, ein netter Mann, froh, mir einen Gefallen tun zu können. »Der H. T. sagt, daß dies ein Ausnahmefall ist und die Katze frei mitgeführt werden kann.«

Basseterre ist die Hauptstadt von St. Kitts und war damals so tot, daß ich mir wie lebendig begraben vorkam. Das Hotel und das Gästehaus waren längst geschlossen, und es war niemand auf der Straße, den man fragen konnte. Die weißgekalkten Häuser an der Meeresseite blätterten ab und standen leer. Ich wußte nicht, was ich sonst tun sollte, also klingelte ich einfach an den Türen. Eine nette, kleine alte Lady, mit schnell und ungleichmäßig verteiltem Reispuder auf dem Gesicht, öffnete eine Tür. Ja, sie würde mir ein Zimmer geben, aber nicht gegen Geld. Sie bestand darauf, daß sie keine Pensionsgäste aufnahm, sondern Schiffbrüchige wie mich.

Sie hatte sechs Hurrikane in ihrem überladenen Haus an der Meerseite überstanden, ein Haus, das vor Sesselschonern und viktorianischem Mahagoni und Zierporzellan in Eckschränken platzte. In ihrer Jugend war sie in einer Barke nach England gesegelt, dreißig Tage an Bord – eine schreckliche Vorstellung. Jetzt saß sie in ihrem Wohnzimmer und lauschte Tag und Nacht den Rundfunknachrichten, die von ferner Gewalt sprachen. Sie hörte auf nichts anderes als das, was aus dem Radio kam.

Ich war schon wieder in einer tristen Stadt gestrandet, bis sich das Wetter beruhigte. Die *Queen Mary* war bereit, mich in einer Neun-Stunden-Fahrt des Elends nach Antigua zu bringen, aber nicht, solange das Barometer »herumsprang wie ein Kork im Wasser«. Ein Matrose würde mich klopfen (nach englischem Sprachgebrauch, erschütternd für jeden Amerikaner), sobald das Barometer sich beruhigte.

Ein Artikel für *Collier's* war überfällig. Mühselige Reisen wie diese waren alles andere als billig, ich mußte meine Ausgaben erklären und auch verdienen. Aber was konnte ich schreiben? Keine geheimen Verstecke für U-Boote, keine feindlichen Funkstationen hatte ich gesehen, nicht einmal einen einzigen Überlebenden getroffen, geschweige denn gerettet. Ich setzte mich hin und schrieb über die Reise, wie sie gewesen war, über jedes Detail, jede Person, jedes Gespräch. Auch mein Kopf muß wohl auf der *Queen Mary* zu Bruch gegangen sein. Die maximale Länge eines *Collier's*-Artikels waren 5000 Wörter; sofern ich richtig rechne, ohne Seite für Seite auszuzählen, war der Reisebericht, den ich in Basseterre schrieb, 11 000 Wörter lang.

Charles Colebaugh nahm ihn zum Lesen mit nach Hause und bekam einen Lachkrampf davon. Er reichte ihn dann im Büro herum, wo jeder sich auskichern durfte. Viel später sagte mir Charles in New York, der Artikel sei die Kosten zweimal wert gewesen, da er so viele Leute damit versöhnt habe, daß sie an ihren Schreibtischen sitzen bleiben mußten. Er sagte, weil der Krieg den Leuten das Reisen unmöglich machte, wären sie begieriger darauf als gewöhnlich. Aber nachdem man mich gelesen hatte, müsse sich jeder vernünftig denkende Mensch glücklich schätzen, zu Hause zu sein, obwohl mir die Orte, die Bedingungen, die Fahrten manchmal sehr wohl zugesagt hätten. Ich steckte das Spesengeld mit Dank und Entschuldigungen in die Tasche und vergaß alles, bis ich jene vergilbten Seiten unter meinen Papieren fand.

Neun Stunden auf der *Queen Mary* waren für mich eine Prüfung und für meine Katze fast das Ende. Aber der Gedanke an Antigua hielt mich aufrecht. Die Engländer liehen Antigua als Basis an die Amerikaner aus, und die Amerikaner entfachten wie üblich ihren ökonomischen Hurrikan. Geld spielte keine Rolle, die Amerikaner wollten das, was sie wollten, sofort – rasch den Krieg gewinnen und dann nach Hause in Gottes Land. Die Inselbewohner waren wie betrunken von all der Aufregung und all dem Geld. Da die Gefahr auf Schiffe zur See beschränkt war, war das Leben auf Antigua ein wüster Spaß: Filme und Drinks mit Eiswürfeln und PX-Zigaretten und eine Musikbox und prächtige Typen in Uniform.

Amerikaner waren lustiger, bevor Amerika die mächtigste Nation auf Erden wurde. (Andererseits sind die Engländer, seit sie vom Empire erlöst sind, viel lustiger geworden, als sie bis dahin waren.) Ich hatte nur Augen für die tollen uniformierten Burschen. Von mir gedrängt, über ihre Arbeit zu reden, taten sie so, als wären sie beim Hausputz. Vier Monate später waren alle deutschen U-Boote aus der Karibik und aus den südamerikanischen Küstengewässern verjagt, und sie kamen nicht wieder. Auf See war es wieder so friedlich wie zu Land.

In Antigua holte ich mir die Idee für meinen letzten *Collier's*-Artikel von der Air Force. Die Methode im Krieg war, herumzuhängen und zuzuhören, bis jemand etwas sagte, was nach einer guten Schlagzeile klang. Ein Hauptmann aus dem Süden, ein Bomberpilot, zog mich wegen seiner Manieren und seiner Redeweise an. Außer Dienst war er eine Schlafmaus von einem Meter fünfundachtzig – ich wartete immer darauf, daß er zwischen den Wörtern oder beim Kaugummikauen einschlief. »Da unten in Surinam haben sie all den Kram. Bauxit, wissen Sie, haben's in Minen oder so. Man braucht Bauxit für Aluminium, und man braucht Bauxit für Flugzeuge, also sind diese kleinen ollen U-Boote der Krauts verrückt nach Schiffen, die Bauxit als Fracht haben, können's nicht abwarten, sie zu versenken. Die kleinen ollen Kraut-U-Boote versuchen, unsere Kriegsanstrengungen kaputtzumachen, und wir versuchen, ihnen Bomben auf den Kopf zu schmeißen. Kann noch kaum sagen, wer gewinnt.«

Also, das klang aufregend. Bauxit, Aluminium, bedrohte Schiffe, Kriegsanstrengungen. Nach weiterem Befragen sagte der Siebenschläfer: »Jaa, wir ham so'n paar olle Flieger da unten und 'n paar gottverlassene Soldaten. Trampen hin und her und verteidigen die

Gruben oder so. Das is'n harter und doofer Job, weil die Krauts lauter U-Boote da ham, und die kommen raus aus'm Wasser.« Perfekt. Ich konnte über unsere Jungen an einer abgelegenen Front schreiben. Die Leser von *Collier's* konnten gar nicht anders, als mit mir zufrieden zu sein. Für mich reichte schon das Wort Surinam. Eine Gegend, die einen solchen Namen trug, mußte ich sehen.

Pan Am stoppte zum Auftanken in Paramaribo, Surinam, auf dem Weg nach Rio. Und mir war klar, daß es mit der Katze und Pan Am Schwierigkeiten geben würde, einer Luftfahrtgesellschaft, die den Krieg sehr ernst nahm und den Reisenden gern die Fenstergardinen zuzog, wann immer man in die Nähe eines Flugplatzes kam, den jeder dann am Boden ungehindert sehen konnte. Ich besorgte mir einen großen Korb und verschaffte mir Rückhalt bei der Air Force, falls der schlimmste Fall eintreten sollte, was auch geschah. Die kleine Katze geriet in ihrem Korbgefängnis in Panik und kratzte und jammerte und verriet sich so. Pan Am weigerte sich, die Katze zu befördern. Die Air Force hatte mich bis zum Flugzeug begleitet, für den Fall, daß man mir diese Gemeinheit antat, und so übergab ich den Korb an sie. Sie lachten wie die Verrückten und rieten mir, die Ohren steifzuhalten: »Krieg ist die Hölle, opfere die Katze deinem Land wie ein Mann. Komm, lächle, Mädchen. Wir passen auf sie auf wie ihre Mutter.«

Sie hatten feierlich geschworen, es zu tun, aber ich traute ihnen nicht: Sie würden bestimmt vergessen, sie zu füttern oder ihr Trost zu spenden, dieser verwaisten Katze, weit weg von zu Hause. Ich haßte Pan Am und war wild vor Kummer, wovon ein herzzerreißender Brief an meine Mutter Zeugnis ablegt. Abgesehen davon, daß ich die Katze liebte und arg vermißte, hatte ich ihr Leid zugefügt; sie verdiente etwas Besseres als dieses unsichere Leben. Die Air-Force-Leute dachten ohne Zweifel, ich sei eine Kandidatin für die Gummizelle, als ich sie per Luftpost mit Fragen nach Gesundheit und Wohlergehen meiner sitzengelassenen Katze bombardierte.

Die schnellste Art und Weise, Surinam zu beschreiben, ist es, ein paar der Anfangssätze aus dem alten Artikel, den ich für *Collier's* schrieb, zu stehlen.

»Die Holländer, denen Surinam gehört, gaben jährlich 1600000 Dollar dafür aus und vergaßen es. Surinam war gerade 3000 Quadratmeilen Dschungel mit trägen kaffeefarbenen Flüssen, einer Hauptstadt, ganz wenigen sogenannten Städten, einem Streifen Küste, mehr oder weniger vom Dschungel freigehackt, 1900 Europäern, die dort lebten, um die Kolonie zu verwalten oder Geld zu machen, 162000 anderen Leuten, von bernsteinfarbenen Javanern bis zu rußschwarzen Buschnegern, Goldminen, Bauxitminen, Zuckerrohr- und Kaffeeplantagen, Balatabäumen, anderen landwirtschaftlichen Ladenhütern, kleinen örtlichen Industriebetrieben und einem Klima, das man einfach nicht aushalten kann, aber an das man sich schließlich gewöhnt. Es liegt, heiß und unbekannt und unbedeutend, zwischen Britisch- und Französisch-Guayana vor der Nordostküste Südamerikas. Der Atlantik, im allgemeinen grau oder blau oder grün, erstreckt sich längs der pfannkuchenflachen Küste von Surinam und besteht noch 20 Meilen davon entfernt aus purem braunen Schlamm. Das Binnenland ist meistens nach Schätzungen kartographiert worden, weil niemand in der Lage war, es zu vermessen. Einige der Flüsse sind über eine gewisse Strecke landeinwärts schiffbar, falls es Gründe geben sollte, sie zu befahren. Es gibt in ganz Surinam 120 Meilen Eisenbahnstrecke, und seit dem Krieg 177 Meilen Straße. Wer sonst irgendwohin möchte, muß sich mit einer Machete durchhacken.«

Niemand stieg auf dem blendendweißen Sandflugfeld aus der Pan-Am-Maschine. Niemand tat das jemals, es sei denn auf Befehl der US- oder der holländischen Regierung. Die Hitze war sensationell. Ich stand geblendet und betäubt da, und der Pan-Am-Agent, ebenfalls verblüfft, weil er einmal einen Passagier zu betreuen hatte, sagte: »Sie gehen besser aus dem Sand raus, Sie bekommen sonst Flöhe unter Ihre Zehennägel. So eine hier übliche Art Flöhe, die man rausschneiden muß.« Ich trug Sandalen. Sobald er sich um das Ausladen der Fracht und der Post gekümmert und gesehen habe, daß aufgetankt worden war, würde er mich nach

Paramaribo mitnehmen. Ich solle doch in dem Ein-Zimmer-Büro warten.

Die Hangars der Air Force waren aus Stroh. Neben ihnen bestand die US-Basis aus einer Sammlung von Kasernen und Hauptquartieren – gleich aussehende Holzgüterwagen. Der Dschungel war hinter den brennenden Sand zurückgedrängt worden und sah aus wie eine hohe Mauer aus verknoteten grünen Tauen. Die Militärgüterwagen waren mit Anti-Floh-Laufstegen verbunden. Männer mit Badetüchern um die Hüften und kräftigen, offenen Stiefeln an nackten Füßen eilten von den Duschen zu den Kasernen. Andere bewegten sich zügig zwischen den Gebäuden hin und her, sie trugen die regulären Armeehosen, die mit der Schere in ausgefranste Shorts verwandelt worden waren, dazu Khakihemden und die gleichen schlappenden Stiefel. Niemand trat neben die Laufstege. Sie schienen mir unvorstellbar jung zu sein, im Oberschulalter, und noch unvorstellbarer fröhlich. Eigentlich hätten sie alle selbstmordgefährdet sein müssen. Flöhe, Sonnenblindheit und Hitzschlag. Nicht ein Baum. Nicht eine Handbreit Schatten irgendwo.

Die Oberfläche der neuen, schmalen Straße vom neuen, großen Flugfeld bestand aus Bauxitlehm, hellrot und staubend. Nachdem wir eine Stunde lang heftig durchgeschüttelt wurden und roten Staub schluckten, kamen wir in der Hauptstadt an. Der Pan-Am-Agent mißdeutete mein Schweigen aus sprachloser

Dankbarkeit als Schock. »Es ist ziemlich hart«, sagte er. »Aber ich nehme an, Sie müssen nicht lange bleiben.« Ich hatte vor, so lange wie möglich zu bleiben. Obwohl ich bis vor zwei Tagen niemals von Paramaribo oder Surinam gehört hatte, meinte ich jetzt, an einen Ort gekommen zu sein, von dem ich seit Jahren geträumt hatte.

Die Stadt war an einem braunen, stagnierenden Dschungelfluß entlang gebaut. Holzhäuser im Karibik-Stil, ähnlich wie in St. Martin, aber mit einer komischen Andeutung holländischer Giebel, reihten sich an den Staubstraßen. Der Pan-Am-Agent setzte mich beim Hotel ab und sagte bekümmert: »Hans und Gertie werden sich um Sie kümmern.« Hans und Gertie waren jung, blond und schwabbelig, wie es Leute in den Tropen werden, wo es zu heiß ist, um vom Stuhl aufzustehen, und schrecklich nett. Das Paramaribo Grand Hotel war drei Stockwerke hoch, mit zerschlissenen Läufern auf den Treppen und kaputten, ameisenzerfressenen Möbeln in den Zimmern. Es gab ein kratziges Plüschsofa in der Halle, Korbsessel mit Löchern in den geflochtenen Sitzen und Tische mit beschmierten Linoleumflächen. Mir gefiel es – und jedem anderen auch. Wenn das Soldatenvolk zwei Tage Urlaub hatte, dann kam es hierher, als verbrächten sie ein Wochenende in Paris.

Ich ging sofort vor die Tür, um mir die Stadt anzusehen. Die kleinen Frauen des Ostens, Javanerinnen und

Inderinnen, watschelten barfuß in Sarongs und Saris umher und trugen dabei ihr ganzes Vermögen an Gold- und Silberschmuck. Holländische Frauen trampelten auf Fahrrädern vorbei. Kreolinnen, enorm üppig unter gestärkten Röcken, balancierten Körbe auf ihren Köpfen. Mädchen, glorreiche Ergebnisse der Mischung aus malaysischem, chinesischem und afrikanischem Blut, flanierten vorbei, um ihre Kleider und Frisuren vorzuführen, die aus den neuesten Filmzeitschriften kopiert waren. Farbige Polizisten in grünen Uniformen regelten den Verkehr: ein Stabsauto, eine Limousine, den Marinegeländewagen und Horden von Fahrrädern. Regierungsangestellte der verschiedensten wohlvermischten Farbtöne in schicken weißen Anzügen und mit Aktentaschen beäugten vorsichtig die Frauen, wie es auch die holländischen und amerikanischen, stadtfein gekleideten Soldaten taten.

Die Leute waren das Beste an Paramaribo. Doch die Läden, javanische, indische, holländische, chinesische, waren auch nicht zu unterschätzen; am anziehendsten Jonas Home Industries, wo man örtliche Produkte kaufen konnte, wie etwa eingemachte Taranteln und Buschnegerkämme, offensichtlich aus gefeilten Haizähnen hergestellt.

Gegen fünf Uhr war mir schwindlig vor Glück, und ich ließ mich auf einem zerborstenen Korbsessel in der Hotelhalle nieder, um mir den laufenden Klatsch anzuhören. Pünktlich um fünf Uhr kamen die Moskitos. »Die sind in der Gewerkschaft«, bemerkte ein Soldat, »arbeiten von fünf Uhr abends bis fünf Uhr morgens.« Es waren die größten Moskitos, die mir je begegnet waren, und ohne jede Furcht; sie sausten heran, ließen sich auf Armen und Beinen nieder und starben saugend, worauf andere die ersetzten, die man gerade totgeschlagen hatte. Wenn die lodernde Sonne unterging, weigerte die Luft sich, kühler zu werden, trotz nächtlicher Wolkenbrüche. Es war Regenzeit. Der lauwarme Regen ermunterte die Moskitos und ließ die Straßen zu Sumpfland werden, das dann eine halbe Stunde nach Sonnenaufgang zu dickem Staub getrocknet war. Zwischen fünf und sechs am Morgen gab es ein wenig frische Luft zu atmen.

Innerhalb eines Tages meinte ich, schon jahrelang glücklich im Paramaribo Grand Hotel zu wohnen, ganz im Einklang mit dem geschäftigen Leben am Ort.

Unter meinen neuen Freunden waren der Singer-Nähmaschinen-Mann, der so viel und so weit wie nur möglich in diesem Land umherreiste, um Zahlungen für seine Ware zu kassieren; ein holländischer Missionar von irgendeiner Station im Inneren; ein englisches Paar auf Ferien von einem entfernten Goldfeld. Aber es gab ja noch meinen Job, ich konnte nicht einfach vergnügt herumtollen.

Mein Job waren »unsere Jungs« und das Bauxit und die Kriegsanstrengungen. Ich fuhr hinaus zur Basis. Der Kommandeur war neunundzwanzig, der Geschwaderchef dreißig. Sie waren die alten Männer, und manchmal wurden sie »Sir« genannt; beide waren klug und lustig und wußten diesen erdrückenden Außenposten so zu steuern, daß die Arbeit getan wurde, die Männer gesund und unwahrscheinlich zufrieden blieben. Die Offiziere wohnten in der gleichen Art von Unterkunft wie die Männer, die Offiziersmesse war von derjenigen der Soldaten nur durch einen Vorhang getrennt, der nie geschlossen wurde. Der Offiziersclub hatte zehn minimal bequeme Sessel, drei abgewetzte Kartentische und eine improvisierte Bar. Ich fing an, die Basis zu mögen, und kaufte mir ein Paar Turnschuhe zum Schutz vor Sandflöhen.

Als ich den Burschen erzählte, daß ich beabsichtigte, über ihre edlen Anstrengungen und die Bauxitgruben zu schreiben, fielen sie vor Lachen um. Sie sagten, wenn ich auch nur einen Satz über eine Bauxitgrube schreiben könnte, würden sie mir einen Preis geben, die Haut einer sechs Meter langen Boa constrictor, die den Club der Chargen schmückte. Der Barmann protestierte. »Das könnt ihr nicht machen, die gehört uns allen.« – »Unsinn«, sagte der Kommandeur, »du weißt genau, ihr Leute würdet eure Großmutter verkaufen. Geld, Geld, das ist alles, woran ihr denkt. Was, wenn ich euch 50 Dollar dafür biete?« – »Läuft nicht«, sagte der Barmann. »Streitet euch nicht«, sagte der Geschwaderchef, »sie gewinnt sowieso keinen Preis.«

Gewinn oder Verlust, sie waren bereit, mich zu der größten Bauxitgrube in einem Marineschnellboot zu schicken, das den Fluß patrouillierte und viel schneller war als die Barkasse. Ich bedankte mich und fragte, ob sie mir nun ihren ehrenvollen Auftrag erklären könnten. Der Kommandeur sagte, die Air-Force-Leute seien verwöhnt, die reinsten Schwächlinge, die jeden Tag mit ihren Maschinen aufsteigen und sich abkühlen könnten. Die Air-Force-Leute sagten, das Heer lebe in schändlicher Sicherheit, man möge nur an die Gefahren denken, denen sie sich täglich am Himmel ausgesetzt sähen. »Was für Gefahren denn?« fragte ein Leutnant aus dem Heer. »Der Motor könnte ausfallen«, sagte die Luftwaffe.

Das Schnellboot schoß den schlammigen Fluß hoch, der sich durch Mauern aus Dschungel wand. Nach einem mehr als ausreichenden Stück dieser wenig abwechslungsreichen Landschaft hielt es am Flußufer; ein Leutnant und ein Fahrer und ein Jeep warteten. Wir fuhren ein kurzes Stück landeinwärts. Wir klärten die Bauxitsituation sehr schnell. Man zeigte mir die Grube. Sie sah aus wie ein offenes Geröllfeld, umgegraben, umgepflügt. Der Fahrer gab mir etwas Lehm, rötlich, mit weißen Streifen drin, der in meiner Hand zerbröselte. »Das ist der Grund, warum wir hier sind«, sagte der Leutnant resigniert. Die Anlage, die mit dem Lehm das machte, was damit zu machen war, sah aus wie eine Ansammlung von Schuppen und Silos, rot eingestaubt und still. Ein Soldat marschierte ständig darum herum.

»Interessant?« fragte der Leutnant. Er sah keinen Tag älter aus als siebzehn.

»Oh, sehr.« Wir waren noch nicht aus dem Jeep ausgestiegen.

»Ich schätze, Sie haben jetzt nichts dagegen zurückzufahren«, sagte der Leutnant. »Ich würde nicht mal einen Hund auf einen Drink in mein Zelt bitten.« – »Es gibt sowieso kein Eis«, sagte der Fahrer. »Krieg ist die Hölle.« Er sah keinen Tag älter aus als sechzehn.

Albina, auf der holländischen Seite des Marowijne-Flusses, war ein Handelsposten für Gold und Balata, das in Eingeborenenkanus antransportiert wurde. Guttapercha wird aus dem Milchsaft des Balatabaums gemacht, und es ist nützlich im Krieg, wenn ich auch nicht weiß, warum. Arrowak-Indianer, Kariben und Buschneger lebten in Dörfern rund um Albina. Die Kariben waren nach einem tobenden Leichenbegängnis stockbetrunken, man konnte das Kassawa-Gebräu überall riechen. Ein holländischer Zivilist half mir hinüber zur Strafkolonie St. Laurent in Französisch-Guayana und erzählte dem französischen Wachposten, ich sei eine Touristin, die kleine Schmucksachen kaufen wolle, welche die Sträflinge herstellten. Er hatte mich ermahnt, nicht Englisch zu sprechen, also redeten wir laut ein grammatisch falsches Deutsch, und der Posten war zufrieden.

Französisch-Guayana war eine Strafkolonie, die Teufelsinsel, das berüchtigtste Gefängnis, eine solche

Schande für das 20. Jahrhundert, daß die Franzosen besser über ihre *mission civilisatrice* geschwiegen hätten. Jetzt ist sie aufgegeben, so daß sich die Franzosen mit besserem Gewissen brüsten können. Die Sträflinge, Skelette mit stumpfen Augen in rot und weiß gestreiften Pyjamas, schlugen Holz im Dschungel, bis sie vor Erschöpfung und Krankheit starben. Eine der senkrechten Mauern dieses Gefängnisses stieg aus dem Fluß auf, der voller Krokodile und Piranhas war. Ein drei Meter hoher Zaun aus Eisen, mit Stacheln besetzt, schloß es zur Stadtseite hin ab. In der Dämmerung patrouillierten Wachen mit Mausergewehren den Zaun. Kam ein Gefangener ihm zu nah, wurde er erschossen. Die Gesichter der Wachen entsprachen ihrer Arbeit, es war ein ekelhafter Ort. Ich beeilte mich wegzukommen.

Einige der Gefangenen waren tatsächlich nach Albina geflüchtet, nahmen lieber das Risiko des Flusses auf sich als den sicheren, langsamen Tod in St. Laurent. Es war ihr Traum, sich den Freien Franzosen in Westafrika anzuschließen, aber es gab keine Transportmöglichkeiten dorthin. Sie waren den Holländern dankbar dafür, daß die sie wie menschliche Wesen behandelten. Wir saßen im Staub und rauchten amerikanische Zigaretten, und sie erzählten mir, seit die Vichy-Regierung Frankreich übernommen habe, versuchten die Behörden in Guayana, die Gefangenen durch Hunger, Überarbeitung und Strafen zu vernichten. Die Vichy-Franzosen waren gelehrige Schüler der Nazis. Niemand könnte länger als drei Monate überleben, wenn die Bestrafung begann. Die Hälfte der Männer, etwa 700, waren im Gefängnis von St. Jean de Maronie gestorben. Viele Männer starben jeden Tag in St. Laurent.

Die holländischen Offiziere und gemeinen Soldaten waren älter und weniger fröhlich als die amerikanischen. Aus guten Gründen, aber die Holländer und Amerikaner kamen gut miteinander aus, respektierten einander und akzeptierten freundschaftlich ihre unterschiedlichen Gewohnheiten und Eigenarten. Die Holländer hatten den Krieg schon in Holland erlebt, und ihre Familien lebten noch im besetzten Heimatland. Sie schrieben sich über das Rote Kreuz, und man konnte es einem Mann am Gesicht ablesen, wenn er einen schlechten Tag hatte, weil er einen Antwortbrief erwartete und keiner gekommen war. In den Briefen aus Holland konnte nicht viel mitgeteilt werden, aber solange noch welche in bekannter Handschrift ankamen, wußten die Männer, daß ihre Familien lebten, und das reichte.

Sie bildeten javanische und indische Truppen auf dem Platz vor dem Hotel aus, jeden Morgen ab fünf. Noch spät am Abend brannten die Lichter in den Büros der Kommandantur. Surinam war neben den winzigen karibischen Inseln das letzte Land, in dem sie ihre eigene Flagge hissen konnten.

Nachdem ich mich an dieser entlegenen Front prächtig unterhalten hatte, schrieb ich meinen Surinam-

Artikel, gab ihn zur Post, und nun wäre es an der Zeit gewesen, nach Hause zu reisen. Aber ich kaufte erst einmal eine Landkarte und war sehr enttäuscht. Denn auf der Karte war so wenig enthalten wie in Surinam selbst: die Hauptstadt, ein paar Ansiedlungen nahe der Küste und mehrere Flüsse. Die Landkarte zeigte mir den Saramacca-Fluß, der sich von Paramaribo aus mal durch grüne, mal durch weiße Flächen wand, die einen grüner Dschungel, die anderen unbekanntes Land. Der Fluß war eine blaue Linie bis zu einem kleinen christlichen Kreuz, wo sich vermutlich der am weitesten gekommene Reisende zum Sterben niedergelegt hatte. Hinter dem Kreuz bestand der Fluß nur noch aus blauen Punkten, die seinen unbekannten Lauf – einen dicken weißen Fleck hindurch – andeuten sollten. Der Saramacca, was für ein verführerischer Name, schrie förmlich danach, erforscht zu werden. Wie konnte nur jemand annehmen, ich ließe mir diese Gelegenheit entgehen? Und warum mußte überhaupt jemand wissen, was ich trieb? Eine Entdeckungsreise war etwas ganz Neues für mich.

Ein schwarzer Dandy bot sich mir als Reiseführer, Dolmetscher und Organisator an. Ich weiß nicht mehr, wie dieser seltsame Typ in mein Leben trat. Vielleicht durch den Eigentümer von Jonas Home Industries, mit dem ich mich über seine Waren unterhalten hatte; ich sagte ihm vermutlich, daß ich gern den Fluß hinauffahren würde, um mal selbst Ausschau zu halten, wo diese entzückenden Schlangen in Flaschen, riesigen Tausendfüßler und Affenschädelrasseln herkamen. Der Dandy behauptete, sein Name sei Harold; ich habe niemals jemanden getroffen, auf den der Name Harold weniger paßte. Für mich war er Mr. Dandy. Er trug eine so dunkle Sonnenbrille, daß er augenlos aussah, eine rote Fliege, einen verschwitzten, verbeulten Homburg und einen Anzug in gleicher Verfassung. Ich war mir sicher, er hatte die Syphilis, weiß der Himmel, warum. Er war klebrig-höflich und insgesamt widerlich.

Ich muß wohl vor Hitze wirr im Kopf gewesen sein, denn sonst finde ich keine Erklärung dafür, daß ich mich mit diesem einzigen Begleiter ins Unbekannte wagte. Nicht daß ich gern einen Freund mit hineingezogen hätte, nicht nach China, aber die Katze wäre schon ein großer Trost gewesen. Mr. Dandy war für die gesamte Ausrüstung und den Proviant verantwortlich. Ich packte so unerläßliche Dinge wie Zigaretten und Bücher in einen Korb, behielt mein Zimmer und kündigte an, daß ich für eine Weile Freunde besuchen würde. Es kam mir nicht empfehlenswert vor, über meine Forschungsreise zu reden, bevor ich nicht das Totenkreuz auf der Karte hinter mich gebracht hatte und zurückgekehrt war.

Mr. Dandy und ich machten uns in einem Taxi auf den Weg. Nach einigen Stunden stiegen wir auf dem Fluß in einen ausgehöhlten Baumstamm um, in dem drei Buschneger, die Lendenschurz und Stricknadeln im Haar trugen, saßen und paddelten. Ich war beleidigt wegen der Stricknadeln. Konnten sie nicht zwischen einem Touristen, der Lokalkolorit schnuppern möchte, und einer angehenden Forscherin unterscheiden? Über meine unfreundlichen Bemerkungen zu den Stricknadeln erstaunt, sagte Mr. Dandy, diese Burschen trügen sie immer. Warum sie sich denn meiner Meinung nach sonst die Mühe machten, Geld zu verdienen, wenn nicht, um hübsche Haarnadeln zu kaufen? Ich wurde an Bord gehievt, nahm auf einem Haufen aus Zelt und Moskitonetz Platz, und wir fuhren den Fluß hinauf.

Paddeln ist nicht gerade eine schnelle Form zu reisen, und die Strömung stand gegen uns. Wir bewegten uns sehr langsam über den Fluß, der breit und braun war wie alle Flüsse hier und so eingezwängt vom Dschungel, daß man nichts sehen konnte außer einer hohen, staubigen grünen Barriere zu beiden Seiten des leblosen Wassers. Ich hörte das unangenehme Quaken irgendwelcher Vögel, aber ich sah sie nie. Mr. Dandy strotzte vor furchterregenden Belehrungen – ich dürfe meine Hände nicht in den Fluß tauchen, oder sie würden abgebissen. Ich hatte keineswegs das unbändige Verlangen, meine Hände in etwas zu tauchen, das mir wie dicker, heißer Schlamm vorkam, glaubte ihm aber nicht. Um die reiche Irre, die sie fürs Paddeln bezahlte, zu unterhalten, warf die Mannschaft etwas von dem breiigen Fraß, den sie zu sich genommen hatte, ins Wasser, das sofort zu brodeln begann. Das Futter wurde nach unten gerissen, und der Fluß mit all seinen verborgenen Reizen floß glatt weiter. Ich behielt die Hände bei mir und überlegte, ob diese Baumstämme wohl jemals kenterten. Kaum bereit, es zuzugeben, war mir nach dem ersten Tag doch viel weniger nach Entdeckungen zumute.

Mr. Dandy machte einen Platz aus, an dem der Dschungel ein paar Meter zurückgewichen war, und da kampierten wir dann für die Nacht. Pedantisch und wieder ganz unheilschwanger sagte mir Mr. Dandy, ich solle mich wegen der Moskitos bei Sonnenuntergang in mein Kinderzelt verkriechen.

»Ich bin auch in Paramaribo nicht bei Sonnenuntergang unter mein Moskitonetz gesprungen, und da gibt es Millionen von Moskitos. Sehen Sie sich meine Arme an.« Meine Arme sahen aus, als hätte ich die Masern.

»Diese hier sind schlimmer, glauben Sie mir, Moddom, sie machen Sie krank.«

»Was glauben Sie, machen sie in Paramaribo? Die halbe Stadt hat Malaria.« Diese Woche war der Konsul umgefallen, letzte Woche hatte der Zensor das Zittern und Schütteln bekommen. Was Krankheiten anging, hatte man gewöhnlich die Auswahl zwischen Malaria und einer einheimischen Art von Ruhr.

»Nein, schlimma als Malaria, glauben Sie mir, Moddom.«

Oh, verdammt, ich wollte nicht neben ihm sitzen, eingehüllt in den Rauch des Feuers, das er zur Moskitoabwehr entzündet hatte. Es war auch so schon heiß genug. Ich konnte nirgendwo lesen. Fester Boden war besser als das Beiboot, aber ich war mir nicht sicher, was ich vorzog, regennaß zu frieren oder schweißnaß zu ersticken. Mr. Dandy summte am rauchenden Feuer. Die Stricknadeljungs, mit denen ich kein Wort wechseln konnte, weil sie eine eigene Sprache sprachen, schienen sich in den ausgehöhlten Baumstamm gelegt zu haben. Ich war wieder bei den nur zu gut bekannten langen Nächten angekommen.

Am nächsten Tag rettete mich ein Buschnegerdorf davor, nur ausdruckslos auf den Dschungel zu starren. Sie hatten sich Land freigehackt und lebten in spitzen Strohhütten, splitternackt, aber eingefettet und somit glänzend und nach ranziger Kokosnußbutter stinkend, der hier verbreiteten Elizabeth-Arden-Hautcreme. Mr. Dandy erklärte, die Haut sei das Anziehendste an einer Frau, und ich verstand das gut, denn die Damen bestanden hauptsächlich aus riesigen Hinterteilen, als trügen sie ihr Kissen mit sich, und Hängebrüsten. Kleine Lederbeutel, die Zaubermittel gegen böse Geister enthielten, hingen zwischen allen Brüsten. Ein paar der Männer trugen einen braunen Baumwollsack, der ihre Geschlechtsteile faßte. Ich war überrascht, daß ein nackter schwarzer Mann für ein an Weiße gewöhntes Auge nicht nackt aussieht. Die Körper der Männer waren bis zur Hüfte vom Kanupaddeln muskulös und kräftig, aber sie hatten dürre Beine. Das Dorf empfing mich mit viel Drücken, Tatschen, Zwicken und lachendem

Gejohle. Sie behandelten mich wie eine Zirkusnummer, nicht wie eine Entdeckerin.

Die Vorfahren dieser Schwarzen, die als Sklaven hierher gebracht worden waren, flohen in die Freiheit und den Busch. Seit zweihundert Jahren hatten sie keiner Regierung Tribut entrichtet, keinen Herrschern gehorcht außer den eigenen und in Unabhängigkeit vom weißen Mann gelebt. Nichts hatte sich für sie geändert, bis auf ihre Verpflanzung aus dem afrikanischen Busch in den südamerikanischen Busch. Sie hatten nicht einmal etwas für Stricknadeln übrig. Trotzdem gefiel es mir dort nicht recht, mir wurde von den mich umgebenden Körpergerüchen übel. Die Leute wirkten jedoch glücklich, sie lebten in ihrem eigenen Stil, wie sie es immer getan hatten. Die Freiheit war genug.

Mr. Dandy steckte tief in der Unterhaltung mit dem Häuptling und bemerkte meine zunehmend dringlicher werdenden Zeichen zum Aufbruch nicht. Ich war der schmerzhaften Kniffe nun müde und gerade drauf und dran, ihn anzubrüllen, als er zu mir kam. Jedesmal, wenn ich ihm ins Gesicht sah, versetzte es mir einen Schock: schwarze Löcher statt Augen. »Der Häuptling sagt, sie sollen Missy Wilhelmina ausrichten, er ist traurig, hören zu müssen, daß sie nicht nach Hause kann.«

»Missy Wilhelmina?«

»Sie wissen doch, die Königin.«

»Richtig, ich sag's ihr das nächste Mal, wenn ich sie sehe. Nun aber los, ich möchte hier schnell raus.«

Nun kam eine Flußbarkasse an uns vorbei, die eine Ladung kamerabehängter, winkender Amerikaner trug, die Männer in den bekannten Hemden mit aufgedruckten tropischen Blumen, die Damen mit Haarnetzen und Plastiklockenwicklern gegen die ruinöse Feuchtigkeit. Ich weiß nicht mehr, wer sie waren oder wie sie dort hinkamen. Können sie eine Gruppe von Bauxit-Managern auf Urlaub gewesen sein? Wir holten sie an einer großen Lichtung im Dschungel ein, von der aus ein Damm zu einem primitiven Bretterbungalow führte. Ein weißes Paar lebte hier, ein dickbäuchiger, haariger Amerikaner mittleren Alters und ein junges Mädchen. Der Mann pries das Leben in Sünde, weit entfernt vom Schwachsinn der modernen Welt. Das Mädchen, eine frühe Vorläuferin ihrer heutigen Hippieschwestern, erschien mir wie jemand, der im Dunkeln singt, um sich Mut zu machen. Ein paar Buschneger tauchten auf und stampften in einem Schlottertanz umher. Die Touristen waren lautstark begeistert und richteten ihre Kameras auf die prächtigen Wilden.

Ich hielt die Touristen, aber auch das weiße Pärchen für verrückt. Wir neigen dazu, den Splitter im eigenen Auge zu übersehen, und so unterließ ich es, daran zu denken, daß die Touristen und das weiße Paar womöglich mich und meine Baumstammhorde für unglaublich verrückt hielten.

Wir kampierten wieder, wieder zog ich mich bei Sonnenuntergang in mein Zelt zurück, konnte nicht lesen, fand den Boden hart und die Nacht äußerst lang. Mr. Dandy versicherte mir immer wieder, wir seien nah an dem christlichen Kreuz auf der Karte. Er hätte mir genausogut versichern können, wir wären in der Nähe von Paris.

Am dritten Tag erreichten wir ein anderes Flußdorf, wo jeder gut eingefettet war und nach der modischen ranzigen Kokosnußbutter zum Himmel stank. Ich tauschte chinesische Höflichkeiten mit dem betagten Häuptling, bis ich durchdringende Schreie hörte, einen Körper unter Marter. Ich verlangte zu erfahren, was los sei, und bekam von allen Anwohnern und Mr. Dandy nur ein festes Schweigen zur Antwort. Die Schreie waren die einer Frau. Ich rannte durch das Dorf und fand heraus, daß die Laute aus einer verschlossenen Strohhütte kamen. »Holt sie raus«, schrie jetzt auch ich, »was macht ihr da, helft ihr doch! Hört auf, sie zu quälen«, brüllte ich, »was ist das, helft ihr!« Ich gab wütend meine Befehle, jemand mußte einfach das Schreien beenden.

Die schwarzen Leute waren vor mir zurückgewichen, und ihre Gesichter drückten einen starren Zorn aus, der mich erschaudern ließ. Mr. Dandy, der die Situation, wie immer sie war, begriff, packte mich am Arm und zog mich trotz meiner Proteste fort. Er drängte mich in den ausgehöhlten Baumstamm, und unsere Mannschaft paddelte in vollem Tempo davon, verfolgt von einem schlechtgezielten Steinhagel aus den Händen jüngerer Dorfbewohner. Ich konnte aus Mr. Dandy keine sinnvolle Erklärung für diese Vorkommnisse herausquetschen. Entweder wußte er nichts oder wollte nichts sagen, aber ich hatte mich in Buschangelegenheiten eingemischt, und Mr. Dandy war dankbar, daß wir unbeschädigt davongekommen waren.

In all den Jahren seither habe ich keinen Anlaß gehabt, diese Episode irgend jemandem zu berichten. In diesem Sommer allerdings, als ich in meinem Gedächtnis kramte, erzählte ich sie einer Freundin, als wir auf ihrer Terrasse in der Schweiz saßen, Wein tranken und den herrlichen Sonnenuntergang über der Kluft grüner Hügel des Rhone-Tals und den gezackten Schneebergen dahinter beobachteten. Ich bewunderte diese Aussicht, die ich geradezu inbrünstig liebe, und plauderte geistesabwesend weiter: »Ich habe nie begriffen, worum es bei diesem Aufruhr ging.«

»Vielleicht bekam sie ein Kind«, sagte meine Freundin.

Das war mir nicht eingefallen und natürlich die Antwort. Natürlich. Sie schlossen eine Frau allein in einer Hütte ein und ließen sie sich ausschreien, diese Kokosnußbutter-Wilden. Und da es ein uralter Geburtsritus war, seit undenklichen Zeiten Brauch, waren sie sowohl erschreckt als auch beleidigt, als ich mich einmischte. Ich begriff, daß Mr. Dandy mir einen echten Dienst erwiesen hatte. Ich konnte mir nun vorstellen, daß eine gutgezielte Steinigung gefolgt wäre, wenn er nicht so schnell gehandelt hätte.

Vielleicht später an jenem Tag der Niederkunft oder auch am folgenden Tag kamen wir zu einem Holzfällerlager. Drei schwitzende, freundliche weiße Männer leiteten eine schwarze Arbeitertruppe beim Baumfällen; es ging um seltene Hölzer, vermute ich, da sich ein so kleines Unternehmen für Papierholz oder durchschnittliches Bauholz nicht gelohnt hätte. Ich war angenehm überrascht zu hören, daß ich wenigstens meine Stimme nicht verloren hatte. Mr. Dandy war, was Informationen betraf, genauso nutzlos wie Mr. Ma, dazu fehlte es ihm noch an Mr. Mas Charme. Wir reisten schweigend. Die Holzfäller haben mir sicherlich etwas zu ihren Bäumen gesagt, aber Informationen sind etwas, was ich ständig suche und als erstes vergesse. Ein kleiner schwarzer Junge lief einen vier Stockwerke hohen Baumstamm hinauf, geschickter als jeder Affe, und erschreckte mich furchtbar. Ich dachte, er wolle nur angeben und würde dabei zu Tode stürzen. Ich löste bei meinen weißen Genossen laute Heiterkeit aus, nicht etwa durch witzige Bemerkungen, sondern einfach nur dadurch, daß ich mit meiner lächerlichen Expedition dorthin gelangt war.

Am fünften oder sechsten Tag war ich bereit, das Entdecken den Entdeckern zu überlassen, die ich nun ihrer Ausdauer wegen verehrte, aber zugleich für eine besondere Sorte von Wahnsinnigen hielt.

Ich konnte nicht sagen, wo wir uns befanden, vielleicht waren wir an dem Grabkreuz schon vorbei, vielleicht lag es noch Wochen vor uns. Das Scheitern eines Unternehmens: geplagt von juckenden Insektenstichen, eingequetscht in ein Kinderzelt und einen Baumstamm, schmutzig, durstig nach kaltem Wasser, krank von jedermanns Gerüchen, einschließlich der meinen, der Langeweile einer echten Horrorreise ausgeliefert. Wir kehrten um. Ich freute mich auf die Fleischtöpfe der Zivilisation in Paramaribo.

Dann traf mich das Fieber. Ich dachte, es sei Malaria, aber Malaria ist zwar übel, aber nichts im Vergleich zu dem, was der Saramacca hervorbrachte. Meine Knochen fühlten sich an wie gebrochen, ich wimmerte vor Schmerzen, wenn ich mich bewegte, und schließlich konnte ich nicht mal mehr das. Ich wurde zum Schlafen ans Ufer getragen und konnte nur wimmernd neben das Zelt kriechen, bis zum letzten Atemzug sittsam in bezug auf unvermeidliche menschliche Bedürfnisse. Mr. Dandy schüttelte mich und schrie: »Moddom, Moddom«, wie ein Butler, der vermeldet, daß das Haus brennt. »Wach werden, Moddom! Sie reden und weinen!«

»Was?« Der Mann war verrückt. Ich hatte doch fest geschlafen.

»Trinken Sie etwas Tee, Moddom. Ist gut gegen Schmerzen. Ich sagte Ihnen ja, diese Moskitos sind schlimmer.«

»Was?« Ich konnte mich zum Trinken nicht aufrichten. Mr. Dandy mußte mich wie eine Krankenschwester betreuen. Er hatte seine schwarze Brille abgenommen, die nun orangerote Augen preisgab, wie die Dotter der chinesischen tausendjährigen Eier. Sein Atem war auch schlecht. Er war in großer Aufregung, vielleicht befürchtete er, ich würde sterben, eine schwache weiße Frau, und es ihm überlassen, die Sache den Behörden in Paramaribo zu erklären. Ich wünschte, er würde aufhören, mich anzuatmen, und weggehen.

Ich war ungerecht zu Mr. Dandy. Es war nicht seine Schuld, daß ich beschlossen hatte, den Saramacca zu erforschen. Er machte seinen Job gut und tat mehr als das, wozu er sich verpflichtet hatte. Die Stricknadeljungen stellten aus Schlingpflanzen eine Art Tragbahre her. Mr. Dandy brachte mich an Bord und ließ das Boot so schnell wie bei einem Bootsrennen ohne Halt von der Morgen- bis zur Abenddämmerung paddeln. An die Rückreise habe ich nur eine schwache Erinnerung. Sie kann nicht mehr als zwei oder drei Tage gedauert haben. Mr. Dandy lieferte mich im Hotel ab, wo ich unentdeckt auf allen vieren die Treppe zu meinem Zimmer hinaufkroch und dort liegenblieb, ohne auf den Gedanken zu kommen, Gertie einen Arzt holen zu lassen. Aber ich bin mir da nicht sicher: War ich zu krank, klar zu denken, oder zu beschämt, zuzugeben, wo und wie ich krank geworden war. Später diagnostizierte mein eigener Arzt diese schreckliche Krankheit als Dengue, volkstümlich und zu Recht »Knochenbruchfieber« genannt. Sie soll immer wiederkommen, tat es aber nie.

Das Fieber fiel von selbst in wenigen Tagen. Ich erzählte Gertie Lügen, um mein Gesicht zu wahren: Ich hätte eine Allergie, die öfter solche Fieberanfälle auslöse. Ich wolle keinen »unserer Jungen« sehen, da ich den Kummer und die Verlegenheit bei Abschieden nicht ertragen könne. Wenn auch das Fieber verschwand oder sich wenigstens abschwächte, so hatte ich noch heftige Schmerzen in allen Gelenken. Ich sagte Gertie, daß ich in aller Stille mit dem nächsten Flugzeug nach Norden verschwinden würde.

»Haben Sie eine schöne Zeit bei Ihren Freunden verbracht?« fragte Gertie.

»Eine sehr schöne Zeit.« Mr. Dandy, die Buschneger et cetera. Sogar das Greifen nach einer Zigarette tat zum Weinen weh. Als ich am letzten Tag in Paramaribo versuchte, mich mit Hilfe meiner Arme (weil mir die Beine den Dienst versagten) aus einem Stuhl zu erheben, rutschte ich aus, fiel auf mein Handgelenk und brach es. Es war nur ein schärferer Schmerz unter all den anderen Schmerzen. Ich schickte nach Klebeband, band das Handgelenk fest und schlurfte, das Wrack einer erfolglosen Entdeckerin, zum Flugzeug.

Im Flugzeug war es köstlich kalt, wir flogen ohne Druckausgleich am Himmel, und durch ein Wunder oder durch die Kühlung verschwanden die Gliederschmerzen, nur mein Handgelenk tat mehr weh. Als ich in mein trautes Heim zurückkam, gab mir jeder einen freundlichen Willkommenskuß und fragte, warum ich das schmuddelige Klebeband trüge. Aber alle waren zu beschäftigt, um sich Reisegeschichten anzuhören.

Das Geld, nicht der Krieg hat das alte Leben auf den Inseln zerstört. Der Krieg brachte nur die erste kräftige Dosis Geld ins Land. Ich bin dankbar dafür, daß ich all die verträumten, schönen, kleinen Inseln in der Karibik kennengelernt habe, bevor die Dollars über ihnen ausgeschüttet wurden. Zuerst kamen die überwinternden Reichen, dann die Sommertouristen zum Spartarif. Nun scheffelt man überall das ganze Jahr lang Geld. Es ist eine Erfolgsstory. Es ist der Fortschritt.

Als ich das letzte Mal die wunderschöne kleine Bucht auf Virgin Gorda sah, war sie voller sonnengebräunter Leiber und von Booten eingekreist, von der Vergnügungsyacht bis hin zum Gummiboot, und es gab Flaschen und Plastikabfall auf dem Meeresboden und Picknickreste auf dem Sand. Reiche sind nicht weniger ekelhaft im Umgang mit der Natur als die Armen. Das Social Inn auf Tortola würde heute, wo man Monate im voraus bucht, sich Zimmer in zehn verschiedenen Hotels reservieren läßt oder sich eine luxuriöse Eigentumswohnung kauft, unglaublich prähistorisch wirken. Die *Pilot* ist in den beiden schicken Seehäfen undenkbar. St. Martin, das ich zuerst und am meisten geliebt habe, ist eine blühende, zerstörte Insel. Eine große Rollbahn auf der holländischen Seite nimmt Jets auf. Phillipsburg und Marigot sind Städte mit schnellem Wachstum.

Schmucke Häuser von Ausländern sprenkeln die Hügel. Es gibt große Hotels und miserable Motels, Kasinos und Boutiquen, Supermärkte und Waschsalons, Snackbars und ausbeuterische Restaurants, Scharen von Besuchern und reichlich Dreck auf den Stränden. Der Fortschritt braucht Platz und ist wertvoller als Bäume.

Lächerlich, über die vergangene Einfachheit und Ruhe und Schönheit zu murren, wo ich doch leben kann, wo ich möchte, und die Inselbewohner dort vor Anker liegen, wo sie nun mal sind, und vermutlich sind sie wild auf den Fortschritt. Wenn ich sie nun sehe, dann glaube ich nicht, daß sie von seinen gepriesenen Vorteilen profitieren. Sie waren immer knapp bei Kasse, aber niemals hungrig, niemals übervölkert oder gehetzt. Sie arbeiteten, wenn es nötig war und nicht eine Minute länger. Frei von lästigen Behörden, lebten sie in einer engen Gemeinschaft, so zufrieden wie Sterbliche es nur sein können. Wenn sie das Abenteuer brauchten oder Konsumartikel, dann gingen sie als Seeleute fort, oder sie emigrierten wegen der Dollars, aber alle kamen zu Besuch zurück oder um durchs Alter zu dämmern und wußten, daß sie zu dem zurückkehrten, was sie verlassen hatten, die Heimat veränderte sich nicht, die Heimat war sicher. Jetzt arbeiten sie auf ihrer Insel für Ausländer, und obwohl sie mehr Geld besitzen als jemals zuvor, fühlen sie sich arm im Vergleich. Und sie sind nicht mehr die selbstsicheren, müßigen, schwatzhaften, unkomplizierten Menschen, an die ich mich erinnere. In weiteren zehn Jahren mögen sie so verbittert sein wie die Schwarzen in Harlem.

Zwischen zwei Flügen mietete ich in diesem Winter am Flughafen von Phillipsburg ein glitzerndes Mercedes-Taxi, weil der Eigentümer graues Haar hatte und St. Martin gekannt haben mußte, bevor die Insel zur Goldgrube wurde. Er hatte schon so lange Besucher aus dem Norden gefahren, daß er amerikanisch klang: »Nun, Madam, jeder hat gute Arbeit und 'ne Menge Geld. Sehn Sie all die kleinen Häuser da, die sie sich gebaut haben? Haben alles drin, was sie wollen, schöne Sachen. Haben Geld auf der Bank. Jedem auf St. Martin geht's gut. Aber die alte Eintracht ist vorbei, vorbei für immer.«

Die Karibik ist ein Urlaubsparadies geworden, und eine Welt ist verlorengegangen. Dies trifft meine Gefühle sehr schmerzlich, wie Mr. Ma gesagt hätte. Denn ich habe sie geliebt, diese Welt, ihr Aussehen, ihr Klima, ihr argloses Leben ohne Ziel, und sie war die beste für einen einsamen Schwimmer. Ich mag keine Urlaubsparadiese, und ich kann sie mir nicht leisten.

4
Wild auf Afrika

Dreitausend Dollar fielen mir aus dem Verkauf einer Kurzgeschichte ans Fernsehen unerwartet in den Schoß. Langsam dämmerte mir, daß ich dieses Geld verprassen und mir Afrika leisten könnte. Bislang hatte mich trotz wiederholter Vorschläge kein Redakteur für aufregende Beiträge dorthin geschickt – ich war kein Afrikaspezialist. Man mußte erst ein Experte sein, aber wie wird man's, wenn man nicht hinkommt? Ich habe mein ganzes Leben lang beiläufig über Schwarzafrika gelesen. Aber ich erinnere mich nicht, was ich gelesen habe oder wie es dazu kam, daß ich eine so schlichte Vorstellung von der mittleren Scheibe dieses Erdteils entwickeln konnte. Für mich war es eine unermeßlich weite, löwenfarbene Ebene, umgeben von blauen Bergen. Herrliche wilde Tiere zogen darüber hinweg, und der Himmel hatte kein Ende. In diesem Bild gab es keine Menschen, keine Afrikaner oder sonst jemanden. Ich brannte also darauf, Afrika und seine Tiere zu erleben, und mit diesem Geld nun konnte ich's verwirklichen. Reisen zum Vergnügen – eine aufregende Vorstellung!

Eine nette junge Frau, Reiseagentin, kam auf einen Drink vorbei. Wir nahmen uns den Atlas vor und schauten auf die Karte. Ich hielt es für eine gute Idee, Afrika von Westen nach Osten entlang des Äquators zu durchqueren. Duala in Kamerun war der nächste Ort, den ich an der Westküste in Äquatornähe entdecken konnte. Keiner von uns beiden hatte je von ihm gehört, aber sie versprach, nachzuforschen und mir ein Ticket zu besorgen. Und das war dann auch schon die ganze Reiseplanung.

Kurz darauf rief sie mich an, um mir mitzuteilen, daß ich laut Air France, die die Strecke von Paris aus beflog, Impfungen gegen Gelbfieber und Pocken brauchte. Mein Hausarzt war während des Kriegs mit der R.A.F. in Nigeria gewesen. Seine Meinung über Afrika glich einer krankhaften Gedächtnisstörung: Die ganze Gegend sei unbeschreiblich abstoßend, sich in freier Entscheidung dahin aufzumachen der helle Wahnsinn. Die unvermeidbaren Krankheiten seien widerlich. Wenn ich auf dieses verrückte Vorhaben nicht verzichten wolle, würde er mich mit jedem nur möglichen Gegengift vollpumpen, gegen alles, was ihm einfiel.

Seine Kriegserfahrungen brachten mich beinahe um: Ich bekam Spritzen gegen Typhus, die Pest, Cholera, Polio und Tetanus, ganz abgesehen von denen gegen Gelbfieber und Pocken. Ich kriegte Pillen gegen Ruhr, Durchfall und Malaria, dann Öle und Puder, um Wunden und Hautinfektionen heilen zu können. Er beschwor mich, niemals und unter keinen Umständen etwas anderes als Wasser aus Flaschen zu trinken und lieber auch zu prüfen, woher das kam. Und nicht zu vergessen, das Waschwasser zu desinfizieren. Die kleinen Viecher im Wasser seien schlimmer als die im Essen. Von giftigen Insekten gebe es ungezählte Arten und Mengen. Er riet mir, eine Ausrüstung gegen Schlangenbisse zu kaufen; ich weigerte mich und sagte ihm, daß ich ohnehin schon vor Angst sterben würde, wenn eine Schlange ihre Giftzähne in mich drückte. Und außerdem erwarte er ja mein baldiges Siechtum auch ohne Hilfe von Schlangen. Dank all dieser vorbeugenden Medizin fühlte ich mich todkrank und unfähig, mich auf die Reise zu konzentrieren.

Eine Woche davor bekam ich eine Nervenkrise. Ich mußte nun doch unbedingt ein paar nützliche Informationen sammeln. Also telefonierte ich mit zwei Freundinnen, die schon in Afrika gewesen waren. Eine empfahl mir, Khakihosen und -hemden und bequeme Schuhe in London zu kaufen, gewaltige Vorräte an Mitteln gegen durchfallähnliche Krankheiten anzulegen, die R. and W. King Company anzurufen, sobald ich in Kamerun sei, sie würden sich um mich kümmern; die Insekten seien in der Tat eine Prüfung, aber da ich die Hitze liebte, würde ich eine wunderbare Zeit verbringen. Die andere Freundin sagte, ich solle gar nicht erst anfangen, irgend etwas hier zu kaufen, ich bekäme, was ich brauchte, in Afrika, und es sei kalt in der Nacht. Sie habe herausgefunden, daß eine Wärmflasche ganz nützlich sei. Und nimm wenigstens einen dicken Sweater mit. Und wenn ich nach Nairobi käme, solle ich Ker and

Downey Ltd. anrufen, sie würden sich um mich kümmern, und würde ich nicht ein bißchen einsam sein, Afrika sei so groß, aber ich würde ganz sicher eine zauberhafte Reise erleben.

Sie sprachen über zwei Afrikas, den Westen und den Osten, und gingen davon aus, daß jeder den Unterschied kennt. Afrika war für mich Afrika, und das war ungefähr so klug wie anzunehmen, New York und Kalifornien wären ein und dieselbe Sache. Ich bin immer froh, Einkäufe verschieben zu können, und schloß also einen Kompromiß – ich kaufte eine Wärmflasche. Und machte mich auf, den Erdteil zu durchqueren, mit einer nagelneuen Wärmflasche von Boots, Wollhosen und einem dicken Sweater, drei Baumwollkleidern, zwei Paar Straßenschuhen und einem großen spanischen Fischerstrohhut. Da ich niemanden irgendwo kannte und davon ausging, etwa drei Monate unterwegs zu sein, interessierte ich mich mehr für Dinge zum vergnüglichen Zeitvertreib.

Und die bestanden aus Tuben mit Acrylfarben, da ich gerade in einer heißen Phase von Sonntagsmalerei steckte, winzigen Patiencekarten – das einzige Kartenspiel, das ich kenne –, einem guten Fernglas, um Elefanten und Giraffen zu bestaunen – meine ganz besondere Leidenschaft –, einer kleinen, klapprigen Schreibmaschine, damit ich während meiner ungezählten Mußestunden Kurzgeschichten schreiben konnte, und Büchern – von *Krieg und Frieden* (Lesefutter wegen seiner

Länge) über Jane Austen und Shirers *Das Dritte Reich* bis zu Taschenbuch-Thrillern. Da Gepäck ein erwiesenes Elend ist, nahm ich nur einen Koffer und eine Kosmetiktasche für Arzneien mit, aber Kummer machten mir die Bücher. Mit Büchern ist das Alleinsein in Ordnung, ohne Bücher aber gräßlich.

Am 23. Januar 1962 verließ ich London mit heißem Pochen in beiden Armen, stieg in Paris um, und die nächsten dreizehn Stunden verbrachte ich, über Nacht eingequetscht in der zunehmend dreckiger werdenden Touristenklasse des Flugzeugs, zusammen mit einer Schar junger europäischer Mütter mit ihren kleinen Kindern und Babys, alle unterwegs zum Kongo, wo irgendein Krieg herrschte. Das nahm mir völlig das Gefühl, es sei riskant, sich auf Afrika zu stürzen. Als wir am frühen Morgen zur Landung in Duala ansetzten, bot sich Afrika als ein graugrüner Dschungelsumpf dar. Schlammige geschlängelte Flüsse und Moskitoseen unterbrachen den Dschungel. Zweifellos unbewohnt und unbewohnbar, außer für Reptilien. Die Flüsse ergossen sich in den Atlantik und bildeten ein breites Band von schmutzigem braunen Wasser, das meilenweit gegen das Blau abstach. Ich traute meinen Augen nicht. Wo waren die goldenen Ebenen und die Berge? Krank von medizinischer Vorsorge, krank von schlafloser Erschöpfung schwankte ich aus dem Flugzeug in eine wütende Hitze, vergleichbar nur mit der, die ich in Rangun vor der Regenzeit zu fühlen bekommen hatte. Ich konnte an nichts anderes denken als an meine Wärmflasche, und das brachte mich zu lautem Gelächter. Die wenigen anderen Passagiere, die ausstiegen, starrten mich an und nahmen Abstand.

Ich kann über einen Teil dieser langen Afrikareise detailliert berichten, weil ich mein vollständiges Tagebuch »Duala bis Khartum« fand, wenngleich ich mich nicht erinnere, es geschrieben zu haben. Woran ich mich erinnere, das sind die Sommermonate nach diesem Trip, während derer ich in einer Pension an der Adria vor Triest viele Seiten über Ostafrika schrieb, anhand von Notizen, die mein Gedächtnis aufbessern sollten. Als ich nach diesem Manuskript suchte, von dem kein Fetzen erhalten geblieben ist, fiel mir statt dessen diese wahre Geschichte vom Leben in Westafrika in die Finger. Ich erinnere mich an Westafrika so, wie man sich an Schmerzen erinnert: an ein Ereignis, aber nicht an die genauen Empfindungen.

24. Januar: Erster Akt auf afrikanischem Boden: Der emsige einheimische Gepäckträger ließ meine schwere Kosmetiktasche der Air-France-Stewardeß auf den Fuß fallen. Sie hopste herum und schimpfte: *»Crétin!«* Der Gepäckträger grinste und zuckte die Schultern. Der Gesundheitsbeamte studierte meine Impfpapiere verkehrt rum, hatte Stammesnarben quer über den Wangen, eine Nase wie ein Gorilla und blickte finster. Taxifahrer drängten, schubsten einander, schrien und grabschten nach dem Gepäck. Der Preis fiel von 300 auf 100 Francs, doch am Hotel behielt der Fahrer einfach 300 Francs und machte sich davon. Das Hotel gehört der Air France und ist das beste in Kamerun, wenn auch kaum Wettbewerb herrscht. Diese internationalen Betonkäfige für Menschen zerfallen rasch, das ist ein Trost. Mein Zimmer hat mit dunklem Holz getäfelte Wände, die seit viel zu langer Zeit weder abgestaubt noch poliert worden sind. Der ganze Raum ist verwohnt und nicht besonders sauber. Aber die Klimaanlage steht auf Tiefkühlen, und im Badezimmer funktioniert alles.

Vor dem Fenster liegt ein Garten mit Kieswegen, Rasen, Blumen, Bäumen und einem Schwimmbecken. Der Himmel ist grauweiß und hängt sehr tief. Ein leiser Wind bewegt die Bäume. Die Sonne gleicht einem Spiegelei, genauer einem israelischen Spiegelei mit diesem besonders blassen Dotter. Hinter dem Schwimmbecken beginnt wieder der Dschungel, durchschnitten von einem breiten, trägen braunen Fluß. Der Garten sieht aus, als hätte alles Mühe, im falschen Klima zu wachsen, eine deplazierte europäische Oase an der verfilzten Westküste Afrikas.

Schlaf ist das Allheilmittel für den gestreßten Flugreisenden.

Die ortsansässigen Franzosen nehmen einen Aperitif, vielleicht veranstalten sie auch eine Cocktailparty. So an die dreißig Männer in Straßenanzügen und vier aufgeputzte Ehefrauen, die schließlich allein an einem

Tisch zusammensitzen. Es sieht schrecklich langweilig aus. Das gemeine Volk muß heute abend wohl die Bar benutzen; sie ist klimatisiert, hat ein Wandaquarium mit Goldfischen, sämtliche modernen Annehmlichkeiten. Die Kundschaft ist kleinbürgerlich und weiß, in Hemdsärmeln, abgesehen von einem sehr dicken afrikanischen Gast, der einen italienischen Seidenanzug trägt und, wie ich am Flughafen hörte, von seinen Landsleuten ergebungsvoll *Monsieur le Ministre* genannt wird.

Der Speisesaal auf dem Dach ist ebenfalls eine europäische Kopie: komplett mit Leckereien vom geräucherten Lachs bis zu Pastetchen, mit Oberkellner und Kellnern. Die jungen französischen Frauen tragen ihr Haar so hoch wie möglich aufgetürmt und die Röcke so kurz wie möglich, alles aus Pariser Zeitschriften abgeguckt und recht gut getroffen.

Träumte in der Nacht, Peter Sellers sei mein Arzt und untersuchte zärtlich meine vom Impfen wunden Arme. Ich war davon angetan, halb war mir klar, daß ich irregeführt wurde, als ein alarmierendes Geräusch losbrach. Es klang, als sei eine Grammophonnadel auf einer Schallplatte hängengeblieben. Eine laute, drohende Stimme sagte: »Lieb *mich*, lieb *mich*.« Noch im Halbschlaf fragte ich mich, was um alles in der Welt meine Nachbarn wohl trieben. Mitnichten – es waren Baumfrösche rings herum im Dschungel.

25. Januar: Weiße Haut ist etwas Schreckliches. Um den Pool herum liegen die fischbauchbleichen Körper, die Damen in den kleinsten aller Bikinis, die Herren in ihren Slips. Bräunt denn diese Spiegeleisonne nicht? Nur einer sieht gut aus, ein schlanker hellbrauner Kameruner.

Ein weißer Knirps wird von einem schwarzen Diener betreut. Der bewegt sich, als seien seine Gelenke aus Gummi, mühelos, lautlos, immer in der Nähe des Kindes, ganz unaufdringlich. Die französische Mutter ruft das Kind; sofort gibt es Aufregung und Ärger. Das Kind fällt, tut sich weh, heult. In Minutenschnelle wird das Kind dem schwarzen Mann zurückgegeben, alle sind wieder friedlich und glücklich.

Ein älterer Franzose, offenbar der Hotelmanager, sprach mich an. Nein, Sie können von hier aus nicht nach Jaunde fahren oder ins frühere Britisch-Kamerun, es sei denn, Sie fahren mit zwei Wagen und gut bewaffnet. Nur dann bekommen Sie keinen Ärger mit den Banditen. Die greifen die Wagen an, man weiß nie, wann, es ist wie beim Roulette. Sie setzen die Wagen in Brand, rauben sie aus – Waffen werden bevorzugt – und bringen die Weißen um. Dann essen sie die Organe, die Stärke versprechen, so wie das Gehirn, das Herz und die Leber. Mir wird sofort klar, daß es höllisch schwer wird zu lernen, was ich in Afrika glauben kann; wenn ich auch in London gehört hatte, daß dieses Gebiet, von der Küste aus landeinwärts, unsicher sei, da es nicht unter Regierungskontrolle ist.

Kann mir keine Khakikleidung oder Schuhe kaufen; humple jetzt mit einer Blase an der Ferse umher. Wenn ich barfuß gehen könnte und ein *pagne* trüge – so ein langes, leuchtendes und häufig wunderschön bedrucktes Stück Baumwollstoff, in das man sich von der Brust bis zu den Knöcheln wickelt und es wie einen Schleier über den Kopf legt –, dann wäre ich bestens gekleidet.

Duala ist eine schäbige, häßliche, wuchernde Stadt. Es gibt eine sehr große Betonkirche, kleine Zeilen von Geschäften, leere Plätze, wieder Geschäfte. Schlimmer noch, nichts hier ist fremdartig und aufregend; ich habe das alles schon in der Karibik gesehen, nur viel attraktiver. Die Eingeborenen sehen aus wie Karibikneger und tragen abgelegte Kleidung anderer, augenscheinlich das Los aller armen Schwarzen, die in der Nähe von Weißen leben. Aber die so gekleideten Schwarzen haben eine angenehm gelassene Art, sich zu bewegen, als gingen sie einfach ins Blaue und hätten Spaß daran; sie wirken eigenwillig und frei. Sie sind auch recht freundlich, im Gegensatz zu den Schwarzen in den USA, die reichlich Grund haben, sich schroff zu verhalten, und dies auch tun. Diese Afrikaner sind schließlich bei sich daheim und Herr im eigenen Haus, und wenn es für mich auch aussieht wie ein recht klappriges Haus, kann sie wenigstens kein Weißer herumstoßen, nur weil er weiße Haut hat.

Arme Länder können so teuer sein wie reiche. 4 Dollar für ein jämmerliches Mittagessen. 10 Dollar fürs Hotelzimmer (genausoviel wie zum Beispiel für den edwardianischen Luxus und das prachtvolle Badezimmer im Bellevue zu Bern).

26. Januar: Im Kindergarten gegenüber schreien und kreischen die Kinder ununterbrochen, nicht nur in den Pausen, als probten da Babys den Aufstand. Die Stadt ist voll von Schulen. Die Franzosen lehren die Leute, ihre Sprache zu sprechen, was man zu Recht als große Hilfe ansieht. Man kommt mit Französisch gut weiter, wenn die Schwarzen auch unter sich Pidgin-Englisch sprechen, eine köstliche Sprache und überaus komische Version des Englischen. Wenn man sagen möchte, daß eine Frau schwanger ist, sagt man: *He gottum bell.* Alle Tiere sind *beef.* Gefährliche Tiere heißen: *Dat beef too bad.* Ich wünschte, ich könnte es sprechen.

Las Isak Dinesens *Jenseits von Afrika* noch mal. Es hat keinen Bezug zu diesem Teil des Kontinents. Dies hier ist unverkennbar das Land von *Das Herz der Finsternis.* Die Kraft von *Jenseits von Afrika* liegt in Dinesens Selbstbeherrschung. Der Charme des Stils besteht in der archaischen, wunderlichen Eleganz – der nicht ganz stimmigen Idiomatik. Aber was Gott betrifft, macht sie mir Sorge. Als ob sie wüßte, daß er und sie aus gutem Hause stammten.

Die Taxifahrer pendeln mit ein oder zwei Kumpanen neben sich durch die Gegend. Als wir heute nachmittag an der Betonkirche vorbeikamen, sagte so ein Kumpan:

»Die größten Sünder und schlechtesten Menschen sind überall die Katholiken.« Er ist Katholik.

Ich verschwinde hier morgen früh und fliege in die Hauptstadt Jaunde. Da irgendwo ist Afrika; ich muß es nur finden.

27. Januar: Saß im Flugzeug neben einem kaugummikauenden jungen Amerikaner, US-Kurier, physisch wie geistig überaus bläßlich. Er kam aus Frankfurt oder sonst irgendwo aus Deutschland und hatte eine dünne Segeltuchtasche mit Diplomatenpost für die US-Botschaft in Jaunde bei sich. Was mich heftig an die Plakate zu Kriegszeiten in englischen Eisenbahnstationen denken ließ: ein ernstes Gesicht, ein anklägerischer Zeigefinger und die Frage: »Ist deine Reise wirklich notwendig?« Was können sie denn hier an großen Geheimnissen haben? Vielleicht ganz heiße Nachrichten über die menschenorganessenden Kommunisten im Busch zwischen Duala und Jaunde.

Jaunde sah aus der Luft vielversprechender aus; Hügel wie Pusteln, die Stadt verstreut und doch mit geballtem Kern, rote Lehmstraßen. Aber wieder der tiefe, milchige Himmel und die verschleierte, brennende Sonne. Die Einheimischen sind schrecklich befriedigt, weil sie wie richtige Erwachsene auf eigenen Füßen stehen, und genießen wie verrückt ihre Bürokratie. Man muß eine Landekarte ausfüllen, Name, Alter, Beruf, Grund der Reise etc. etc., eine Plage und Verschwendung guter

Bäume. Und das bei jedem Halt, nicht nur, wenn man Grenzen überschreitet. Alle Formalitäten, Gesundheit, Zoll, wiederholen sich.

Das Taxi rollte eine Weile ganz schön, da wir bergab fuhren. Danach hätte ich es zu Fuß überholen können. Meine prächtige Freundin, die mir sagte, ich solle meine Sorgen zur R. and W. King Company tragen, wird ihren Lohn im Himmel empfangen. Mein Gepäck stand abgestellt vor der R. and W. King-Lagerhalle inmitten staubiger Schuppen und eines einstöckigen Bürogebäudes, und ich fragte nach dem Manager.

Der Manager, ein Franzose von vielleicht drei- oder vierunddreißig, hatte schöne, klare grüne Augen, einen weißlichgrauen Teint, war dünn wie ein Faden, sehr groß und allein schon die Reise wert. Es ist eine der schönsten Überraschungen im Leben, jemanden zu finden, mit dem zusammen man sofort lachen kann. Ich hatte eine Menge Probleme. Meine Ferse war entzündet, ich klebte vor Schweiß, es gab im Hotel von Jaunde kein Zimmer für mich; ich wußte nicht, wie und wohin ich weiterkommen sollte; und etwas Rätselhaftes geschah mit mir, meine Füße, Knöchel und Hände, mein Gesicht und meine Körpermitte schwollen an, als hätte man eine Luftpumpe angesetzt; ich bekam Flekken im Gesicht und fühlte mich wie vergiftet und am Ersticken. Es kam mir ungerecht vor, daß Afrika mich so früh schon dahinmähen wollte. In meinem verknitterten und verschwitzten Baumwollkleid, mit meinem

Fischerhut, außer Fassung und auch noch humpelnd, muß ich wahrhaft anziehend ausgesehen haben. C. nahm dies alles gelassen und offensichtlich amüsiert hin. Er lud mich ein, in seinem Haus zu wohnen; er fragte, ob ich Lust hätte, am Wochenende zu Freunden in den Busch zu fahren, und er schickte mich mit seinem Fahrer los, Schuhe zu kaufen.

Die Schuhe waren ein Paar Herrensandalen mit Kreppsohlen von Bata, grob, häßlich, bequem, und kosteten 10 Dollar. Ich nenne ständig Preise, weil sie mich so verblüffen; aber ich vermute, man zahlt für den Transport, nicht für das Objekt. Ich erwarb ein Paar Herrenkhakisocken, ebenso abstoßend, eine Herrenkhakihose und ein Hemd und bin nun mit der Kleidung ausgestattet, welche die Schwarzen kaufen, wenn sie das Geld dafür haben.

C.s Haus ist ein Bungalow am Rande der Stadt, abgedunkelt und kühl, mit dem unpersönlichen Komfort eines Junggesellenquartiers, mit Blick über die Hügel in der Nähe, die von fiedrigen Pfefferbäumen gekrönt sind, und einem Badezimmer für mich. Nach dem Mittagessen trennten wir uns, ich, um wie betäubt zu schlafen; dieses Klima wirkt wie Chloroform. Am späten Nachmittag brachen wir nach M'Balmayo auf.

Dies ist nun Joseph Conrads Afrika, nicht das Afrika, nach dem ich mich gesehnt hatte, aber authentisch. Die Straße war schlecht und dick mit Staub bedeckt. Wenn wir an den wenigen Wagen vorbeifuhren, drehten wir die Fenster schnell hoch, um nicht an der wehenden roten Wolke zu ersticken. Es gab Dörfer, Ansammlungen einzeln stehender Hütten am Rande der Straße, dahinter den Dschungel. Die Bäume sind ungeheuer groß und schlank wie alle Dschungelbäume, und niemand kennt ihre Namen. Ich erkannte nur eine Art, die ich für Kapok hielt. Diese sich drängende, verflochtene, klammernde Masse aus Kletterpflanzen, Baumstämmen, Büschen wirkt so unheilvoll wie eine Gefängnismauer. Die Schwarzen gingen in Kleidung aus verblichener, bedruckter Baumwolle durch ihre Dörfer und die Straße entlang; sie badeten in stehenden Dschungelteichen, schwatzten. Wie sie wohnten, war nicht zu sehen. (C. hat mir erklärt, daß ich nicht *nègre* sagen darf, ein beleidigendes Wort hier. Man spricht von *les blancs* und *les noirs,* das ist der akzeptable Sprachgebrauch.)

Unterhaltung im Wagen: C. ist seit vierzehn Jahren hier und süchtig nach Afrika. Arbeitete jahrelang für die R. and W. King-Station in M'Balmayo. Sagt nichts über die eigene Vergangenheit oder seine Herkunft; eine natürliche Zurückhaltung, die nicht abweisend oder lähmend wirkt wie mitunter bei Engländern. Unmittelbar spüre ich, daß er sehr vernünftig, sehr weise, sehr tolerant ist.

Bruchstücke dessen, was er gesagt hat: In Afrika muß man Bridge spielen können, das ist lebensrettend. Es gibt keine Gespräche, und da man nicht immer lesen kann, muß man einen Weg finden, schmerzlos mit anderen zusammenzusein. Ich stelle mir vor, daß sie sich alle sowohl zu gut als auch zu wenig kennen, wie Gefängnisgenossen. Die amerikanische Botschaft ist das zweitgrößte Gebäude in Jaunde; die Amerikaner haben sich wie üblich ihr goldenes Ghetto gebaut: die Botschaft und die dazugehörigen Häuser, aufgeteilt in (gutaussehende) Wohnungen fürs Personal. Obwohl Holz das wichtigste sichtbare Produkt Kameruns ist und jeder sonst regional hergestellte Möbel hat, wurde jedes Möbelstück dort, auch für die kleinste Sekretärin, aus den USA herübergeschafft. Ihr Essen genauso. Sie geben gelegentlich offizielle Partys, auf denen sie schlicht unglücklich sind, aber sie kleben aneinander, immer tun sie das. Werden von anderen Europäern hier kaum wahrgenommen. Es gibt in Kamerun keine Amerikaner außer ihnen, und ich denke, auch keine geschäftlichen Interessen der USA. Die englischen Diplomaten, die noch die Geschäfte des ehemaligen Britisch-Kamerun abwickeln, sind zwei Leute. Die Größe und die Pracht der amerikanischen Vertretung bringen nur ungläubige, spöttische Ablehnung hervor.

Frankreich unterstützt Kamerun sehr umfassend. Warum? Die Franzosen, die noch hier sind, waren zu keiner Zeit Grundbesitzer oder Farmer. Sie sind Zivilangestellte, Militärs, Händler, Akademiker. Alles ging bei der Gewährung der Unabhängigkeit glatt – ich vermute, weil keine französischen finanziellen Interessen verletzt wurden. Man vergleiche das mit der Schweinerei in Algerien.

Erdnüsse sind in dieser Jahreszeit das hiesige Erzeugnis. Händler kaufen von den Eingeborenen, kleine Aufkäufer gehen von Dorf zu Dorf, verkaufen dann weiter an größere Handelsunternehmen. R. and W. King hat Außenposten und Reisende. Die Frauen bauen die Erdnußfrüchte an, in einfachster, primitiver Landwirtschaft. R. and W. King importiert alles, was man haben will und bezahlen kann.

Präsident Ahidjo hat neun Autos (und sehr wenige Straßen dafür). Lebt im Palast des französischen Generalgouverneurs, einem hübschen tropischen Weißen Haus. Früher war die Auffahrt mit schönen Bäumen gesäumt; jetzt hat man sie gefällt (damit man die Pracht sehen kann) und jene schrecklichen Straßenlaternen aufgestellt, die neuerdings auch in London stehen: Neonbänder auf Metallpfosten. Im nationalen Haushaltsplan gibt es ein reguläres Budget für Bestechung. Macht letztlich Sinn, wenn sie konsequent eingesetzt wird. Bestechungen sind unvermeidlich, deshalb sollten sie erlaubt, aber begrenzt werden.

Sehr entmutigend: viel Wasser und keine Stellen, wo man schwimmen könnte. Ein Fluß fließt durch Jaunde, bildet einen See. Aber das Wasser ist dreckig, nicht zu gebrauchen. Das Wasser hier ist immer dreckig (Krankheiten) oder voll von irgend etwas, das einen beißt oder frißt.

Die Franzosen haben keine rassistischen Vorbehalte, im Unterschied zu den Kolonialbriten oder den Amerikanern in den Südstaaten. Eine schwarze Freundin oder Frau zu haben gilt nicht als schnellster Weg, sich in Verruf zu bringen. Aber sie glauben – aufgrund von Beobachtung? –, daß ein Mann, der sich mit schwarzen Frauen einläßt, endet wie ein Drogensüchtiger. Er sinkt ab auf das Niveau der Schwarzen (körperlich, geistig); die Schwarzen bohren sich in ihn hinein und höhlen ihn aus. Deshalb sei es unklug, damit überhaupt anzufangen. C. vermutet, daß alle weißen Männer einmal eine schwarze Frau nehmen, der Erfahrung wegen. Er nimmt gleichermaßen an, daß das Ergebnis Selbstverachtung ist, und das sei das Ende vom Lied. Hier in der Gegend habe ich nicht eine einzige schwarze Frau gesehen, die auf mich nicht körperlich abstoßend wirkte; und da ist dieser Geruch.

Ich sprach über diesen Geruch, der mich schrecklich plagt; hätte nie gedacht, daß die Nase das größte Hindernis brüderlicher Gemeinschaft sein könnte. Ich bin buchstäblich angeekelt vom Geruch der Schwarzen, etwas Einzigartigem in meiner Erfahrung – ein süßlicher Gestank aus Urin und Schweiß –, und schäme mich sehr dafür. Kann aber mit Willenskraft nicht drüber hinwegkommen. Ich habe sonst keinerlei Probleme mit Hautfarben; im Gegenteil, die Leute, die aussehen, als gehörten sie hierhin, sind die Schwarzen, die Leute, die deplaziert und komisch wirken, sind die Weißen. Ich glaube nicht, daß ich mich mit jemandem anfreunden kann, an dessen Verstand ich nicht herankomme, aber ich verbringe mein Leben nicht damit, mit jedermann Freund zu sein. Ich würde gern unkomplizierte, beiläufige Beziehungen mit diesen schwarzen Leuten haben und werde doch durch die Furcht, sie riechen zu müssen, vertrieben. Das wird ein ordentliches Problem werden.

M'Balmayo, eine Lichtung im Busch und nicht einmal groß. Die Einfahrt zum Haus der Freunde von C. liegt gleich hinter der Tankstelle – jämmerlich. Aber das ändert sich sofort, wenn man durchs Tor gekommen ist. Ein niedriges, kleines weißes Haus mit einem Wohnzimmer, das mich an Cuernavaca erinnert. Balken, ein Kamin unglaublicherweise. Wann wird er gebraucht? Sofas, Korbstühle, schöne, einfache dunkle Holztische, überladen mit Büchern, Krimskram. Deutliche Zeichen von Geschmack. Keine Elektrizität, die Dusche besteht aus einem Eimer mit Löchern am Boden. Eine brillante Idee, denn das Ding gibt's im Eisenwarenladen im Ort: An einer Schnur zieht man eine Blende von den Löchern zurück. Der Eimer läßt sich zum Füllen an einer Seilrolle herunter- und hochziehen. Wenn nun alle Schwarzen so etwas hätten und Seife – reichlich billige Seife –, hätte man dann nicht eine bessere Welt? Seife kostet viel. Und es ist kein lebensnotwendiger Artikel; wird in der Tat praktisch von der eingeborenen Bevölkerung nicht verwendet. Sie waschen Körper und Kleidung durch Reiben mit Wasser, mit irgendwelchem Wasser. Erklärt das allein schon den Geruch, oder hat auch die Nahrung Einfluß darauf?

Die Kolars haben einen grünen eingezäunten Rasen und einen großen Baum als Schattenspender (von der Amate-Art, denke ich). Ihre Diener – Koch und Boy – wohnen in einem kleinen Haus hinter ihrem. Es ist einfach, hübsch und gemütlich. Die Kolars sehen nichts Reizvolles daran.

Ihre Geschichte: Sie sind tschechische Flüchtlinge von Anfang Dreißig. Sie sieht aus wie eine Pariserin, klein, schlank, gut gebaut, goldene Haut, hübsches Gesicht, schicke Frisur, wasserstoffblondes Haar, gutes Make-up. Sie trug weiße Tennisshorts und ein passendes Hemd, und sie hält sich während ihres Exils hier sorgsam in Form – mit Gymnastik und Sonnenbädern (welch ein heldenhafter Entschluß, sich freiwillig in den Backofen zu begeben). Er ist groß, auf eine dunkle, romantische Weise gutaussehend, modisch gekleidet im Stil der Männer am Mittelmeer, pastellfarbene Leinenhosen und dazu passendes Sporthemd. Sie würden dem Aussehen nach überall in Europa gut zur internationalen Schickeria passen.

Er flüchtete vor zwölf Jahren – so lange leben sie schon in Afrika – aus der Tschechoslowakei, indem er ein tschechisches Flugzeug während des Flugs in seine Gewalt brachte und den Piloten zwang, in Frankreich zu landen. Sie heiratete pro forma einen gemeinsamen Freund, Ausländer, um aus dem Land herauszukommen und sich ihm anzuschließen; jene erste, keusche Ehe wurde annulliert. Sie sind beide fromme Katholiken.

Sie wuchsen unter der Nazibesetzung der Tschechei auf. Beide stammen meinem Gefühl nach aus der gutsituierten Mittelklasse. Statt daß sie deren Art von Leben lebten – Aya würde Kunst oder Musik studiert oder wie eine hübsche junge Dame überhaupt nicht viel getan haben, Jean wäre an die Universität gegangen, wahrscheinlich im Ausland –, ließen die Deutschen es ganz anders kommen. Die Tschechen, sollte man sich erinnern, wurden als Sklavenrasse betrachtet und sollten letztlich durch Sterilisation zum Aussterben gebracht werden, die Tschechei sollte Teil des Großdeutschen Reichs werden. So durfte diese Sklavenrasse, jung und unter deutscher Herrschaft, keine höhere Schulbildung genießen; alle hatten ein nützliches Handwerk zu lernen. Ich weiß nicht, was Jean tat. Aya wurde Apothekerin, und das ist die erste gute Entwicklung, von der ich jemals gehört habe, daß die Nazis dafür verantwortlich waren.

Denn nun besitzen sie die Apotheke in M'Balmayo. Aya ist die Fachkraft, und Jean erledigt das Kaufmännische. Es gibt am Ort keine Ärzte. Aya übernimmt praktisch diese Rolle. Erstaunlicherweise ernährt diese winzige Ladenhütte im afrikanischen Busch die beiden so gut, daß sie das halbe Jahr in Paris verbringen können, wo sie eine Wohnung haben. Jean ist Schriftsteller; er hat seinen ersten Roman in französischer Sprache an den Film verkauft. Dieser Geldsegen erlaubt es ihnen, ein Haus auf Korsika zu bauen. Aber die Goldgrube ist die Apotheke. Der Grund für dieses Wirtschaftswunder ist die Leidenschaft der Schwarzen für Medizin.

Sie haben keine Kinder und scheinen perfekt zueinander zu passen.

Wir saßen im Garten und tranken Whisky-Soda. Ich konnte kaum schlucken und sah aus, als litte ich unter Hungerödemen. Jeans Konversation überraschte mich zuerst unangenehm; mein erster Eindruck war, ein so junger Mann könne doch kaum solchen abgedroschenen, ultrarechten Tory-Unsinn reden. Dann fing ich an, darüber nachzudenken, was er eigentlich von der Welt kannte: die Nazibesetzung seines Heimatlandes und das Ausbleiben von heroischem Widerstand im eigenen Volk, die Besetzung durch die Kommunisten und wieder mangelnder Widerstand, dann seine Flucht in das Nachkriegsfrankreich, wo die Demokratie auch nicht gerade besonders strahlend leuchtete. Ich vergesse immer die Grenzen und Armseligkeit der Erfahrung junger Leute, besonders der jungen Mitteleuropäer. Wenn man es sich recht überlegt, ist es erstaunlich, daß sie überhaupt an etwas glauben können, nach dem, was sie gesehen haben; nichts davon war angetan, den Glauben an etwas zu stärken. Und so ist es nicht überraschend, daß diese zwei, die intelligent und Leute mit Verantwortungssinn sind, ihren Glauben dort investieren, wo er sicher ist, weil er nicht widerlegt werden kann und etwas Zeitloses hat: in die Lehre und die Riten der katholischen Religion.

Sowohl Jean wie auch Aya haben von Afrika genug; sie sind es mehr als leid. Während sie die Schwarzen intellektuell verachten, kommen sie in der Praxis leicht und gut mit ihnen aus. Sie sind französische Staatsbürger geworden und lieben das Land, wie eben Konvertierte oder Adoptierte lieben; voller Verehrung für Frankreich als »Zivilisation«. Sie halten die weiße Rasse für unbedingt überlegen und glauben, daß die Schwarzen, auf sich selbst gestellt, nur zerstören werden, was ihnen die Zivilisation gebracht hat, um dann in ihre natürliche Barbarei zurückzufallen. Ich selbst habe nicht den Eindruck, daß die Weißen viel Zivilisation gebracht haben; mir scheint eher, die Weißen haben gewisse moderne Errungenschaften für sich selbst importiert, haben die Schwarzen bis zu einem gewissen Grad von wildem Durcheinander abgehalten, wiederum zur Sicherheit und für die Bequemlichkeit der Weißen; und sie haben sich bereichert. Die Missionare sind etwas anderes; ihr Ziel war es nicht, sich zu bereichern, aber ich mißtraue ihnen, hauptsächlich, weil ich mir unsere weiße Welt ansehe und nicht erkennen kann, daß fast 2000 Jahre Christentum unsere Barbarei geheilt haben. So erscheint es selbstgefällig, anderen Völkern unsere religiösen Vorstellungen unterzuschieben, die wir nie praktiziert haben, Völkern, deren Barbarei letztlich unorganisiert, personenbezogen und im Vergleich zu der unsrigen von kleinem Ausmaß ist. Missionsschulen und Krankenhäuser sind wieder eine andere Sache.

Jean wollte etwas über Bücher und Schriftsteller erfahren, Aya über Mode, Theaterstücke, den Twist. Mein Gedächtnis ist völlig am Ende. Ich weiß nichts mehr von Europa, kann kaum noch glauben, daß es existiert. Und finde es so ohne Belang für alles hier, daß es nicht von Interesse ist.

Diese beiden können einen verzaubern, wenn sie von volkstümlichen schwarzen Überzeugungen berichten. Keiner von uns weiß genug, um systematisch weiterzudenken, man verfängt sich daher in falschen Schlußfolgerungen und Verallgemeinerungen. Deshalb erinnere ich mich besonders deutlich an ihre Erzählungen über die Leidenschaft der Schwarzen für Arzneimittel. Offenbar nehmen alle Eingeborenen, die es sich leisten können, ständig Rizinusöl ein und machen dreimal die Woche Darmspülungen. Sie zeigten mir ein Bild, auf dem eine dicke schwarze Frau einem winzigen Baby einen Einlauf macht: ein einfaches Verfahren, die Frau speit Wasser in den After des Kindes. Die Schwarzen begeistern sich für Injektionen, die anderswo gefürchtete Spritze, und begeistern sich für alles, was heftige Reaktionen hervorruft – Schmerzen, Schwellungen und Fieber.

Die schwarze Medizin ist voller Geheimnisse: Ein Junge wurde zwischen einer Wand und einem Lastwagen eingequetscht, Aya und Jean gaben ihn als so gut wie tot auf – zu viele Knochenbrüche, zuviel Blutverlust. Sie wollten ihn ins Krankenhaus bringen (aber die

Schwarzen mögen Krankenhäuser nicht, sie kaufen lieber ihr Zeug in der Apotheke). Die Familie des Jungen schaffte den zerschmetterten, bewußtlosen Jungen fort, und der Medizinmann und die Kräuterfrau wurden tätig. Die Kolars wissen nicht, was geschieht, aber sie glauben, daß man Kräuter und Blätter auf den Körper gibt und dieses oder jenes unvorstellbare Gebräu zu trinken verordnet. Irgendwie kam der Junge auf die Beine und konnte nach drei Monaten wieder gehen.

Mehr noch: Die Schwarzen werden alle zu Säufern. Erst tranken sie hausgemachtes Bier; wenn sie mehr Geld hatten, wechselten sie zu billigem französischen (oder algerischen?) Rotwein über, zu *pinard*, wie man hier sagt. Wenn sie noch mehr Geld hatten, zu Rum. Die Reichsten trinken jetzt Whisky. Es wird wie unter Zwang getrunken; die einmal angefangene Flasche muß sofort geleert werden.

Die Schwarzen beginnen ihr Geschlechtsleben etwa mit zwölf Jahren. Mit Zwanzig sind die jungen Männer impotent, kommen zur Apotheke und verlangen Aphrodisiaka. Sie verwenden auch ein heimisches Mittel. Ein junger Mann kann nicht heiraten, weil eine Frau 150000 Francs kostet, ein Vermögen. Das Ergebnis ist, daß erst ältere Männer sich eine Frau oder Frauen leisten können. Keine Frau ist treu; Syphilis ist weit verbreitet. Wenn ein Mann als Ehebrecher erwischt wird, muß er dem geschädigten Ehemann eine Gebühr für die Benutzung der betrügerischen Frau zahlen: Stammesgerichte sorgen dafür. Die Schwarzen mögen Kinder, und uneheliche Geburten sind weder Sünde noch Schande; die Kinder ziehen zufrieden durch einen großen Familienklüngel. Es klingt im Grunde nett und behaglich und unkompliziert. Die Sache mit der Syphilis ist natürlich nichts Gutes, und vielleicht erklärt sie manche Verunstaltungen, die ich gesehen habe, wie kranke Augen etc.

Die Kolars bestehen darauf, daß die Schwarzen keine echten Gefühle persönlicher Zuneigung, individueller Liebe oder Treue haben. Sie sind ihrer Familie verbunden; sie gehören zu ihr und wären ohne sie hilflos. Es gibt auch Regeln für Familiengastfreundschaft, die jede persönliche Anstrengung sinnlos machen. Jeder Verwandte (und alle müssen viele Dutzend davon haben) kann zu einem reicheren Verwandten kommen, sich kostenlos einnisten und dem Gastgeber buchstäblich das Dach über dem Kopf wegfuttern. Niemand darf sich dieser Bürde entziehen, je reicher einer ist, desto mehr Verwandte stellen sich ein. Wer sich verweigert, wird von der Gesellschaft verstoßen, ist in aller Augen ein Schwein; und wenn er eines Tages selbst in Not geriete, fände er keine einzige helfende Hand. Es hat also für den normalen Stammesangehörigen nicht viel Sinn, vorwärtszukommen und sich die Güter dieser Welt anzueignen (vielleicht sieht das alles in höheren Schichten anders aus – denn eine sehr kleine Oberschicht existiert dennoch). Die Verwandten erfahren vom Wohlstand nur allzubald.

Wir aßen an einem lodernden Feuer draußen zu Abend. Herrliche Würstchen und Brötchen und Pickles und im Feuer gebackene Kartoffeln. Ich hätte nicht gedacht, daß nach der windstillen Hitze des Tages – in der man sich fühlt, als wäre man von Kopf bis Fuß in ein feuchtes Tuch gewickelt und verprügelt worden – ein Feuer erträglich wäre; und daß man für die den Flammen abgewandte Seite auch noch einen Sweater über den Schultern braucht.

Im Dschungel begannen Tomtoms zu ertönen. Sehr laut, sehr eindringlich und merkwürdig furchterregend. Ich kann ihren wechselnden Takt nicht beschreiben. Manchmal entstand der Eindruck einer Stimme, die eine Warnung schreit, manchmal der einer trauernden Stimme. Die Kolars sagten, es würden nur Nachrichten übermittelt, über eine Hochzeit, ein Begräbnis, was gerade los sei. Die Schwarzen redeten den ganzen Tag lang endlos miteinander über nichts: genauer, sie tauschten banale Informationen. Nachts setzten sie dies über Trommeln fort. Ich sehe das aber leicht ein. Wenn nämlich irgendein Land Menschen Angst davor einflößt, den Kontakt zueinander zu verlieren, dann ist es dieses. Man spürt, daß das Land feindselig ist und niemanden auf sich wünscht; es scheint ständig düster zu sein. Eine bestimmte Art von Panik bekommt man wohl von Geburt an mit, und Leute, die sich fürchten, schwatzen gewöhnlich – bis zu dem Punkt, an dem die Angst so groß wird, daß sie nur noch erstickte Stille hervorbringt.

Ich sollte es gleich – und dann nie wieder – sagen, daß ich Moskitonetze hasse, sowohl als Gegenstände als auch wegen dem, was sie mit sich bringen. Ich fürchte mich davor, mich hineinzuwinden, es mir halbwegs bequem gemacht zu haben und dann mit heißem Entsetzen im Dunkeln zu merken, daß außer mir noch etwas darin ist – was? –, eine Spinne, ein unbekanntes fliegendes oder krabbelndes Insekt, ein Moskito, der einem den Schlaf raubt? Dies ist mein erster und letzter Bericht über Moskitonetze; sonst würde ich noch täglich darüber reden.

28. Januar: Sonntag. Heute ist der 9. Welt-Lepra-Tag. Ich entnahm das einem Plakat im Postamt von Jaunde, und Jean weiß alles darüber. Es gibt eine leicht erreichbare Leprastation, in Afrika wimmelt es anscheinend von diesen unglücklichen Leuten. Um 9 Uhr 30 – also spät am Morgen – kamen wir in der Leprakolonie an. Wir bogen von der Hauptstaubstraße in einen Staubweg ab und waren nach ein paar Minuten auf einer kleinen Lichtung im Busch. Um einen Staubplatz in der Mitte herum haben die Aussätzigen ihre Häuser, viereckige, zerbröckelnde Lehmhütten mit Strohdächern. Ich denke, es gab insgesamt zwanzig solcher Hütten, wenn ich auch unter Schock stand und die ganze Zeit Mühe hatte, richtig hinzusehen. Wir hatten den Bürgermeister und andere Standespersonen (wer kann das nur gewesen sein?) verpaßt, die zur Ehre des Tages Ansprachen hielten. Niemand war noch da außer den hier wohnenden Kranken und ihren sie besuchenden Angehörigen. Von kleinen Kindern einmal abgesehen, waren alle betrunken, fröhlich beschwipst bis grölend besoffen.

Aya trug hochhackige weiße Sandalen und ein hübsches ärmelloses Baumwollkleid mit Petticoat, einer Gartenparty angemessen. Jean und sie kennen viele Aussätzige gut; es sind Kunden der Apotheke. (Die Leprakranken bewegen sich frei, sie unterliegen keiner Quarantäne.) Meine Gastgeber riefen manchen Grüße zu und schüttelten anderen die Hände. Ich war von widerwärtiger Feigheit erfüllt; hatte meine Khakisocken angezogen, um meine Füße zu schützen, und nun konnte ich niemanden berühren. Ich lächelte und lächelte, ich muß ausgesehen haben wie eine Halloween-Kürbismaske, machte Verbeugungen und fing an, mich nicht wirklich anwesend zu fühlen – ein von mir abgetrennter Teil bewegte sich an diesem entsetzlich heißen, abscheulich stinkenden Ort umher. Die Leprakranken waren bester Stimmung, und ihre Besucher zeigten keinerlei Zeichen von Ekel, Schrecken oder Nervosität (wegen der Ansteckungsgefahr); sie hätten sich auch bei einem Fest oder einer Wiedersehensfeier in einem normalen Dorf befinden können.

Die Band saß im Schatten einiger Matten, die auf Pfählen steckten. Vier Musiker waren es, meine ich.

(Unsinn, ständig zu wiederholen, wie verschwommen mein Gedächtnis ist.) Ihre Instrumente waren ausgehöhlte Stücke von Baumstämmen, in Trommeln verwandelt, sowie ein kleines einheimisches Xylophon. Auf all dem trommelten sie so herum, wie ich es noch nie gehört hatte, jeder Ton klang anders, sehr schnell und sehr komplex. (Die Musiker waren gleichfalls betrunken.) Das Eigentümliche dabei war, daß einige von ihnen überhaupt keine Finger, sondern nur Daumenstümpfe besaßen. Einer schlug, meine ich, mit den Stümpfen seiner Handgelenke, denn er hatte keine Hände mehr.

Zu dieser wilden Musik bei praller Sonne – immer verschleiert an einem drückenden weißen Himmel stehend, aber dennoch hell und kochendheiß – tanzten die leprakranken Frauen. Das *Grand Guignol* hat sich so etwas niemals einfallen lassen. Sie tanzten Twist. Hier also kam das her, wenn man es zurückverfolgte bis zum Ursprung. Sie tanzen den Twist, natürlich viel besser als die dümmlichen Weißen, die sich jetzt damit vergnügen, und ihre Musik ist unendlich viel besser und zwingender. Die Bewegung ist dieselbe, nur daß sie, wenn sie Lust dazu haben, auch den Oberkörper krümmen und schütteln. Sie schreien, jaulen, lachen, zappeln, verrenken sich. Sie tanzten allein, uns zugewandt – den Neulingen, *les blancs,* dem Publikum.

Es waren alte Frauen dabei, häßliche Weiber – ich kenne kein passendes Wort für sie – mit leuchtendroten, auf ihre Wangen geschminkten Kreisen, kaputten Strohhüten auf ihren geschorenen schwarzen Flaumköpfen und den schmutzigen, formlosen Kleidern aus bedrucktem Kattun, die wohl das Vermächtnis der Missionare für die afrikanische Frau sind. Darunter waren sie offensichtlich nackt; man sah ihre langen, flachen Brüste hochspringen und schlabbern. Wenn sie sich drehten, bebten ihre hervorstehenden Eingeborenenhinterteile – aber anders als ihre Brüste scheinen diese Hinterteile hart wie Eisen zu sein. Zahnlose Münder öffneten sich zum Kreischen. Sie waren stockbetrunken. Ich konnte nicht nah genug herangehen, um festzustellen, wie die Lepra sie mitgenommen hatte, abgesehen von den ganz offensichtlichen Fällen – denen ohne Nasen, nur mit Löchern zum Atmen.

Es gab da auch kleine Mädchen, die in dieser scheußlichen Versammlung tanzten; ich sah an ihnen keine Krankheitszeichen. Entweder waren es Besucher oder nichtinfizierte Kinder von Leprakranken. Ein kleines Mädchen war entzückend. Ich denke, es war vier Jahre alt, rundes Gesicht, Babyspeckärmchen, winzige Türkise in den Ohren, ein schmales blaues Band um den geschorenen Kopf und ein kurzes blaues Kleid, ein richtiges westliches Kinderkleidchen. Sie tanzte den Twist makellos, wie unbeteiligt, mit steifem Rumpf, ohne zu schwitzen, mit Hingabe und Kompetenz.

Ich war von dem Geruch, vom Anblick ganz abgesehen, der Ohnmacht nahe. Jean machte auf Männer aufmerksam, die statt eines Fußes nur einen welken Stumpf hatten, auf andere ohne Hände, Nasen. Ich glaube, sie waren alle Fälle, bei denen die Krankheit zum Stillstand gekommen war, wenn ich das auch nicht genau weiß; aber ich sah keine Wunden, Verbände, kein Blut. Und keine Löwengesichter – in welchem Stadium kommt das vor?

Hinter den Tanzenden standen in einer eindrucksvollen Reihe am Boden etwa achtzig Flaschen Rotwein – für die weitere Feier. Jean sagte, sie würden sich im Verlauf des Tages bewußtlos trinken, essen und tanzen. Aber wenn man Lepra hat, mein Gott, was kann dann besser sein, als zu tanzen und zu trinken – sooft wie möglich, bis zur Bewußtlosigkeit? Ich hoffe doch sehr, daß die Wohltätigkeitsorganisationen, die in der ganzen Welt für Leprakranke sammeln, sich dazu entschließen können, Alkohol zu kaufen.

Ich war klitschnaß, als wir gingen. Es gibt keine Luftbewegung; sogar die Zugluft im Auto ist heiß. Ich glaubte jetzt selbst zu stinken, und zwar so wie die Schwarzen. Ich sprach darüber, immer noch tief beschämt. Es kommt einem sowohl zimperlich als auch unmenschlich vor, so heftig davon abgestoßen zu sein. Aya und Jean sagten, man könne sich nie dran gewöhnen; man ertrage es einfach, aus Selbstkontrolle oder ähnlichem. Ich sagte, wenn sie so ekelhaft für uns röchen, müsse man doch sinnvollerweise davon ausgehen, daß auch wir für sie abstoßend röchen. Ja, sagte Aya, sie sagen, daß wir »den schalen Leichengeruch« haben; sie finden ihn ekelhaft. Das munterte mich auf; es geht also noch gerecht zu. Ich fühlte mich nicht mehr so verweichlicht und gemein. Aber ich glaube immer noch, daß niemand diesen Aspekt je ausreichend berücksichtigt hat, wenn es um die Erklärung der Tatsache geht, daß keineswegs alle Menschen Brüder sind. Alle Menschen, denke ich, könnten kaum unterschiedlicher, fremder, feindlicher gesonnen sein. Wir sind *eine* biologische Gattung, denn jeder von uns kann jedem des anderen Geschlechts beiwohnen und mit ihm Nachkommen zeugen. Aber ich glaube nicht, daß wir nur von einer Spezies sind; die Definition ist zu einfach.

Von den Aussätzigen fuhren wir zu den Katholiken. Ein Priester namens Père Moll hat diese Welt erschaffen, und sie ist eindrucksvoll. Er ist Architekt und Baumeister (wörtlich, körperlich) einer großen Backsteinkirche, eines Krankenhauses, eines Klosters, eines Mädcheninternats und einer Tagesschule. Mit den Gemeindemitgliedern, die er um sich versammeln konnte, rodete er den Dschungel und tut das immer noch, um Getreide für alle anzubauen. Es ist ein kleines Königreich, dem Dschungel entrissen, mit Willenskraft und Schweiß errichtet.

Eine Messe wurde gehalten. Wir standen an der Tür der kaum zur Hälfte gefüllten Kirche. Die Frauen auf der einen Seite, ihre Köpfe schicklich bedeckt, die Männer auf der anderen, in Hemden und langen Hosen. Der

Chor sang gut. Père Moll, aus dieser Entfernung unsichtbar, hielt die Predigt, die ich durch die Echos nur vage verstand: Er erzählte eine Geschichte aus dem Leben Christi und zog daraus eine Moral. Es klang so wie die Vorträge, an die ich mich aus Pfadfindertagen erinnere, aber mit einer zusätzlichen übernatürlichen Weihe. Ich bin gegen Kirchenbesuche allergisch, wenn ich die Worte verstehen kann, also gingen Jean und ich zur Wohnung des Priesters voran; Aya und C. kamen nach.

Sie ließen sich in dem schäbigen, kleinen Raum häuslich nieder, der Père Moll und seinem Mitpriester als Heim dient. Er war ausgestattet mit einigen abgetragenen Lederstühlen, einem Tisch mit staubigen Spitzendeckchen, Zeitschriften darauf, Fotografien von irgend etwas Religiösem an den Wänden. Niemand könnte behaupten, diese Männer lebten im Luxus.

Der zweite Priester, ein großer, kräftiger, rotgesichtiger, stiller, strahlender Holländer, kam herein. Sie tragen weiße Gewänder, Sandalen und Tropenhelme. Ich kenne ihren Orden nicht. Er wurde von meinen Freunden geneckt, die mit den beiden Priestern auf ganz vertrautem Fuß stehen und sie *tu* nennen; was er denn da treibe – an einem Sonntagmorgen nicht zu arbeiten und uns auch noch obendrein bei einem Drink Gesellschaft zu leisten (den hatten die Kolars ohne viel Aufhebens beim schwarzen Boy der Priester bestellt). Er hatte seit sechs Uhr in der Früh Messe gelesen und war schon weit länger auf. Jetzt erschien Père Moll, das Hochamt war vorüber.

Père Moll ist groß, schlank, fast ausgezehrt, mit einer schönen senkrechten Falte auf eingefallenen Wangen, sehr klaren grauen Augen, dickem, drahtigem, kurzgeschnittenem Haar. Er ist ein gutaussehender Mann, fünfzig Jahre alt und der Herkunft nach elsässischer Bauer. Er muß kräftige Muskeln besitzen und ist völlig anders als jeder Priester, den ich jemals gesehen habe; sein auffallendster Zug ist seine entschlossene Männlichkeit. Unsere Unterhaltung war durchgehend witzig; Père Molls elsässischer Akzent ist ein Genuß. Geistliche verwirren mich, ich finde den richtigen Ton nicht; und außerdem fühlte ich mich nun so elend, daß ich kaum für irgendwen eine gute Gesellschaft gewesen wäre. Wir tranken Whisky-Soda (sicher verrückt bei dieser Hitze) und verabschiedeten uns. Am gleichen Abend sollten die beiden Priester wie üblich zum wöchentlichen Bridgespiel ins Haus der Tschechen kommen.

Nach einem köstlichen Mittagessen trennten wir uns, um Siesta zu halten. Ich fiel benommen in einen krankhaft tiefen Schlaf. Am späten Nachmittag war es kühl, und wieder saßen wir unter dem Baum und plauderten. Jean war mir zu dogmatisch, und zwar deshalb, weil ich selbst dogmatisch bin. Ich hatte eine plötzliche Eingebung, warum die Geschichte ein solches Desaster ist: Die Menschen leben nicht lange genug. Wir lernen nur aus der Erfahrung und haben keine Zeit, sie vernünftig und weiterführend zu nutzen. So kenne ich zum Beispiel die dreißiger und vierziger Jahre dieses Jahrhunderts, aber ich habe auf die fünfziger und sechziger nur kurze Blicke geworfen. Jean fängt da an, wo ich aufhöre. Und also sind unsere Schlußfolgerungen, die auf Erfahrungen basieren, natürlich radikal verschieden. Es ist so, als erstelle die Menschheit ständig neue Straßenkarten und sei somit unfähig, sich selbst den Weg zu zeigen – die Anweisungen wechseln andauernd. Jean hat für sein Land und seine Landsleute alle Hoffnung aufgegeben, letzten Endes wegen des Verhaltens der Tschechoslowakei während des Ungarn-Aufstandes 1956. C. spricht überhaupt nicht von sich; ich habe keine Ahnung, woher er kommt, wie sein Leben vor Afrika aussah; warum er in Afrika ist und warum er den Händlerberuf gewählt hat. Er hört phantastisch zu, ist einer jener Zuhörer, vor denen jeder besser spricht, und sein Lachen ist wie eine Belohnung.

Wir warteten auf die Priester und einen letzten Drink, bevor wir nach Jaunde zurückfuhren. Die Eingeborenen hatten Jean von einem Gorilla erzählt, der in der Nähe (Ortsnamen bedeuten mir nichts) im Dschungel lebte. Dieser Gorilla hatte zwei Mädchen entführt – zu unterschiedlichen Zeiten. Das erste fand man tot auf, das zweite lebte lange genug, um noch sagen zu können, daß der Gorilla *très tendre* gewesen sei, ihr ein Nest im Baum gebaut und Bananen gebracht habe, aber er »nahm sie sich«, und sie starb daran. Ich sagte rundheraus, daß ich das nicht glaube. Jean aber glaubt es ohne Einschränkung. Ich sagte, was für ein Unsinn, es ist gegen die Natur. Père Moll, einmal ganz ernst, meinte: *»C'est contre tout.«* (Meinte er damit gegen den Plan Gottes?) Jean blieb hartnäckig. (N. B. Monate später fragte ich übrigens Solly Zuckerman danach. Er brüllte vor Lachen. »Wissen Sie, wie groß ein Gorilla ist?« Er hielt seinen Zeigefinger hoch. »Ein Gorilla hat kaum genug für eine Gorilladame, ganz zu schweigen von fremden schwarzen Mädchen.«)

Père Moll fing an, über Medizin und die Schwarzen zu reden. Ihre Geschichten haben kein Ende. Aus unbekannten Gründen glauben die Schwarzen, daß Benzin, eingenommen, ein hervorragendes Allheilmittel ist. Ein Junge bat Père Moll um Erlaubnis, einem Mann mit Fieber etwas Benzin geben zu dürfen. Père Moll lehnte das natürlich ab. Der Junge stahl es. Der kranke Mann schluckte es freudig und starb. Dies geschieht offenbar nicht selten.

Albert Schweitzer wird hier vor Ort nicht als Held und großer Denker angesehen. Seine Medizin gilt als rückständig und sein Leben nicht als einzigartig oder beinahe heilig, nur als besonders publik gemacht. Man hat das Gefühl, andere, unbekannt und unbesungen, leisteten bessere und härtere Arbeit.

Jean zeigte mir einen Elefantenzahn; ich wünschte, ich hätte mehr davon sehen können. Ich kann Gewichte und Größen schlecht schätzen, aber ich würde sagen, dieser Zahn wog ungefähr drei Pfund und maß zehn Zentimeter im Quadrat. Mehr als alles andere vermittelte er mir einen Eindruck von der wirklichen Größe eines Elefanten.

Alle raten mir, nach Norden zu gehen, wo es wilde Tiere gibt und echte Eingeborene, die nackten Heiden, die Kirdi.

In der Dunkelheit kann man den Staub auf der Straße nicht sehen, aber daran ersticken. C. und ich aßen zu Abend und schwatzten ein bißchen. Er weiß aus Beobachtung eine ganze Menge über die Schwarzen, doch er sagt, daß kein Weißer sie versteht. Er selbst hat eine unendliche Geduld und behandelt die Schwarzen mit leiser, langsamer Gutmütigkeit. Ich denke, das ist ein Mann, der nicht richtet. Mit Intelligenz und Heiterkeit kombiniert, macht ihn das zu einem seltenen Geschöpf.

Während der Nacht brach die Krankheit, die in mir seit meinem ersten Tag in Afrika rumort hatte, wie ein wilder Sturm in den Eingeweiden aus. Ich habe mich entschlossen, sie Ptomainvergiftung zu nennen, aus Anhänglichkeit an einen bekannten Begriff und ein bekanntes Leiden; aber dies übersteigt an Heftigkeit jede vorherige Attacke. Schmerzen am ganzen Körper, innerlich wie verflüssigt, eine schlaflose Nacht. Ich verzweifle an mir selbst; unvorstellbar, so schnell klein beizugeben. Sollte ich einfach Afrika nicht gewachsen sein, abgestoßen von der Hitze, den Gerüchen, dem Schmutz, und jetzt krank?

29. Januar: Auf in der Morgendämmerung, kein Frühstück, wage nicht einmal, Wasser zu trinken, weil ich einige Stunden im Flugzeug nach Garua sitzen muß. C. brachte mich an den Flughafen und fand dort einen anderen R. and W. King-Vertreter, einen bärtigen, kräftigen jungen Inspektor oder dergleichen; übergab mich ihm als wertvolle Sendung. Die Flugreise war heiß, sehr unangenehm bei dumpfem Poltern im Magen und stechenden Schmerzen. Der Flughafen in Garua ist modern und elegant, eine unechte Fassade vor der Stadt. Es gibt sogar eine betonierte Straße vom Flughafen zum Zentrum. Aber in Garua ist Afrika einem schon näher als in Jaunde.

Es gibt ein einziges Hotel, eine Ansammlung aus *bucaroos* (den runden strohgedeckten Hütten der Einheimischen), leicht aufgebessert für europäischen Gebrauch, was heißt: mit Betonboden, Fensterrollos, einem Badezimmer. Die Hütten sind schmutzig, das Haupthaus – Speiseraum, Küche und Bar – ist schmutzig. Und es gab kein Zimmer für mich. Halb saß ich, halb lag ich also von morgens bis zwei Uhr nachmittags in der schattigen Bar und sehnte mich nach einem Bett oder dem Tod. Schließlich überließ mir der Besitzer, ein lauter, die Schwarzen anschnauzender, vor den Weißen kriechender, konfuser Typ, ein *bucaroo.* Eine riesige Spinne im Klo, das mit einem Krug gespült wird. Betonboden unter der Brause glitschig. Alles widerlich, alles beklemmend, aber ein Bett.

Nun tritt die Firma R. and W. King wieder in mein Leben. Ich betrachte sie als meinen Schutzengel und bin ihr ewig zu Dank verpflichtet. Der Manager am Ort, ein blonder, schlanker junger Mann, keineswegs ein Typ wie C., stattete mir einen kurzen Besuch ab, sehr freundlich, unentschlossen, formell. Das Problem war, einen Wagen zu mieten, um weiter nach Norden, nach Waza, zum Wildpark, und zu den Hügeldörfern der Kirdi zu fahren. Ich suchte den Wildhüter auf, einen großen, lässigen Mann, dessen Haus aussieht, als zöge er gerade mit einer Kollektion Möbel aus zweiter Hand ein oder aus. Es fällt mir auf, daß die Franzosen in diesen Teilen Afrikas nicht *wohnen,* gleichgültig wie lange sie hier tatsächlich leben. Sie werden nicht ansässig, geben sich keine Mühe, besitzen nichts, verschönern nichts; sie schlagen keine Wurzeln. Eines Tages gehen sie wieder nach Frankreich zurück.

Der Wildhüter hielt sich einen Panther, eineinhalb Monate alt, wie ein Kätzchen. Er war reizend, zutraulich, weich, kuschelig und hatte blaue Augen, die einem schon warnend zeigten, wie gefährlich dieser kleine Hausgenosse bald einmal sein würde. In seinem staubigen Hinterhof hatte der Wildhüter einen kleinen Privatzoo mit Bewohnern jeder Art, von Krokodilen bis zu Antilopen. Die Eingeborenen wissen, daß er Tiere liebt, und bringen sie ihm zum Verkauf.

Der Wildhüter sagte, er fahre morgen selbst nach Waza und werde mich da treffen. Er zeichnete mir eine

Skizze der Route auf, und obwohl ich sehr darauf hoffte, daß er mir die Mitfahrt anbot, tat er es nicht (C. war eine Ausnahme). Wenn sie auch höflich und hilfsbereit sind, so bezweifle ich doch, daß die Franzosen hier zugänglicher sind als in Frankreich; sie sind ja kaum nett zueinander und neigen nicht dazu, zu sagen: »Kommen Sie doch zum Essen.« Oder: »Kommen Sie in meinem Wagen mit.«

30. Januar: Verbrachte den halben Tag damit, ein Auto anzuschaffen. Schließlich mußte ich nehmen, was zu kriegen war (drei sind verfügbar): eine große Citroën-Limousine, offenbar ihr Gewicht in Gold wert. Im Verlauf dieser heißen, ziemlich verwickelten Feilscherei sah ich etwas von Garua – zwei kurze Straßen mit Läden und Lagerhäusern und ein Eingeborenendorf, von hohen roten Lehmmauern umgeben, über die spitze Strohdächer schauten. Sehr anmutig, aber absolut nicht zu betreten. Die Eingeborenen verkaufen an dieser Mauer Gemüse, Früchte und allerlei Kram. Die Schwarzen sind hier von anderer Art – eine angenehme Überraschung. Der vorherrschende Stamm sind die Fulbé (Fulani); sie sind Moslems und müssen, nach ihren Zügen zu urteilen, arabisches Blut in sich haben, schöne Menschen mit kleineren Nasen und Mündern und größeren Augen als die Schwarzen von der Küste. Die Männer tragen weiße, gestreifte oder farbige *djellibahs* und Mützchen, die Frauen ein fließendes *pagne,* wie ein

Sari, in leuchtend bedruckter Baumwolle und einen Goldring durch einen Nasenflügel. Die Kleidung, die auf gar keinen Fall zu den Schwarzen paßt und sie entwürdigt – wie billige Nachahmungen immer entwürdigen –, ist die westliche Kleidung der Weißen. Die einzigen Kleidungsstücke, die von uns stammen und ganz und gar in Ordnung aussehen, sind die abgerissenen Khakishorts an den sonst nackten Jungen und jungen Männern.

Der Fluß hier ist während der Regenzeit schiffbar, und Garua ist eine Hafenstadt. Jetzt fließt der Fluß breit und flacher zwischen Sandbänken hindurch, so richtig die Tropen aus dem Bilderbuch. Von hier werden Erdnüsse und Baumwolle verschifft. Ich verbrachte einige Zeit in der Niederlassung von R. and W. King und hörte mir an, wie die Erdnußgeschäfte gemacht wurden. Ein wichtiger (das heißt reicher) Mann oder Häuptling erscheint, sehr groß und sehr kräftig (sind dies verläßliche Anzeichen für Reichtum und Macht?), in wundervollen Gewändern – ein Häuptling sah aus wie eine wundersame männliche Braut, in ausladender, bestickter weißer Robe und einem herrlichen, kunstvoll geschlungenen Turban aus feinem weißen Stoff mit weißem Muster, von der Größe eines Kürbisses. Er hatte zarte Hände, eine Stimme von mädchenhafter Scheu und Sanftheit, ein milchkaffeebraunes Gesicht, und ich hielt ihn für etwa siebzig. Er war in den Vierzigern, Häuptling und Parlamentsabgeordneter. Die Herren setzten sich, einer nach dem anderen, und sprachen mit dem R. and W. King-Manager, der sich in seinem Auftreten ihnen anpaßte. Also spaßhaft mit dem einen, ruhig und formell mit dem andern, aber immer bei bester Laune und ohne Zeichen von Ungeduld. Offenbar machten der Besuch und das Geschäft ihm ebenso Spaß wie den Häuptlingen.

Man diskutierte über den Erdnußpreis und über die Mengen, die jeder der Würdenträger dem R. and W. King-Lager liefern lassen würde. Der Preis schien Verhandlungssache zu sein, die Mengen (in Tonnen oder in welchen Einheiten?) ebenso. Ich folgerte daraus, daß diese großen Männer den Auftrag beschafften; ihre Untergebenen gingen dann von Dorf zu Dorf, sammelten die Ware ein und lieferten sie ab. Ich wüßte gern, was dem einfachen Pflanzer bei diesem Handel letztendlich blieb; und wie die Arbeiter (ihre Frauen) entlohnt wurden, wenn überhaupt. Zum erstenmal in meinem Leben leuchtete mir ein, daß es so etwas wie Glanz in der Welt des Geschäfts gibt; bislang hatte ich Geschäftemachen immer nur für eine öde Art des Geldverdienens gehalten.

Die R. and W. King-Lagerhäuser überdachten ganze Dünen, ganze Berge von frisch geschälten Erdnüssen. Kaum zu glauben, daß Erdnußbutter daraus entsteht, der Lieblingsdickmacher amerikanischer Kinder. Erdnüsse sehen in diesen blaßbeigen Massen schön aus und riechen auch gut. Schwarze fegten die Erdnüsse höher und auf engerem Raum zusammen. Die höchste Erdnußdüne muß sieben Meter hoch gewesen sein. Das Leben eines Händlers kommt mir jetzt recht romantisch vor. Einer von ihnen berichtete mir vom Einkauf der *pagnes,* dieser bedruckten Kleidungsstücke, die es nur in einer Standardlänge gibt, so daß bei jedem Stück das Muster komplett ist, mit einem einfarbigen Rand rundherum. Es ist unerläßlich zu wissen, wie die *pagne*-Mode des nächsten Jahres aussehen wird. Wie man das herausbekommt, ahne ich nicht. In dem einen Jahr ziehen die schwarzen Damen Blau jedem anderen Farbton vor oder Rot oder Lila; das wechselt. Manchmal finden Vögel und Blätter, manchmal Blumen, manchmal ziemlich abstrakte Muster mehr Interesse. Der Händler, der sowohl Importeur wie Exporteur ist, braucht Fingerspitzengefühl, um die Damen ködern zu können. Was für ein Spaß. Für Warenhäuser wie Neiman Marcus oder Selfridge's einzukaufen erschiene mir tödlich langweilig dagegen.

Ich mußte ein Telegramm mit meiner nächsten Anschrift nach Hause schicken; ich hatte das Gefühl, seit Monaten weit weg und geradezu verlorengegangen zu sein; man hätte annehmen können, ich wanderte zu Livingstons Zeiten durch wirklich dunkelstes Afrika. Das Postamt war wie üblich überfüllt, und die schwarzen Bürokraten haben die Manieren der Franzosen auf Postämtern übernommen – das heißt, sie sind fies. Sie sind genauso rüde wie die Franzosen, die man immer umbringen möchte, wenn sie mit quietschenden Federn und blasser Tinte rumkrakeln, nur leisten sie noch viel weniger. Irgendwo im Postamt lauert immer ein Weißer, taktvoll und kaum je zu sehen, der dafür sorgt, daß dieser minderwertige Mechanismus überhaupt läuft. Der schwarze Angestellte konnte nicht ausfindig machen, in welchem Land London liegt. Ich schlug *Grande Bretagne* vor. Er war ärgerlich und sagte knurrend: *»Mais oui. Londres est très connu.«* Dann fing er an, langsam die lange, lange, mikroskopisch klein gedruckte Liste mit den Namen aller Länder der Welt zu lesen. Ich wollte helfen – ungeduldig und wieder einmal vom Geruch meiner schwarzen Brüder um mich herum gepeinigt.

Der King-Manager hielt mich mit einem Lächeln, aber ohne ein Wort zurück. Das ungeschriebene Gesetz lautet: Niemanden durch Ungeduld beleidigen. Denn Ungeduld ist die einfachste, klarste Weise zu sagen: »Du bist ein Idiot.« Ungeduld ist die Empfindung, die sich am schnellsten einstellt und am schwierigsten zu beherrschen ist. Man darf über Unfähigkeit oder Dickschädeligkeit auch nicht lachen. Man muß warten. Schließlich entdeckte der Angestellte London; es dauerte fünfundvierzig Minuten, ein Telegramm von zehn Wörtern abzuschicken.

Als ich mich vom Schalter abwandte, fiel ich beinahe über einen Leprakranken, der neben mir auf dem Boden hockte, einen Beinstumpf in einem blutigen Wickel.

Um Almosen heischend, hielt er die Hand hoch, eine Hand ohne Finger, ein gefurchter Stumpf, halb abgeheilt, halb noch blutend. Man steckt eine Münze in den Schlitz, versucht, weder hinzusehen noch ihn zu berühren. Es ist tragisch und abstoßend. *»Un lèpre«,* sagte der King-Manager. *»Il y en a toujours dans les bureaux de poste.«*

Gegen drei Uhr nachmittags war ich bereit zum Aufbruch. Ein Fahrer von R. and W. King hatte einen Freund von der Straße geholt, der mich fahren sollte, den niemand kannte und von dem keiner wußte, ob er fahren konnte (wir nehmen derlei hier nicht so genau). Er ist ein schlanker, gutaussehender, hellbrauner Fulani-Junge; trägt einen aprikosenfarbenen *djellibah* und ein besticktes orangefarbenes Käppchen. Kein unangenehmer Körpergeruch; zu gut, um wahr zu sein. Das Funktionieren des Citroëns, von dem ich auch nichts verstehe, wurde ihm erklärt. Er fuhr einmal mit dem Werkstattbesitzer um den Block; und weg waren wir.

Die Straße hörte fast unmittelbar danach auf und wurde zur staubigen, felsigen Spur. Es war von Anfang an heiß, und es wurde heißer. Die Hitze hier ist anders: trocken und schlimmer. Der Schweiß verdunstet schnell, meine Haut fühlt sich an, als würde sie reißen, gespannt und verdorrt. Nach einer Weile scheint die Hitze von innen zu kommen.

Ibrahim ist ein guter Fahrer und hält sich zurück. Er sitzt schweigsam vorn und kaut eine einheimische Sorte von Kaugummi, das er von Zeit zu Zeit runterschluckt; ich habe ihn nicht ausspucken sehen, aber gelegentlich beißt er von etwas Unsichtbarem ab. Ich versuchte, mich mit ihm zu unterhalten. Ich dachte, er sei siebzehn, erfahre aber, daß er dreiundzwanzig ist, verheiratet, und ein Kind hat. Das ist alles, was ich über ihn herausfinden kann. Ich nehme an, er spricht sehr wenig Französisch und ist kein sehr gesprächiger Mensch. Wir schlucken Staub.

Jetzt fühle ich deutlich, daß ich in Afrika bin, und es ist bedrückend. Der Himmel wirkt höher hier, er ist von einem sehr blassen Blau und wolkenlos. Man kann nicht weit in die Ferne sehen (Wovon träume ich denn auch? Von Aussichten auf einen Berggipfel?), aber was man sieht, ist dürre Leere mit totem gelben Gras und einigen buschartigen Bäumen. Wir kommen an Eingeborenendörfern vorbei, von Ziegelsteinmauern oder Schilfmatten umgeben, hinter denen die spitzen Strohdächer hervorlugen. (Sind sie ummauert, damit nachts wilde Tiere ferngehalten werden?) Eingeborene streifen in ihrer Nähe die Straße entlang, die quer durch dieses wenig einladende Land führt. Die Erwachsenen sind halb nackt, die Kinder nackt. Von hinten kann man unmöglich Mann von Frau unterscheiden; sie sind beide gleich groß, breitschultrig, schmal in den Hüften und haben geschorene Köpfe. Die Frauen tragen einen schmutzigdunkelfarbigen Sarong von der Größe eines kleinen Badetuchs, die Männer unterschiedliche Kleidungsstücke.

Nasenringe tauchen jetzt auf, runde Köpfe, platte Nasen, große Münder; keine Fulanis. Die Leute sind sehr dünn, oft haben sie geschwollene Bäuche. Brüste sind bald nicht mehr zu sehen; die alten Frauen haben völlig flache Hautstücke am Brustkorb hängen, manchmal ist die Brust nur durch eine vorstehende Brustwarze angedeutet. Nabelbrüche zeichnen sich als häßliche Beulen auf allen Kinderbäuchen ab. Jeder hat Plattfüße; soviel ist also an der Fabel dran, die teilweise von Pocahontas, teilweise von Isadora Duncan stammt – daß bloße Füße, die nicht in Schuhe gezwängt werden, herrlich und mit hohem Spann heranwachsen! Andererseits können diese Leute über jeden Boden endlos und ohne Schmerzen gehen, was wieder verwirrt. Vielleicht sind die Afrikaner auch da anders; ich kann mich nicht erinnern, daß die schuhlosen chinesischen Bauern Plattfüße gehabt hätten.

Die Kinder sind niedlich, und schwarze Haut sieht immer lebendiger und gesünder aus als weiße; was aber ihr Aussehen und ihren Körper angeht, so könnte niemand behaupten, dies seien schöne Menschen. Sie vermitteln jedoch den Eindruck, den ich nirgendwo sonst auf meinen Reisen gewonnen habe, daß sie sich wohl fühlen, nein, genauer: daß sie das Leben leben, wie es kommt, ohne Angst. Was versuche ich da zu sagen? Daß sie, wenn sie genug zu essen haben, nach meinem Gefühl jetzt weit besser dran sind, als wenn unsere Zivilisation sie erst einmal erfaßt hat.

Der Sonnenuntergang leuchtet rot an einem unermeßlich weiten Himmel. Die kleinen Berge und gewaltigen Felsen aus Vulkangestein stehen schwarz gegen das Licht. Funkelnde Feuer brennen in den Dörfern. In Richtung Garua nehmen die Felsblöcke seltsame Gestalt an – ein großer Affengott, ein Buddha; außer dem Geräusch des Wagens ist kein Laut zu vernehmen, und niemand ist zu sehen. Ich spüre, daß der Mensch auf diesem Erdteil nur ein Zwischenspiel von kurzer Dauer ist. Kein Land erschien mir je älter, weniger berührt oder geprägt von der menschlichen Rasse. Aber die Schwarzen und die wilden Tiere gehören hierher. In den Lehmhütten, die jeder Regen fortspült, oder hinter ihren Mauern aus Matten, die jeder Wind umwirft, haben die Schwarzen hier überlebt; sie kennen ihren Platz in diesem Land und gehören hierher. Niemand sonst. Und ich zweifle, ob unsere Art von Zivilisation sich jemals hier durchsetzen wird.

31. Januar: Vergangene Nacht brachte mich ein junger Mann von R. and W. King (wieder anders als meine vorherigen Beschützer, eher ein reizender Eton-Schüler, der das mühsame Leben gewählt hat) zur Herberge am Ort: moderne *bucaroos,* sehr sauber und schick. Dazu brandneu, ich frage mich, wozu es sie hier gibt. Ein großer Genuß nach dem Elendsquartier in Garua. Der brennenden, trockenen Hitze am Tage folgt eine zu kalte Nacht. Dies ist kein Klima, mit dem sich je zurechtkommen läßt. Auch am frühen Morgen ist es kalt; um 6 Uhr 15 wird es hell.

Eine Notiz am Rande: Um der Zivilisation zu entfliehen, braucht man Zeit, große Entschlossenheit und eine Menge Geld. Und weiter: Hier ist man wirklich allein. Dies hat nichts mit dem bekannten Alleinsein zu tun – mit dem Hausen in einem Hotel in einer fremden Stadt oder einem fremden Dorf in Europa, dem Reisen allein; nichts mit dem Arbeiten, Lesen, Schauen ohne Freunde. Dies ist die wahre Einsamkeit: Der Unterschied, die Entfernung zwischen mir und diesen Schwarzen ist zu groß, als daß ich sie überbrücken könnte. Man fühlt sich beinahe blind und taub, so vollkommen ist die Isolation.

Ich kaufte eine Auswahl (knappes und wenig verlockendes Angebot) an Lebensmitteln in Büchsen für Waza, wo man sich selbst versorgen muß, und Ibrahim und ich brachen auf. Die Hitze wurde nun, gegen neun, allmählich stärker. Wir fuhren durch den üblichen Staub über die übliche Straße. Dieser Citroën ist allerdings ein herrlich gefederter Wagen, und wenn ich auch nicht glaube, daß er lange überlebt, sitzt man doch sehr weich darin. Das Fahren gleicht dem auf einer Achterbahn, Stunde um Stunde. Infolge der Hitze oder des Staubs oder aus sonst einem Grund werde ich langsam blasiert, was das fremde, altertümliche Leben der Leute in ihren Dörfern betrifft. Nichts an ihnen mißfällt mir, außer ihrem Geruch. Andererseits betrachte ich sie als rechtmäßige Bewohner einer fernen Welt, in die ich so wenig eindringen kann wie in den Bereich wilder Tiere.

Gegen ein Uhr mittags kamen wir am Tor des Waza-Wildreservats an. Das erste, was ich im Park sah, waren zwei Kirdi-Frauen, so groß wie sehr große Männer und im Aussehen nur durch ihre Hängebrüste von Männern unterschieden, tätowiert; sie hüteten Ziegen. Dann sahen wir erstmals Vögel, eine große Schar von Kronenkranichen, alle in gleicher Haltung in die gleiche Richtung blickend, wie eine Division in Ruhestellung. Danach konnte ich einen ersten Blick auf Giraffen werfen; alles ist anders als vorhergesehen. Hier sind die Giraffen blaß, cremefarben und kaum gemustert. Sie bewegen sich wie Schatten zwischen den Dornbäumen. Sie sind sehr scheu und doch neugierig. Über einem Dornbaum dreht sich ein Kopf nach dem Geräusch des Wagens um; die Ohren gespitzt, die großen, dicht bewimperten Augen überrascht, der Mund wie bei zahnlosen Alten. Sie sehen aus wie die sanftesten und seltsamsten aller Tiere. Ihr Tritt mit den Vorderhufen ist offenbar tödlich, aber sie gebrauchen sie nur in Notwehr. Löwen greifen junge Giraffen an. Nach flüchtigem Hinschauen zu urteilen, bedeutet Giraffen das Familienleben sehr viel. Sie haben entzükkende Gesten, reiben zärtlich die Hälse aneinander, es sieht aus wie Küssen; und die Jungen rennen so reizend staksig zu ihrer Mutter, wenn ein Geräusch sie erschreckt.

Es gab riesige Antilopenherden; ich kenne ihre Namen nicht. Einige mit braunen, einige mit schwarzen und weißen Gesichtern. Männchen und Weibchen leben zusammen. Eine Familie Warzenschweine, Vater, Mutter und drei Junge, galoppieren über die Straße, die Schwänze steil in die Luft gereckt wie Radioantennen. Sie sind sehr anmutig und sehen wie viel größere Tiere aus, wie Wildschweine vielleicht – bis auf ihre glatten Flanken, die eher an die von Zwergpferden erinnern. Jetzt weitere Giraffen und drückende Hitze. Die Tiere ziehen durch die brennende Mittagssonne zum Wasser. Man sieht nicht weit; dies ist eine Landschaft mit Bäumen und Gestrüpp, kein Dschungel, sondern Busch – ein flaches Land mit einem hellblauen, glühenden, weiten Himmel.

Das *campement* für Besucher des Wildparks besteht aus den üblichen *bucaroos* und einem gemeinsamen Speiseraum. Das Gemeinschaftsklo für mehrere Hütten funktioniert nicht. Alles in allem sehr primitiv, aber auf einer Anhöhe gelegen und deshalb von einer leichten Brise umfächelt. Man nimmt seine Konservendosen zum Speiseraum mit, und ein fröhlicher, inkompetenter Schwarzer öffnet die Dosen und bringt, was immer darin ist, auf lauwarme Temperatur. Der einzige Grund zum Essen besteht in der Notwendigkeit, bei Kräften zu bleiben, wie wir es immer vom Trinken sagen; ich sehne mich nach Eiswasser.

Nach dem üblichen traumlosen Nachmittagsschlaf mache ich mich mit Ibrahim und einem Mandara-Stammesangehörigen namens Ali auf den Weg. Alis Leute waren Fischer am Tschadsee; ich weiß nicht, wie Ali nach hier unten auf trockenes Land gekommen ist, aber ich halte es für einen Fehler. Er ist groß, schmuddelig, sein ganzes Gesicht ist von Tätowierungen bedeckt, seine Augen sind rot, er trägt sehr kurze blaue Shorts, ein Unterhemd und eine schwarze Samtkappe, ähnlich der weißen Nehrus. Um fünf Uhr nachmittags – wir haben auf den Pfaden nicht gerade viel entdecken können (das Fahren darauf ist kein Vergnügen und die Hitze immer noch erstickend) – ging Ali fort; er ließ mich und Ibrahim unter einem Baum neben einem Teich und gewaltigen Elefantenhaufen zurück. Wir konnten hören, wie die Elefanten im Busch Bäume brachen – ihre Abendmahlzeit. Ali erschien nach etwa einer halben Stunde wieder und schlug vor, ich solle ihm zu Fuß in den hohen Busch folgen, um mir eine Herde von sechs Elefanten anzusehen, die an die sechs Kilometer entfernt fraßen. Ich habe meine Zweifel, ob er Entfernungen einschätzen kann, aber ich weiß, daß es um sechs Nacht wird. Ich sagte ärgerlich, *quelle bêtise,* und fand die Franzosen ziemlich blöd, da sie ihre Führer nicht besser trainierten.

Auf dem Weg zurück ins Lager sahen wir eine jagende Löwin, die sich schnell und flach durch das hohe Gras bewegte. Sie hatte die gleiche gelbbraune, sonnengebleichte Farbe wie das Gras und sah äußerst gefährlich aus. Ali war so aufgeregt, daß er mit hoher Stimme schrie, worauf die Löwin verschwand.

Jetzt, da es etwas kühler ist (oder vielleicht auch, weil die Löwen jagen), sind die Tiere in Bewegung. Ich sah rennende Giraffen, lange, langsam schaukelnde Schatten zwischen den Bäumen. Laufende Antilopen, unbeschreiblich schön, fast fliegend. Ganze Familien von Warzenschweinen galoppierten davon, als befänden sie sich auf einer ganz privaten Rennbahn. Gelegentlich kommen wir an wahren Hügeln von Elefantenkot und an zerfetzten Bäumen vorbei. Schakale sehen wie Hunde aus und laufen auch so. Es gab zwei ganz erstaunliche Vögel mit weißschwarzen Körpern zu sehen, größer als Störche, mit roten Schnäbeln und roter, gelber und blauer Zeichnung um die Augen. »Was sind das für Vögel, Ali?« – »Vögel«, sagte er. Ich konnte nicht glauben, daß die Ameisenhügel wirklich Ameisenhügel waren, es mußten wohl welche sein, aber sie waren viel breiter, höher und massiver, als ich sie mir vorgestellt hatte, also fragte ich wieder Ali, was das sei. »Die sahen immer so aus«, antwortete er. Ich werde nicht viel Naturkunde von ihm lernen können.

Dieses Reservat erzeugt Klaustrophobie und entspricht nicht meiner Traumvorstellung davon, wie die Tiere in Afrika leben. Der Busch kriecht bis zum Pfad, die Tiere verschwinden darin. Man hat das Gefühl, daß da unsichtbar und still Gewaltiges geschieht, verborgen im hohen Gras. Die Hitze ist eine Strafe.

Mein Magen-Darm-Trakt macht mir Beschwerden, vielleicht ist das die Ursache des Übels. Ich schwelle wieder an, von den Füßen aufwärts; bin müde und enttäuscht. Ich habe das Gefühl, daß zwischen mir und Afrika eine gläserne Barriere liegt; was ich auch suchen mag, ich habe es noch nicht gefunden.

1. Februar: Noch sechs andere Weiße, Franzosen, sind hier. Ich sah sie gestern abend im gemeinsamen Speiseraum. Sie sind sehr fröhlich, auf Ferien von ihren Jobs in der Stadt, welche das auch sein mögen. Die Läden in den Städten gehören noch immer den Weißen und werden auch von ihnen geführt. Immer gibt es einen Weißen im Hintergrund – in den Werkstätten, den Hotels, den Behörden. Sie halten taktvoll das an Zivilisation (oh, dieses unanständige Wort) zusammen, was existiert. Die Leute hier könnten Ladenbesitzer oder Regierungsangestellte mit ihren Frauen sein. Seltsam gekleidet, gemessen an meinen Vorurteilen, die aus Filmen und Büchern stammen – die Damen in winzigen Shorts, die Herren in Straßenschuhen und sogenannter Freizeitmode, eher einer Strandpromenade als einem Tierpark angemessen. Sie sind gut mit Nahrungsmitteln ausgestattet – wie für ein ausgiebiges Picknick.

Keineswegs stürzen sich Weiße mit Willkommens- und Freudenschreien aufeinander, nur weil sie rar sind. Die französische Gruppe nahm keine Notiz von mir, und ich hielt es nicht für richtig, Annäherungsversuche zu machen.

Ich sprach mit dem Wildhüter, der für sich allein und gut speiste, über Ali; natürlich blieb ich liebenswürdig, aber ich wies doch darauf hin, daß es kaum klug sein konnte, einem vorzuschlagen, unbewaffnet auf Elefantensuche in den Busch vorzudringen. Ich hatte gelesen, daß es in den Wildparks in Ostafrika nicht gestattet sei, ohne Erlaubnis aus dem Wagen zu steigen oder den Pfad zu verlassen. Der Wagengeruch (Benzin, Öl) überlagert den menschlichen Geruch, und die Tiere haben das noch nicht begriffen; zudem kann man in einem Wagen immer schnell wegfahren. Der Wildhüter sagte: »O nein, man muß sich immer ganz den Führern anvertrauen. Sie kennen die Tiere und das Terrain gut. Bei ihnen sind Sie sicher.« Ich konnte dem nach wie vor nicht zustimmen, aber ich kam mir feige vor, und schließlich mußte der Wildhüter sein Metier ja kennen.

Heute morgen kamen Ali und Ibrahim eine Stunde zu spät. Alis Fehler. Auf sich gestellt, ist Ibrahim ein sehr zuverlässiger Junge. Wir waren zu spät dran, um noch vor der Morgendämmerung zu einem Aussichtspunkt über einer Wasserstelle zu gelangen, von wo aus man Elefanten beobachten konnte, die ihr morgendliches Bad nehmen. Ich war wütend, und Ibrahim war unglücklich, weil er die ganze Nacht wegen der Wanzen in Alis Hütte nicht geschlafen hatte. Er wirkte schmutzig, was er sonst nicht war, und sehr traurig. Wir fuhren unnütz herum, sahen nichts, und die Sonne stieg höher. Ich war mir der verlorenen Zeit und der kostbaren Kilometer sehr bewußt. Wir kamen ans Ende eines Pfads, von wo aus sich gerade ein anderer, älterer Führer mit drei Franzosen in Marsch setzte, einer blondierten Dame in pfauenblauen Hosen und kleinen weißen Ballerinaschuhen und zwei genauso eigentümlich gekleideten Männern. Ali und ihr Führer unterhielten sich aufgeregt. Ali erklärte, es seien da Elefanten im Busch, und drängte mich, ihm zu folgen. Ich stolzierte voller Zweifel dicht hinter ihm her.

Die Franzosen machten in ihrer normalen Lautstärke ihre Witze. Ich erinnerte mich an zwei Verhaltensregeln im Busch: (1) Trage keine leuchtenden Farben. (2) Sprich nicht. Elefanten haben schwache Augen und sollen angeblich nicht weiter als sieben Meter sehen können, aber dafür hören sie gut und haben einen scharfen Geruchssinn. Der ältere Führer und Ali waren beide eifrig dabei, Rothaut zu spielen, prüften Zweige, Kot, ließen Sand rieseln, um den Wind zu prüfen; ich hielt das für Theater. Wir gingen einer hinter dem andern tiefer ins Gras hinein, das höher war als mein Kopf. Ich bezweifelte, daß dieses Unternehmen ratsam war.

Wir hörten in einiger Entfernung vor uns einen Baum umstürzen, und Ali sprang ganz aufgeregt herum. Weiter ging's, bis wir in mäßiger Entfernung einen gewaltigen Elefantenbullen sahen, der ganz ruhig die leckere Krone eines Dornbaums verzehrte. Ich stellte meinen Feldstecher scharf ein, hatte ein prächtiges Bild und verspürte kein Verlangen, noch näher zu gehen. Die

Franzosen, unerfahren und furchtlos, Leute aus der Stadt in Ballettschläppchen und spitzen Schuhen, drängten weiter. Ich erklärte Ali, dass wir gingen.

Er brachte mich auf einen anderen Pfad; ich hatte alle Orientierung verloren, sobald wir in den Busch gekommen waren; die Bäume sehen gleich aus, man sieht nur ein paar Meter vor sich auf dem schmalen Trampelpfad. Im Gras zu meiner Linken hörte ich einen Löwen; ich hatte noch nie einen gehört, aber hier wußte ich sofort, was dieses knurrende, hustende Geräusch bedeutete. Zutiefst erschrocken flüsterte ich Ali zu: *»Un lion.«* – *»Oui«,* sagte er. *»Où?«* Auf einen Löwen bezogen, ist »wo« keine Frage, wie man sie von einem Wildparkführer erwartet; es flößte mir ungefähr das Gegenteil von Vertrauen ein. Aber nicht der Löwe ließ Ali wie angefroren mit rollenden Augen stehenbleiben, etwa zwanzig Meter von uns entfernt standen stumm wie Felsen Elefanten auf einer kleinen Lichtung; zwei Kühe und ein großer Bulle, bewegungslos. Zum Glück sah ich die beiden Elefantenbabys hinter den Kühen nicht, sonst wäre meine Panik noch größer gewesen.

Ich stellte mit unbeholfenen Händen meinen Feldstecher scharf, und da sprang, viel zu nah, ein gewaltiger, ruhiger Kopf ins Bild, mit kleinen, argwöhnischen Augen unter alten, hängenden Lidern, die mich ansahen. Das letzte, was ich mir je im Leben gewünscht hätte, war, zu Fuß im Busch in Begleitung eines Schwachsinnigen von Angesicht zu Angesicht Elefanten gegenüberzustehen. Ali steckte voller Verzweiflung Streichhölzer an und ließ Staub rieseln. Zu spät, dachte ich, wenn wir im Wind stünden, dann hätten sie uns längst angegriffen. Der Elefant fürchtet zu Recht kein Tier außer dem Menschen, und Menschengeruch macht ihn wütend. In diesem Augenblick knirschte es rechts von uns, und siehe da, ein noch viel größerer Elefantenbulle zupfte sanft mit seinem Rüssel Leckerbissen aus einer Baumkrone.

Ali flüsterte mit rollenden Augen: *»Beaucoup éléphant.«* Ich war zu beunruhigt, um zu antworten, statt dessen schubste ich ihn, was hieß, daß wir uns trollen sollten. Er ging schnell und leise voraus. Ich folgte ihm und versuchte, kein Geräusch zu machen, und als er anhielt, sah ich vom Pfad auf und entdeckte, daß er uns in einem Halbkreis noch näher an die Elefanten herangeführt hatte. Die beiden Elefantenbabys waren jetzt nur zu gut zu sehen. Ich stand vor Furcht wie angewurzelt da, ein Ausdruck, den ich oft gelesen, aber selbst nie erfahren hatte. Im übrigen war ich außer mir vor Zorn, wütend auf Ali, wütend auf den Wildhüter – daß man wahrhaftig in solch eine Charlie-Chaplin-Situation höchster Gefahr kommen konnte, nur weil diese Leute alle Schwachköpfe waren! Die Elefanten richteten wieder ohne jedes Geräusch die Ohren auf, die wie riesige Blätter in der Luft wogten, und wandten sich uns zu.

Ali nahm mich respektvoll beim Hinterteil und drängte mich weg, stieren Blicks und offenen Mundes.

Ich schlug ihn rasch auf die Schulter und zischte: *»Cours! Je te suis.«* Er rannte auf seinen großen Plattfüßen weiter, ich hinter ihm her; ich hätte nie geglaubt, daß ich so schnell und so geräuschlos laufen könnte. Ich beschloß, über den Löwen im Gras nicht nachzudenken, einfach nicht dran zu denken. Als ein gutes Stück hinter uns lag, wurde Ali langsamer; wir steckten jedoch noch immer in einer abscheulichen Klemme, denn das Gras nahm uns den Blick.

»Bon maintenant«, verkündete Ali, ein bißchen außer Atem. Für mich sah die Lage noch gar nicht *bon* aus.

Wir gingen weiter; die Hitze kümmerte mich am wenigsten. Endlich stieß Ali auf einen breiten Pfad, den er wiedererkannte. Er stampfte darauf herum, lachte und sagte idiotischerweise: *»D'accord.«* Ich hatte noch nie solche Lust, jemanden zu schlagen, aber da ich noch nie jemanden geschlagen habe, ist es jetzt zu spät, damit anzufangen. Ali drehte sich zu mir um und sagte selbstzufrieden: *»Ali bon type. Blanc veut voir éléphant. Ali trouve éléphant toujours. Toujours.«* Es schien mir sinnlos, darauf hinzuweisen, daß allenfalls die Elefanten *uns* gefunden hatten; daß er lebensgefährlich sei und daß es eher einen frostigen Tag in Waza geben würde, als daß ich mich wieder mit ihm in den Busch wagte.

Ibrahim wartete im Wagen. Ich sagte wütend, mir sei heiß und ich wolle ins *campement* zurück. Während ich hinten saß und kochte, rühmte sich Ali vor Ibrahim seiner Leistung. Wir sahen Strauße, seltsame, ungepflegte

Vögel, mit Oberschenkeln wie Ballettänzer und Füßen, die schwarzen Schnürstiefeln gleichen. Sie gehen und laufen gespreizt, feminin und unglaublich schnell. Wir hielten an einem Wasserloch an, um ein Rudel brauner Antilopen zu beobachten – sicher mehrere Hundert, wie Schafe zusammengedrängt; die Köpfe mit den Hörnern zum Himmel gerichtet, standen sie hintereinander und warteten darauf, daß sie an der Reihe waren, zu trinken und zu baden. Das Wasserloch war von trinkenden, watenden und sich wälzenden Leibern gesäumt. Wenn die Tiere am Wasserloch fertig waren, zogen sie ab, immer noch in diesem engen, stummen Verband, und verloren sich unter den Bäumen, während die nächsten ihren Platz einnahmen. Die Organisation und Einvernehmlichkeit dieses Lebens in enger Gemeinschaft waren erstaunlich; die Stille und Schönheit herzergreifend.

Ich sah einen Baum voller Vögel, die wie Adler aussahen, und ein paar graue Affen. Ali Naturkundliches zu fragen war unsinnig; außerdem war ich noch zu wütend, um mit ihm zu sprechen. Die Hitze war nun unerträglich geworden, und ich beschloß, daß ich von Waza genug hatte; französische Wildparks waren nichts für mich. Ich wollte Tiere mit Liebe und nicht in Angst und Schrecken beobachten und hatte gehofft, jemanden zu finden, der sie mir erklärte. Ich bezahlte Ali und sagte Ibrahim, daß wir aufbrechen würden, sobald ich etwas gefrühstückt hatte.

Wir fuhren um zehn Uhr morgens nach Mora, der Hauptstadt des Kirdi-Landes. Die Straße steigt an und ist so schlecht wie überall. Mora hat einen französischen Chef, so etwas wie einen Bezirksverwalter, glaube ich, ist aber eine Eingeborenenstadt mit einem Markt, dem Palast des Sultans und den kleinen, eng beieinanderliegenden Behausungen der Schwarzen. Der Markt war ärmlich, das Interessanteste waren noch die Glasperlen. Sie sind leuchtendbunt, billig (gibt es eine regelrechte Glasperlenindustrie für schwarze Konsumenten?) und bei den Kirdi-Frauen sehr gefragt, die außer Perlen nichts am Körper tragen.

Mein dringlichstes Problem war, ohne Dosenöffner eine Dose mit Schinken zum Lunch zu öffnen. Wir fuhren zum Palast des Sultans und fanden den alten Herrn auf der Straße sitzend, unter einem Baum vor dem Tor. Er saß auf einem Stuhl, von Söhnen umgeben, vom nackten, dickbäuchigen Dreijährigen bis zum Jüngling. Die Babys trugen *gri-gris,* Amulette, die Böses abwehren, in kleinen Lederbeuteln um den Hals; sonst hatten sie nichts an. Die jungen Männer trugen lange Hosen. Der Sultan, in einer Robe, gab sich huldvoll. Einer seiner älteren Söhne übersetzte. (Das Mehrfrauensystem muß für die Kinder ein Spaß sein; ein Kind hat mit Sicherheit zahlreiche Brüder und Schwestern in seinem Alter zum Spielen.)

Der Sultan schickte nach einem kolorierten Foto von sich, das wie eine schlechte Arbeit vom Anfang dieses Jahrhunderts aussah. Im Goldrahmen, ein Andenken an seine Reise nach Paris. Ich fragte ihn höflich, ob Paris ihm gefalle, und er antwortete, es gefiele ihm hier besser. Ob ich nicht auch den Ort am meisten liebe, an dem ich geboren sei? Die Antwort darauf ist nein, und zudem mag ich überhaupt keinen Ort auf Dauer, aber das war zu komplex. Der Sultan ließ ein Messer kommen und befahl, meine Schinkendose zu öffnen. Ich nahm meine fettige Mahlzeit entgegen und verabschiedete mich. Er schien ein netter alter Mann zu sein, und unter seiner Herrschaft wird sein Volk wohl kaum ins zwanzigste Jahrhundert katapultiert werden. Die örtlichen Potentaten – Sultane, Häuptlinge – sind absolute Herrscher über die Stämme in ihrer Umgebung; wahrscheinlich das letzte noch lebende Stück Mittelalter.

Weiter nach Ondjila, einem Kirdi-Dorf in den Bergen. Ein sehr großer, kräftiger Mann von fünfunddreißig ist der Stammeshäuptling; die Menschen leben in besonders kleinen und hohen runden Lehmhütten mit Strohdächern, die sich an die Felsen des Berghangs schmiegen. Der Häuptling spricht kein Französisch, aber ein vierzehn Jahre alter Bruder. Der Häuptling ist es gewöhnt, Weißen gegen ein Trinkgeld seinen Palast zu zeigen. Auf der Terrasse – einer strohgedeckten Loggia mit Bänken aus Lehm an den Seiten – saßen die fünfzehn Frauen des Häuptlings, mit Perlenarbeiten beschäftigt. Sie kaufen die langen Perlenschnüre auf dem Markt und verarbeiten sie zu raffinierten Schmuckstükken für Hals und Taille, ihre einzige Bekleidung. Die jüngste Frau sah aus wie etwa vierzehn. Der Häuptling hat bisher elf Kinder; mit Hingabe kann er sich der Sache nicht gewidmet haben. Auch seine Mutter war anwesend. Die alten Frauen sind die schlechteste Werbung für das primitive Leben, denn sie wirken alle zerknittert und geschrumpft und verbittert. Ich habe noch kein glückliches Gesicht einer alten Frau gesehen; bei alten Männern durchaus.

Jede Ehefrau hat eine Hütte zum Schlafen und zwei Hütten zur Lagerung von Hirse – ihre persönlichen Vorratskammern. Ihre Schlafhütte enthält ihr Bett, ein glattes Stück Holz mit abgerundeten Kanten, einem Surfbrett ähnlich, das so auf Lehmziegeln liegt, daß der Kopf höher ruht als die Füße. Jede Frau besitzt auch einen Benzinkanister für Wasser, einen Stein, um Hirse darauf zu mahlen, und einen kleinen, ganz einfach konstruierten Herd: zwei mittelgroße Steine werden auf den Lehmboden gelegt, und das ist er, der Herd. Niemand hat an einen Schornstein gedacht. (Auch das Rad ist in diesen Gegenden nie erfunden worden.) Keine Kleider natürlich, keine Decke. Wahrscheinlich sind die Lebensbedingungen hier die besten im ganzen Dorf; die Indianer früherer Zeiten lebten im Vergleich dazu raffiniert, künstlerisch und luxuriös.

Der Häuptling und ein Schwarm jüngerer Brüder nahmen mich auf einen Hügel mit, um mir ein Haus aus Stein zu zeigen, das sie gebaut hatten, einen steinernen

Vorratsschuppen, den Kornspeicher der Gemeinde. Unterhalb des steilen Hügels lag ein Tal mit bestellten Feldern. Leuchtend vor Stolz machte der Häuptling eine schweifende Geste: sein Königreich, von den Frauen und Kindern bestellt. In jedem Jahr gibt es drei Monate mit Festen und Feiern; dann trinken sie das ganze Hirsebier und vergnügen sich. Danach gehen die Frauen wieder an die Arbeit.

Ich fragte den vierzehnjährigen Bruder, wie lange der Häuptling schon regiere. Er mißverstand mich und glaubte, ich hätte gefragt, wie lange hier schon Häuptlinge regierten. *»Depuis le commencement de Dieu«*, seit es Gott gibt, sagte er, verblüfft über meine dumme Frage.

Ich gab dem Häuptling 1000 Francs, da ich keinen kleineren Schein hatte; es machte mich nervös, einem König ein Trinkgeld zu geben, aber er nahm es anmutig und befriedigt entgegen.

Am Fuß des Berges, an dem sie leben (die Berge hier sind klein, sehen aber aus wie sehr große, etwa so, wie ein Warzenschwein einem Wildschwein gleicht), gibt es einen Missionar. Aus Neugier besuchte ich ihn. Der alte Sultan in Mora ist (nach seiner Kleidung) ein Moslem. Ich kann begreifen, daß der Islam, der so viele Ehefrauen zuläßt und ganz allgemein nachsichtig ist, wenn man nur seine Gebete spricht, aber auch kriegerisch, die Menschen hier anzieht; aber ich kann nicht verstehen, was das Christentum ihnen bedeuten könnte. Der Priester war gerade in seiner Citroën-Blechkiste von irgendwoher zurückgekommen; ein junger, bärtiger Mann, der Khakishorts und Hemd und Brille trug, und wie schon Père Moll für mich eine neue Sorte von Mensch. Ganz Muskeln, mager, zäh, sehr viel mehr unserer Vorstellung von einem Entdecker als der von einem Priester entsprechend. Père Sylvestre wird er genannt, und sein Orden (Namen vergessen) stammt aus der Provence, die auch seine Heimat ist.

Père Sylvestre hat sein Haus mit eigenen Händen gebaut, ein *bucaroo* von weit besserer Konstruktion als die der Schwarzen, wenngleich diese ihre Rundhütten schon seit Jahrhunderten bauen. Der Priester sah nur genau hin und ließ sich Verbesserungen einfallen. Er hat auch eine Apothekenhütte und – aus Stein – seine Kapelle gebaut, mit einem winzigen farbigen Glasfenster. All seine Liebe und Geschicklichkeit hat er in diese Kapelle gelegt, auf die er rührend stolz ist. Er glaubt, daß er innerhalb der nächsten zehn Jahre ein paar Leute bekehren kann.

Er ist bitterarm und einsam, und wenn er meint, er drehe durch *(tournant en rond),* macht er sich auf, besucht einige Priesterbrüder in vierzig Kilometer Entfernung – eine lange Reise auf diesen Straßen – und redet mit ihnen, bis er sich seiner wieder sicher ist. Und dann kommt er zu den Heiden hier zurück. Er mag die Heiden sehr (und sie mögen ihn); er zieht sie den Moslems bei weitem vor und sagt, sie hätten ein tiefes religiöses

Gefühl und einen einzigen Gott, dessen Name dasselbe Wort ist wie das für Himmel. Er lernt die Sprache von den Kindern, die den ganzen Tag über um seine Hütte hocken und ihn anstarren. Die Sprache ist natürlich nicht schriftlich fixiert; er schreibt sie phonetisch auf und hofft, sie mit der Zeit zu meistern. Die Sprache kennt keine, überhaupt keine abstrakten Begriffe. Ich glaube, es wird ein bißchen länger dauern als zehn Jahre, die Kirdi zu bekehren – sie sind seit ungezählten Jahrhunderten ohne abstrakte Begriffe oder Ideen ausgekommen. Wie alle Europäer praktiziert er medizinisch, so gut er kann; Leute in Frankreich schicken ihm Geldgeschenke, die er für Medikamente ausgibt. Man kann hier kaum viel falsch machen, es gibt weit und breit keine Ärzte.

Wir unterhielten uns ausführlich; ich will hier festhalten, woran ich mich noch erinnere. So sagte er: »Aus rein menschlicher Sicht haben wir kein Recht, diese Leute anzurühren. Aus übernatürlicher Sicht ist es unsere Pflicht, sie über Jesus Christus zu belehren. Sie sind glücklich. Sie sind nicht fordernd. Sie wünschen und brauchen keine unnötigen Sachen. Sie sind mit ihren Toten verbunden. Sie haben noch viel von dem, was wir verloren haben.« Ich weiß nicht, wie wir auf das Thema Frauen kamen, vielleicht wegen der fünfzehn Frauen des Häuptlings. Ich hatte einfach ein bißchen Arithmetik angewandt und ausgerechnet, daß der Häuptling, wenn er gerecht war und mit jeder reihum eine Nacht verbrachte, jede Frau zweimal im Monat besuchen konnte, was nicht sehr üppig ist. Der Missionar bezweifelte stark, daß der Häuptling seine Frauen befriedigte. »Glauben Sie etwa, daß sie sich groß mit der Lust einer Frau beschäftigen? *Eh bien, moi, je trouve ça humainement dégoûtant.* (Nun, ich finde das menschlich widerwärtig.)« Ich hätte nie geglaubt, solche Worte von einem Priester zu hören, und war erstaunt. Ich fragte mich auch, ob er sich vorstellte, daß alle weißen Männer ausreichend informiert und darauf aus waren, ihren Frauen Lust zu verschaffen; und war verwundert, daß sein Zorn zugunsten der Frauen größer war als der meine.

Ich war empörter über die schwere Arbeit, die die Frauen leisten, während die Männer die Herden hüten, was ja nicht sehr anstrengend ist, oder herumlungern. Während der ganzen Zeit, in der wir miteinander sprachen, gingen junge Mädchen und Frauen an seinem Haus vorbei in ein Tal und stiegen mühsam mit großen Wasserkrügen auf dem Kopf wieder hinauf. Kommt der gekrümmte Rücken der Frauen, den man hier überall findet, daher? Wird das jugendliche Rückgrat von diesen Gewichten so gebeugt? Das Ergebnis ist ein häßlicher Körper, gekrümmt von der Schulter bis zum Gesäß, und ein vorgewölbter Bauch. Der sich daraus ergebende Gang – aufrecht gehaltener Kopf, feste Schultern und schwingende Hüften – ist schön, die Deformation des Rückens ist es nicht. Père Sylvestre sagte mir, daß die Männer, die sich eine Frau aussuchen, auf ihre Haut und ihren Schmuck achten, nicht auf Gesicht und Figur »wie bei uns«. Sein Mitleid für die Frauen stand im Widerspruch zu der Aussage, daß die Kirdi glücklich seien; wenn es für die Männer auch stimmen mochte.

Soweit ich sehe, sind die Missionare hier eine dem Untergang geweihte Truppe. Sie sind nun seit über hundert Jahren in Afrika, und selbst wenn die Bekehrung zum Christentum einzig nach Köpfen gezählt wird, bezweifle ich, daß sie ein toller Erfolg sind. Ich würde den Schwarzen gar nichts predigen, überhaupt nichts. Wenn sie unsere medizinische Versorgung haben wollen, sollte man sie ihnen geben; am besten sollten ausgebildete schwarze Ärzte dies tun, obwohl es das Gleichgewicht (im darwinistischen Sinne) ihrer Welt und der Bevölkerungszahlen stören könnte. Jedes Jahr wird ein Kind geboren, die Zähesten bleiben am Leben. Die Überlebenden müssen stark genug sein, um dieses erschreckende Klima und Land zu ertragen. Es wäre besser, man brächte den Frauen die Geburtenkontrolle bei. Aber ich glaube, hier wird noch sehr lange nichts gelehrt und gelernt werden, und ich halte das in keiner Weise für ein Unglück. Wie können wir uns auch anmaßen, jemanden zu belehren? Mein Schrei lautet: Laßt sie in Ruhe, laßt sie ihre Antworten selbst finden. Wir verstehen sie nicht, und die Antworten, die wir gefunden haben, sind alles andere als ermutigend, man sehe sich uns bloß an …

Ich hatte in der Hütte des Priesters von meinem Schinken und schweren Brot aus Mora zu Mittag gegessen. Der Priester bot mir Meßwein an, das einzige, was er hatte; er schmeckte wie rote Tinte, aber es gab auch kaltes Wasser. (Ich reise mit zwei Flaschen Evian, die neben meinem Sitz herumpoltern. Ihre Temperatur reicht für Wärmflaschen nicht ganz, aber beinahe.) Nun erschien der Häuptling. Père Sylvestre sagte, daß er ihn erwarte. Immer wenn Père Sylvestre von einer Reise zurückkommt, taucht der Häuptling auf, um sich Neuigkeiten berichten zu lassen. Die Leidenschaft der Schwarzen für Gespräche, für Klatsch ist verständlich; sie leben ausschließlich vom gesprochenen Wort, und meine Phantasie reicht nicht aus, eine Lebensweise zu begreifen, die, Generation auf Generation, der bedruckten Seiten nicht bedarf. Das Radio ist unbekannt, es gibt nur wenige Reisende, und die Einheimischen reisen zu Fuß, also nicht sehr weit. Sie können sich die Gesamtheit ihres Landes nicht bildlich vorstellen. Jaunde wäre für sie eine andere Welt, und natürlich existiert jenseits ihres eigenen Stammeslandes nichts wirklich für sie.

Ich gab dem Priester 1000 Francs für Medikamente; kam mir nur richtig vor, nachdem ich dem Häuptling 1000 Francs gegeben hatte, die er hoffentlich für Perlen für seine Frauen ausgibt. Ibrahim und ich machten uns in der Hitze und im Staub auf den Weg. Ibrahim wird vor meinen Augen dünner.

Die Straße nach Mokolo über die Berge ist von mörderischer Beschaffenheit, aber der Blick ist bis jetzt der beste. Es ist ein dunkles Land, aus dem vulkanische Felsen ragen, und dann zeigen sich die Berge wieder freundlich und verschmelzen miteinander, und man kann weit sehen. An den Hängen kleben kleine Gruppen von Hütten. Die Kirdi kommen herausgelaufen, heben den rechten Arm zum Gruß und schreien oder lachen. Sie haben anscheinend kein Schamhaar; es muß wohl überhaupt ein recht unbehaarter Menschenschlag sein, die Beine und Arme der Frauen sind so glatt wie die Gesichter der Männer. Ein schwarzer Penis wirkt nicht nackt, auch die Scham der Frauen nicht (im Gegenteil, sehr klein und hübsch wie die von kleinen Mädchen). Die Frauen schleppen Wasser und Holz die Pfade entlang, aber sie scheinen dabei heiter zu sein, und ich bezweifle, daß sie mehr als unbedingt nötig tun. Die Männer sieht man entspannt und nackt auf Felsen sitzen oder liegen; die Zeit verstreicht. Dieses Jahrhundert hat mit diesen Leuten nichts zu tun.

An der Straße sahen wir ein paar europäische Gebäude, eine Kirche, ein Haus, ein weiteres großes Gebäude, das eine Schule sein mochte, alles sehr hübsch von Gärten umgeben, aus Stein gebaut. Wir hielten an, und sofort kamen ein weißer Mann und eine weiße Frau herausgestürzt, etwa vierzig Jahre alt. Deutsch-Schweizer und protestantische Missionare. Die Frau ist seit fünf Jahren hier, der Mann hat zehn Jahre in Afrika verbracht. Sie sind sehr dünn, sehr weiß, sehen krank aus (wirklich leidend), faltig und ausgezehrt: das klassische Erscheinungsbild des Missionars aus der Literatur. Als sie ankamen, sagten sie, waren die »armen Leute« sehr arm dran, lebten in Furcht vor dem eroberungswütigen, plündernden Stamm der Fulbé und versteckten sich in den Bergen. Sie besaßen keine Kleidung, wußten nicht, wie irgend etwas zu bewältigen war, und waren krank. Aber schauen sie jetzt, sagte der Missionar voller Stolz. Doch was war da zu sehen – ein kleines Mädchen in einem *pagne,* das aus roter Wolle einen kleinen Streifen strickte (wozu bloß?), und einige wenige Schuljungen.

Die Missionare fingen an, etwas zu murmeln, was wie der Singsang von Geisteskranken klang, wie in Trance immer das gleiche, immer von vorn: »Jesus Christus, der für unsere Sünden gestorben ist, wenn wir ihnen das beibringen, dann sind diese Leute gerettet.« Sie leierten diese Worte wie in Selbsthypnose herunter, und ich war so peinlich berührt und erschreckt, als sei ich bei Verrückten. Ich drückte mich vor der Besichtigung der Mission, sagte, daß ich das nächste Mal in Bern oder Luzern, oder wo immer sie herkamen, an sie denken würde, und floh.

Ankunft im Hotel Flamboyante in Mokolo; ein großer, recht ordentlicher Raum zum Speisen, mit einer Bar; vermutlich der Treffpunkt am Ort; außerdem eine Reihe von Schlafzimmern zu ebener Erde. Ich wunderte mich, weil das Moskitonetz fehlte, und erfuhr, es gebe zu dieser Jahreszeit keine Insekten, sie seien alle tot vor Hitze und Trockenheit. Eine sehr nette junge Französin, untere Mittelschicht, und ihr Mechaniker-Mann führen dieses Hotel, das zugleich Autowerkstatt und Tankstelle ist. Sie lebt hier seit zwölf Jahren; in anderthalb Jahren haben sie vor, nach Frankreich zurückzukehren, weil sie das neue schwarze Regime nicht ertragen können. Ich bekomme heraus, daß diese Ablehnung eine Folge von *pagaille* ist – Unordnung, Ungewißheit, plötzlich eingeführte Steuern – und nichts mit Rassenvorurteilen zu tun hat.

Wir unterhielten uns über die Missionare, meine neueste Kopfnuß. Madame sagt, der katholische Priester lebe hier seit zwölf Jahren und sage, er wäre erstaunt, wenn auch nur zwei Schwarze Christen blieben, nachdem er das Land verlassen habe. Madame hält alle Missionen für idiotisch. »Diese Leute verlangen nicht mehr, als in Frieden gelassen zu werden.« Und im übrigen ist ihr Glück ein ganz eigenes, wir verstehen sie nicht und nichts von ihrem Leben, und sie sprechen nie offen mit einem Weißen. Es gibt in der Gegend eine Pockenepidemie und viel Lepra. In manchen Jahren gibt es Hungersnot, dann geht es den Leuten wirklich erbärmlich. Sonst sind sie ganz zufrieden, leben in der Gegenwart und akzeptieren, was immer ihnen auch geschieht.

Madame mußte gehen, weil Gäste aus dem Ort ankamen, zwei französische Ehepaare zum abendlichen

Kartenspielen. Wie viele Abende haben sie das schon getan? Sie klatschen jede Karte heftig auf den Tisch, reden aber kaum. Niemand ist auch nur im entferntesten daran interessiert, mit mir zu sprechen; ich bin zu schüchtern, um mich aufzudrängen. Mir wird klar, daß ich in meinen Hosen aus Jaunde und meinem eingestaubten Gesamtbild nicht gerade appetitlich aussehe; überdies kennt man das hier nicht, daß eine weiße Frau allein durch die Gegend fährt. Ich kann mir nicht vorstellen, daß sie ernste Vorbehalte gegen mich haben, halten mich wahrscheinlich nur für etwas verrückt. Niemand ist versessen darauf, sich mit unberechenbaren Leuten anzufreunden.

2. Februar: Der Markt in Mokolo ist ärmlich und karg. Die nackten Matakam-Kirdi-Frauen kommen offensichtlich mehr des vergnüglichen Plauderns als des Handels wegen her. (Ich sollte hier sagen, daß es in Kamerun rund 200 Stämme und etwa 122 verschiedene Dialekte gibt; sie haben Europa geschlagen, was Abspaltung, Feindseligkeit und Barrieren angeht. Das Land ist etwas größer als Japan und hat eine Bevölkerung von rund 3,2 Millionen.) Die nackten Frauen bringen ein paar Bündel verwelkt aussehender Gemüse zum Verkauf, verbringen aber mehr Zeit damit, sich gegenseitig zu besuchen, als ihr Geschäft zu betreiben. Ihre Bekleidung besteht aus einem Lederriemen um die Taille, von dem ein metallenes *cache-sexe* hängt, breitem

Knöchelschmuck, der den Blutkreislauf behindert, passenden Armbändern um die Oberarme, die tief ins Fleisch schneiden, und einem schmalen Lederband um den geschorenen Kopf. Als Schmuck tragen sie eine Silbernadel, ähnlich einem Zahnstocher, die nach unten aus der Unterlippe ragt (wie bleibt sie nur stecken?), und in den großen Löchern in ihren Ohrläppchen entweder spulenförmige Holzpflöcke oder Erdnüsse. Über einer Schulter hängt ein Streifen erdfarbener Baumwolle, den sie vermutlich brauchen, um ihre Gemüse zum Markt zu tragen. Sie sind allesamt häßlich, egal welchen Alters. Nicht ein Körper, den man nicht bedauern müßte.

Diese Leute fertigen augenscheinlich nichts selbst, außer dem Schmuck der Frauen, *cache-sexes* und ihren primitiven Werkzeugen. Um den Boden zu beackern, verwenden sie einen langen Haken, etwa einen halben Meter lang, mit einem geraden Griff und einem kleinen Haken am Ende. Das ist alles. Das Metall ist silbrig und wird mit einem schlichten Muster aus Punkten versehen.

Heute müssen wir nach Garua zurück, weil Präsident Tubman aus Liberia zusammen mit Präsident Ahidjo aus Kamerun zu einem Staatsbesuch in die Stadt kommt und mein staubiger Citroën (dessen Hintertüren sich nicht mehr öffnen lassen) jetzt für die Präsidenteneskorte gebraucht wird.

Den ganzen Tag lang gab es nirgendwo Schatten, und die Hitze wurde nun so übermächtig wie Lärm; erzeugt keinen Schweiß, nur brennende Haut und einen unstillbaren Durst. Ich trank aus meinen heißen Evianflaschen, und fünf Minuten später fühlte sich mein Mund geschwollen und sandig an. Man kommt sich ballonförmig vor, als habe man die Hitze geschluckt.

Die Landschaft besteht aus Felsen, wenigen verkümmernden dürren Bäumen, verkarsteten Bergen und den seltsamen rötlichen Nadelformationen des Kapsiki-Rückens. Ich glaube nicht, daß es auf dem Mond schlimmer aussehen kann als hier.

Im Dorf Rhumsiki, das sich unter spitzen Granitgipfeln zusammendrängt, führte mich ein kleiner Junge über einen Pfad zu den Hütten. Ein älterer Junge von etwa siebzehn, ein richtiger Rumtreiber, folgte uns; sie schienen Brüder zu sein, aber nur der kleine konnte Französisch. Am Eingang zu der Ansammlung von Hütten saß eine nackte Alte im Staub; sie war die Mutter des älteren Jungen. Er sprach nicht mit ihr und beachtete sie nicht. Ihr Gesicht drückte, wie das aller alten Frauen, eine bittere, bedrückende Strenge aus. Der kleine Junge sagte stolz, sein Bruder (der ältere) habe sieben Frauen; nicht schlecht für sein Alter, falls es stimmt. Eine Frau kostet hier nur 20000 Francs, weniger als 100 Dollar. *»La femme s'achète avec les arachides«*, sagte der kleine Junge, wörtlich: Eine Frau kauft man mit Erdnüssen, was ich köstlich fand. Eine Ehefrau ist wirklich eine feine Sache; sie nimmt den Platz eines Arbeitstiers ein, sie ist Köchin, sie bringt Kinder hervor, die großen Wert haben, weil der Junge eine wichtige Figur werden kann und das Mädchen Brautgeld einbringt, und schließlich ist die Ehefrau auch noch zur Hand für das, was Jean als die Hauptbeschäftigung der Einheimischen beschrieben hatte: Sex.

Wir machten eine Stippvisite bei einer Ehefrau, einem dunklen Schatten in ihrem winzigen Lehmiglu. Sie lächelte, war hübsch und jung; ich hatte mir noch nicht klargemacht, daß die Leute in ihren Behausungen nicht einmal aufrecht stehen können. Man fängt an, mit ihnen um ihrer selbst willen ungeduldig zu werden, ganz abgesehen von aller Ungeduld in eigener Sache. Ihr Ehemann, der junge Herumtreiber, sagte etwas und bekam zu essen. Er bot mir davon an, was ich schnellstens ablehnte. Es war die berühmte Hirse, das Hauptnahrungsmittel. Es sieht aus wie ein nasser Teig aus weißlichem Sand, grobes, mit Wasser geknetetes Mehl, das in gemahlene Erdnüsse getaucht wird – offenbar der afrikanische Hamburger. Das Bett der Frau war aus Lehm, mit einer Matte bedeckt. Diese Kirdi sind ärmer als die Freunde von Père Sylvestre.

Weiter unten im Dorf wurde es laut, als gäbe es Streit. Die Männer waren in ihrem »Sitzungssaal« zum Morgenplausch versammelt. Wir spazierten hinunter und sahen die Herren da unter einem Dach aus Matten sitzen, emsig wie die Ameisen redend, einige Wolle spinnend (als wickelten sie Garn auf einen Stock), andere damit beschäftigt, einen Krug über Kohlen zu erhitzen, und offensichtlich hatten sie alle getrunken, besonders der Häuptling, der stockbetrunken und wütend war. Er taumelte unter dem Mattendach hervor, rief seinen Männern über die Schulter etwas zu, sagte ohne Überraschung oder Interesse *»Bonjour, Madame«* zu mir und schwankte zum Brunnen, wo sich die nackten Frauen wuschen.

Ich gab dem kleinen Jungen Geld; der Herumtreiber wollte auch etwas haben, aber ich sagte ihm, ein Mann, der reich genug ist, sich sieben Frauen zu leisten, sollte nicht betteln. Als wir gingen, sah ich, wie der Ältere dem Kleinen das Geld abnahm, als stünde es rechtens ihm zu.

Wir fuhren an einem Teich mit stehendem Wasser vorbei, wo an die zehn Kirdi-Frauen lärmend ein Bad nahmen, herumsprangen und sich gegenseitig naß spritzten. Sie sprangen alle aus dem Wasser und kamen zum Wagen. Ibrahim spricht ein wenig ihre Sprache. Ihre *cache-sexes* waren aus frischen Blättern gefertigt; das sieht hübsch aus, wenn sie gehen und das Laub vor ihnen herhüpft. Wenn ein Fremder vorbeikommt oder wenn sie zu mir sprechen, legen sie instinktiv eine schützende Hand über diese Blätter. Die Scham ist ohne Zweifel eine seltsame und variantenreiche menschliche Eigenschaft. Die Damen stellten sich entlang des Wagens auf, und zuerst begriff ich nicht, was sie da taten. Sie hockten sich hin, zeigten mit dem Finger, bewegten sich hin und her, starrten auf etwas und schüttelten sich vor Lachen. Dann verstand ich, daß sie sich in der staubigen Seite des Citroëns betrachteten, anscheinend der erste Spiegel, den sie je gesehen hatten.

Sie konnten nicht genug davon kriegen, so komisch fanden sie sich, kicherten und verspotteten sich gegenseitig. Ich hatte noch nie eine so lustige Gruppe gesehen. Sie sind auf dem Bauch, auf den Schultern und im Gesicht tätowiert; schwarze, etwa einen Zentimeter lange Striemen, die ein Muster bilden; die Prozedur muß sehr schmerzhaft sein. Eine von den Frauen hatte schöne Brüste, ich hielt sie daher für zwischen dreizehn und fünfzehn und noch kinderlos; sie sagten uns, sie habe gerade geheiratet. Ich fragte sie nach ihrem Alter. »Drei«, sagte sie fröhlich. Ich zeigte auf eine Frau mit Brüsten wie kleine Satteltaschen und fragte sie nach ihrem Alter. »Neun«, sagte sie. Wie friedvoll es sein muß, keine Vorstellung von Zeit zu haben und auch den eigenen Standort darin nicht zu kennen. In einem bestimmten Alter zeigt die Natur an, daß man bereit ist zum Heiraten. In einem bestimmten Alter kann man keine Kinder mehr gebären. Dann ist man alt, und zu gegebener Zeit stirbt man. Kein detaillierterer Zeitplan wird benötigt.

Wir kamen an einer Schule vorbei, wo uniformierte Kinder so etwas wie Gymnastik machten, und etwas weiter wartete eine Düne von Erdnüssen am Straßenrand auf den Abtransport. Ich wollte etwas über die Schule erfahren; der Lehrer lag auf den Erdnüssen und ruhte sich aus. Er war von einem Stamm in der Sahara, ein Moslem aus dem Tschad, mit einem blinden Auge, das Lid von gelbem Schleim verklebt, Tätowierungen im Gesicht; bekleidet mit Hemd, langer Hose und schwarzer Moslem-Samtkappe. Ein sehr häßlicher Mann und, wie sich zeigte, ein intelligenter Realist. Er wollte zum Markt nach Bourha, also nahm ich ihn mit. Was er sagte, beruhte auf Fakten und klang vernünftig. Ich fühlte mich ihm nicht fremd; aber ich frage mich, wie viele so sind wie er.

Er konnte mit seiner Frau erst nach sieben Ehejahren zusammenleben. Während dieser Zeit mußte er das Brautgeld für sie abbezahlen – 140 000 Francs in seinem Stamm, ein Vermögen. Als sie schließlich zusammenziehen konnten, hatte er bereits drei Kinder mit ihr. Davor arbeitete er, besuchte sie, zeugte Kinder, die er dann ein paar Jahre später sah. Er sagt, die Frage des *dot* (des Brautgelds) sei schrecklich; es sei ihr Fluch, aber erst ihre Urenkel würden sie lösen. Ein Mädchen sei mit achtzehn reif (ich hätte gedacht, früher, aber vielleicht wollte er auf mich Rücksicht nehmen), sie habe keinen Ehemann, weil niemand es sich leisten könne, für sie zu zahlen; sie schlafe mit jemandem, mit irgendwem, vielleicht mit vielen; sie werde geschlechtskrank; dann verheirate man das Mädchen als Jungfrau, und sie sei unfruchtbar.

»Nous sommes pourris des maladies vénériennes.« Wir sind verfault von Geschlechtskrankheiten. Er sagte dies

mit großer Beteiligung. (Erklärte das sein blindes Auge?) Man schäme sich zuzugeben, daß man solche Krankheiten habe; man wage sich nicht ins Krankenhaus, weil irgendwer immer aufpaßt und klatscht; also bleibt die Krankheit unbehandelt, wird immer schlimmer und wird weiterverbreitet. Das Mädchen kann sich den Mann, den sie heiratet, nicht aussuchen; es ist das Recht ihres Vaters, die Heirat zu arrangieren und das Brautgeld zu kassieren. Aber wenn das Mädchen darauf besteht, nach ihrer Wahl zu heiraten, bekommt der Vater kein *dot,* und wenn der Ehemann sich ihr gegenüber brutal verhält, findet sie keinen Schutz bei ihrer Familie. Deshalb bestehen Mädchen nicht auf einer Liebesheirat, sondern sie heiraten auf die sichere, die traditionelle Art.

Die Regierung (offensichtlich die französische) hat seine Schule erbaut, die sehr schön ist; der Besuch ist umsonst, auch die Bücher. In sieben Jahren hat seine Schule kein *certificat* ausgestellt – entsprechend etwa dem Abschlußzeugnis einer Grundschule. An der Straße existiert seit elf Jahren eine andere Schule; sie konnte nur zwei Zeugnisse ausstellen. Ein kleiner Junge, den er mir auf dem Erdnußberg gezeigt hatte, war sechs Jahre lang in der ersten Klasse seiner Schule. Das Kind geht gern zur Schule, kann aber nichts lernen. Die Eltern wollen nicht, daß ihre Kinder zur Schule gehen; nach der Schule sind die Kinder *déracinés,* sie haben sich verändert und möchten nicht mehr im Busch bleiben und das Land bearbeiten. Daß Kinder nicht zur Schule gehen oder nicht in ihr bleiben, ist jedoch manchmal auch Schuld der Lehrer, die die Kinder schlagen, um sie zum Lernen zu bringen. Weder die Eltern noch die Kinder billigen das Schlagen. (Diese Leute gehen anscheinend mit ihren Kindern sehr freundlich und nachsichtig um; sie dürfen tollen und springen und spielen wie junge Hunde; man hört sie selten weinen.)

Die Missionsschulen sind nützlich – dort lernen die Kinder viel. Aber viele Leute mögen sie nicht und wünschten, die Missionare gingen. *»Quand on vit parmi les blancs, on a toujours les ennuis.«* Wenn man unter Weißen lebt, hat man immer Ärger. Er ist vierundzwanzig Jahre alt und hat mit siebzehn angefangen zu unterrichten. Er weiß, daß er jetzt zu alt ist für das Studium, das er für bessere Jobs bräuchte, an höheren Schulen zum Beispiel. Er hat sich damit abgefunden, er unterrichtet gern. Er hat das Herz eines Lehrers. Aber er ist auch Realist und glaubt, daß sich hier noch sehr lange sehr wenig verändern wird.

Er führte mich über den Markt von Bourha. Dieser Markt wird an einem kleinen Hang (warum hier und nicht sonstwo?) einmal die Woche abgehalten. Reisende Händler schlagen dort ihre Stände auf, die Eingeborenen aus der Umgebung kommen zum Kaufen, Verkaufen und Schwatzen. Alle Nahrungsmittel sahen furchtbar aus und rochen auch so. Ansonsten wurde sehr wenig angeboten – Plastikware, Schuhriemen, Streichhölzer, Salz. Ein starker Geruch nach geräuchertem Fisch hing über allem. Ich verzichtete auf das Vergnügen, an den Fleischständen entlangzugehen – wegen der Fliegen und des Gestanks.

Hier nun verblüfften mich die Kirdi-Frauen noch mehr; sie hatten die Kosmetik entdeckt. Das Make-up besteht darin, daß man sich Haut und Haar mit öliger roter Erde beschmiert. Der Farbton dieser Kleisterschminke war in der Tat recht eigenartig … Ihr Haar war zu kurzen Zöpfchen geflochten, die wie flache Würmer auf dem Kopf lagen, und starr von rotem Lehm. Der silberne Zahnstocher, der aus der Unterlippe ragt, wird nun mit einer grünen Kugel am Ende verziert, gleichsam mit einer Plastikweintraube. Diese Kirdi, erzählte mir der Lehrer, verehren einen Zauberberg in der Umgebung; es gibt darin einen Kratersee, dessen Wasser jede Minute seine Farbe wechselt, von Weiß nach Violett, über Orange und Grün nach Rot und Blau. Er behauptet, das gesehen zu haben. Am Tag des großen religiösen Fests tragen sie ein Lamm um den Fuß des Berges herum; erst ist es ein Lamm, und am Ende der Wanderung (ein paar Stunden später) ist es ein ausgewachsenes Schaf; das hat er gesehen. Er selbst betet zu Allah. (Verwirrend.)

Dem Markt gegenüber liegt ein offener Platz voller fröhlicher Leute, der Biermarkt. (Niemand starrte mich an oder lachte; sehr gute Manieren.) Da so oft Vergiftungen vorkommen, läßt der Käufer die Frau, die das

Bier verkauft, zuerst aus der Kalebasse trinken. Vergiftungen? O ja, sie bringen sich gegenseitig um, *comme ça,* aus jedem möglichen Grund. Zum Beispiel? Aus Eifersucht, Neid, weil sie glauben, beleidigt worden zu sein, wegen jeder Kleinigkeit.

Wir verabschiedeten uns mit dem Ausdruck gegenseitiger Achtung. Ich meinte es auch so. Ich hielt ihn für einen interessanten Begleiter und fand seine Folgerungen richtig. Die Veränderungen werden langsam kommen. Die Lösungen, wenn es welche gibt, müssen die Urenkel finden. *»On a toujours des ennuis si on vit parmi les blancs.«* Dies ist absolut ihre Entwicklung, sie müssen selbst schwimmen lernen, und wo und wie sie das machen, ist ebenfalls nur ihre Angelegenheit.

Ibrahim und ich fuhren weiter, krank vor Durst und stumm vor Trübsal; da sah ich einen Mann auf der Straße, dem zwei große Hörner aus der Brust wuchsen. Ich dachte, vielleicht bin ich schon nicht mehr ganz klar im Kopf, und sagte Ibrahim, er solle anhalten. Aber nein, er hatte wirklich zwei Hörner, genau über den Brustwarzen; sie waren aus Leder, und es mußte sich dabei um die uralte Kunst des Schröpfens handeln, zum Zweck der Heilung von Krankheiten. Das Land lag im lodernden Nachmittag wie leer da; nicht nur die Insekten sterben; alles Leben wird niedergedrückt.

Ich gab Ibrahim eine meiner Evianflaschen. Er nahm sie so wortlos, wie er vorher Brot und einen Vorschuß auf seine Bezahlung angenommen hatte. Ich merkte, ich hatte Ibrahim aus Unwissenheit schlecht behandelt. Ich weiß nicht, wie ich mit ihm umgehen soll. Der Citroën-Besitzer sagte mir, ich solle abends den Wagen abschließen und den Schlüssel behalten. Ibrahim besitzt eine kleine Baumwolldecke, sonst nichts. Ich habe mir keine Gedanken darum gemacht, wie er in einer Gegend zurechtkam, die er besser kennen mußte als ich. Er ist pünktlich, und er kann fahren, und er kümmert sich um den Wagen (oder er tut es auch nicht und fährt ohne Öl und Wasser, und die Reifen sind entweder zu platt oder zu voll). Aber jetzt sah er hager, hohlwangig und grimmig aus.

Wir hielten in einem Dorf an, um für eine Minute im Schatten auszuruhen. Ibrahim schüttete das kostbare, teure Evianwasser weg, nahm die Flasche mit zu einem Brunnen, trank daraus und kam mit schmutzigem braunen Wasser in der Flasche wieder. Er spricht nicht genügend Französisch, als daß ich mit ihm reden könnte. Ich spüre, daß er mich nicht leiden kann und sich mißbraucht fühlt. Ich weiß, ich verhalte mich nicht richtig, aber was ist richtig? Ich kann nur höflich sein und ihm das zahlen, was er verlangt. Weiße – obwohl ihnen genau das übelgenommen wird – kümmern sich um Schwarze; und obwohl die Schwarzen nach Unabhängigkeit geschrien haben, erwarten sie es. Erwarten gütige Fürsorge. Ich weiß nicht einmal, wie ich für mich sorgen soll, wie dann erst für einen Einheimischen?

Spätnachmittags erreichten wir die Straße zum Flughafen von Garua. Hier waren die Häuptlinge und ihr Gefolge – zusammengerufen aus Hunderten von Kilometern im Umkreis – schon aufgestellt zu einer Kostümprobe für die Zeremonie anläßlich der Ankunft von Präsident Tubman morgen früh. Sie hatten den ganzen Nachmittag in der Sonne gesessen, und sie säumten die Straße vom Flughafen bis zur Stadt. Jeder Häuptling saß auf seinem Pferd (die Pferde waren klein, dürr und geduldig) und war von seinen bedeutendsten Kriegern umgeben, zu Pferd oder zu Fuß, sowie von seinen Musikern und Dienern oder Leibwächtern. Die Pferde waren genauso herausgeputzt wie die Reiter. Einige Tiere waren wie für mittelalterliche Turniere mit wattiertem Kattun herausgeputzt; einige trugen rote oder blaue, mit Brokat und mit Fransen besetzte Beinkleider vorn und lange Schleppen hinten; manche trugen einen Kopfputz mit bunten Wolltroddeln oder Federbüsche. Zaumzeug und Sättel waren üppig mit Silber oder Messing (vielleicht auch Gold) beschlagen.

Die Häuptlinge und ihr Gefolge waren genauso phantastisch gekleidet: Reiter in Kettenpanzern und Helmen wie Kreuzfahrer, Reiter in gewaltigen Roben und gewaltigen Turbanen, ein metallener Helm mit Straußenfedern und obendrauf eine Art Mobile; Lanzen, Schwerter, Leibwachen in leuchtenden Waffenröken, Musiker mit Trommeln und Fanfaren. Es war das merkwürdigste Bild, das mir jemals vor Augen kam; keineswegs ein Karneval (ein Eindruck, den man bei Staatsanlässen in London leicht gewinnt). Diese Leute trugen ihre Stammeskleidung und sahen so aus, wie sie waren: barbarisch, fremdartig, selbstsicher und äußerst zäh. Die Gesichter lächelten nicht unter der schrecklich brennenden Sonne, und man spürte, daß sie jegliche körperlichen Strapazen auf sich nehmen konnten, ohne sie zu beachten. Es war eine Schau der Stärke, ihrer besonderen Stärke. Untauglich gegen moderne Waffen, aber ansonsten tödlich. Ich würde mir höchst ungern den Zorn dieser harten, fremdartigen Männer zuziehen.

Von Zeit zu Zeit wallte Getrommel und Trompetenschall auf. Pferde bäumten sich auf, Reiter galoppierten los, um einen neuen Platz in den zeremoniellen Reihen einzunehmen. Niemand wußte oder fand es wichtig zu wissen, wer Präsident Tubman ist: Er ist schwarz und ein Präsident, und er kommt zusammen mit ihrem schwarzen Präsidenten, und dies ist ein besonderer Anlaß.

In Garua steht auf Spruchbändern über der Hauptstraße: *Long Life to President Tubman.*

In meinem schmuddeligen *bucaroo* im Hotel von Garua lauschte ich den Trommeln in der Nacht. Die zu Besuch gekommenen Häuptlinge und Stammesangehörigen kampieren rund um die Stadt. Der Klang der Trommeln ist monoton, er dringt unablässig herüber und mischt sich schließlich mit dem ständigen Gesumme der Insekten. Die Trompeten klingen wie

Rohrflöten und erzeugen eine Musik wie die indischer Schlangenbeschwörer, doch die Melodie ist immer die gleiche. Im Speiseraum spielt das Grammophon die süßliche Platte eines französischen Schlagersängers.

Ich lag unter meinem Moskitonetz und dachte, die Weißen sind Dummköpfe. Afrika hat mit uns nichts zu tun und wird es nie haben. Ich dachte auch an die Politik: Kamerun hat einen schwarzen Herrn in europäischer Kleidung, der seine Nation in der UNO in New York vertritt. Er spricht in französischer Sprache für die nackten Heiden und die barbarischen Häuptlinge – ein Afrikaner, der die Tricks der Europäer gelernt hat und nur eine schwarze Ausgabe der anderen Herren sein wird, die sich in jenem Glaspalast am East River versammeln. Afrikanische Politiker müssen außerhalb Afrikas ihre Völker noch viel weniger repräsentieren, als es Politiker im allgemeinen tun; oder sie repräsentieren ihr Volk so, wie es vielleicht in hundert Jahren sein wird.

Das alles ist verrückt und ein Witz. Wir sind Narren. Wir glauben an Wörter, nicht an die Wirklichkeit, welche durch die Wörter angeblich beschrieben wird. Die Politik – dieses stümperhafte Management der menschlichen Angelegenheiten – ist ein Spiel, das eine Gruppe von Profis miteinander spielt. Was hat Politik zu tun mit dem wirklichen täglichen Leben, wie es wirkliche Menschen leben?

3. Februar: Um acht Uhr morgens marschieren die Häuptlinge und ihre Truppen zu ihren angewiesenen Plätzen entlang einer schmalen Straße, die hinter meinem *bucaroo* verläuft. Die Musik klingt jetzt eher wie die von Dudelsäcken, wieder nur die eine Melodie und endloses Trommeln. Einem Häuptling ging ein Trupp Bogenschützen voran, mit riesigen Bogen, in purpurfarbene Tuniken und Hosen gekleidet. Ihr Anführer trug Türkisblau. Sehr schön; sehr wild.

Finanznachrichten: Der Wagen kostete pro Tag 55 Dollar; ich bin in vier Tagen 300 Kilometer gefahren, und es war harte Knochenarbeit.

Die Toilette in meinem *bucaroo* ist mir allzu exzentrisch. Sie verspritzt Wasser nach allen Seiten. Auch hier braucht man Valium, nicht nur in unserer weißen Stadtzivilisation: Beruhigungsmittel gegen Ungeduld, gegen die Hysterie, die von der Hitze kommt, gegen den Ekel vor Schmutz.

Um elf Uhr morgens ließ ich mich zum Flughafen fahren, um der Ankunft der beiden Präsidenten beizuwohnen. Dieses Ereignis war wie aus einem Roman von Evelyn Waugh und höchst komisch: das heimliche, verächtliche Kichern der Weißen hatte seinen Grund darin, daß heute die Schwarzen eine Schau aufführten, die von den Weißen kopiert war, und wenn sie etwas nachmachen, wirken sie absurd.

Seit acht Uhr morgens hatten die Häuptlinge und Gefolgsleute unbeweglich auf der Straße zum Flughafen gewartet. Am Flughafen, immer unter dieser Sonne in unbewegter Luft, stand die *Jeunesse Camerounaise* aufgereiht, Jungen und Mädchen, gekleidet in Uniformen aus orangefarbenem und grünem Baumwollstoff, bedruckt mit der Kamerunfahne und dem Porträt des Präsidenten Ahidjo. Ihre Kleidung war schon kurios genug, aber über die militärischen Kommandos, die sie empfingen, muß ich laut lachen. Die Piste des Flugplatzes sah aus, als wollte sie Blasen werfen und jede Minute zu kochen anfangen. Bedeutende Häuptlinge saßen unter schwarzen Baumwollschirmen in der Nähe des Flughafengebäudes; die Leute der besseren Gesellschaft standen in der Sonne zwischen der *Jeunesse Camerounaise* und den Häuptlingen; auch ein paar Soldaten in Uniform waren als Ehrengarde angetreten. Die Weißen dieser Stadt waren alle in Anzug und Krawatte zur Stelle. Die Damen elegant mit Hut und Handschuhen. Die Bar erzielte einen ungeheuren Umsatz mit allem, was naß und kalt war.

Die Präsidentenmaschine (natürlich von einer französischen Crew geflogen) landete mit einer Stunde Verspätung. Die beiden großen Männer und ihre Stäbe, in Straßenanzügen und mit Aktentaschen, stiegen aus. Sie gingen über die kochende Piste, um die Ehrenwache zu grüßen. Als sie den halben Weg hinter sich hatten, stimmte die Kapelle – vermutlich eine Panne – bereits die Nationalhymnen von Liberia und Kamerun an; beides sehr lange Stücke, aus schlechten Operetten zusammengeklaut und von nicht unterscheidbarer Mittelmäßigkeit. Während dieser schweren musikalischen Prüfung blieben die Präsidenten stehen – Tubman barhäuptig, den Hut überm Herzen; Ahidjo war als Moslem glücklicher dran, denn er konnte seine kleine, weiße, runde und bestickte Mütze aufbehalten. Die Sonne hämmerte auf sie herab.

Vom Ende dieses Sonnenstich-Nationalismus sichtlich erleichtert, konnten sich die beiden Herren nun wieder bewegen. Präsident Tubman war wunderbar; er strahlte die *Jeunesse Camerounaise* an, die unisono irgendwelche Slogans rief. (Alle politischen Jugendbewegungen sind zum Heulen und eine Schande für die Erwachsenen, die sie führen.) Als er das zusammengepferchte, aber privilegierte Publikum erreichte, begann er Hände zu schütteln wie Nixon in Person. Hände streckten sich über Köpfe hinweg, stachen zwischen Knien hindurch; er schüttelte und schüttelte sie alle und arbeitete sich bis zu den stehenden Häuptlingen vor. Es dauerte lange. Jeder war begeistert. Die Vorstellung lief mit schöner demokratischer Würde ab, für jede westliche Nachrichtenkamera geeignet.

Schließlich legten die beiden Präsidenten in zwei bequemen Sesseln innerhalb des Flughafengebäudes eine verdiente Pause ein. Sie hatten sich nichts zu sagen. Präsident Ahidjo ist ein großer junger Mann, ohne Falten, von hellem Milchkaffeebraun, mit dem typischen Gesicht eines Politikers: liebenswürdig, leer und gerissen.

Er trug eine lockere weiße Robe, dazu die Moslemkappe. Präsident Tubman ist klein, ernst, sehr schwarz und gekleidet wie ein reicher Bestattungsunternehmer aus den amerikanischen Südstaaten (er sieht höchst amerikanisch aus); er raucht eine Zigarre in einer goldenen Spitze. Dann bestiegen die Präsidenten einen großen, offenen amerikanischen Wagen, gefolgt von den Würdenträgern in sämtlichen verfügbaren Wagen (mein Citroën, flüchtig entstaubt, stand für ein paar untere Chargen mit Aktentaschen bereit); und dann setzte sich der Konvoi in Bewegung. Sie fuhren an den aufgereihten Häuptlingen mit sechzig Stundenkilometern vorbei. Das war nicht koscher, ein unverzeihlicher Fehler – die Königin von England, der Präsident der Vereinigten Staaten würden sich niemals solche Mißachtung erlauben. Wir übrigen verschwanden aus der brennenden Hitze, so gut wir konnten. Wem, frage ich mich, nützt dieser großartige Auftritt? Welches politische Anliegen bringt diese beiden großen Männer in den fernen Norden von Kamerun? Welche Zäune werden da geflickt?

Es würde nach Selbstmitleid klingen, wenn man das Essen beschriebe, das man hier serviert bekommt. Es reicht, wenn ich sage, daß ich diesen Ort als ein Zentrum für Lebensmittelvergiftungen betrachte, nur das Bedürfnis nach Nahrung bringt einen zum Essen. Beim Lunch sprach mich ein junger Amerikaner an. Er war Jude, seine Familie stammt aus dem Sudan – er hat Verwandte im ganzen Mittleren Osten, in Italien und Spanien. Er ist ein großer, nett aussehender Junge und der Kronprinz eines großen Lederunternehmers. Sein Papa hat ihm die Leitung einer Lederfabrik im Norden Nigerias übertragen, nun lernt er das Geschäft von Grund auf, und es gefällt ihm. Er ist Amerikaner der ersten Generation, verehrt die USA und ist so patriotisch und vom freien amerikanischen Unternehmergeist angetan wie nur irgendein WASP aus uralter Neuenglandfamilie. Und doch lernt er alles hier, die Sprache, die Gebräuche, und ist mit Sicherheit anpassungsfähiger als die meisten Amerikaner. Mühsal und Schmutz schrecken ihn nicht ab. Sein Leben, seine Herkunft sind interessant, er selbst ist es nicht. Aber ich gewöhne mich daran, daß in fernen Ländern, in denen jeder Ausländer ein ungewöhnliches Leben führt, nicht auch ungewöhnliche Persönlichkeiten dahinterstecken müssen. So funktioniert das nun mal nicht.

Nach dem üblichen totenähnlichen Schlaf am Nachmittag (ich habe gerade ausreichend Energie für fünf Stunden Leben täglich) ging ich zum Rathaus, um mir die Festlichkeiten zu Ehren der Präsidenten anzuschauen. Es ist ein seltsames Gefühl, ganz allein zu sein, die einzige Weiße zu Fuß in einer großen afrikanischen Menge. Sie ignorieren mich, starren mich nicht an und lachen nicht. Ich merke, daß ich eine Unperson bin.

Das Rathaus hat eine Terrasse; hier saßen die Würdenträger, und von hier aus würden die Präsidenten den

Vorstoß der Häuptlinge mit ihrem Gefolge beobachten – einen Vorstoß die Hauptstraße hinauf, mit einem Salut für die Präsidenten, wenn die Reiter vorbeidonnerten. Dafür war es noch zu früh. Kein Präsident in Sicht, aber am Rand der Straße sah man tanzende Gruppen mit Zuschauern im Halbkreis darum. Eine Gruppe stellte Jäger dar; die Männer waren alt, wuchtig gekleidet, mit hinten aufgenähten Affenschwänzen. Sie liefen geduckt im Kreis herum und sprangen hoch, immer wieder. Eine Gruppe trug Bärte aus Affenfell und vollführte mit den Köpfen zuckende Bewegungen, daneben standen drei Jungen mit geschlossenen schwarzen Regenschirmen. Keine Ahnung, was das bedeuten sollte.

Unten in der Stadt, weit weg von den wichtigen Leuten auf der Rathausterrasse, gab es richtigen Tanz. Die Tänzer waren junge Kirdi, junge Männer und Mädchen. Die Mädchen trugen kleine weiße, geflochtene Schürzen von der Größe eines Taschentuchs als *cache-sexe* und Lederstreifen zwischen den Beinen; die Jungen zerschlissene, selbstgenähte Shorts. Es gab keine Trommeln. Von Zeit zu Zeit sprangen die Jungen plötzlich zu einem Kreis zusammen und machten dabei ein Geräusch, das ich zunächst für nachgeahmtes Hundegebell hielt; dann beschloß ich jedoch, es müßten wohl die Laute (ihre eigenen) eines Mannes sein, der stöhnend den Liebesakt ausführt. Sie klatschten mit ihren gebeugten linken Armen fest gegen ihre Seiten; das war die Musik; es war auch das Geräusch zweier Körper, die bei wilderem Sex, als wir ihn kennen, aufeinanderprallen. Sie hüpften, sprangen, stöhnten, bellten und bockten, ließen die Arme an ihre Seiten klatschen. Dann gesellte sich jedes Mädchen zu einem Mann, stellte sich hinter ihn, berührte seine Schultern mit der Hand und schwenkte ihren Körper oder tanzte auch vor ihm. Der Tanz der Mädchen bestand in eindeutig sexuellen, stoßenden Bewegungen des Beckens, und Gesten der Hand zeigten, wie der Bauch schwanger anschwillt. Es waren alles sehr gutaussehende Schwarze, und ihr Tanz war eine überaus direkte sexuelle Mitteilung. Es war aufregend anzusehen, und ich bekam langsam eine Vorstellung von den drei Monaten, in denen die Kirdi trinken und tanzen und ihre Orgien feiern.

Zeit für den Auftritt der Reiter. Diese Leute, die tagelang gereist waren, um hierherzukommen, dann zwei Tage lang der Sonne ausgesetzt gewesen waren – erst zum Üben, dann um die Präsidenten zu empfangen –, fanden für all ihre Mühe keine Beachtung; man ließ sie ihre abschließende Vorstellung für die großen Männer geben, ohne daß da ein Präsident auf der Terrasse gewesen wäre. Jeder Häuptling an der Spitze seines Trupps hetzte sein Pferd in höchstem Tempo über den Beton der Hauptstraße, mit erhobener Lanze preschte er heran, senkte sie vor dem abwesenden Präsidenten, riß sein Pferd herum und galoppierte am Rathaus entlang, bis er sein Pferd zügeln konnte. Sie ritten, als wären sie mit dem Pferd verwachsen, sie ritten sehr schnell, und es war ein imponierender Anblick.

Die örtlichen Behörden jedoch hatten – was mir nun als Gipfel von mangelnder Voraussicht erschien – erlaubt, daß Autos da geparkt werden durften, wo die Reiter vorbeikommen würden, nämlich rechts und links vom Rathaus. Niemand erklärte das den Reitern. Ich beobachtete, wie die erste Welle in vollem Galopp geradewegs auf die Hecks der geparkten Limousinen zuritt, und hielt den Atem an. Doch die Reiter brachten es fertig, ihre Pferde zum Stehen zu bringen. Niemand entfernte die Wagen; die Reiter mußten sich eben anpassen. Offensichtlich regieren hier wie überall die glatten Stadttypen und gewinnen. Die Jungen vom Land bekommen, was für sie übrigbleibt, und müssen sehen, wie sie fertig werden. Trotz allem bin ich auf der Seite der Jungen vom Land. Sie sehen großartig aus und sind ihre eigenen Herren. Die anderen, mit der dünnen Patina westlicher Zivilisation, bringen mich zum Zähneknirschen; sie gleichen einer selbstgefälligen, aber untalentierten Amateurtheatergruppe, die ein einfallsloses Stück spielt und der irrtümlichen Meinung ist, Text und Gesten zu beherrschen, genau wie die Weißen.

Heute abend gibt es im Haus des französischen Repräsentanten einen Empfang für Präsident Tubman. Ich verstehe die Rolle nicht, die französische Beamte jetzt noch spielen. Sind sie Berater? Wie dem auch sei, dieses Haus ist offensichtlich das großartigste am Ort, also muß die Party dort stattfinden. Der Manager von R. and W. King (in ganz Kamerun heißt die Firma nur »Le Kiiing«) versuchte, eine Einladung für mich zu ergattern. Er war feinfühlig genug, dieses Thema zu vermeiden, nachdem es ihm mißlungen war. Ich bin zu unbedeutend. Dies ist ein neuer Aspekt: nicht die ruhige Amerikanerin, nicht die häßliche Amerikanerin, sondern die unbekannte Amerikanerin. Ich fand es erfreulich und brachte meine müden Knochen zu Bett. Aber die Tomtoms ertönten die ganze Nacht, und mit derselben Musik wurde ich wach. Die Reiter kamen wieder an meinem *bucaroo* vorbei, zum letztenmal, unterwegs in den Busch.

4. Februar: Sonntag. Präsident Tubmans Besuch führte viele Ausländer in die Stadt, und vor zwei Tagen sah ich an der Hotelbar zwei französische Frauen, die mich mit Scham über mein Geschlecht erfüllten. Sie sahen schlampiger und älter aus, als sie waren; ich hielt sie für Anfang Vierzig. Sie saßen betrunken auf Barhockern, die eine mit rutschender Frisur, die andere mit verklebten Augen, ein scheußlicher Anblick. Ich hielt mich von diesen Damen fern, bis heute, als mein Fahrzeug zum Markt in Pitoa – etwa zehn Kilometer außerhalb der Stadt – ausblieb. Sie fuhren in einem Landrover zusammen mit einem einheimischen Beamten hin und boten mir eine Mitfahrt an. Ich erfuhr, daß sie sich nur versehentlich betrunken hatten, aus Unerfahrenheit mit Alkohol, wie sie sagten. Aber was für ein seltsames Gespann, selbst nüchtern.

Eine der Damen ist eine alte Kamerun-Kennerin. Sie stellte sich als »Ethnologin, Soziologin und Anwältin« vor. Sie redet und prahlt zwanghaft, ohne einen Funken Humor oder Befangenheit, und sie versteht offenbar viel von den Schwarzen und diesem Land. Sie trug sehr kurze aquamarinblaue Shorts, eine Bluse mit Spitzeneinsatz und Segeltuchgamaschen über Sportschuhen. Sie hat das schlampig aufgesteckte, ungewaschene Haar, mit dem sich nur eine bestimmte Sorte von französischen Hausmeisterinnen je sehen lassen würde. Ihre Freundin ist wasserstoffblond, blaß, mit bläulichgrünen Augen und geziertem Getue, aber beruhigenderweise in ein Kleid gehüllt. Die Blonde saß vorne beim Fahrer und Gastgeber, legte ihren Arm über die Rückenlehne, kam mit dem Kopf dem afrikanischen Beamten ein bißchen zu nah und flüsterte ihm etwas zu. Das Wort »gierig« wäre zur Beschreibung der Situation sicher nicht falsch. Die Ethnologin etc. sagte, ihre Freundin habe nach sieben Monaten ihre Stelle verloren und warte nun. Worauf? Auf einen schwarzen Beschützer?

Sonntags wandern die Stämme von überall her zum Markt in Pitoa; der Markt ist groß und reichhaltiger als alle anderen Eingeborenenmärkte, die ich gesehen habe. Was zum Verkauf angeboten wurde – besonders abstoßender Fisch, Gemüse, Salz, Stoffe, Vieh –, war uninteressant; interessant waren die Menschen.

Die Bororo sind ein Nomadenstamm, Hirten, und die bestaussehenden Leute, denen ich bislang begegnet bin. Die Frauen tragen Sarongs und sind äußerst schlank und schmal gebaut; sie haben noble, knochige Gesichter wie alte ägyptische Skulpturen oder wie sehr schöne Juden. (Aber schließlich sieht Echnaton der Große wie ein Jude aus.) Sie haben stark tätowierte Gesichter, große Augen. Ihre Frisuren sind kompliziert – das Haar wird mit bunten Wollfäden verflochten und um den Kopf drapiert. Die Männer sind sehr groß, haben ebenfalls diese herrlichen semitischen Gesichter und tragen bestickte Mützen, Roben und Schwerter.

Die Fali sind ein Kirdi-Stamm (das heißt: nackte Heiden); ihre Frauen tragen ein mit Fransen besetztes *cache-sexe,* zwischen den Beinen Schnüre aus einem Material, das unbequem nach Pferdehaar aussieht; diese enden hinten in einem Pinsel, der an einen gestutzten Schweif erinnert. Einen schmerzhafteren Schmuck als den dieser Frauen gibt es wohl nicht: Silberknöpfe auf den Nasenflügeln, ein großes rundes Schmuckstück aus einem Material, das mattem Perlmutt gleicht, in der vorstehenden Unterlippe und Silberringe in Löchern rund um die Ohren. Sie tragen das Haar in mit roter, öliger Erde bestrichenen Flechten, so daß es aussieht, als wüchsen ihnen Dutzende von dunkelroten Makkaroni oder kleinen Würstchen auf dem Kopf.

Wir gingen zwischen diesen Leuten hin und her, und die Ethnologin dozierte mit größter Herablassung.

Mich machte diese arrogante Vorstellung entsetzlich verlegen. Sie erzählte mir, daß die schwarzen Frauen Kräuter kennen, die der Abtreibung dienen, und diese auch ständig anwenden. Sie berichtete, sie sei einmal im Busch krank geworden, habe Eingeborenenmedizin genommen und geglaubt, sie müsse davon sterben; daraus folgerte sie, daß sich das Innere dieser Menschen von dem unsrigen sehr unterscheidet. Ich fragte mich, ob die Eingeborenen nicht versucht hatten, sie zu vergiften.

Indessen bewegten sich die Fulbé-Frauen in ihren eleganten *pagnes* anmutig über den Platz. (Bringt Kleidung Anmut hervor? Die nackten Frauen haben keine.) Die Fulbé sind insgesamt die anziehendsten Leute und haben die schönsten Augen. Ihre Sprache – die Sprache der Eroberer – kommt in diesem in Stämme geteilten Land einer Lingua franca am nächsten.

Am Rande des Marktes arbeiteten die Barbiere. Der Barbier hockt auf seinen Fersen, der Kunde sitzt ihm gegenüber. Und dann rasiert der Barbier mit sicherer Hand und einem scharf geschliffenen Messer die Innenseiten der Nasenlöcher seines Kunden. Eine erschrekkende Leistung.

Mittags nahm ich das Flugzeug nach Fort Lamy im Tschad. Nach hiesigen Maßstäben ist Fort Lamy eine große Stadt, und ich freute mich auf ein sauberes Zimmer und vielleicht gar eine Klimaanlage. Ich hegte romantische Träume über den Tschad, wenn ich auch nur den Namen des Landes kannte, der mich seit meiner

Kindheit gereizt hat. Es war selbst im Flugzeug kochend heiß, und ehe wir Fort Lamy erreichten, flogen wir für eine halbe Stunde über giftgrünen Sumpf – eine grauenhafte Landschaft. In diesem Sumpf gab es kleine Inseln mit Baumgruppen; dann wieder endloser Schlamm und Krater im Schlamm. Meine Träume über den Tschad schwanden dahin.

Es gibt ein gutes Hotel, das Chari, am Fluß gleichen Namens, der an der Stadt entlangfließt – ein breiter Strom in einem flachen Land. Dieses Hotel war besetzt. Ich ging zum Grand Hotel in der Stadt und war völlig verzweifelt. Der Dreck ist noch schlimmer als in Garua, und hier gibt es Moskitos im Überfluß. Das schmutzige, kleine, dunkle Zimmer stinkt nach DDT und ist mit Moskitoleichen übersät. Man wagt nicht, eine Schublade oder einen Schrank zu öffnen; man findet darin nur die Hinterlassenschaft anderer Gäste. Es gibt für das ganze Hotel eine Toilette. Die Besitzer scheinen aus einem schlechten Theaterstück über Afrika zu stammen: ein erbärmlicher, fetter junger Mann mit offenen Wunden auf den Armen und im Gesicht, in schmutziger Kleidung, und eine schlampige schwarze Frau. Es ist entsetzlich.

Ich ging an die Bar, um etwas zu trinken (aber sie hatten nichts Trinkbares außer Bier), und machte dort die Bekanntschaft eines muskulösen älteren Franzosen, der mich als Amerikanerin anzugreifen begann. Es sei die Schuld von Amerika, daß alle diese schwarzen Länder ihre Unabhängigkeit forderten und auch erhielten; Frankreich habe die Zivilisation hierhergebracht, Frankreich sollte um seine Kolonien kämpfen etc. etc. Ich fragte ihn, ob er OAS-Mitglied sei, und sagte, ich hätte genug Zivilisation gesehen, um darauf zu pfeifen, erhabenes Gerede langweile mich, ich hielte die Weißen, die in diese gottverlassenen Gegenden gekommen waren, für Narren, und wenn sie blieben, dann doch wohl offensichtlich, um Geld zu machen, und nicht, um die Zivilisation zu verbreiten, die niemand haben wollte und gebrauchen konnte, und wenn ich auch in der Regel mit der Politik meines Landes nicht übereinstimmte, so seien wir doch im Prinzip auf dem richtigen Weg, falls wir wirklich dafür verantwortlich seien, daß die Schwarzen die Unabhängigkeit bekommen – was ich allerdings bezweifeln würde. Und wenn man sich überlege, welch eine Verschwendung an Menschenleben und Geld Algerien bedeutet hat, sei es schwachsinnig, noch weiter um Leute zu kämpfen, die einen nicht haben wollen. Die Franzosen sollten lieber nett mit den Schwarzen umgehen und weiter Geld verdienen, wenn denn jemand in diesen unausstehlichen Gegenden dazu imstande sei. Worauf ich zur US-Botschaft davonrauschte, wo ich Post vorzufinden hoffte – ich hatte die Botschaft als Anschrift für Nachsendungen genannt, da ich keine andere Adresse wußte; außerdem hoffte ich, daß mich jemand in sein Haus einladen würde, damit ich aus diesem grauenvollen Hotel ausziehen konnte.

Es gab Post, aber keine warmherzigen Einladungen. Die berühmte amerikanische Begabung für Gastfreundschaft fehlt, wie ich zuvor schon oft beobachten konnte, dem diplomatischen Corps völlig; aber ich vermute, hier handelt es sich um reinen Selbsterhaltungstrieb. Und noch um etwas anderes: Weiße scharen sich in Afrika nicht lächelnd um Neuankömmlinge. Sie bleiben noch viel vorsichtiger als in New York oder London unter sich. Die Rarität hat keinen besonders hohen Wert in diesen Weltgegenden.

Ich ging durch die Stadt, aß irgendwo schlecht und kehrte in das üble Loch von Hotelzimmer zurück, als ich zu müde war, um mich darüber zu erregen.

5. Februar: Ich habe die Schrecken des Grand Hotels eingetauscht gegen die Schrecken des Parc Hotels. Zigarettenkippen in den Zimmerecken, die Bettücher vom letzten Bewohner, ein schmutziges Bad mit geplatztem Betonboden, aber eine Toilette ganz für mich allein. Sartre sollte solche Räume gesehen haben, um das Bühnenbild für sein Hotelzimmer in der Hölle richtig hinzukriegen. Für das Privileg, in dieser Abfallgrube wohnen zu dürfen, zahlt man 12.50 Dollar pro Tag. Zwei ungenießbare Gänge zum Mittag kosten 4.40 Dollar. Es ist nicht verwunderlich, daß Leute es seltsam, wenn nicht gar verdächtig finden, daß ich Afrika zum Vergnügen bereise.

Hinzu kommt noch, daß diese Hotels in der Stadtmitte liegen, und bei den Jalousien vor den kleinen Fenstern könnten die Zimmer genausogut am Luftschacht eines Hotels vom Times Square liegen. Nicht daß es in Fort Lamy etwas zu sehen gäbe; die Stadt ist vollkommen flach und vorstädtisch. Ihr Name klingt romantisch, aber sie selbst wirkt wie eine schlecht gepflegte englische Wohnsiedlung. Gerade Straßen führen auf Kreisel, von denen sternförmig andere Straßen abgehen – es muß irgendwann einmal einen Plan gegeben haben. Es gibt hier Bäume und Blumen und Gras, und es ist kühler als im nördlichen Kamerun, aber öde. Die Einkaufsstraße ist kurz; an ihr liegen Büros, Läden und der Lesesaal des amerikanischen Informationsdienstes in einstöckigen Gebäuden.

Vor dem Grand Hotel stellen die Eingeborenen ihre Touristenware auf dem Bürgersteig aus: die Tiere des Buschs, in Holz geschnitzt, einige gut, andere schlecht gearbeitet, aber alle gleich – und doch sind sie in keiner Fabrik hergestellt, also beweist die gleiche Gestaltung jeder Antilope, jedes Elefanten die mangelnde Phantasie der Handwerker. Aber hier sehe ich zum erstenmal überhaupt Handarbeiten zum Verkauf angeboten; es gibt auch Dolche und Körbe und häßliche Messingarbeiten. Die Straßenhändler haben ein kurioses Verständnis vom Geschäft: Sie erwarten, daß man feilscht, aber wenn keine Touristen da sind und nichts verkauft wird, steigen die Preise – dahinter steckt wohl die Idee, daß man mehr Geld verdienen muß, wenn man weniger verkauft.

Ich kehrte zur amerikanischen Botschaft zurück; was bedeutet, daß ich am Ende meiner Kräfte war. Ich bin keine Reisende, die sich von Botschaft zu Botschaft weiterhangelt, und erwarte von unseren Vertretungen keine Hilfe. Wir haben einen Botschafter im Tschad, weil wir eine reiche und törichte Nation sind. Die Arbeit könnte von einem Konsul und einer Sekretärin erledigt werden, und es bliebe ihnen noch eine Menge Zeit. Ein Botschafter setzt sofort Parkinsons Gesetz in Gang; er braucht einen seinem Rang angemessenen Stab. Der Botschafter befand sich auf einem Jagdausflug, und der Stab blätterte in Akten. Nach Parkinsons Gesetz müssen Leute einander Arbeit beschaffen. Sie haben in der Botschaft ein Gästebuch mit vier Namen, denen ich meinen hinzufügte.

Zufällig kannte der erste Sekretär jemanden aus meiner Familie. Infolge dieser persönlichen Verbindung (und nicht etwa, weil er sich dienstlich dazu verpflichtet fühlte) wurde ich recht nett empfangen und zum Lunch am nächsten Tag eingeladen. Ich hatte vor, aus Fort Lamy rauszukommen und den Tschad zu erleben, aber das ist ein großes Unternehmen. Es gibt praktisch keine Straßen in diesem Land, das dreieinhalbmal so groß ist wie Frankreich und zum größten Teil Wüste. Wegen der Überschwemmungen in diesem Jahr sind die Straßen zumeist unpassierbar. Des weiteren gibt es fast keine Autos zu mieten, und die es gibt, werden nicht für Reisen über Land verliehen, weil die Straßen sie kaputtmachen (nur zum Gebrauch in der Stadt und ihrer Umgebung). Es ist unmöglich, zum Tschadsee zu gelangen – eine Wasserfläche größer als der Michigansee, wenn der Regen ihn anschwellen läßt; ansonsten ein Sumpf, den man nur mit Flußschiffen erreichen kann. Die Flußschiffe sind keine Passagierschiffe, sondern Handelsschiffe. Sie fahren, wenn sie eben fahren, und trödeln am See ein paar Wochen lang von Dorf zu Dorf; lieber lasse ich mich erschießen, als hier ein paar Wochen zu bleiben.

Die französische Armee kontrolliert alles, was die unabhängige Regierung des Tschad nicht kontrolliert, und Kontrolle scheint die Parole des Tages zu sein. Die Franzosen haben einen Heeres- und einen Luftwaffenkommandanten hier, und ihrer beider Erlaubnis ist nötig, um nach Tibesti zu fahren, dem merkwürdigen Landstrich an der Nordwestgrenze zum Sudan. Tibesti besteht aus Wüste mit seltsamen Felsformationen und Oasen und soll faszinierend sein. Die andere Sehenswürdigkeit ist Fort Archambault im Süden, wo es viel Wild und die größten Elefanten der Welt geben soll. Flugzeuge fliegen etwa einmal wöchentlich in diese beiden Regionen.

Ich verbrachte den Morgen mit dem amerikanischen Kulturattaché (ich glaube, das ist er), einem sehr netten Schwarzen, der ohne Zweifel für diesen Job ausgewählt wurde, um zu beweisen, daß in den USA alle Menschen gleich sind. Mr. X hat mit den Schwarzen im Tschad soviel gemeinsam wie ich mit Einstein. Er spricht ein sorgfältiges, korrektes Französisch, ist die Höflichkeit in Person und geduldig. Hand in Hand gingen wir zum Informationsminister des Tschad, weil man sich hier wie in einer Diktatur oder einem Land im Krieg anmelden muß. (Ich bin immer mehr davon überzeugt, daß das ganze Land nach Parkinsons Gesetz funktioniert.) Dort trafen wir dann auf einen nervösen, dünnen jungen Schwarzen, der sich nach Kräften bemühte, ein Informationsministerium gemäß den Vorstellungen zu leiten, die er von Weißen oder aus Büchern gewonnen hatte; schlimm, wenn keine Informationen zu geben sind und es niemanden gibt, der welche haben will. Er war zuvorkommend, als er erfuhr, daß ich eine »bedeutende amerikanische Schriftstellerin« sei, und schlug vor, eine Dinnerparty für mich zu geben, wenn ich – gleichgültig woher – nach Fort Lamy zurückkäme.

Wir begaben uns nun zum Bürgermeister, dessen Erlaubnis ich brauchte, um nach Tibesti zu fahren. Der Herr war groß, übelgelaunt und seinem Job nicht gewachsen. Ein kleiner, unerhört diskreter Franzose stand ihm zur Seite, während der Chef unfähig war, mit meinem Paß und meinen Wünschen irgend etwas anzufangen oder zu verstehen, was von ihm erwartet wurde. Noch immer sehr taktvoll brachte uns der Franzose in sein Büro, ein winziges Loch, und schrieb das Erforderliche in meinen Paß. Ich frage mich, ob der Bürgermeister lesen und schreiben kann. Es gibt drei Millionen

Einwohner im Tschad, drei davon haben einen Universitätsabschluß, keiner von ihnen lebt im Tschad.

Die leeren, trostlosen Tage hielten an. Ich saß im Innenhof (wenigstens war da Schatten) meines verhaßten Hotels, als ein junger Amerikaner mich besuchen kam. Dieser junge Mann ist zweiundzwanzig und von einer Universität im Mittleren Westen ausgeliehen, um den Leuten im Tschad beim Einsatz ihres mobilen Filmstudios zu helfen; der Lastwagen und die Kameraausrüstung sind ein Geschenk der USA. Der junge Mann ist nett, wenn auch so unfertig wie ein Embryo, und er hat prinzipiell die richtige Einstellung; er wohnt im Eingeborenenviertel der Stadt bei einer »arabischen« Familie – also bei einer schwarzen Familie gleicher Abstammung wie die Fulbé, aber von arabischer Herkunft und mohammedanisch. Er spricht den örtlichen arabischen Dialekt und ein ausgezeichnetes Französisch. Er ist abenteuerlustig und (der Glückskerl) verschont von jeglichen hygienischen Bedürfnissen.

Wir unterhielten uns erstaunlicherweise über französische Literatur, was mir einiges Kopfzerbrechen bereitete. Ich bezweifle, daß ich seit meinen Collegetagen ein solches Gespräch geführt habe, aber schließlich kommt er frisch vom College. Wir sprachen auch über das Leben, ein Thema, bei dem ich von Jahr zu Jahr unsicherer werde. Wir kamen überein, gemeinsam nach Süden zu fahren. Er kennt ein seltsames Paar in Fort Archambault, das ein Hotel betreibt, das er mir schwärmerisch schildert – dort würden wir sicherlich Mittel und Wege finden, um in die Großwildgegend zu gelangen.

Ich schrieb bis ein Uhr nachts Briefe, um so müde zu werden, daß der Schmutz meiner Umgebung aus meinem Bewußtsein schwand. Ich beobachtete, wie meine Knöchel anschwollen, und stellte mit müdem Ärger fest, daß ich einmal wieder einer Lebensmittelvergiftung nahe war, oder was für eine Krankheit das auch ist.

6. Februar: Auf um sechs in der Frische eines grauen Morgens. So bald als möglich (die Büros öffnen um sieben) ging ich mit dem Mann von unserer Botschaft los, die französische Armee aufzusuchen. Wir machten Visite bei dem Colonel von der Infanterie, der keinen Grund sah, warum ich nicht nach Tibesti reisen sollte (und auch keinen Grund, es zu tun). Dann begaben wir uns zum Flughafen, um die Genehmigung des Luftwaffenkommandanten einzuholen, Oberst Bienaimé, und zu erfahren, wann eine Militärmaschine fliegen werde und ob ich darin einen Platz bekommen könnte.

Der Oberst ist ein Mann von fünfunddreißig, schätze ich, groß, dunkel, hat leuchtende Augen und einen frühmorgendlichen Stoppelbart; er trägt die auffallende Uniform der französischen Soldaten hier in der Gegend: die denkbar kürzesten Khakishorts, darunter haarige Beine bis zu den Halbstiefeln sowie eine lederne Fliegerjacke mit einem Kragen aus Pelzimitation (es ist kalt vor Sonnenaufgang). Er empfing uns mit großartiger, spöttischer Förmlichkeit und sprach meinen Begleiter und Beschützer immer mit *Monsieur le Chargé d'Affaires des Etats-Units* an. Er fragte, welchem Anlaß er die hohe Ehre dieses Besuchs verdanke. Dann telefonierte er mit einem Kollegen, den er am Abend vorher, wenn nicht noch am Morgen gesehen haben mußte. Mit der gleichen Grandezza hob er an: *»Mon Colonel, je profite de l'occasion de vous rendre mes hommages respectueux«*, und fuhr dann fort, die Situation zu schildern: *»Une dame americaine de haute distinction«* wolle mit einem ihrer Flugzeuge nach Tibesti fliegen. Offenbar ließ sich das machen. Der Preis wurde diskutiert, nicht gerade billig. Das Flugzeug würde erst in vier Tagen fliegen, und man mußte mit einem anderen nach zwei Tagen zurückkommen, oder man bliebe für über eine Woche in der Wüste hängen. Allmählich kam mir die Sache ungebührlich aufwendig vor.

Anscheinend verkehren die Amerikaner nicht gesellschaftlich mit den Franzosen, und es gibt böses Blut, weil die Amerikaner glauben, daß die beiden Swimmingpools – einer gehört der französischen Infanterie, einer der französischen Luftwaffe – Brutstätten für Polioerreger sind. Was wiederum bezeichnend sein soll für die französische Hygiene. Den amerikanischen Vertretern schlägt allgemein Ablehnung entgegen. Sie haben weit mehr Geld als irgendwer sonst, und sie klammern sich an ihr goldenes Ghetto, dessen Exklusivität irritierend wirkt. Ich hätte viel dafür gegeben, den Tag lachend mit Oberst Bienaimé verbringen zu können, aber ich befand mich unter dem falschen Schutz und Schirm.

Ich aß im Haus des ersten Sekretärs. Es ist recht hübsch, ein bescheidener Bungalow mit fünf Zimmern, möbliert im amerikanischen Stil, komplett importiert, und es ist kühl und sauber. Diese winzige Behausung gehört einem gerissenen Mann aus dem Tschad, der vom amerikanischen Steuerzahler dafür jährlich 15 000 Dollar kassiert. Es kann nicht mehr als 5000 Dollar gekostet haben, sie zu bauen.

Nachmittags fuhr ich in einem Mietwagen mit dem jungen H. vom mobilen Filmstudio herum. Er liebt diesen Ort, aber er ist eben noch zu jung, um viel von der Welt gesehen zu haben. Er nahm mich zum Markt mit, auf dem das große Angebot an Nahrungsmitteln, Gewürzen, blutigem Fleisch etc. hübsch mit Fliegen bedeckt auslag. Er ißt alles Ortsübliche und nimmt den Durchfall hin, wie er kommt. Alle Schwarzen sind hier bekleidet und nicht halb so interessant und unterschiedlich wie die Eingeborenen in Kamerun. Die Frauen tragen eine Art langen Sarong von der Brust bis zu den Knöcheln und einen Goldring in einem Nasenflügel. Sie flechten ihr Haar zu kurzen Zöpfen, die von einem Punkt auf dem Kopf ausgehen, so daß es aussieht, als trügen sie eine Mütze aus staubigen Wollfransen.

Wir besuchten H.s Behausung; er wohnt bei der Familie seines Fahrers in einem Lager aus Lehm. Er hat zwei der Zimmer, die von dem ungepflasterten Hof abgehen; die Familie bewohnt die übrigen Hütten – sie sind viereckig und ähneln den Häusern der mexikanischen Indianer. Er schätzt seine schwarze Familie sehr (mehrere Generationen umfassend) und diese ihn. Er begehrt die Frau seines Fahrers, die er für eine Schönheit hält, aber seine Ehre verbietet ihm die kleinste Annäherung. Seine Ehre hat ihn allerdings nicht von sämtlichen schwarzen Mädchen ferngehalten, und er findet es toll mit ihnen.

Ich bin ins Hotel du Chari umgezogen, und ein sauberes Zimmer und einen Blick über den breiten Fluß mit den Sandbänken zu haben verändert meine ganze Einstellung.

7. Februar: Der erste Tag des Ramadan. Einen Monat lang sind nun alle Moslems tagsüber trübsinnig vor Hunger und munter wie die Spatzen, wenn sie nach Sonnenuntergang schlemmen können.

Das politische Geschehen hier ist offenbar das übliche. Es finden Wahlen statt, welche die Regierung bestimmen sollen, zugleich mit der Gewährung der Unabhängigkeit. Der Präsident übernimmt sodann die Geschäfte und entfernt nach und nach die Leute, die nicht von seinem Stamm (wichtigster Punkt) und seiner Partei sind. Präsident Tombelbaye (köstlicher Name) hat sich hier eine nette Variante einfallen lassen; die rausfliegen, sind »Ausländer«, das heißt nicht hundertprozentig

Leute aus dem Tschad. Ich denke, alle diese Länder werden eine einzige Wahl veranstalten, unter Aufsicht der sich zurückziehenden Kolonialmacht, und danach wird der Präsident, der gewählt wird, auf Lebenszeit im Amt bleiben, wenn es nicht (oder bis es?) einen Putsch gibt oder er ermordet wird. Ich sehe nicht, wie es anders ablaufen könnte.

Der Gebrauch des Wortes Demokratie in diesen Gegenden hat mehr mit unserer Leidenschaft zum Selbstbetrug und Liebe zu diesem Wort zu tun als mit den Tatsachen. Die Schwarzen kennen aus ihrer Tradition keine andere Regierungsform als die absolute Herrschaft der Häuptlinge; der Präsident ist der Oberhäuptling, mehr nicht. Sie können nicht lesen (oder nur eine kaum nennenswerte Minderheit), und der lustige erste Wahlkampf wird mit Symbolen ausgetragen – man wähle den Elefanten oder das Flußpferd oder was sonst Nettes angeboten wird. Danach taucht überall eine herrschende Clique auf, aber Macht kann hier nicht so gefährlich werden, weil die Kommunikationswege so schlecht sind – schwierig, die »Feinde des Regimes« zu fangen. Überhaupt kann sich nur ein winziger Teil des Volkes in diesen neuen »Republiken« für Politik interessieren; Korruption und Bestechung gehören beinahe zum geschätzten persönlichen Unternehmungsgeist.

Um mich aufzumuntern, malte ich mit Hingabe aus dem Gedächtnis eine Giraffe, wusch meine Kleider und legte Patiencen. Oh, Afrika, romantisches Land des Abenteuers.

8. Februar: Noch eine nette kleine Information. Wenn H. fortgeht, erwartet er, daß sein Aufnahmewagen nur ein paar Monate überlebt. Der Wagen ist amerikanisch, und Ersatzteile müssen in den USA bestellt werden – erst muß man wissen, was man überhaupt braucht, und dann muß man es in einem technischen Katalog finden. Der Wagen ist auch nicht für afrikanische Straßen gebaut, die für vierrädrige, motorgetriebene Transportmittel nicht geeignet sind. Hier ist der Landrover, das dem Panzer ähnlichste Auto, wahrscheinlich noch die beste Lösung. Im übrigen werden die Leute am Ort nicht in der Lage sein, die schöne Kameraausrüstung zu pflegen, zu reparieren oder auch nur zu gebrauchen. Ende der Geschichte.

Alle Weißen (außer H.) haben etwas gegen das Land, aber ihre Gesichter sind unbesorgt und faltenfrei. Sie langweilen sich, aber unter Druck stehen sie nicht. *C'est l'Afrique* ersetzt *C'est la vie.* Fort Lamy ist kein Ort, der einen aufheitern könnte.

Am späten Nachmittag erschien H. und teilte mit, er könne nicht nach Süden fahren. Seinem Vermieter, dem Fahrer des mobilen Aufnahmewagens, ist die Diagnose gestellt worden, daß er Schwindsucht hat, und er muß sofort ins Krankenhaus geschafft werden. Die übrige Familie ist aufzustöbern (die Frau ist gerade zu Besuch bei ihrer Mutter), und alle müssen auf Tuberkulose hin untersucht werden, einschließlich H. Jetzt spielt er das Kindermädchen, eine Rolle, in der sich Weiße oft wiederfinden. Ein Kind aus der Familie hat sich gestern abend mit einer zerbrochenen Teekanne einen Zeh abgeschnitten. H. ist außer sich angesichts dieser neuen physischen und moralischen Verantwortung.

Ich habe von Fort Lamy nun die Nase voll und mehr noch – von Westafrika. Ich möchte dringend fort. Dieses Gefühl, von Langeweile gefoltert zu sein, von einer Langeweile, die so heftig wie Schmerzen und so undurchdringlich wie Gefängnismauern ist, habe ich schon einmal empfunden – in China. Übermorgen geht ein Flugzeug zur Grenze, nach Abéché. Ich kann es kaum ertragen, daran zu denken, daß ich noch einen Tag warten muß.

9. Februar: Um etwas zu tun, um die Zeit totzuschlagen, mietete ich das Boot des Rathauses und fuhr den Logone-Fluß hinauf, der sich hier mit dem Chari vereint. Wir dampften gemächlich den Strom aufwärts bis Kusseri. Die Häuser waren aus Lehmziegeln und gebaut wie kleine Festungen. Auf dem Markt trugen die Mandara-Frauen (aus dem Stamm von Ali, dem Elefantenkönig) unzählige Zöpfchen auf dem Kopf, tief eingeschnittene Narben auf ihren Gesichtern und nicht viel mehr. Ein junges Mädchen hatte eine Narbe, einen schmalen schwarzen Wulst, die gerade zwischen ihren Brauen bis zur Nase verlief und dem Mädchen jenen Ausdruck schlimmster Sorge verlieh, welchen ein langes Leben im Unglück jedem Gesicht aufprägen würde. Die Bananen-Frauen (ein anderer Stamm) sind für mich bis jetzt die häßlichsten, fast zu häßlich zum Hinsehen, mit Zügen von Menschenaffen, Lippen- und Nasenpflöcken und erschreckenden Körpern.

Der französische Teil des Dorfs sieht aus wie in Filmen über die Fremdenlegion; da sind das Haus des Kommandanten, das Fort und das Rathaus, zerbrökkelnd, weiß, isoliert unter dem trüben weißen Himmel, in Staub gehüllt – das Ende der Welt.

Überall am Fluß sitzen die Schwarzen. Sie sind imstande, stundenlang ohne eine Muskelbewegung so zu verharren. Die jungen Leute neigen zu Exhibitionismus und haben schöne Körper vorzuführen – nackt, leuchtendschwarz gegen die goldenen Sandbänke. Scham muß wohl nur ein Instinkt der Frauen sein; die Männer finden es nicht nötig, sich aus der Hocke zu erheben, wenn jemand vorbeikommt, während sie ihre Notdurft verrichten.

Weiter oben am Fluß sind die Dörfer aus Schilfmatten errichtet, die locker miteinander verbunden sind. Diese Leute müssen extrem arm sein und ihre Bedürfnisse so gering wie die der wilden Tiere. Niemand ist dick.

Am Abend kam ein französischer Archäologe zu mir auf einen Drink ins Hotel. Wieder ein anderer Typ: schnell, lebhaft, ganz von seiner Arbeit in Anspruch genommen. Wahrscheinlich bewahrt er sich seinen feinen intellektuellen Anstrich dadurch, daß er die Hälfte des Jahres in Paris lebt. Er überraschte mich, indem er einen Kellner rief und ihm sagte, er möge den Aschenbecher leeren und ein frisches Tischtuch bringen, bevor er die Drinks serviere. Es wäre mir nicht in den Sinn gekommen, solche gewaltigen Forderungen zu stellen; ich hätte trübsinnig weiter den Schmutz erduldet.

Der Archäologe erzählte mir, daß seine Assistenten, alles Schwarze, sich angeregt und intelligent unterhielten, aber wenn ein Weißer (nicht er selbst, er genießt ihr Vertrauen) hereinkäme, dann hörten sie auf zu reden und wirkten und benähmen sich wie dumme hölzerne Statuen. Es ist klar, daß die Schwarzen sich schizophren verhalten; ihr Mißtrauen den Weißen gegenüber bringt sie dazu, sich genau so zu benehmen, wie es die Weißen wütend macht – nämlich wie stumme Idioten. Meine Antwort darauf ist: Laßt die Weißen verschwinden, laßt die Schwarzen sehen, wie sie allein fertig werden, laßt sie in Ruhe, bis sie gelernt haben, sie selbst zu sein, und nicht mehr voll der Komplexe stecken, die sie jetzt haben. Aber das geht natürlich nicht, weil die Schwarzen, die genug kennen, um Bedürfnisse zu haben, das brauchen, was der weiße Mann zu ihnen gebracht hat: all unsere modernen Lebenshilfen, vom elektrischen Licht über das Telefon bis zu Autos, Flugzeugen, Kühlschränken – und die günstigen Vergnügungen obendrein, einschließlich der Archäologie.

Sie beherrschen die modernen Maschinen nicht, und ich bin gespannt, wann sie es schaffen werden. Ich glaube, man brauchte eine hervorragende Intelligenz, um – vom Nullpunkt an – das zu lernen, was jeder amerikanische Junge fast instinktiv beherrscht, einfach weil er mit Maschinen aufgewachsen ist, umgeben von Maschinen. Aber wie äußerst kompliziert würde ein Grammophon einem vorkommen, wenn man im siebzehnten Jahrhundert lebte und plötzlich eines geschenkt bekäme! Deshalb, glaube ich, werden die Weißen noch eine ganze Weile bleiben, widerwillig und mürrisch gebraucht. Die Weißen wiederum werden bleiben, entweder weil sie Afrika im Blut haben und es wirklich lieben und sich gar kein anderes Leben vorstellen können oder einfach nur des Geldes wegen.

Lebeuf, der Mann, der Ausgrabungen macht, berichtete mir, daß der älteste menschliche Schädel im Tschad gefunden wurde; aber bestimmt hat ihn doch Leakey in Tanganjika gefunden. Er sagte mir auch, die Sao-Kultur hier gehe bis ins zehnte Jahrhundert zurück. Ich wüßte gern, ob sich außerhalb der Städte seit jener Zeit viel verändert hat.

10. Februar: Dieser Tag wird in meinem Gedächtnis zusammen mit gewissen Tagen in China aufbewahrt bleiben – in der besonderen Gruselkammer, die für solche Erinnerungen da ist. Aber ich bin stolz darauf, überlebt zu haben.

Ich wurde um drei Uhr morgens geweckt, eine halbe Stunde zu spät, so daß mir fünfzehn Minuten blieben, um zu packen, mich anzuziehen, einen Tee runterzukippen und zum Flugzeug zu hasten. In Panik: Mein einziger Wunsch ist, hier rauszukommen, und wenn ich das Flugzeug verpaßte, würde es Tage dauern, bevor ein anderes fliegt. Unten im Hotel stieß ich auf die Crew, auch sie waren verspätet geweckt worden. Niemand protestierte; es lohnt nicht.

Wir starteten um vier Uhr morgens im Dunkeln. Ein gutaussehender, grauhaariger Franzose saß neben mir. Er stellte sich als der unsichtbare Franzose heraus, der die Telekommunikation aufrechterhält. Er lebt seit zwanzig Jahren in Afrika und liebt es; er kann sich nicht vorstellen, irgendwo anders zu leben. Er sagte, teure und komplizierte Telefonschalttafeln seien aus Frankreich eingetroffen (Frankreich ist die gute Fee sowohl für den Tschad als auch für Kamerun) und sie seien entweder sofort kaputt gewesen oder unbenutzt geblieben, weil es kein schwarzes Personal gab, das sie bedienen konnte. Er sagte das ohne Erregung, achselzuckend.

Es muß doch einen Grund geben, den ich nicht aufspüren kann, warum diese Scharade fortgeführt wird – die afrikanische Unabhängigkeit und noch immer Weiße hinter der Szene, die am Laufen halten, was überhaupt läuft. Wozu die ganze Mühe? Warum Telekommunikation? Für wen? Wenn und falls die Schwarzen es lernen, mit diesen weißen Spielzeugen umzugehen, sollen sie sie kaufen und gebrauchen. Wahrscheinlich wären die Schwarzen auch ohne sie ganz zufrieden. Nur sehr wenige kommen je in Kontakt mit unserer Sorte von Geräten. Ich verstehe es nicht. Aber diese absurde Schau hält Mr. Goy, meinen Mitreisenden, in Afrika. Und er ist zufrieden.

Als die Sonne aufstieg, erreichten wir Largeau. Echte Wüste und die erste, die ich sehe. Der Sand ist rötlichgolden in diesem Licht, so unbeschreiblich schön, daß ich alle Engländer verstehe, die sich in diese Landschaft verliebt haben, und vom Wind in symmetrische Formen geweht. Der Wind treibt den Sand zu einer Kurve mit einer tiefliegenden Mitte; alle diese großen Wellen aus Sand blicken in die gleiche Richtung. Ich glaube nicht, daß man dies so schildern, fotografieren oder malen kann, daß der Eindruck von unberührter, harmonischer Eleganz sich mitteilt. Largeau ist eine Oase mit vielen Hunderten von Königspalmen und mit weißgetünchten Hütten und Häusern, die sich darunter zusammendrängen. Von Wüste umgeben, ist dies eine einzige Pracht, schöner als alles, was ich bislang in Afrika gesehen habe. Ich bedauere sehr, daß ich nicht hier, sondern in Fort Lamy geblieben bin – und niemand in Fort Lamy hat je dieses Wunder gesehen oder als solches empfunden, denn von Largeau sprach man dort geringschätzig – nichts Besonderes.

Um diese Stunde ist die Luft wild, aufregend, klar

und kalt; wie im Hochgebirge. Wir gingen über das Flugfeld zur Offiziersmesse, um zu versuchen, uns ein Frühstück zu organisieren. Die Offiziersmesse befindet sich in einem kleinen Hangar; zerbrochene Flaschen wurden wie Schnee von einem matten Schwarzen zusammengefegt. Ein kleines Panzerabwehrgeschütz war an der Tür abgestellt. Die Offiziere und sonstigen Herren nahmen sich wie ein verdreckter Haufen aus (die Franzosen ziehen sich in der Wildnis weder zum Abendessen noch zu anderen Mahlzeiten um), schmutzig und wenig gastfreundlich. Wir Transitpassagiere saßen auf Bänken am einen Ende eines langen Tischs, die Offiziere am anderen, tranken Kaffee und aßen dicke Scheiben Brot. Es stellte sich heraus, daß ich gar nicht hätte zögern müssen hineinzugehen, gar nicht so ängstlich zu stören. Man bat uns fürs Frühstück einfach zur Kasse, und damit war alles erledigt.

Weiter nach Abéché, wo wir um zehn Uhr morgens ankamen. Meine Arrangements hatte ich übers Telefon getroffen. Mr. Kabbabé, ein Libanese, sollte mich hier mit einem Landrover abholen. Die Entfernung zwischen Abéché, nahe der Tschadgrenze, und El Geneina, dem ersten Dorf im Sudan, beträgt 160 Kilometer. In El Geneina will ich dann morgen das Flugzeug der Sudan Airways nach Khartum nehmen. Meine Fahrt mit dem Landrover nach El Geneina kostet 80 Dollar. Ich fand das happig für 160 Kilometer, war jedoch nicht in der Lage zu verhandeln. Wer in Afrika auf eigene Faust reist, muß nehmen, was sich an Transportmöglichkeiten anbietet, und zahlen, was gefordert wird.

Mr. Kabbabés Schwiegersohn holte mich am Flughafen ab und fuhr mich zur Residenz und dem Geschäft der Kabbabés am Markt. Abéché ist flach und kochend heiß. Es liegt an der Pilgerstraße nach Mekka und ist ein Karawanenzentrum. Die bezauberndste Ansicht war der Kamelpark, wo anstelle von Lastwagen und Autos in Massen Kamele stehen, langwimprig, staubig und auf sehr noble Weise in ihr Schicksal ergeben. Der Markt ist groß und übelriechend; die Einheimischen sind wieder tätowiert und halb nackt.

Mr. Kabbabé lebt hier nicht während des ganzen Jahres; seine Tochter, sein Schwiegersohn (und ihr Kind) sind die hier ansässigen Manager des Familienunternehmens. Diese Leute sind sehr reich und haben ein Vermögen mit Kleinhandel gemacht. Das Anhäufen von Geld ist das alles beherrschende Interesse in ihrem Leben. Sie bemerken die Häßlichkeit und die Ungemütlichkeit ihres Heims nicht und wirken vollkommen zufrieden. Familienbande befriedigen alle Bedürfnisse nach persönlichen Gefühlen, und das Geld rollt in kleiner Münze herein. Weiße aus dem Westen wären an einem solchen Ort in kürzester Zeit von Sinnen, nicht so die libanesischen Kabbabés.

Sie hatten beschlossen, meine Reise zu einer Landpartie zu nützen. Mr. Kabbabé, sein »Boy« (ein alter, sehr kluger Schwarzer), seine Tochter und eine wasserstoffblonde Französin kamen mit. Wir saßen dicht zusammengepackt – wir drei Damen auf dem Rücksitz –, und um elf Uhr fuhren wir los, mit einem Picknick-Lunch.

Sehr bald war ich mir darüber klar, daß Mr. Kabbabé sich jeden Cent seiner 80 Dollar verdienen wollte. Er ist ein schlechter Fahrer, von der Sorte, die für eine Weile sehr schnell fahren (nur ein sehr kurzes Stückchen, mehr war nicht möglich), um dann plötzlich vor einem mit Steinen gesäumten, tiefen Loch zu bremsen. Es mag schlimmere Straßen auf dieser Welt geben, aber ich kenne sie nicht. Wir stemmten uns mit den Füßen gegen das ständige Rucken und klammerten uns an die Türen des Landrovers, um uns nicht die Hälse zu brechen, wenn der Wagen plötzlich bremste oder wenn wir Schlaglöcher übersprangen. Die Hitze war wie zu erwarten, nur noch intensiver, und feucht dazu. Wir waren durchweicht, der Staub klebte an uns, und um ein Uhr war ich hundemüde.

Die Kabbabé-Tochter und ihre Freundin waren tapfer und fröhlich und machten schwachsinnige Weiberkonversation und lachten wie Idiotenbabys bei jedem rückgratbrechenden Stoß. Als es so aussah, daß sogar der Vierradantrieb uns nicht die sandigen Flanken der trockenen Wadis hinaufschaffen würde, schlug ich vor, die Damen sollten zu Fuß gehen.

Das war gleichzeitig eine Lebensversicherung. Mr. Kabbabé flößte einem nicht gerade Vertrauen ein, aber er ließ den Schwarzen nicht fahren. Dennoch warnte ihn der Schwarze den ganzen Tag über vor der Straße, zeigte ihm – mit ausgezeichnetem Blick dafür – die bevorstehenden Fallen. Mr. Kabbabé hat einen eisernen Willen, er kann nicht einen Tag jünger sein als fünfundsechzig, er ist fett und weichlich, und die Reise war eine Strafe.

Zum Lunch hielten wir im Schatten an, wovon es nicht viel gab – dies ist Buschland, knochentrocken, mit dürren Dornbäumen und Gestrüpp. Mademoiselle Kabbabé (ich kenne ihren Ehenamen nicht) legte nun jene Seite ihres Wesens an den Tag – ohne Frage ererbt und dann kultiviert –, die erklärt, wie die Kabbabés reich geworden sind: sie ist ein Geizhals. Sie konnte es kaum ertragen, sich von dem reichlichen Lunch, das sie mitgebracht hatte, zu trennen. Jeder Bissen wurde nur probeweise angeboten, mit der Bereitschaft, ihn schnell wieder zurückzuziehen. So brachte sie es fertig, uns nicht genug zu geben. Sie war knauserig mit dem Wasser, von dem es reichlich gab. Da ich mein Brot nicht aufaß, weil es nicht viel zum Darauflegen gab und wenig Wasser, um es herunterzuspülen, rettete sie die Kruste und sagte, sie könne Brot einfach nicht wegwerfen.

Wir kamen an Kamelen vorbei, die an Dornbäumen knabberten, und an schwarzen Moslems, die, in den trockenen Wadis im Schatten liegend, zu erschöpft waren, sich für uns zu interessieren. Sie fasten jetzt, und von Sonnenaufgang bis Sonnenuntergang kein Wasser zu trinken ist in dieser Hitze sicher eine heftige Strapaze. Während des ganzen Tages begegnete uns ein Auto; die Kabbabés kannten die Insassen. Niemand würde freiwillig ein zweites Mal über diese Straße fahren. Straße? Ein mörderischer Kamelpfad.

In Adré mußten wir durch den Zoll des Tschad. Der schwarze Beamte schrie vor Wut – die schlechtgelaunte, defensive Einstellung der schwarzen Beamten ist universell. Sie kommen mit ihren Jobs nicht klar, sie fürchten Spott, sie verhalten sich brutal. Ein Mann, der Syrer hätte sein können, nicht weiß und nicht schwarz, war hier die taktvolle graue Eminenz – er schleuste uns durch. Der schwarze Beamte war so übler Laune – er hatte nun schon uns am Hals und auch noch ein junges deutsches Paar, das ins Land kam, und all diese Pässe in verschiedenen Sprachen –, daß ich fürchtete, er würde uns rausschmeißen und einfach störrisch die Grenze schließen. In solch einer Situation streitet man nicht, man erklärt nichts, und vor allem lächelt man nicht. Man nimmt es hin.

Der Grenzposten in El Geneina war schon für die Nacht geschlossen, als wir ankamen; aber Mr. Kabbabé kennt jeden, und jemand wurde losgeschickt, den Zollbeamten aufzuspüren. Inzwischen erschienen zwei große hellhäutige Schwarze in langen Gewändern, sudanesische Amtspersonen. Sie waren von den Komplimenten angetan, die ich ihnen zu ihrer Grenzanlage machte; sie sah besser aus als irgend etwas sonst im

Tschad: weißgekalkt, von Bougainvilleen umgeben und gepflegt. Sie waren gelassen, angenehm und selbstsicher, sie sprachen ein korrektes Englisch und waren gute Reklame sowohl für den Sudan als auch für die Engländer als die zum Kindermädchen degradierte Kolonialmacht. Doch immer sind gewaltige Mengen von Formularen auszufüllen; die Schwarzen haben begeistert unseren bürokratischen Unsinn imitiert und ihn noch vermehrt. Geduld ist unbedingt Voraussetzung, wenn man durch Afrika reist.

Schließlich kamen wir bei der Raststätte des Flughafens an – abends um Viertel vor neun. Mein Tag war zu lang gewesen, siebzehn Stunden und fünfundvierzig Minuten. Ich war beinahe verrückt vor Erschöpfung. Es gab kein Zimmer im Rasthaus. Der deutsche Parlamentspräsident (ein kleiner Mann, der einem gereizten Warzenschwein glich) und zwei unterwürfige Subalterne waren vor mir eingetroffen; sie hatten Westafrika bereist und deutsches Geld für dieses und jenes angeboten, und sie sahen aus, als haßten sie mittlerweile das Leben. Die anderen Zimmer waren von der Crew der Sudan Airways belegt.

Mr. Kabbabé schlug vor, ich solle dem Oberboy ein Trinkgeld geben, dann würde er etwas für mich organisieren. Ich dankte Mr. Kabbabé, der sein Geld so mühsam verdient hatte, und versprach ihm, eine weitere Tochter in Khartum aufzusuchen. Der Oberboy brachte eine Liege in den Zollraum; ein großer Raum voller Tische für Gepäckkontrollen (sehr merkwürdig; gab es hier gepäckbeladene Passagiere?), mit drei Türen und vier Fenstern – ein schmuddeliges Goldfischglas. Auf meiner Liege lag eine hauchdünne Matratze und als Bettuch sowie Decke ein verflecktes Tischtuch aus Baumwollbrokat. Es gab nur eine schwache Kerosinlampe, und wenn ich sie schlau aufstellte, konnte ich mich ungesehen ausziehen und meine neue Bleibe ignorieren.

Das Badezimmer war wieder einmal furchtbar. Ich stand in der dreckigen Wanne und schöpfte mit einem Thermosbecher Wasser aus einem Eimer, um mich zu duschen. Die Latrine raubte mir den letzten Mut. Zum Abendessen verzehrte ich eine Flasche lauwarmen Biers, zwei Valium und eine Schlaftablette. Ich wollte so schnell wie möglich bewußtlos werden.

In der Nacht war mir sehr kalt, ich wurde wach und mußte auf die Toilette. Die Latrine war mehr, als ich ertragen konnte, also spazierte ich in meinem Nachthemd hinaus in den Sand. Und sah, schlaftrunken und schlotternd, den großartigen afrikanischen Himmel, den ich gesucht hatte – eine Sternenpracht, der Himmel ein samtschwarzes Gewölbe, und die Luft schien vom Licht der Sterne zu glitzern. Ich konnte gerade noch rechtzeitig meinen Bedürfnissen nachkommen, als aus dem Nichts schwarze Schatten aufstiegen – während des Ramadan wurde spät gespeist, und noch schliefen nicht alle. Ich kroch zurück auf meine Liege und dachte, was für einen Preis ich doch für diesen einen flüchtigen Blick auf einen vollkommenen Himmel bezahlt hatte.

11. Februar, Sonntag: Kurz nach acht erschien die englische Crew und ging zum Flugzeug. Sie waren rasiert, trugen makellose weiße Hemden und Shorts, wirkten heiter und lässig. Ich bewundere die Engländer wirklich. Dieses Erscheinungsbild zu wahren erfordert einen grandiosen Willensakt; es repräsentiert den Sieg der Selbstachtung, allen Widrigkeiten zum Trotz.

Es war heiß im Flugzeug und noch heißer am Boden. Wir landeten in Nyala, El Fasher und El Obeid und kamen in Khartum nachmittags um Viertel vor fünf an. Ein anstrengender, ermüdender Tag.

Das Land besteht aus Wüste, aber nicht nur aus Sand. Die Erde ist braun, wie gebacken, rissig, mit einer Akne von Gestrüpp gefleckt, von trockenen Flußbetten durchzogen. Wie oder warum hier jemand lebt, begreife ich nicht. El Fasher ist ein großes Zentrum des Handels mit Vieh und Pferden. Ein heißer Wind fegt drüber hinweg. Wir aßen im Flughafengebäude abscheulich fettiges Zeug; danach wartete ich in der Lounge, in der zwei schwerfällige Briten sich biertrinkend breitmachten. Einer war Schotte, der andere Engländer aus der Arbeiterschicht – er sprach ungebildetes Englisch und fließend Arabisch. Diese Männer, Mitte Vierzig, sind Ingenieure, die in diesem Loch festsitzen und den Sudanesen dabei helfen, Dämme zu bauen, um den Regen in den Wadis zu sammeln. Ich habe viel Sinn für ein abgeschiedenes Leben in einladender Natur, aber Männer dieser Art betrachte ich als geistesgestörte Helden.

Die Sudanesen sind alle mürrisch vom Fasten. Die Beamten tragen saubere, gestärkte Khakiuniformen, genaue Kopien der britischen Tropenuniform. Sie sehen schmuck aus; man hat das Gefühl, daß hier alles ordentlicher ist und daß die Menschen stolzer auf sich sind.

Der Flughafen von Khartum ist ein nobles, modernes Gebäude und tunlichst zu meiden. Es herrscht Chaos. Vielleicht macht das Fasten alle noch mürrischer und unfähiger als üblich. Ich wartete endlos an der Stelle, wo mein Gepäck ankommen sollte, und fand es schließlich draußen auf dem Trottoir. In der Zwischenzeit beobachtete ich eine rührende Szene. In unserem Flugzeug hatte sich eine schwarze Mutter mit vier wunderbar braven kleinen Kindern befunden. Am Flughafen holte sie der Vater ab. Die Kinder rasten auf ihn zu, er küßte sie alle, aber sein Liebling war das kleinste Mädchen; von ihr konnte er nicht genug bekommen. Sie setzten sich auf eine Bank, auf irgend etwas wartend, und es war ein Bild familiärer Liebe, des Glücks und der Zärtlichkeit. Die Weißen sagen, Schwarze würden keine wirklichen persönlichen Gefühle füreinander kennen, aber ich bezweifle das stark.

Männer, die sich begegnen, legen einander die linke Hand auf die Schulter und schütteln sich die Hand; eine edel wirkende Geste. Auch hier sind die Menschen von

Stammesnarben entstellt, aber groß und wohlgestaltet, mit gutgeformten runden Köpfen.

Ich hatte vom Grand Hotel geträumt; man darf in Afrika nicht von Hotels träumen. Als ich dort ankam, war ich zutiefst niedergeschlagen. Von außen ist das Hotel ein langes, einladend wirkendes Gebäude mit Blick auf den Blauen Nil. Drinnen wirkt es wie ein großes, verkommenes englisches Hotel an der Küste – dabei ist kein englisches Hotel an der Küste jemals zufriedenstellend. Man gab mir ein Zimmer – genau im Stil eines achtklassigen englischen Hotelzimmers – mit dunkelblauen Ripsvorhängen und einem dunkelgebeizten Schrank, mit Waschschüssel und hartem Bett; mir standen außerdem Gemeinschaftstoilette und Gemeinschaftsbad zur Verfügung, beide schmutzig. Das Essen war ebenfalls ungenießbar englisch.

Dies ist Khartum, die Stadt, bei der die beiden Nile sich vereinen, gepriesen in Liedern und Erzählungen, Schauplatz von Gordons letztem Widerstand. Nur der feste Entschluß, sich in Phantasie und Literatur zu bewegen, ließe die Stadt erträglich erscheinen. Ich verzage.

Ich gebe auf. Ich flüchte nach Ostafrika. In Wildparks zu kampieren und Tiere zu beobachten kann einfach nicht so furchtbar sein wie dies alles. Ich hoffte, ich könnte den Nil hinauffahren und in Entebbe landen, aber die sudanesische Regierung hat den oberen Nil zur militärischen Sperrzone erklärt (was wohl als nächstes!), und ich bin Formalitäten, Dreck und Hitze nicht länger gewachsen. Außerdem hängt mir diese Regierung verdammt zum Hals heraus, wenn ich es recht bedenke; auch sie stellen keinem ein Visum aus, der ein israelisches Visum im Paß hat. Zur Hölle mit ihnen allen.

12. Februar: Hier nun verlief das Wecken anders herum. Ich hatte um einen Anruf um 6 Uhr 30 gebeten und wurde um sechs von wildem Klopfen an der Tür geweckt. Um 7 Uhr 30 rief mich Mr. Kabbabés anderer Schwiegersohn an. Er bedauerte, daß er mich nicht herumführen könne, aber der Buchhalter (der Mann für alles) in seinen Reisebüros – einer von Mr. Kabbabés vielen Geschäftszweigen – würde mich begleiten. Ich verbrachte den größten Teil des Tages mit diesem Angestellten, Mr. Sharir, einem ägyptischen Kopten, und aß auch mit ihm zu Abend.

Im Morgenlicht nahm sich der Blaue Nil zwischen seinen sandigen Ufern hübsch aus, mit Palmen am gegenüberliegenden Ufer, und zahlreiche weißgekleidete Sudanesen warteten auf die Fähre. Sonst ist kaum etwas hübsch, wenn auch die Vereinigung der beiden Nile erstaunlich ist – denn der Weiße Nil ist lehmfarben, und die Wasser des Blauen Nils münden in ihn, aber beide vermischen sich nicht, sondern fließen noch ein langes Stück parallel zueinander weiter.

Mr. Sharir und ich gingen auf Besichtigungstour. Wir besuchten das Haus des Kalifen, ein Museum, in welchem bewiesen wird, daß in früheren Zeiten und mit Sicherheit in Kolonialkriegen der einzelne Soldat heldenhafter zu sein hatte als heutzutage; es ist erschreckend, die Waffen zu sehen, die man verwendete, und sich die Nahkämpfe Mann gegen Mann vorzustellen. Das Bad im Harem war ein Gedicht; ich hätte mir gern das versenkte Becken mit Wasser füllen lassen und dort den ganzen Tag verbracht. Der Markt ist eine kleinere, schmutzigere, ärmlichere Version des Markts von Kairo. Hier wie dort spürt man ganz stark den Orient; einheimische Handwerker sind in kleinen Läden bei der Arbeit, formen kleine Gegenstände aus Gold und aus Elfenbein (was ich immer mit Empörung sehe – es ist verbrecherisch, diese großartigen Tiere zu töten, um häßlichen Schnickschnack daraus herzustellen). Mr. Sharir sagt mir, die Leute seien entweder mürrisch vom Fasten oder täten so, als wären sie mürrisch von angeblichem Fasten.

Ein langweiliger, heißer Tag, auf den ein Abendessen mit Mr. Sharir in einem traurigen Gartenrestaurant am Nil folgte, dem besten Restaurant mit Lokalkolorit, das es gibt. Mr. Sharir ist mir etwas Neues. Er ist klein, recht gut aussehend, braunhäutig und fünfunddreißig Jahre alt. Das Leben langweilt ihn so, daß es ihm nichts ausmachte, wenn er morgen stürbe. Er interessiert sich für nichts außer für Frauen, und die Frauen sind nicht interessant. Er ist verheiratet; seine Frau und sein Kind wohnen in Kairo; gelegentlich besucht er sie. Er sagt allen Ernstes, er liebe sein Kind, aber das ist nur ein Lippenbekenntnis zu seiner Vaterrolle. Offensichtlich langweilt ihn sein Kind genausosehr wie die Mutter.

Er erzählte, er habe geheiratet, weil es keine andere Möglichkeit gab, das Mädchen ins Bett zu kriegen, und deswegen würden alle heiraten. Nach der Hochzeit sind die Mädchen nicht mehr wild aufs Bett (sie wollen heiraten), lassen sich gehen, werden dick, essen den ganzen Tag Süßigkeiten und interessieren sich nur für ihre Kinder. Also gehen die Männer mit Professionellen ins Bett, und das ist auch langweilig. Hier hat man nun das perfekte Beispiel für Gerechtigkeit: Die Männer haben ihre Frauen wie Sklaven gehalten – die Araber mehr als die christlichen Kopten –, sie dumm und beschränkt und isoliert gehalten aus männlicher Eitelkeit und Machtgier. Das Ergebnis: Die dummen Frauen langweilen die Männer zu Tode.

Mr. Sharir findet Nasser gut und sagt, alle Ägypter täten das; nicht weil er in Ägypten viel verbessert hätte, sondern weil er Ägypten zu einem mächtigen Land gemacht hat – also zu einer Plage für die Welt, die es zu beschwichtigen gilt.

Wir kamen an Gordons Palast vorbei, einem schönen weißen Bau, jetzt der Sitz des sudanesischen Diktators und der Öffentlichkeit nicht zugänglich. Die Diktatur belästigt fast niemanden, belehrt mich Mr. Sharir; man muß nur den Mund halten und sich um seine eigenen Angelegenheiten kümmern, und man wird nicht behelligt. Es kommt Mr. Sharir nicht in den Sinn, daß Diktaturen – wie versklavte Frauen – kräftig zur Langweiligkeit des Lebens beitragen.

Ich ging gegen Mitternacht zu Bett und wurde um drei Uhr morgens geweckt, damit ich das Flugzeug nach Nairobi erreichte. Hier endet Westafrika für mich, ein passender Schluß mit Untertönen von Verbitterung, Unbehagen, Langeweile und Erschöpfung. Suche und du wirst finden, hat man uns gesagt. Ich habe neunzehn Tage lang gesucht und nichts von dem gefunden, was zu finden ich gekommen war. Ich fürchte mich fast, ein wenig Hoffnung in Ostafrika zu setzen.

Es wird höchste Zeit, daß ich lerne, mit Hoffnung vorsichtiger umzugehen, eine verwegene Regung für jeden Reisenden. Die vernünftige Einstellung wäre, das Schlimmste zu erwarten, das Allerschlimmste; so vermeidet man herbe Enttäuschungen, und wer weiß, mit ein wenig Glück könnte man vielleicht gar eine bescheidene angenehme Überraschung erleben – entsprechend etwa dem Unterschied zwischen Hölle und Fegefeuer.

Hier endet mein Tagebuch. Von nun an bin ich auf mich selbst, ein paar kaum brauchbare Notizen aus Ostafrika und mein Gedächtnis angewiesen. Diese Aussicht ist entmutigend. Soweit ich es rekonstruieren kann, fuhr ich rund 3000 Kilometer durch Kenia, Uganda und Tanganjika, und die Reise dauerte drei bis vier Wochen. Meine Zeitwahrnehmung bezog sich nur auf das Tageslicht und die bohrende Frage: Werden wir ankommen? 3000 Kilometer auf jenen Straßen entsprechen 15000 Kilometern auf der Autobahn oder anderen schnellen, glatten Oberflächen, die wir gewohnt sind. Die Reise war lang, das steht fest. Als sie vorüber war, kam ich mir wie Mr. Henry Morton Stanley persönlich vor.

Ich verbringe und verschwende Zeit wie ein Millionär; bei meinen Guthaben wird es mir nie daran mangeln. Und ich vergesse mit der gleichen Großzügigkeit; es gibt keinen Grund, alte Erinnerungen aufzubewahren, weil sich schon wieder neue auftürmen, es liegen unbegrenzte Schätze auf der Bank, einer Bank so groß wie diese Welt. Vom Tag meiner Ankunft in Nairobi bis heute – ich schreibe dies in einem provisorisch möblierten Quartier in Ta'-Xbiex auf der Insel Malta – habe ich fünfzehn Jahre und drei Monate an Zeit und Erinnerungen durchgebracht, verschwendet, angehäuft und vergessen. Es gibt keine Möglichkeit, die Wochen mit Joshua in Ostafrika wieder hervorzuholen und zu rekonstruieren. Ich vermag nur, den Spuren der Reise zu folgen, mich an viele Vorkommnisse und Gefühle zu erinnern und Lücken so zu füllen, wie es dem Schriftsteller erlaubt ist. Ich möchte nicht jeden Satz mit »soweit ich mich erinnere« beginnen oder beenden; dennoch wird diese ungeschriebene Floskel alles mitprägen.

Nach drei Stunden Schlaf wurde ich morgens um drei geweckt, ziemlich spät für einen Vier-Uhr-Flug. Ich stieg eilig in die Kleider, hatte einen schlechten Geschmack im Mund und fühlte mich leer. In der Kälte des dunklen Flughafens von Khartum wartete ich bis 5 Uhr 30: Maschinenschaden. Bisher erinnerte mich das Reisen in Afrika an die tristesten Seiten des Kriegs – immer mitten in der Nacht aufsein, immer erschöpft sein, immer in heftiger bis widerwärtiger Unbehaglichkeit leben und immer der Langeweile ausgesetzt sein. Die einzige schöne, von mir geliebte Seite des Kriegs fehlte hier völlig: von zwei Tagen mit C. in Kamerun abgesehen, hatte ich keine Weggefährten getroffen. Im Krieg wimmelt es davon, man befindet sich in ständig wechselnden Gruppen von Männern, die aufgrund der Umstände außerordentliche Qualitäten entwickelt haben. Mit niemandem lachen zu können bedeutet, daß die Schrecken der Reise einen in unabgeschwächter Form treffen; was sehr schwer auszuhalten ist.

Mittlerweile war ich eine müde, einsame Ameise auf diesem übergroßen Erdteil. Die Einsamkeit brachte mich dazu, an Ker and Downey Ltd. in Nairobi ein Telegramm vorauszuschicken; obwohl ich nicht wußte, ob es ohne genauere Anschrift jemals ankommen würde. Ich wollte abgeholt werden, auf Händen getragen werden, getätschelt werden, ich wollte mit Schlafliedern in den Schlummer gewiegt, umsorgt, verwöhnt, bei der Hand genommen werden.

Weit unter mir, wo der Sudan an Äthiopien stieß, lag die bislang unheimlichste und wildeste Landschaft;

braunrote Gebirge, Schluchten, Krater, kein Lebenszeichen, brodelnde Einöde. Sollte Ostafrika noch schlimmer werden als Westafrika? Langsam wurde die Erde grün und grüner. Mount Kenya mit Schnee darauf, Akkerland, große, einzeln stehende Bäume, kein Dschungel, kein ödes Dornengestrüpp. Das Land schien bewohnbar zu sein, ein erster Hinweis darauf, daß Afrika vielleicht doch mehr war als ein Härtetest.

Kein Flugplatz hatte so ausgesehen wie dieser: klein, sauber, weiß, von Blumenbeeten umgeben. Der Himmel verhielt sich so, wie ich es mir immer gewünscht hatte – er reichte ins Unendliche hinauf. Weiche Luft, von einer hochstehenden, klaren Sonne erwärmt (adieu, ihr Spiegeleier), und es roch, wie ich es mir von Afrika erhofft hatte. Ich strahlte, als ich Mr. Whitehead von Ker and Downey hinter der Zollschranke begrüßen konnte, »einen schüchternen, reizenden Mann« (aus Notizen), von dem mir kein Bild in Erinnerung geblieben ist, obwohl er die Freundlichkeit in Person war.

Es gehörte zum normalen Service, daß Mr. Whitehead erschienen war, um eine künftige Kundin abzuholen. Ich hatte keine Ahnung, daß Ker and Downey in Kenia das größte Haus für Safariausstattungen war; wenn mir überhaupt etwas vorgeschwebt hatte, dann eine ostafrikanische Entsprechung zu Le Kiiing. Dieses Mißverständnis drang vage durch meine Erschöpfung, als mich Mr. Whitehead zum New Stanley Hotel fuhr. Ich erhielt ein Zimmer an einem Luftschacht, mit dem

Lärm der Küchentöpfe und Pfannen unter mir, war aber zu gebrochen von Afrika, als daß ich aufbegehrt, mich beklagt und bessere Bedingungen gefordert hätte. Ich nahm, was man mir gab; schließlich war ich die unbekannte Amerikanerin, der kein nobleres Zimmer und kein Bouquet vom Manager zustanden. Ich schlief.

Das Wetter in Nairobi ist das beste, das man finden kann, wie in Cuernavaca – etwa einen Kilometer hoch in den Tropen. Eine strahlende Wärme, die Energie und Hoffnung weckt statt Schweißtropfen und Kopfschmerzen. Jeder sah sonnengebräunt aus, heiter, gut gekleidet, zufrieden mit dem Leben. Jeder ging zügig irgendwohin. Es gab modische Geschäfte und funkelnde Autos, Jacarandas und Flamboyants und Königspalmen und üppige dunkelgrüne Bäume, vielleicht immergrüne Eichen, die von kleinen Vögeln sehr bevorzugt wurden; schmale Grünstreifen in der Mitte sauberer Straßen, üppig quellende Bougainvilleen – weiß, violett, karmesinrot oder pfirsichfarben – und Hibiskus und Oleander. Eine verführerische kleine Stadt, die reich und fröhlich wirkte, wie maßgeschneidert für weiße Bewohner und Touristen erster Klasse. Im Zentrum, wo das Geld ausgegeben wird, bevölkerten Europäer die Straßen und gelegentlich Asiaten; Afrikaner waren hier dünn gesät; sie hockten neben Matten auf den Bürgersteigen, um Touristen schmückenden Krimskram zu verkaufen, verhökerten Zeitungen und Lotterielose, bettelten auf von Polio verunstalteten Beinen, fuhren Taxis, holten etwas, trugen etwas.

Sie unterschieden sich sehr von ihren Verwandten in Westafrika, waren nicht so munter und untätig, auch nicht in exzentrische Fetzen gekleidet. Die soziale Pyramide wurde mir sofort klar: Europäer, Asiaten, Afrikaner (»schwarz« ist hier ein Schimpfwort), Bürger erster, zweiter und dritter Klasse. Vielleicht empfand ich die Vorherrschaft der weißen Haut in dieser britischen Kolonie so deutlich, weil ich gerade aus unabhängigen afrikanischen Staaten gekommen war, in denen die Weißen sorgfältig im Hintergrund blieben. Ich hatte keine Veranlassung anzunehmen, daß diese weißen Oberherren nicht anständig und gerecht waren, aber ich wünschte mir, die Afrikaner sähen weniger unterdrückt aus. Wenn ich auch immer mit Genuß nach allen Privilegien grapsche, die ich kriegen kann, habe ich doch viel dagegen, von Gesetzes wegen vorgezogen zu werden. Ich mißtraue der Macht in meinen Händen und anderen Händen, besonders jeglicher auf Rasse, Glauben oder Hautfarbe basierenden Macht. Das gilt in beiden Richtungen; ich wäre auch nicht besonders froh darüber gewesen, vor Schwarzen kriechen zu sollen, wo sie regierten.

Am dringendsten brauchte ich Kleidung. An einem neuen Ort einkaufen zu gehen kann für kurze Zeit Spaß machen; ansonsten ist Einkaufen eine lästige Instandhaltungsarbeit. Asiaten führten die Läden. Ihr Diensteifer und ihre Tüchtigkeit trieben mir Tränen in die Augen. Ich hatte im Handumdrehen alles, was ich brauchte. Ganz im Gegensatz zu den ärmlichen Märkten in Westafrika quoll der Markt in Nairobi über von köstlichen Früchten und Gemüsen, und es gab Stände, wo man bundweise Tuberosen, Agapanthi, Schmucklilien, Iris, Rosen, Kornblumen, Chrysanthemen und Lilien für ein paar Schillinge kaufen konnte. Ich entschied mich für einen riesigen Nelkenstrauß, der mein unfreundliches, kleines Zimmer schmücken sollte. Die drei Rassen drängten sich auf dem Markt, hier gab es keinen Mangel an Afrikanern. Plötzlich fiel mir auf, daß es keinen abstoßenden menschlichen Gestank mehr gab. Wir alle rochen noch, aber eben nicht anstößig. Bestimmt hatten diese Afrikaner keine hübschen Badezimmer zu Hause und auch keine Stapel von Lifebuoy-Seife. Die Erlösung von Körpergeruch mußte ein weiterer Segen dieses Klimas sein.

In einem neuen Baumwollkleid, mit ordentlich gewaschenem Haar, nahm ich allen Mut zusammen, Mr. Whitehead aufzusuchen und ihm zu eröffnen, daß ich keine elegante Safariausrüstung samt dazugehörigem weißen Jäger wollte. Die reichen Leute fanden es schick, die herrlichen Tiere in aller Bequemlichkeit und Sicherheit zu töten; mit Dutzenden von Afrikanern, die wie guttrainierte Butler die Arbeit im Camp erledigten, und einem weißen Jäger dazu, der jedes Tier abschießen würde, das womöglich den zahlenden Kunden gefährdete, weil er danebengeschossen hatte. Fotosafaris waren noch sportlicher, weil man für einen guten Schuß mit der Kamera näher heran muß als für einen guten Gewehrschuß; aber ich hatte seit der Brownie-Box meiner Kindheit keine Kamera mehr benutzt. Es war auch möglich, in den Wildparks angenehm auf Safari zu gehen, unter der kundigen Führung eines weißen Jägers, der die gleichen Aufgaben hatte wie der gebildete Reiseleiter bei Kulturreisen. Das alles wollte ich nicht. Ich wußte genau, was ich wollte: einen gebrauchten Landrover kaufen oder mieten, einen Fahrer mitnehmen, der mir einen Teil der Arbeit abnehmen und dolmetschen konnte, und allein aufbrechen, um Ostafrika zu erforschen.

Es gab eine Straßenkarte, herausgegeben von der Shell Company in Ostafrika; wenn es also Straßen gab, warum sollte ich nicht auf ihnen fahren können? Und es gab eine Broschüre, in der Gasthäuser, Raststätten und Hotels in ganz Kenia, Uganda und Tanganjika aufgeführt waren. Ich hatte nicht vor, in der Wildnis zu kampieren, dazu besaß ich weder die Erfahrung noch die Ausrüstung. Ich wollte mich auf eingetragenen Straßen von Ort zu Ort bewegen und in ganz gewöhnlichen Gasthäusern haltmachen. Mein Ziel würden die Wildparks sein. »Was ist daran falsch?« fragte ich Mr. Whitehead.

Er machte ein ernstes Gesicht. Er zögerte. »Nichts«, sagte er, »im Prinzip. Nur ist es keine sehr gute Idee.« Dies sei mein erster Aufenthalt hier, sagte er, und Afrika sei anders, hier gehe das nicht so. Er würde es nicht gern sehen, wenn seine Frau (oder Schwester, Tochter, ich hab's vergessen) solch eine Reise machte. Ich, die ich Westafrika überlebt hatte, sah keinen Grund, mich vor dem schönen, gezähmten Ostafrika zu fürchten. Mr. Whitehead mag sich gedacht haben, ich sei ein Lemming in Menschengestalt, und obwohl ich für seine Firma ganz uninteressant war, hätte er sich nicht hilfreicher verhalten können. Er machte mich mit einem seiner weißen Jäger bekannt, der einen Landrover zu vermieten hatte. Der weiße Jäger sagte, sein Fahrzeug habe 65000 schwierige Meilen hinter sich und sei nicht eben in bestem Zustand. Der Motor sprang an, der Landrover bewegte sich. Mehr verlangte ich nicht. Unglücklicherweise könne er mir, sagte Mr. Whitehead, keinen Fahrer stellen, ihre Fahrer seien alle auf Safari.

Verschiedene freundliche Leute waren in meinen Gesichtskreis geraten und wieder daraus verschwunden, darunter der nette israelische Honorarkonsul. In Nairobi geboren und aufgewachsen, war er ein echter Städter und sehr besorgt darüber, daß ich mich allein mit einem Afrikaner auf ferne Straßen begeben wollte. Er erbot sich, einen verläßlichen Fahrer zu finden. Joshua stellte sich in der Cocktail-Lounge des New Stanley Hotels mit einem Empfehlungsschreiben des Honorarkonsuls vor, das mir mitteilte, Joshua sei »zuverlässig«. Nach der örtlichen Sprachregelung hieß das, daß Joshua mich nicht vergewaltigen und/oder berauben würde. Keine dieser Möglichkeiten hat mir je Kopfzerbrechen bereitet. Nur mein Instinkt, den ich regelmäßig unbeachtet lasse, sagte mir, daß Joshua nicht der richtige Mann für den Job war.

Joshua war klein, von tiefbrauner Farbe, zart bis zerbrechlich, ordentlich und sauber. Wir saßen auf einer Bank an der Wand, und Joshua trug mir seine Tugenden vor. Er war zunächst und vor allem *eddicated,* was bedeutete, daß er bessere Bezahlung erwartete als ein Durchschnittsfahrer. Er hatte während des »Notstands« (zu Mau-Mau-Zeiten) einen Landrover der Regierung gefahren und erst kürzlich einen großen amerikanischen Wagen für ein Touristenunternehmen in der Stadt. Ich war von Joshua nicht begeistert; er war so geziert und gespreizt, was sich nach meinem Gefühl als unpraktisch erweisen würde, und ich hätte einen kräftigeren Typ vorgezogen. Aber es juckte mich wegzukommen, drei Tage in Nairobi waren genug. Nairobi war die Seligkeit, aber es war eben nicht Afrika. Ich suchte immer noch nach dem Afrika, das ich zu finden so mühselig gekommen war.

Also stellte ich Joshua, trotz der instinktiv schrillenden Alarmglocken, ein. Meine Reiseausrüstung bestand aus einer Thermosflasche, einer Taschenlampe, neuer Khakikleidung, bequemen Safaristiefeln, dem alten Strohhut, einem Stapel von frischen Krimis und blödsinniger Zuversicht.

Joshua erschien am nächsten Morgen in schwarzen, italienischen Röhrenhosen aus Kunstseide, einem weißen Hemd, schwarzen spitzen Schuhen, dunkler Sonnenbrille mit verziertem rotem Gestell und mit einem Pappkoffer in der Hand. In der Lobby des New Stanley Hotels und im Thorn Tree Café davor wimmelte es von Leuten, die zu Safaris aufbrachen oder von Safaris zurückkamen oder so taten, als täten sie das. Die richtige Aufmachung bestand aus tiefer Sonnenbräune, gutgeschnittenen, abgetragenen, verblichenen und gestärkten Khakihosen, lang oder kurz, einer kurzärmeligen Khakibuschjacke oder einem Khakihemd mit reichlich Taschen sowie alten Safaristiefeln. Neue Kleidung verriet den unerfahrenen Touristen. Der Ton war lässig Macho; jeder hatte sich schon Auge in Auge einem Löwen gegenüber befunden. Die afrikanischen Safaribediensteten trugen ebenfalls Khaki, wenn auch zerknautscht und ausgebeult, nicht von Bwana-Standard. Die Abfahrten verliefen beeindruckend und ziemlich theatralisch, insbesondere, wenn Prominente dabei waren, sich in den Busch zu wagen. Mr. Kirk Douglas und Mr. Robert Ruark fuhren an diesem Tag glanzvoll los. Joshua gab eine komische Figur ab, ich wirkte einfältig. Nur der staubige, ramponierte, verbeulte, geflickte Landrover sah zünftig aus.

Ich erwartete, daß Joshua das Steuer übernehmen und uns aus Nairobi heraus auf die Hauptstraße nach Kampala lotsen würde. Ruhig, aber bestimmt lehnte Joshua die Ehre ab. Er könne mich besser dirigieren, wenn ich führe. Wir machten ein Geräusch wie ein Panzer.

Wenn es irgendwo Federn in diesem Landrover gab, spürte ich sie nicht, nicht einmal auf den städtischen Straßen. Um zu schalten, mußte ich mit allen Leibeskräften drücken oder ziehen. Nach dem Laufen ist die Freiheit, die ein Auto mir läßt, meine bevorzugte Art der Fortbewegung, aber das hängt auch vom Wagen ab. Dieses schwere, uralte Vehikel stellte sich als störrisch heraus, aber wenn wir uns oft abwechselten, könnten wir uns von der Anstrengung des Fahrens ausruhen. Langsam fuhren wir in Serpentinen aufwärts, vorbei an Feldern und dichten Wäldern, bis wir den östlichen Rand des Rift Valley erreichten. Weit unter uns lag, so weit ich blicken konnte, die goldene Ebene, von blauen Bergen umgeben. Es war doch wahr, das gab es und noch verzaubernder, als ich es mir je ausgemalt hatte.

Glück ist weit mehr als das bloße Fehlen von Schmerz. Für mich fühlt es sich an, als hätte mein Blut andere Eigenschaften angenommen, etwas Neues, Kostbares, Starkes strömt durch meine Adern, läßt mein Herz höher schlagen. Meine Lungen füllen sich mit Luft und Licht, die Welt ist zu schön, ich könnte mühelos die Arme ausbreiten und fliegen. Von solcher Glückseligkeit ergriffen, wünschte ich mir nun wie schon so oft, ich könnte eine Melodie halten und vor Freude singen, aber ich kann es nicht, und wenn ich losbrüllen würde, meine einzige Möglichkeit, würde Joshua glauben, er habe es mit einer Verrückten zu tun. Ich hielt den Landrover an, um mich an diesem sichtbar gewordenen Traum zu berauschen. Joshua lächelte vor Vergnügen über die Landschaft seiner Heimat. Das freute mich sehr, das verband uns, wir würden als Reisegenossen miteinander auskommen.

»Jetzt fahren Sie, Joshua.«

»Schaun Sie sich die schlechte Straße an, Memsaab.« Die Straße wand sich in engen Korkenzieherkurven die Bergflanke hinunter. »Besser ich paß auf und sag's Ihnen.«

Ich fuhr im zweiten Gang, zerrte in den Kurven wie wahnsinnig am Lenkrad und wagte nicht, auch nur einen Moment aufzublicken und die Aussicht zu genießen. Ich war ganz schön sauer auf Joshua, der mich um dieses Vergnügen brachte, aber vielleicht gehörte es sich in Afrika, einen Aufpasser bei sich zu haben. Im Talgrund verlief die Straße gerader, und ich trat aufs Gas, nur um herauszufinden, daß 50 Stundenkilometer unsere Höchstgeschwindigkeit war. Nun gut, ich hatte es nicht eilig, ich wollte etwas sehen. Die Straße fühlte sich fast europäisch an im Vergleich zu den Straßen in Westafrika, wenn es auch tatsächlich nur eine zweispurige Teerpiste mit reichlich Löchern war. Richtige Autos sausten an uns vorbei, ein alter Volkswagen überholte uns, in dem jemand winkte und grüßte, aber es gab wenig Verkehr.

Plötzlich standen links und rechts von der Überlandstraße Giraffen in den Posen, die nur sie einnehmen können, gewaltig, glatt, glänzend dunkelbraun, mit ihrer

Zeichnung aus dünnen weißen Linien, die unregelmäßige Rechtecke und Quadrate bilden; sie beobachteten mit langbewimperten Augen die Szene. Ich geriet auf der Stelle außer mir. Jetzt hatte ich alles: die Ebene und die Berge und diese makellosen Geschöpfe. »O schön!« sagte Joshua und lachte vor Freude. Ich ahnte noch nicht, wovon ich später überzeugt war: Joshua war in seinem ganzen Leben nicht weiter aus Nairobi herausgekommen als bis zu den Vorstadtsiedlungen, er hatte noch nie ein wildes Tier gesehen – vor den hinreißenden Giraffen. Es war alles für ihn genauso neu wie für mich.

Wir rumpelten und rasselten durch das Tal, unterhielten uns schreiend. Joshua war aus dem in Kenia vorherrschenden Stamm der Kikuyu, dem man die höchste Intelligenz nachsagte; Joshua war auch Presbyterianer. Ich weiß nicht mehr, ob er in eine presbyterianische Missionsschule gegangen war oder warum er diesen Glauben angenommen hatte, aber er hatte ihn, und es war ihm Ernst damit. Er könne niemals stehlen, erklärte er, wegen seiner Religion, und auch nicht lügen. Er hatte mir faustdicke Lügen aufgetischt, als er erzählte, daß er während des Notstands einen Landrover gefahren habe; wie ein Schwachkopf hatte ich ihm dieses Märchen geglaubt.

Joshua war zu jung dafür, er war jetzt dreiundzwanzig; der Notstand herrschte von 1952 bis 1956. Kein afrikanischer Teenager fuhr jemals irgendwo irgend etwas und ganz sicher nicht Joshua im Alter von dreizehn. Verkehrsmittel sind für Europäer in Afrika so lebensnotwendig wie Wasser; sie vertrauen ihre wertvollen Wagen nicht leichthin Afrikanern an. Joshua war nicht verheiratet und fand es nicht verlockend zu heiraten. Denn afrikanische Mädchen, brüllte er, seien blöd. Sein Naserümpfen erreichte mich beim Dauerlärm des Landrovers mehr als Gefühl denn als Lautfolge. Er wollte weiterkommen. Es war sein ehrgeiziger Plan, eine ganze Flotte von Wagen zu besitzen, seinen eigenen Autoverleih in Nairobi. Ein echter Stadtjunge mit echten Mittelschichtträumen.

Auf der Landkarte waren drei Kategorien von Straßen eingezeichnet: fette rote Linien für Hauptstraßen, dünnere rote für Nebenstraßen, schmale gelbe für wahre Katastrophenstraßen; und schließlich gab es noch rote Haarlinien, die einen Fußpfad zwischen Dörfern oder einen Wildtrampelpfad bedeuten konnten. Wir waren bei Gilgil nach Norden auf eine Nebenstraße abgebogen, und sie war schlecht. In diesem Jahr hatte es große Überschwemmungen gegeben, und man mußte sich nur allzuoft durch Schlamm wühlen. Schlamm läßt einen einsinken, Staub bringt einen in unkontrollierbares Schleudern. Mein Ziel war Barry's Hotel an den Thomsonfällen, und es wurde spät. Ich fing an – wie von da an jeden Tag –, mir um das Tageslicht und die Entfernung Sorgen zu machen. Sorgen ist ein zu schwacher Ausdruck. Ein Knoten bildete sich gegen vier Uhr langsam in meinem Magen und wurde knotiger und dicker mit jeder halben Stunde. Die Sonne geht beinahe genau um sechs unter. Ich bezweifelte, daß ich mit diesen Straßen im Dunkeln fertig würde. Ich konnte mir nur zu leicht eine Panne vorstellen und dann eine lange, kalte schwarze Nacht, bis am Morgen ein Wagen vorbeikäme.

Es gab überhaupt keinen Verkehr. Joshua, fröstelnd in seinem weißen Hemd und sich zusammenkauernd, als der Wald uns von beiden Seiten einschloß, rief hin und wieder: »Wie weit noch, Memsaab, wie weit?« Joshua hatte während des Nachmittags zwei weitere Entschuldigungen für sein bloßes Mitfahren erfunden, und so wußte ich, daß es sinnlos war, ihn zu bitten, jetzt das Steuer zu übernehmen, wo das Fahren schwierig geworden war. Ich biß mannhaft die Zähne zusammen und sagte Joshua, er solle den Mund halten. Ob er denn nicht einen Pullover in seinem Koffer habe. »Nun, dann suchen Sie ihn, und ziehen Sie ihn um Gottes willen an, wir kommen an, wenn wir ankommen.« Und so war es auch.

Unsere geschäftlichen Vereinbarungen hatten wir im voraus getroffen. Joshua sollte für seine Dienste bezahlt werden und ein Taschengeld fürs Essen erhalten; ich würde überall sein Zimmer bezahlen, wo wir uns aufhielten. Der Lohn wurde von Joshua festgesetzt, da ich einen zufriedenen und keinen murrenden Helfer haben wollte. Jemand hatte mich kurz in Entlohnungsfragen eingeweiht: Afrikaner, hieß es, könnten nicht mit Geld umgehen; man dürfe ihnen niemals größere Summen auf einmal geben, weil sie sie dann schon am nächsten Tag verspielt, vertrunken oder verloren hätten. Man gebe ihnen ihr Geld ratenweise und dürfe ihnen unter keinen Umständen Geld borgen. Darlehen seien der Anfang vom Ende. Der Afrikaner glaubt dann, er arbeitet für nichts, er wird nicht mehr bezahlt, er zahlt auch nichts zurück. Es wird furchtbar. Bei kleinen Summen zu bleiben ist das einzig Mögliche. – Joshua hatte einen Vorschuß für vier Tage in den Händen.

Als wir bei dem Hotel ankamen, einer langen Veranda vor einem Steingebäude, von Pflanzen bewachsen, parkte ich den Wagen und sagte Joshua, er solle meinen Koffer hineinbringen und sich einrichten. Ich brauchte einen Drink, mehrere Drinks, und einen weichen, bequemen Sessel. Meine Schultern fühlten sich an, als hätte ich während des ganzen Wegs von Nairobi hierher eine Eisenstange auf ihnen getragen. Ich schrieb mich ein, sagte, mein Fahrer brauche ein Zimmer, und ließ mich mit einem großen Whisky am Kamin nieder, als Joshua auftauchte, seinen eigenen Koffer an der Hand.

»Memsaab?«

»Was ist los, Joshua?«

»Wo soll ich hin?« Es klang biblisch. Ruth in der Fremde.

Ich erteilte Joshua die erste von zahllosen Lektionen, klärte ihn darüber auf, daß er Swahili spreche, von seinen eigenen Landsleuten umgeben sei, seine Stimme gebrauchen könne; er könne jeden im Hotel fragen, wo die Räume für die Fahrer seien, er könne sodann dieselben Leute alles fragen, was ihm in den Sinn komme. Nur könne er nicht mich fragen, weil ich es weder wisse noch es meine Aufgabe sei, irgend etwas herauszufinden; ich sei entsetzlich müde, da ich den ganzen Tag gefahren sei, und ich wünschte, in Ruhe gelassen zu werden. Er habe keine anderen Pflichten, als sein Zimmer zu finden, was doch keine zu schwere Aufgabe sei, und dann am anderen Morgen um neun wieder zu erscheinen, aber nicht früher. »Reißen Sie sich zusammen, Joshua«, sagte ich in scharfem Ton.

Was für ein herrliches Afrika, dachte ich und sah mir die im Sprühnebel des herabstürzenden Flusses flimmernden Regenbogen an. Riesige Farne an den Ufern glitzerten vom Tau. Ich konnte die Luft schmecken; wir befanden uns in 2340 Meter Höhe, las man in der Hotelhalle. Weit entfernt hing im Osten ein gewaltiger weißer Kegel, der wie Mondstein leuchtete, am Himmel: die Schneekuppe des Mount Kenya. An der Brücke über den Fluß schnitzte ein Afrikaner einen Elefanten; er war identisch mit den Elefanten für die Touristen in Fort Lamy. Wie nur erfuhr man von Westen nach Osten oder umgekehrt, wie die Gestalt von Elefanten zu stilisieren war? Ich fragte den Afrikaner, wo er gelernt habe, einen Elefanten so und nicht anders zu schnitzen. Er zuckte mit den Schultern. Das war der Augenblick für Joshua, den Dolmetscher.

Joshua saß auf den Verandastufen, sah erfrischt aus und sehr merkwürdig. Er trug seine spitzen schwarzen Schuhe und feine schwarze Socken, ordentlich hochgezogen, ein sauberes kurzärmeliges Hemd, die Sonnenbrille und winzige Khakishorts: seine Safariausstattung. Ich führte ihn zur Brücke und trug ihm meine Frage vor. Nach einer überraschend langen Unterhaltung berichtete Joshua: »Von seinem Vater.« Und wo hatte es sein Vater gelernt? Nochmals langes Gerede. »Von seinem Vater«, sagte Joshua.

»Haben Sie etwa die ganze Zeit mit ihm gesprochen, nur um drei Wörter zu sagen? Was hat er noch gesagt, Joshua?«

»Das ist alles, Memsaab. Nur – von seinem Vater.«

»Swahili muß eine sehr komische Sprache sein, wenn es so lange dauert, so wenig zu sagen.«

»Sehr komisch«, stimmte Joshua mir zu.

Offensichtlich würde Joshua als Dolmetscher nicht aktiver werden denn als Fahrer. Eine Diskussion über Swahili konnte mich nicht weiterbringen, also schlug ich Joshua vor, er solle ein paar Lebensmittel beschaffen, da ich am Nakurusee, einem Nationalpark, zu picknicken gedächte und dann zum Übernachten weiter nach Kericho wolle.

Während ich auf Joshua wartete, gab mir der Hotelmanager einen dringend benötigten Nachhilfeunterricht zum Landrover. Ich hatte vergessen nachzufragen, wie man die kleine zweite Gangschaltung für den Vierradantrieb schieben, drücken, heben, reißen mußte. Nun fühlte ich mich gerüstet fürs Schlimmste, wenn auch die Schaltung brutal zu bedienen war, aber Joshua und ich zusammen würden sicher in der Lage sein, sie in die richtige Stellung zu bringen.

»Heute morgen fahren Sie, Joshua.«

»Besser später, Memsaab«, sagte Joshua und klemmte sich fix in den Beifahrersitz.

Am Morgen war es immer einfacher, gleichgültig, wie die Straße aussah, einfach weil mich die Tageslicht-und-Entfernungs-Phobie noch nicht befallen hatte. Wir schafften die fünfzig Kilometer nach Nakuru in zwei Stunden, eine gute Leistung, und ich hielt, um zu tanken. Tankstellen waren selten. Immer wenn ich eine sah, tat ich so, als sei ich in einer Oase in der Wüste gelandet, und fuhr vor, um den Tank aufzufüllen, den Reifendruck, Wasser und Öl zu prüfen, obwohl wir zwei Kanister mit Benzin und einen mit Wasser bei uns hatten. Joshua saß da und wartete, während ich hinaussprang und darauf achtete, daß der Luftdruck richtig abgelesen, der Ölprüfstab richtig abgewischt, hineingeschoben und betrachtet wurde; daß das Benzin tatsächlich in den Tank floß.

»Wirklich, Joshua«, sagte ich ärgerlich. »Sie könnten sich um so was kümmern.«

»Besser Sie, Memsaab. Diese Jungen gehorchen Ihnen viel mehr.«

Der afrikanische Parkwächter am Tor zum Nakurusee-Park warnte vor Seitenpfaden, die voll Wasser stünden. Es sei klüger, den Landrover auf dem Hauptweg zu lassen und zu Fuß zum Ufer zu gehen. Nachdem ich weit genug gefahren war, um mich ganz allein im dunkelsten Afrika zu fühlen und deshalb ekstatisch, parkte ich den Landrover auf sicherem, stoppeligem Grund, suchte meine Sachen zusammen, Sandwiches, Thermosflasche mit kaltem Tee, den Feldführer zu den Nationalparks, Feldstecher, und sagte: »Fertig, Joshua?«

Joshua glotzte auf den matschigen Pfad und rümpfte die Nase. »Sehr schlimmer Schlamm.«

»Kommen Sie mit oder nicht?«

»Memsaab, gibt's hier Löwen?«

»Nein«, sagte ich mit Autorität, denn ich hatte im Feldführer gelesen, Löwen seien hier selten.

»Ich passe auf den Wagen auf. Ein Mann könnte kommen und Ihre Kleider stehlen.«

Ich zog es in Wirklichkeit vor, ganz allein zu sein, aber es würde eine schreckliche Einengung bedeuten, wenn wir bei unserer Ostafrikarundfahrt darauf achten müßten, Joshuas schicke Fußbekleidung nicht zu beschmutzen.

Die Bäume hier waren gelbe Akazien, Eukalyptusbäume, sehr hoch, mit hellen gelben Stämmen und Ästen und kleinen, fiedrigen jadegrünen Blättern. Ich glitschte ruhig weiter durch den Morast, und zwei winzige Antilopen, nicht größer als Kaninchen, sprangen über den Pfad. Sie waren rötlich, mit klitzekleinen Hörnern und Schmetterlingsohren, und ich hoffte, ich könnte sie lange genug im Gedächtnis behalten, um nachzuschlagen, wie sie hießen. Die Vorteile eines erfahrenen afrikanischen Safarifahrers waren nur allzu offenkundig. So ein Mann würde alles kennen, einem erklären, was die Tiere taten, und sich nicht um seine Schuhe sorgen. Vielleicht würde er sogar mal das Lenkrad übernehmen.

Durch die Bäume sah ich Zebras grasen und hielt vor Staunen und Freude den Atem an. Ich würde nie mehr in der Lage sein, einen Zoo zu besuchen; ich würde zuviel Mitleid haben mit diesen gekidnappten Tieren, die hierhergehörten. Und die armen Tiere würden für mich niemals wieder normal aussehen. Das kurze Intermezzo in Waza, Kamerun, die Giraffen an der Nairobi-Kampala-Straße und diese Zebraherde hatten mir bereits den Unterschied zwischen Tieren in Gefangenschaft und frei lebenden gezeigt: er war am Glanz ihres Fells abzulesen und an ihren Bewegungen, an der Anmut in allem, was sie taten, wenn sie so leben konnten, wie es vorgesehen war. Ich sah zum erstenmal Tiere, bislang hatte ich nur traurige Kopien der ursprünglichen Schöpfung gesehen.

Am Ufer stiegen Tausende von Flamingos auf und breiteten sich wie ein korallenrotes Band am Himmel aus. Das Fluggeräusch erinnerte an zerreißende Seide. Dann fiel das Band weiter hinten am See aus der Luft, und die Vögel staksten mit gesenkten Köpfen umher und fraßen; andere ruhten auf einem Bein aus. Ein Feld aus rosigen Federn. Von der Liste der hier zu beobachtenden Vögel, die dreieinhalb engbedruckte Seiten eines Feldführers einnahm, erkannte ich nur Silberreiher und Pelikane. Es waren reizvolle Namen: kahlgesichtiger Geh-weg-Vogel zum Beispiel, der »eine Serie von tiefen, blökenden Rufen und wildem klingelndem Gackern« ausstößt – was könnte es Besseres geben? Es war eine Welt von Vögeln, und sie sahen aus wie neu, standen ruhig da oder pickten vom Grund des Sees ihr Futter oder flogen wie zum Vergnügen in die strahlende Leere der Luft; ein kurzer Abstecher zum Himmel.

Ein umgestürzter Baumstamm war nicht allzu naß, gerade genug, um mir den Hosenboden anzufeuchten. Ich ließ mich mit Feldstecher und Lunch darauf nieder. Am gegenüberliegenden Ufer und am unteren Ende des Sees erhob sich das Land mit hohen Felsen, auf denen Kandelaberbäume wuchsen. Das Wasser war sehr blau, am Ufer sumpfig. Ich aß Sandwiches, lauschte der Stille hinter dem ständigen Insektensummen Afrikas und hoffte, es werde mich nun täglich ein Glücksanfall ereilen; denn hier war es wieder, dieses Gefühl zu fliegen.

Girlitze rauschten in Schwärmen durch die Eukalyptusbäume, auch größere gelbe Vögel, wahrscheinlich Webervögel. Tauben gurrten ihr süßklagendes Lied. Die bunten Blitze in den Blättern mochten Bienenfresser oder Nektarvögel sein. So viel gab es zu sehen, so viel zu lernen und keinen, der dabei helfen konnte – außer dem Feldführer zu den Nationalparks. Wenigstens gelang es mir, die winzigen Antilopen als Kirk-Dikdiks zu identifizieren. Ich beendete meinen Lunch, überlegte, ob ich lieber meinen Hintern trocknen lassen oder das Vergnügen einer Zigarette hier genießen wollte, zündete mir die Zigarette an und sah einer Horde graubrauner Affen zu, die in den Baumwipfeln herumtollten.

Wenn ich doch nur mehr wüßte, wenn ich doch nur zu mehr fähig wäre. – Eigentlich sollte ich ein Camp einrichten und langsam durch den Akazienwald gehen, um einen Blick auf die Tiere zu werfen, ehe sie einen Blick auf mich warfen. Statt dessen sah ich auf die Uhr; es war 2 Uhr 30, und Tageslicht und Entfernung wollten bedacht sein. Noch bewegte ich mich ruhig auf dem Pfad, hoffte auf weitere Traumbilder und sah dann die Zebraherde wieder, die nun Besuch von Freunden bekommen hatte, kleinen Antilopen mit schwarzem Streifen auf ihren gelbbraunen Flanken und zierlichen schwarzen Hörnern, bis zur Spitze zu Spiralen gedreht, und kurzen schwarzen Büschelschwänzen. Ich störte sie, und sie liefen davon, springend, als sei die Erde ein Trampolin. Dies war weit herrlicher und aufregender als alles, was ich in den Museen der zivilisierten Welt gesehen hatte, und auch Musik hatte mir nie solche Freude gemacht. Endlich hatte ich einmal tatsächlich gefunden, was ich suchte.

Der Landrover war so abgestellt, daß der Beifahrersitz zum Pfad zeigte. Joshua saß bei geöffneter Tür darin, die Beine übereinandergeschlagen und mit einem Fuß lässig wippend. Er hielt eine Miniaturtasse samt Untertasse in der linken Hand, und als ich ihn anstarrte, hob er das Täßchen an und nippte geziert. Es traf mich wie ein Blitz der Erkenntnis: ein schwuler Presbyterianer vom Stamme der Kikuyu. Joshua wandte sich mir zu und sagte huldvoll: »Jambo, Memsaab, Sie unterhalten sich gut?«

»Jambo, Joshua, sehr gut.« Ich beschäftigte mich damit, die kleinen Antilopen im Führer nachzuschlagen, während Joshua die Reste unseres Picknicks und sein Porzellan verstaute. Thomsongazellen. Aber wie hätte ich das auch ahnen können, ich wußte ja nicht einmal, daß es afrikanische Schwule gab. Wenn man an all das Geschrei um schwarze Männer dachte, die es nach weißen Frauen gelüstete, und an die weißen Frauen, die es nach der Potenz schwarzer Männer gelüstete, war die Sache noch komischer. Aber einen Kicheranfall mußte ich unbedingt vermeiden.

»Möchten Sie jetzt fahren, Joshua?«

»Kenn' die Straße nicht, Memsaab.«

»Haben Sie jemals von den Blinden gehört, die die Blinden führen?«

»Nein, wie kann das sein? Wenn jemand blind ist, wie kann er einen anderen führen, der auch blind ist?«

»Wir finden es bereits heraus, Joshua, Tag für Tag. Holen Sie Ihren Pullover heraus, es wird später kalt.«

Und ich dachte mir, daß ich ihm, bevor wir dieses Unternehmen hinter uns hatten, ohne Zweifel den Morgentee ans Bett bringen und ihn abends gut zudecken würde.

Die Straßen waren auf der Landkarte nie korrekt eingetragen, vielleicht, weil niemand auf dem verfügbaren Raum so viele Windungen und Kurven einzeichnen konnte. Dies war die Hauptstraße, und die Straßendecke war ganz gut, wenn es auch sehr steil hinauf- und hinunterging und man viel bremsen und schalten mußte. Die Aussicht war immer verschieden, im allgemeinen prächtig, niemals langweilig oder häßlich, und an das meiste habe ich nur verschwommene Erinnerungen. Wir mußten nach links in Richtung Kericho abbiegen, und ich wies Joshua an, die Augen offenzuhalten. Joshua konnte keine Karte lesen, aber darauf kam es nicht mehr an. Es gab nicht viel Wahlmöglichkeiten, und mit der Zeit wurde mir klar, daß die Karte mehr eine hoffnungsvolle Schätzung als eine Darstellung der Wirklichkeit war. Es gab wirklich keinen Grund, Informationen Glauben zu schenken, ob nun gedruckt oder in anderer Form, aber man muß eben an etwas glauben, sonst scheitert man ganz; und ich schenkte den Entfernungsangaben in der Hotel-, Gasthaus- und Rasthausbroschüre Glauben und ging von 80 Kilometern bis nach Kericho aus, aber wenn wir die Abzweigung verpaßten, wäre der nächstmögliche Halt dann Kisumu,

140 Kilometer entfernt, und das würden wir vor Einbruch der Dunkelheit nie schaffen.

Einer anderen, ausführlichen Landkarte, die ich später einem alten Afrikakenner gestohlen haben muß, entnehme ich, daß es eine ganz schöne Strecke gewesen ist; die Straße führte durch gewaltige Wälder, bergauf und bergab; das Mau Escarpment, ein über 3000 Meter hohes Gebirgsmassiv zu unserer Linken, und Mount Londiani, 3100 Meter hoch, zu unserer Rechten, und nach der Abzweigung bei Lumbwa fiel die Straße bei Kericho auf 2000 Meter ab, mit einer unermeßlich weiten unbewohnten Waldfläche im Osten. Es war großartig, und wenn ich nicht mit dem Landrover rang, würdigte ich es auch.

Gegen fünf nachmittags begann Joshuas Jammernummer. »Sehr kalt, Memsaab, wie weit noch?« Ich hatte ihm die Entfernungen gesagt; ob richtig oder falsch, bessere hatten wir nicht. Er wußte genauso wie ich, daß hier, praktisch am Äquator, die Sonne um sechs unterging. Er wußte auch, es wurde spätnachmittags kalt und in diesen großen Höhen noch viel kälter. Er wußte genausoviel wie ich, was nicht viel war, und ich war am Ende des Tages zu müde, um noch das Kindermädchen zu spielen. »Oh, seien Sie doch still, Joshua«, sagte ich und konzentrierte mich aufs Lenken.

Nach einer Weile sagte er: »Wohin fahren wir, Memsaab?«

»Kericho, das sagte ich doch schon.«

»Was ist das für ein Ort?«

»Wie in Gottes Namen soll ich das wissen? Das Hotel heißt Tea Hotel, also vermute ich, daß sie da Tee anbauen oder auch nur trinken. Denken Sie an was Nettes, Joshua, und fragen Sie mich bitte nicht, wie weit noch.«

Wir kamen kurz vor Einbruch der Dunkelheit an, und das Hotel strahlte aus der Ferne wie ein Leuchtturm. Eine herrische Memsaab sagte, sie würde sich um meinen Boy kümmern, und ich hätte Zeit, mich vor dem Abendessen schnell frisch zu machen. Ich war nicht wild aufs Essen und ließ mich in der Lounge in einen Chintzsessel fallen; müde, wie ich war, ging mir durch den Kopf, wie wunderbar es doch ist, daß die Engländer überall mit Chintz umzugehen wissen und von der »Lounge« sprechen, und ich schellte nach einem Drink. Die Hotel-Memsaab kam zurück und verkündete, daß ich zu spät käme, so als wäre das Zuspätkommen zum Essen ein Staatsverbrechen. Um sie zu besänftigen, erzählte ich ihr, daß ich von den Thomsonfällen hergefahren sei, und der Landrover sei alt und schwer, und deshalb brauche ich nun Whisky. Die Memsaab schmolz dahin und sagte, ich sei ein armes Ding, aber warum denn mein Boy nicht führe? Aus Loyalität zu Joshua ertappte ich mich beim Lügen. Er ist kein Fahrer, erklärte ich, er ist bei mir, um Gepäck zu tragen und meine Wäsche zu erledigen und zu dolmetschen, weil ich nicht Swahili spreche. Er ist mehr ein Boy für drinnen.

Ich würde mich nur wiederholen, wenn ich das Essen beschriebe. Ich gab die Schuld am mangelnden Eßvergnügen den Memsaabs, die die afrikanischen Köche schulten. Die Afrikaner aßen ja nicht das, was sie für uns kochten, ob sie es nun selbst so wünschten oder aus wirtschaftlichen Gründen. Eine dicke Puddingsauce über Dosenfrüchten war ein besonderer Fluch. Ebenso dicke braune Tunke auf undefinierbarem Fleisch. Das Frühstück blieb in Ostafrika die einzige zufriedenstellende Mahlzeit, wenn ich auch Theorie und Praxis des kalten Toasts niemals verstehen werde. Es gab noch ein paar andere Gäste im Speiseraum, aber abgesehen vom gemurmelten guten Abend, wenn sich Blicke trafen, kam es zu keinem Gespräch. An den einzelnen Tischen wurde im Flüsterton gesprochen. Die allgemeine Atmosphäre war die eines sehr, sehr respektablen englischen Provinzhotels. Drinnen wußte man kaum, daß man in Afrika war. Draußen sagte einem der Nachthimmel sehr genau, wo man war.

Niemand sonst schlenderte hinaus auf die Terrasse. Es war kalt, aber nicht deshalb hastete ich zurück in mein behagliches Zimmer und schloß die Vorhänge. Dies war nicht der samtige, umfangende Wüstenhimmel von El Geneina; dies war der unendliche Raum. Die Vorstellung des Grenzenlosen, der Unendlichkeit ist schon abstrakt erschreckend; wenn man sie erblickt, ist es noch viel schlimmer. Die weit entfernten Sterne erschienen wie eine eisige Kruste, und die Dunkelheit über den Sternen war mehr, als ich verkraften konnte. Die Maschinerie, die mich am Laufen hält, ist nicht darauf eingestellt, mit der Unendlichkeit und der Ewigkeit fertig zu werden, die beide so deutlich an jenem Himmel dargeboten wurden. Nach Sonnenuntergang drängten sich die Afrikaner in ihren runden Hütten zusammen und schlossen alles hinter sich, um die Nacht auszusperren; wenn ich sonst nichts an ihnen verstand, das verstand ich.

Der Morgen duftete nach Rosen und Lilien und Levkojen. Im Garten wuchs alles Englische, nur üppiger; Rosengeranien und Passionsblumen und Klettertrompeten und Bleiwurz bedeckten die Mauern des Hotels. Der Rasen war ein Triumph. In einem Land, in dem jeder Narr Orchideen züchten kann, ist ein glatter Rasen eine preiswürdige Leistung. Unterhalb dieser afro-englischen Enklave dehnten sich die Teegärten in langen, sauberen Reihen von glänzend dunkelgrünen Büschen aus; hinter den Teegärten Wald und Berge. Ich fragte die Hotel-Memsaab, Mrs. Simpson, ob ich ein paar Tage bleiben könne. Das Reisen zum Vergnügen hatte mich erschöpft. Dieses heilsame anglisierte Afrika war genau das richtige für strapazierte Nerven.

Joshua kam und setzte sich auf den Beifahrersitz des Landrovers. Als ich ihm sagte, ich hätte die Absicht, hier zwei oder drei Tage zu bleiben, ließ er den Kopf noch mehr hängen.

»Ist Ihr Zimmer nicht nett, Joshua?«

»Ist in Ordnung, Memsaab.«

»Bekommen Sie, was Sie essen möchten?«

»Ja, Memsaab.«

»Na fein. Sie lieben doch Tee, hier gibt's bestimmt erstklassigen Tee.«

Joshua langweilte sich, soviel war klar. Ich mußte meine Reise nicht so anlegen, daß sie Joshua nicht langweilte. Er sollte eigentlich arbeiten, damit er beschäftigt war, und eigentlich sollte er diese Arbeit ohne Aufforderung täglich erledigen. Ich sagte: »Machen Sie den Wagen sauber, Joshua, von außen und innen. Das ist Ihr Job, wie Sie wissen. Sehen Sie sich die Windschutzscheibe an!« Sie war mit zerdrückten Insekten vollgeklatscht. »Und den Boden.« Brocken trockenen Schlamms. »Also los, Joshua«, sagte ich.

Am Nachmittag suchte mich Mrs. Simpson an meinem schattigen Liegestuhl auf. Ich legte mit Bedauern meinen Taschenbuch-Thriller zur Seite. Mrs. Simpson ließ sich zu einem Schwatz bequem auf dem Rasen nieder. Zunächst sondierte sie ein wenig. Es sei ungewöhnlich, sagte sie, daß eine Frau allein reise. Zwei unverheiratete Lehrerinnen aus Nairobi kämen öfter während der Schulferien hierher, aber sie lebten ja auch in Kenia.

Vielleicht sei ich zu Freunden unterwegs? Ich deutete ein unverbindliches Nicken an, und das schien als Erklärung zu reichen.

»Das ist ein komischer Typ, Ihr Boy.«

»Oh? Hat er etwas angestellt?«

»Oh, nein, er ist bemerkenswert ordentlich und ruhig. Er ist eher eine kleine alte Jungfer als ein Afrikaner.«

Armer Joshua, ich konnte mir nicht vorstellen, daß er so hoch und schrill oder tief aus dem Bauch heraus lachte, wie es die Afrikaner tun, noch konnte ich mir ausmalen, daß er sich genüßlich dem Nonstopgeschnatter, der wichtigsten afrikanischen Beschäftigung, anschloß. Vielleicht langweilte er sich gar nicht, vielleicht war er einsam.

»Er sieht jünger aus, als er ist«, sagte Mrs. Simpson. »Ich hätte ihn nicht für dreiunddreißig gehalten.«

»Dreiunddreißig?«

»Das sagte er.« Wen log Joshua an und zu welchem Zweck?

»Ich lebe hier seit siebenundzwanzig Jahren«, sagte Mrs. Simpson. »Mein Mann war Teepflanzer; ich habe vor fünf Jahren seinen Job übernommen, als er starb. Und ich weiß nichts über die Afrikaner, kenne nicht ihr Alter, habe keine Ahnung, was in ihren Köpfen vorgeht oder warum sie tun, was sie tun, oder nicht tun, was sie tun müßten. Je länger man unter ihnen lebt, um so weniger weiß man. Unser Koch zum Beispiel, er ist von Anfang an bei mir. Er macht mindestens dreimal die Woche Apfelkuchen. Er wird damit monatelang perfekt fertig, dann plötzlich vergißt er alles. Er kann keinen Apfelkuchen mehr machen. Ich muß wieder ganz von vorn anfangen und es ihm neu beibringen. Dann schmollt er, als solle er etwas Außergewöhnliches und

Unmögliches tun. Sie sagen uns im Grunde niemals die Wahrheit. Jedesmal wenn sie Sonderurlaub haben wollen, stirbt jemand in der Familie. Ich habe einen Gärtner, der wenigstens zwanzig Todesfälle in seiner Familie hatte, und ich behalte ihn nur, weil er sich gut mit Rosen auskennt. Aber dann vergißt er das auch. Man muß jede Minute hinter ihnen stehen, aufpassen, erinnern, nörgeln. Es treibt einen die Wände hoch.«

»Das ist vielleicht so, weil sich alles so von dem unterscheidet, was sie für sich selbst tun?«

»Meine Liebe, sie tun nichts für sich, wenn sie es irgendwie vermeiden können. Die Frauen tun die Arbeit auf ihren *shambas,* und das ist nicht viel. Sie ziehen ein bißchen Gemüse und halten ein paar Hühner. Sie sind stinkfaul. Gott stehe diesem Land bei, wenn die Unabhängigkeit kommt. Die ganze Bande wird sich einfach hinlegen und schlafen.«

»Werden Sie nach der Unabhängigkeit bleiben?«

»Wenn sie uns nicht rausschmeißen. Ich möchte nirgendwo anders leben. Ich bin nicht mehr nach Hause gefahren, seit mein Mann gestorben ist. England kam mir so klein vor, als wir noch hinfuhren, und dann das scheußliche Klima. Ich mache jetzt Urlaub an der Küste. Ich habe seit sieben Jahren den Fuß nicht mehr aus Kenia rausgesetzt. Aber stellen Sie sich vor, was aus diesem Land werden könnte, wenn die Bevölkerung Chinesen anstelle von Afrikanern wären. Diese schlauen, schwer schuftenden Chinesen! Es wäre der Himmel auf Erden. Jetzt muß ich aber gehen und aufpassen, daß sie den Tee richtig servieren. Man weiß nie, was sie tun. Eines Tages brachten sie die Teekannen mit heißem Wasser, hatten aber vergessen, Tee hineinzutun.«

Joshua streifte ziellos durch die Gegend wie ein Heimatloser in einem Flüchtlingslager. Ich fragte ihn, ob er gern läse. Er sagte ohne große Begeisterung ja. Ich gab ihm also meinen Thriller vom Vortag, denn es bekümmerte mich, daß sich Joshua nicht amüsierte.

»Finden Sie es nicht hübsch hier, Joshua?«

»Ja, es ist hübsch, Memsaab, aber ich denke, wir gehen auf Safari, und nun sitzen wir an einem Platz fest.«

Das machte mich böse. »Es ist meine Safari, Joshua, und vielleicht wäre ich nicht so müde, wenn ich nicht immer allein fahren müßte.«

»Diese Straßen sind zu schlecht, Memsaab. Wenn ich einen Unfall mache, kriege ich viel Ärger. Sie haben doch den Bwana und die Memsaab heute morgen wegfahren sehen. Sie haben einen afrikanischen Boy bei sich, aber der Bwana fährt.«

»Warum haben Sie Mrs. Simpson erzählt, Sie wären dreiunddreißig?«

»Wann?« fragte Joshua verwundert unschuldig.

»Passen Sie auf, Joshua, ich habe vor, auf dieser Safari Spaß zu haben, und wenn Sie keinen haben, dann beschweren Sie sich wenigstens nicht darüber.«

Joshua wirkte sofort verletzt und hochmütig. Ich ging in dem Gefühl fort, daß unsere Beziehung alle Merkmale einer hastig geschlossenen Ehe hatte, die man lange bereut. Aber wenn er schon nichts anderes tun konnte, dann würde er doch wohl einen Reifen wechseln können, falls es dazu kam, und ich hatte kein Swahili gelernt über ja, nein, bitte, danke, Jambo hinaus.

Wir starteten am dritten Morgen bei freundlicher Stimmung, denn Joshua war von dem Thriller begeistert und wollte darüber reden.

»Worauf sind diese Spione aus, Memsaab? Diamanten?«

»Nein.« Mir war nicht ganz klar, wie ich dieses unglaublich idiotische Phänomen der Spionage, ob nun wirklich oder erdacht, erklären sollte; zudem konnte ich mich an die Handlung nicht mehr erinnern, da ich schon wieder von der nächsten in Anspruch genommen war. »Sie sind hintereinander her, denke ich.«

»Zwei sind schon getötet worden«, sagte Joshua eingeschüchtert. »Sehr mieser Job. Die Spione müssen viel Geld kriegen für so miese Jobs.«

Ich und nur ich hielt treu und fest das Lenkrad umklammert, während wir nach Eldoret fuhren, nach Tororo jenseits der Grenze von Uganda (irgendwo sonnten sich große, urtümliche Krokodile und glitten dann ins Wasser) und weiter nach Jinja, wo sich der Nil aus dem Viktoriasee ergießt, und bis nach Kampala. Joshua sagte sofort und begründeterweise, Nairobi sei viel besser.

»Okay, Joshua, ich stimme Ihnen zu. Aber ich werde mir die Stadt ansehen, sobald ich ein Zimmer habe. Wollen Sie mitkommen?«

Joshua geruhte, die Einladung anzunehmen. Es gab nicht viel zu sehen. Es war eine unordentlich-unfertige Stadt, afrikanischer als Nairobi. Ich wurde wütend wegen der Hitze. Was sollte dieses schauderhafte Klima eigentlich? Kampala liegt 1900 Meter hoch und nicht auf Meereshöhe, und der nah gelegene Viktoriasee, die zweitgrößte Süßwasserfläche der Welt (laut *Weltalmanach*), sollte doch für Abkühlung der Luft sorgen. Ich war empört darüber, daß ich wieder schwitzen sollte.

»Die Makerere-Universität ist hier«, informierte ich Joshua. »Sie ist sehr groß, die Universität für ganz Ostafrika.«

Joshua murrte. Wir fuhren am Campus vorbei, imitiert elisabethanisch und efeubedeckt, sehr lächerlich, eine afrikanische Version des Bryn Mawr College. Ich fühlte mich von diesem Witz neu belebt, als wir an eine Reihe von Bäumen kamen, wo plötzlich Tausende von Fledermäusen den Himmel anfüllten, blind herumflatterten, quiekten und wie eklige Weintrauben an den Bäumen hingen. Ein Fledermausschutzgebiet. Joshua schrie vor Abscheu, bedeckte mit den Händen sein Haar, das höchstens einen Zentimeter lang war, und bot so den Fledermäusen keinerlei Unterschlupf – falls es wahr ist, daß Fledermäuse gern in Menschenhaar nisten.

»Was ist denn das für ein Ort?« schrie Joshua. »So was in einer Stadt! Wir haben in Nairobi keine *dudus* wie die hier.« *Dudu* ist Swahili für Insekt.

»Ich mag sie auch nicht.«

»Fahren Sie weiter, Memsaab, schnell, bevor sie zu uns kommen!«

Ich hatte angewidert angehalten – Fledermäuse waren nicht die angenehmsten Lebewesen für mich –, war aber fasziniert von diesem seltsamen Wanderzug. Warum ausgerechnet hier?

»Fahren Sie schnell«, befahl Joshua am Rande einer Panik.

»Hören Sie zu, Joshua, ich weiß, wann etwas gefährlich ist und wann nicht«, log ich. »Also hören Sie auf, sich wie ein Narr aufzuführen.«

Doch da Joshua nicht nur in Panik geraten war, sondern auch bald zu weinen anfangen würde, hielt ich es für besser weiterzufahren.

»Wie lange bleiben wir hier, Memsaab?«

»Wir fahren morgen ab. Ich muß ein paar Briefe aufgeben und Geld besorgen.«

Wir standen zusammen Schlange in dem überfüllten Hauptpostamt. Joshua hielt eine Ansichtskarte sorgfältig zwischen Daumen und Zeigefinger. Ich hätte gern gewußt, wer diesen Gruß aus der Ferne bekommen würde – hatte er eine Familie, einen Busenfreund? –, wagte aber nicht, in sein Privatleben einzudringen. Jeder um uns herum roch wie in Westafrika; wieder dieser erschreckende Moschusgestank. Ich war auf diesen Schock nach dem deodorisierten Kenia nicht vorbereitet und zitterte vor Abscheu. Joshua nahm sein Taschentuch und hielt es sich frei vor die Nase.

»Tun Sie das nicht«, zischte ich.

Joshua sprach durch sein Taschentuch und sagte: »Diese Leute schwitzen *dreckig*. Sie riechen ganz schlecht. Solche Leute kenne ich nicht. In Kenia riechen die Leute nicht so.«

»Tun Sie Ihr Taschentuch weg, Joshua. Atmen Sie durch den Mund wie ich.«

In der brütenden Hitze der Stadt und inmitten dieser Körpergerüche, die ich glücklicherweise vergessen hatte, wurde mir übel. Joshua drückte mir seine Postkarte und einige Pennies in die Hand und floh. Also war meine Nase doch nicht rassistisch – was für eine Erleichterung. Und außerdem würde ich großzügig darauf verzichten, die Anschrift auf Joshuas Karte zu lesen.

Die Leute im Postamt sahen vernünftig gekleidet aus, und viele waren dick, sicheres Zeichen des Wohlstands. Sie waren wirklich schwarz, mit einem pflaumenblauen Schimmer, ganz anders als Joshua, und schwärzer als jeder Kenia-Afrikaner, den ich gesehen hatte. Der Geruch konnte nicht von der Hauttönung herrühren; es mußte an der Ernährung liegen. Der europäische Assistent des Hotelmanagers sagte mir, die

Einheimischen lebten von Bananen und Fisch. Ich hoffte sehr, daß Joshua das Essen hier ebenso verschmähte wie alles übrige; es wäre zu schrecklich, wenn Joshua anfinge, ugandisch zu riechen.

Pläne.

Ein Mann in der Hotelbar sagte, ich müsse auf jeden Fall den alten Tom Popper besuchen. Old Tom sei ein Unikum, eine Persönlichkeit, halte sich einen schwarzen Harem und produziere Dutzende kleiner schwarzer Kinderlein, stinkarm, baue Tee an, angeblich jedenfalls; die Memsaabs wollten ihn deportieren lassen, er wäre eine Schande für Großbritannien, benehme sich völlig daneben. Allerdings – der alte Tom lebe seit fünfundvierzig Jahren in Afrika, und es gebe nichts, was er über das Land und die Schwarzen nicht wisse (abschätzig). »Hier, ich zeichne es Ihnen auf.« – »Danke, klingt aufregend.« Der weiße Mann, der wie ein Eingeborener lebt, ist eine zentrale Figur in der Literatur über Afrika und, wie es im Michelin heißt, *vaut le voyage.*

Alan Mooreheads herrliches Buch *No Room in the Ark* brachte mich in Versuchung, Traveller's Rest, einen Gasthof in Kisoro, aufzusuchen, von wo aus man ins Gebirge steigt, in der Hoffnung, den seltenen Gorilla zu sichten, eine aussterbende Art. Alan hatte es getan und erweckte auf dem Papier den Eindruck, als sei es in höchstem Maße *vaut le voyage.* Und natürlich der Queen-Elizabeth-Park wegen der Elefanten. Ich studierte die Landkarte. Eine Rundfahrt durch das südwestliche Uganda hielt ich für möglich, zumeist auf roten Strichen. Ich hatte zwar einiges an Vertrauen auf Rot für Hauptstraßen eingebüßt, aber die Neugier ist stärker als die Skepsis.

Ich sagte: »Nun gut, Joshua, ich bringe uns aus Kampala raus, aber dann, bei Gott, fahren Sie.«

Joshua hatte diesmal was ganz Famoses vorzubringen. Er bedauerte, daß er in Uganda nicht fahren könne, da sein Führerschein hier nicht gültig sei; was klang, als wäre er in Kenia schon bis zur Erschöpfung gefahren.

»Das hätten Sie mir in Nairobi sagen können.«

»Ich wußte nicht, daß Sie nach Uganda kommen, Memsaab. Ich dachte, es ist eine Safari in Kenia.«

Also war alles mein Fehler. Ich hatte diese schlichte Kreatur weit weg von zu Hause in ein fremdes Land gelockt, und nun erwartete ich, daß er fuhr.

Joshua log. Als die drei Länder britische Kolonien waren, bildeten sie einen echten gemeinsamen Markt: alles war für alle in jedem Land annehmbar. Es war nicht zu glauben: Da schleppte ich unter beträchtlichen Kosten und gehöriger seelischer Belastung einen Burschen mit mir herum, dessen einziger Dienst darin bestand, abends und morgens meinen Koffer in den und aus dem Landrover zu heben.

»Wissen Sie, was Sie sind, Joshua?«

»Memsaab?«

»Sie sind ein kahlgesichtiger Geh-weg-Vogel.«

Joshuas Gesicht verschloß sich. Das ist eine typisch afrikanische Miene. Gesicht und Augen verwandeln sich in Holz. Das Gesicht sieht geradezu taub aus. Sie befinden sich dann in weiter Ferne und sind unerreichbar. Dieses Sichentziehen müssen sie wohl über die Jahrhunderte perfektioniert haben. Es ist ihr Schutz gegen Beleidigung und Schlimmeres. Joshua glaubte ganz offensichtlich, ich hätte auf ihn geflucht. Fluchen ist das Vorspiel zu dem vollentwickelten bösartigen Zornessyndrom von Europäern. In weniger aufgeklärten Zeiten führte Fluchen ohne Zweifel zu Schlägen. Ich schäumte vor Wut. Wie konnte es Joshua wagen, mich wie einen Sklaventreiber zu behandeln, wo ich in Wirklichkeit sein Kindermädchen gewesen war!

»Und übrigens, Joshua«, sagte ich ziemlich schrill, *»Scheiße.«*

Dieses Wort, so übel aus dem Mund einer Memsaab, zeitigte keine Wirkung. Wahrscheinlich kannte es Joshua nicht, und ich kannte den Ausdruck in Swahili nicht. Wir rasselten laut wie ein Panzer in eisigem Schweigen weiter.

Dies war Staubland. Manchmal war der Staub beige, manchmal braun, manchmal rot. Joshua war kein besserwisserischer Beifahrer auf dem Rücksitz, er war ein stöhnender und keuchender Beifahrer auf dem Vordersitz. Er keuchte vor Angst, wenn ich eine Kurve schneller nahm, als ich wollte, oder im Staub rutschte oder bei voller Fahrt in ein Schlagloch donnerte. Er stöhnte, weil ihm Hitze, Staub und die Mühsal der Fahrt nicht paßten. Ich hatte mich entschlossen, das zu ignorieren, und tat es auch bis zu einem gewissen Punkt, an dem ich zurückknurrte, der Passagier könne immer aussteigen und zu Fuß gehen, wenn er nicht zufrieden sei.

Meine Beziehung zum Landrover war ebenfalls reichlich seltsam; der Landrover war mein alter Kriegskamerad, wir waren gemeinsam durch Hölle und Flut gegangen, ohne meinen Kumpel war ich ein armes, einsames Waisenkind, mit meinem Kumpel an meiner Seite konnte ich den Wahn aufrechterhalten, daß ich ein mutiger, starker, toller Kerl war. Wenn meinem Kumpel irgend etwas zustieß, dann konnte ich mich gleich erschießen. Aber mein Kumpel stand nicht in der Blüte seiner Jugend. Mich quälte die Sorge, wie lange mein Kumpel noch aushalten würde.

Wir fuhren von der dicksten roten Linie (Hauptstraße) ab und auf einen so mörderischen Pfad, daß ich annehmen mußte, es handle sich um eine der roten Haarlinien auf der Karte. Ich dachte mit Angst an die lebenswichtigen unteren Teile des Landrovers. Das Ziel der Reise war ein verkommenes Haus aus Latten und ohne Anstrich auf einem Hügel, der mit Teebüschen bedeckt war. Der alte Tom Popper, der genauso aussah, wie ich es erwartete, begrüßte mich argwöhnisch. Er trug einen zerknüllten, durchschwitzten braunen Filzhut, schmutzige Khakihosen, ein verschossenes, zerrissenes Hemd, Schuhe ohne Schnürsenkel und keine Sokken. Er hatte noch ein paar Zähne, einen rötlichen Stoppelbart, das blaue Auge eines Trinkers und keinen Bedarf an Besuchern. Ich hätte es inzwischen gelernt haben sollen: Menschen, die sich absonderten, taten, was sie sich ausgesucht hatten, und was sie sich ausgesucht hatten, war, abgesondert zu bleiben.

Mein Angebot, Whisky zu spendieren, machte mich beliebt genug, um in Mr. Poppers jämmerlichem Wohnzimmer einen Platz zum Sitzen zu bekommen sowie ein klebriges Marmeladenglas mit meinem Whisky und lauwarmem Wasser. Zuerst blieben wir allein, und Mr. Popper beantwortete meine Fragen mit ironischem Lächeln und »Könnt' ich nicht sagen«, »Hab' keine Ahnung« und »Wüßt' ich nicht«. Langsam, scheu wie Dikdiks, kamen schwarze Kinder hereingetappt, die Papa tätschelte oder kurz auf den Schoß nahm. Der alte Mr. Popper war noch tüchtig bei der Sache – das kleinste Kind war etwa zwei Jahre alt. Ich zählte zehn, war aber nicht sicher; vielleicht kamen dieselben zurück, um noch einen zweiten Blick auf die komische europäische Frau zu werfen. Vielleicht arbeitete ein Dutzend älterer Söhne und Töchter draußen im Teegarten. Es gab keinen Hinweis auf eine Frau oder auf Frauen, auch kein Geräusch hinter der Bühne, das darauf hindeutete, daß sie im Haus war oder waren.

Mir gefiel die Hinhaltetaktik des alten Mr. Popper nicht sonderlich, und ich wollte mich, schmollend wegen der verschwendeten Bestechung, gerade verabschieden, als der alte Tom, vom Drink weich geworden, sich entschloß, sein Spielchen aufzustecken. »Lady«, sagte er, »ich sag' Ihnen die verdammte Wahrheit. Ich weiß nichts, gar nichts über die Afrikaner, und ich werd' es nie wissen.« Er könne vermuten, was sie tun würden, aber das sei auch alles, und die Wahrscheinlichkeit, daß er falsch rate, sei hoch. Es gebe nicht einen Funken Hoffnung, daß man je begreife, wie ihre Hirne funktionierten, wenn sie überhaupt, was er bezweifle, ihre Hirne gebrauchten. Sie gebrauchten etwas anderes als wir. »Und sie wissen auch nichts, gar nichts über uns.«

Mehr verstehe er von Wild, von wilden Tieren. Er glaube, er habe da inzwischen aus langer Beobachtung ganz schöne Ahnung, und was sie täten, sei logisch, sie verhielten sich nach einem einsichtigen Muster. Ich fragte, ob es nicht einsam und beängstigend sei, unter Leuten zu leben, die einem für immer fremd blieben, wie es wohl alle Europäer empfänden. Hänge von der Person ab, sagte er. Er habe sowieso nichts für Leute übrig, und was das Fürchten anginge, habe er immer ein geladenes Gewehr griffbereit und ein gutes, scharfes *panga,* und er glaube, er könne schon auf sich selbst aufpassen. Wenn er zu alt oder krank würde, würde einer von ihnen ihn vermutlich vergiften. Er sagte das fröhlich, und ich wagte nicht zu fragen, ob er seine Frau/Frauen und/oder Kinder meinte. Aber wen sonst konnte er im Kopf haben? Das Warten auf das alles beendende Gift in diesem verfallenen Loch hätte jeden zermürben können, aber der alte Tom sah nicht im geringsten niedergeschlagen aus, wie er da mit dem Hut auf dem Kopf den Besucherwhisky genoß und entspannt auf einem Sessel aus öffentlichem Besitz saß, aus dem unten die Federn heraushingen.

Er warnte mich vor dem Viktoriasee. Ich solle nicht mal einen Finger reinstecken. Er sei ganz typisch für Afrika, 300 Kilometer lang und am ganzen Ufer von Schnecken verseucht, die Bilharziose übertrügen. Bilharziose sei wirklich übel. Das und Leberegel und Loa-Loa. Die Afrikaner seien ganze Vorratslager voll Parasiten, voll schleichender und kriechender Viecher, die jeden Europäer umbrächten. Man könne die armen Bastarde nicht dafür schelten, daß sie faul seien, sie wären ja die halbe Zeit krank. Schreckliches Land, Afrika, ungeeignet dafür, daß Menschen es bewohnen. Aber, sagte ich nervös, er habe es doch nun schon eine ganze Weile bewohnt. Das sei nur, weil er Leute nicht ausstehen könne, und Afrika sei ungefähr der allerletzte Fleck, wo man sich von Leuten fernhalten könne. Das leuchtete angesichts seines kleinen, privaten Stammes nicht recht ein. Ich sprach ihm geräuschvoll meinen Dank aus, ließ den Whisky da, und Mr. Popper begleitete mich zur Haustür. Joshua war im Landrover geblieben.

»Das ist Ihr Safarifahrer?« fragte Mr. Popper mit einem Blick auf Joshuas winzige Shorts, spitze Schuhe und Sonnenbrille. Ich nickte. Mr. Popper brüllte vor Lachen, wünschte mir alles Gute und schloß die Tür hinter sich.

Als wir den Staubpfad vom Haus herunterruckelten, sagte Joshua: »Was ist der Bwana, Memsaab?«

»Er ist Teepflanzer.«

»Er hat viele kleine *totos* in seinem Haus. Die Bwanas in Kenia haben keine afrikanischen *totos* in ihrem Haus.«

Ein schwuler Presbyterianer vom Stamm der Kikuyu, und prüde dazu.

In Fort Portal – auf dem Hotelgelände? am Eingang zum Club? – war der berüchtigte Satz auf ein Schild gemalt, für jedermann zu sehen: *Keine Hunde oder Eingeborenen zugelassen.* Ich glaube, daß dieses Schild den Untergang des britischen Imperiums herbeigeführt hat, wenn auch die Geschichte diese Ansicht nicht stützt. Es ist ein Schild, das einen zornig macht. Es machte mich so wütend, als wäre ich ein Hund oder Eingeborener. Es bestand keine Notwendigkeit, Afrikaner mit solchen Schildern zu beleidigen; sie wußten auch so, daß sie nicht hineindurften, und versuchten niemals, in geheiligte weiße Bereiche einzudringen. Warum es also noch mal gedruckt betonen.

Die frommen Viktorianer betrachteten Uganda als ein schönes Betätigungsfeld für Diener Gottes, aber als weniger geeignet für britische Siedler. Das Ergebnis war und blieb ein Überangebot an Missionaren und wenige weiße Bewohner. Die Weißen waren nicht die landbesitzenden Farmer wie im hochgelegenen Kenia. Sie waren Manager, Verwalter, Akademiker. Alles in allem ungefähr 10000 Europäer unter rund 7 Millionen Afrikanern. Solange sie von der britischen Kolonialtruppe und dem Gesetz beschützt wurden, waren sie sicher keine Handvoll Schiffbrüchiger auf großer schwarzer See.

Die Unabhängigkeit stand in sieben Monaten bevor, hatte sie also schon fast eingeholt, und sie sahen sie als Gefahr an. Die schlampigen Memsaabs und die feisten Bwanas auf der Hotelveranda klangen überdreht, sie redeten zuviel, zu aufgebracht. Zwischen rosa Gins wiederholten sie immer wieder, daß sie ihren Club lieber niederbrennen würden, als diese schwarzen Paviane Mitglied werden zu lassen. Sie sagten große Schwierigkeiten voraus: Ohne Europäer für die Aufsicht und Leitung ginge die Wirtschaft in die Binsen. Den Kaffee- und Baumwollexport könne man dann vergessen. Die Vorstellung, daß die Ugander sich selbst regieren könnten, sei Wahnsinn.

Alle Länder haben etwas Eigenartiges, ihnen Eigenes, das man sofort durch eine Art emotionaler Osmose spürt. Uganda war klaustrophobisch. Es ist das kleinste der ostafrikanischen Länder, etwa von der Größe des Vereinigten Königreichs, also nichts nach afrikanischen Maßstäben, und es ist ringsum von Land umschlossen. Während Kenia hell und geräumig wirkte, kam mir dieses Land zu üppig vor, zu grün; die Landschaft selbst holte einen ein. Und das Land wirkt übervölkert, was es tatsächlich auch ist. Kenia ist dreimal so groß und hat ein Drittel der Einwohner pro Quadratkilometer. (Wenn sich im Augenblick die afrikanische Bevölkerung auch mit der Geschwindigkeit von Nerzen vermehrt, was niemandem nützt.) Vierzig Stämme leben in Uganda. Als ein vereintes Ganzes existiert Uganda erst richtig seit Ende des Ersten Weltkrieges, nach historischen Maßstäben keine Zeit. Davor befeindeten und bekriegten sich die Stämme; fünfzig Jahre später waren sie nicht zu Freunden geworden, die sich vertrauten. Wie Joshua war ich von Uganda nicht angetan; es machte mich unruhig.

Joshua war verdrossen, und ich hing wie üblich über dem Lenkrad und achtete auf die Straße. Ich sah es nicht, aber ich spürte etwas sich verändern und dachte, Kilometer entfernt im Westen baue sich so etwas wie ein heftiger afrikanischer Sturm auf. Das staubige, lose hängende Segeltuchdach des Landrovers schränkte unsere Sicht ein. Jene entfernte schwarze Wand sah böse aus, nach Regen wie nie zuvor, und ich hatte im Wagen keine Stoffbespannung für die Seiten des Landrovers gefunden. Die schwarze Wand erhob sich aus flachem Buschland steil in den Himmel – entweder eine Lichttäuschung oder die Wirklichkeit, ein einziger, rechtwinklig verlaufender Berg, der den Horizont einnahm. Und er hatte keinen Gipfel. Die Flanke dieses Bergs oder Gebirgsmassivs stieg hoch und außer Sicht. Wie dumm von mir, natürlich konnte ich den Gipfel nicht sehen, er war in Wolken eingehüllt. Über uns und überall sonst war der Himmel tiefblau. Ich starrte genauer hin: keine Wolken, Schnee.

»Joshua, den Feldstecher, schnell!«

Ja, Schnee, ein Schneefeld, so lang wie der Berg.

»Mein Gott, was ist das?« Es war zu sonderbar, kam zu unerwartet – das waren keine Berge, wie ich sie schon irgendwo einmal gesehen hatte, wundervoll, unwirklich, ein dunkles Traumgebirge. Während ich hinschaute, sanken die Wolkenmassen tiefer und tiefer, bis nur noch ein schwarzer Streifen am Horizont übrigblieb.

Der Feldführer und die Landkarte sagten mir, was ich gesehen hatte: die Ruwenzori, die Mondberge. Kein Wunder, daß sie keinen anderen glichen.

»Afrika ist zu groß, Joshua. Alles in Afrika ist zu groß. Es war nie für Menschen gedacht. Man hätte es den Tieren überlassen sollen. Sie kamen zuerst, sie gehören hierhin.«

»Memsaab?«

»Sehen Sie das da drüben, das schwarze Ding vor dem Himmel?«

»Ja, Memsaab.«

»Da leben Gorillas.« Und für sie war die Landschaft geeignet. Laut Leakey, Ardrey und anderen, Leuten, die es wissen müssen, entwickelte sich unsere Spezies hier aus den Affen, hier in Afrika, in dieser Zone Afrikas. Ich glaube, wir waren evolutionäre Eindringlinge; dies war nicht unser Territorium, es gehörte den Tieren. Ich war auch nicht mehr sicher, ob die Afrikaner hierhergehörten; sie waren von Anfang an hiergewesen und hatten das Land kaum geprägt.

Nach einem Kilometer im Queen-Elizabeth-Park stieß ich auf das Verkehrsschild: Elefanten haben Vorfahrt. Wie war das gedacht? Als ein Witz oder als Hinweis darauf, daß Touristen es fertigbringen, sich mit Elefanten um die Vorfahrt zu streiten? Joshua entdeckte sie. Afrikaner haben statt Augen eingebaute Feldstecher, warum, weiß ich nicht.

»Da, Memsaab! *Tembo!*« Rechts in der Ferne trottete eine Herde Elefanten hintereinander langsam zum See. Der Boden war rot, die Elefanten waren dunkelrot von ihren täglichen Staubduschen. Ich beobachtete sie durch meinen Feldstecher mit Ehrfurcht – dieses Gefühl flößen sie einem ein, wenn man sie aus sicherem Abstand beobachten kann. Den Löwen hält man für den König der Tiere, aber ich habe nie Löwen gesehen, die auch nur annähernd so großartig waren wie Elefanten. Die imposanten Geschöpfe folgten ihrem Leittier und wechselten die Richtung, um die Fahrspur zu überqueren.

»*Tembo* kommen!« flüsterte Joshua. »Fort. Memsaab!«

»Sie kommen nicht hierher, still.« Ich verließ mich auf eine anerkannte Regel: Man ist im Wagen sicher, geschützt durch den Benzingeruch, und wenn man sich mit Elefanten nicht anlegt, legen sich die Elefanten auch nicht mit einem an. Die gewaltigen Leiber bewegten sich ohne jedes Geräusch über den Erdboden; sie traten das trockene Löwengras und die Dornbüsche nieder. Es waren etwa zwanzig Tiere, einschließlich Babys und Jungtieren, angeführt von der Matriarchin. Sie verschwanden in den Bäumen zur Linken wie gigantische Geister.

»Wie herrlich«, sagte ich.

»Gibt's hier viele *tembos,* Memsaab?«

»Ja.«

»Und Löwen?«

»Ich hoffe, ja.« Laut Feldführer gab es Löwen im Kigesi-Parkland, wo immer das war, die einen Hang zum Bäumeklettern entwickelt hatten. Darauf freute ich mich.

»Sie fahren jetzt ins Hotel, Memsaab?«

»Ja. Ich besorge mir ein Zimmer und fahre dann noch etwa eine Stunde herum.«

»Ich bleibe im Fahrerraum.«

»Warum, Joshua, möchten Sie die Tiere nicht sehen? Das ist doch der Grund für die Safari.«

»Besser ich bleibe im Fahrerraum.«

Die Mweya Lodge war auf eine Klippe oberhalb des Lake Edward gebaut, ein attraktives Steingebäude mit der üblichen Pracht blühender Ranken, mit angenehmen Zimmern, aber nicht sehr gepflegt, wie überall in Uganda. Joshua setzte meinen Koffer ab und begab sich auf die Suche nach einem Zimmer, das weit genug entfernt lag von den Tieren ringsum. Als ich von meinem Besichtigungsvorhaben sprach, sagte mir der Manager, es sei keine gute Idee, das allein zu machen, weil ich mich auf den Fahrspuren verirren könnte, und warum ich denn nicht mit dem Motorboot auf den Kazinga-Kanal hinausführe, da gebe es viel zu sehen, und jetzt sei die beste Zeit dafür. Es gab tatsächlich viel zu sehen, besonders die Schlünde gähnender Flußpferde, trinkende und sich besprühende Elefanten, Affen, die akrobatische Vorstellungen gaben, und unzählige Vögel, deren Namen ich nicht kannte.

Ich saß an meinem Einzeltisch beim Abendessen, als ein gutaussehender jüngerer Mann mit grauem Haar, einem roten Halstuch und der Aura eines Filmstars mich ansprach. Ob ich Lust hätte, morgen mit ihm und seinen Freunden hinauszufahren? Eine Szene für einen Film war gerade hier abgedreht worden, für einen bekannten Film, dessen Titel mir entfallen ist. In dieser Szene gerieten Elefanten in Panik, und der tollkühne Wildhüter, oder wer auch immer der Held war, fuhr aus einem unerklärlichen, aber noblen Grund mitten durch diese gefährliche, durcheinanderrennende Menge. Das Double des Stars, der Stuntman, der die Szene wirklich gespielt hatte, war der Bursche mit dem roten Halstuch, ein weißer Jäger.

Er sagte, die Filmstars hätten während der gesamten Dreharbeiten gezittert, sie hätten höllische Angst vor den Tieren gehabt. Im Verlauf dieser Flucht gemäß Drehbuch sei ein Elefant verletzt worden, und er müsse ihn morgen finden, um ihn zu erschießen und von seinen Leiden zu erlösen. Ich sagte ungehalten, ich glaubte nicht, daß irgendein Film es wert sei, dafür einen Elefanten zu töten, und er sah mich amüsiert an. Albern von mir, so etwas einem Mann zu sagen, dessen Geschäft es war, Tiere zu schießen.

Seine Freunde stellten sich als ein dunkelhaariges Mädchen heraus, das ihn offenkundig anbetete. Wir drei saßen vorne im Landrover, und während wir auf der Suche nach dem Elefanten in den Busch fuhren, erzählte der weiße Jäger Geschichten von Heldentaten, von knappem Entkommen und dergleichen, in denen er bescheideien als der Mann auftrat, der alles rettete. Mir gefiel er schon nicht, bevor wir die Elefanten fanden; danach haßte ich ihn geradezu. Er erklärte uns die Zusammensetzung der Herden; die Kühe sondern sich mit ihren Jungen von den Bullen ab, und die alten Bullen ziehen allein los und sterben schließlich vor Hunger, weil ihre Zähne so abgenützt sind, daß sie ihnen nicht mehr bei der Nahrungsaufnahme helfen. Am Waldrand stießen wir auf eine Herde von Kühen mit ihren Jungen. Der weiße Jäger fuhr schnell um sie herum und sagte: »Sally ist nicht dabei.«

»Sie kennen sie alle?«

»Jeden einzelnen«, sagte er. »Sally ist eine gemeine alte Dame. Ich muß sie zu Fuß aufspüren. Wollen Sie mal was Lustiges sehen?«

Ehe ich nein sagen konnte, raste er laut hupend mit dem Wagen dicht an die Elefanten heran. Die Elefanten reagierten, indem sich die »alten Tanten« versammelten, um die Babys und Jungtiere zu schützen; die anderen Kühe ließen die Ohren flattern und richteten ihre Rüssel auf, zum Angriff bereit. Ich war natürlich sprachlos vor Angst, denn ich hatte keine Lust zu sterben, nur weil er dem Mädchen imponieren wollte. Jetzt trompeteten die Elefanten, und er fuhr weiter im Kreis um die Elefanten herum, bis eine große Kuh angriff und erst knapp vor uns anhielt. Wir sausten vorbei.

»Nur Bluff«, sagte der weiße Jäger. »Nichts im Vergleich zu neulich, da müssen es an die hundert gewesen sein.«

Soweit ich das beurteilen konnte, waren sie bereits wie gewünscht in Panik; ich haßte es und protestierte. Was sollte das, diese herrlichen Ungetüme zu erschrekken? Sicher trieb sie jede Beunruhigung nur noch weiter von Mensch und Auto weg, so daß wir Touristen keine Chance mehr haben würden, sie zu sehen; oder sie kämen auf die Idee, daß Autos ihre Feinde seien, und griffen dann unschuldige Fahrer an. Der weiße Jäger lachte fröhlich, sein Mädchen bewunderte mit offenem Mund seinen Mut, ich schwitzte vor Ärger und Wut, und dann griff ein Elefant an, ohne abzubremsen, und unser Held trat heftig aufs Gas und fuhr davon. »Diesmal war's kein Bluff«, sagte er. Nun wußte ich Glückspilz also, wie eine Elefantenflucht mittleren

Grades aussah. Ich war dazu verurteilt, Elefanten in Gesellschaft von Geisteskranken zu erleben, wo ich sie doch nur in Liebe und Respekt aus angemessener Entfernung beobachten wollte.

»Hat's Spaß gemacht?« fragte er das an ihn geschmiegte Mädchen.

»Ach, es war ja so aufregend, Richard«, hauchte sie.

»Und Ihnen, Memsaab?«

»Nein«, sagte ich eisern. »Ich mag es nicht mal, wenn man Menschen hetzt.«

Wir verabschiedeten uns an der Lodge mit eisiger Höflichkeit. Ich heuerte einen afrikanischen Parkwächter als Führer an, fuhr ruhig mit ihm los und sah aus sehr vernünftiger Entfernung Büffel, weitere Elefanten, Löwen, die sich unter Bäumen rekelten, aber nicht hinaufkletterten, Paviane und Affen, und ich fand, dies glich einem Museumsbesuch – man kann nicht zu lange zu viel sehen, sonst ermüdet der Blick, und man stumpft ab. Der erste Anblick der still dahintrottenden Elefanten war der beste gewesen – das leere, stille Land um sie herum, die Überraschung. Ich war bereit, am nächsten Morgen abzufahren, und schickte Joshua die Nachricht, er könne wieder auftauchen.

Vielleicht befanden wir uns zwischen Rukungiri und Lwasamaire, vielleicht auch nicht. Die Karte war mit Ortsnamen in kleiner Schrift gesprenkelt, aber ich hatte keinen dieser Orte gesehen, seit zwei Stunden überhaupt nichts. Ich konnte nur mir selbst die Schuld geben, denn ich dachte, eine gelbe Straße sei eine Abkürzung und würde uns schneller nach Kisoro bringen als eine dünne rote Straße. Die Straßendecke ist von einer in Afrika wohlbekannten Sorte, gefurchter oder gewellter Lehm, wie ein Waschbrett. Es gibt keine vernünftige Art, eine solche Straße zu befahren, aber noch am wenigsten Qual bereitete schnelles Fahren und der Versuch, über die Spitzen der Berge und nicht durch die Täler zu fahren. Aber wir konnten nicht schnell fahren, nicht mal unsere erbärmliche Spitzengeschwindigkeit, weil diese abscheuliche Straße so kurvenreich war. Jeder Meter stieß einem das Rückgrat in den Hinterkopf und brachte die Zähne zum Klappern. Meine Angst, die Strecke nicht mehr bei Tageslicht zu schaffen, war in Verzweiflung umgeschlagen. Bewaldete Berge erhoben sich auf beiden Seiten, ein Bach lief unten neben der Straße her. Sie führte nirgendwohin, niemand wohnte an ihr, ich wußte nicht, wo wir waren, und in ein paar Stunden würden der Wagen und wir im Dunkeln in Stücke zerspringen. Das Problem in Afrika ist, daß man nicht aufgeben und den einfacheren Weg nehmen kann, weil es keinen einfacheren oder überhaupt anderen Weg gibt. Das muß sehr gut sein zur Stärkung des Charakters. Man muß weitermachen, die Alternative ist Selbstmord.

»Wir schaffen es nie, Joshua.«

»Schaffen, Memsaab?«

Das Lenkrad festzuhalten erforderte all meine Kraft, und wenn man sprach, klang es wie ein böser Schluckauf. Durch den rasselnden, brüllenden Lärm des Landrovers hindurch hörte ich etwas anderes. Etwas Menschliches. Gott sei Dank, es gab Leute hier. Joshua konnte sie fragen, wohin diese Straße führe, wenn überhaupt irgendwohin. Wir holten sie ein. Sie füllten die Straße. Es war eine schreiende Horde. Ich versuchte es mit kurzem Hupen, dann noch einmal weniger zaghaft. Sie machten uns Platz. Jedes Gesicht war wutverzerrt, jeder Mund brüllte etwas. Sie trugen Plakate und sprangen in die Luft, wie von bösartigen Insekten gestochen. Ich war nicht geneigt, unter diesen aufgebrachten Leuten anzuhalten, um Auskunft zu erbitten. Joshua konnte von seiner Seite aus besser sehen.

»Was steht auf den Schildern, Joshua?«

Er lehnte sich aus dem Wagen und berichtete: »Nieder mit Papsi. Nieder Gotz Filder.«

»Was zum Teufel soll das heißen?«

Der Mensch konnte nichts, nichts, er konnte nicht mal lesen. Als ich an der kreischenden Menge vorbei war, hielt ich mit laufendem Motor an und nahm mir den Feldstecher. Ich war vorsichtig genug, den Kopf nicht zu weit aus dem Landrover zu stecken, nur gerade so weit, daß ich die Plakate sehen konnte. Handgemalt hieß es da: »Nieder mit dem Papst« und »Nieder mit Götzenbildern.« Mrs. Simpson und Mr. Popper hatten die Rätselhaftigkeit der Afrikaner nicht übertrieben. Irgendwo am Ende der Welt auf einer Waschbrettstraße zwischen unbewohnten Bergen und Urwald tobte eine Horde Afrikaner gegen den Papst.

Nach kaum einem Kilometer fuhren wir geradewegs in eine andere Horde jaulender Afrikaner. Die Landschaft war die gleiche – Bäume, Berge, Bäche. Die ganze irre Bande schien dem Boden entsprungen zu sein. Vor mir hatte ich dieses Bild: Ein tropfendes Flammendes Herz, ein kitschiges Porträt der Jungfrau in Rosa und Weiß sowie ein einziges Plakat, auf dem in großen roten Buchstaben »Ketzer« stand. Auch diese Horde blokkierte die Straße, und wieder drückte ich, hysterischem Gelächter nahe, auf die Hupe, und sie machten Platz. Sie sahen uns kaum. Sie waren zu sehr mit Schreien, Kreischen, Fäusteschütteln und Fixieren des Feinds beschäftigt. Sie empfahlen sich nicht gerade als Partner für einen Plausch. Lieber auf Irrwegen als in Stücke gerissen.

Wahrscheinlich würde der heilige Krieg ausbrechen, wenn sie, Protestanten und Katholiken, sich auf dieser schmalen Straße begegneten. Die Afrikaner in Uganda waren dank der Missionsschule die gebildetsten Ostafrikaner. Ich fand, sie hätten auch ganz glücklich leben können, ohne »Götzenbilder« und »Ketzer« richtig zu buchstabieren. Sie hatten schon genügend Stammesfehden, sie brauchten nicht auch noch theologische Auseinandersetzungen. Die Straße blieb rücken-, nacken- und zähnebrechend, und wir waren immer noch nirgendwo, aber wenigstens von religiösen Fanatikern befreit.

»Verrückte Leute«, sagte Joshua. »Riechen schlecht. Benehmen sich schlecht. Schlechtes Land.«

Er war so beunruhigt wie ich; er schien blasser geworden zu sein. Gekrümmt und elend saß er da, an die Dachstütze geklammert, um nicht aus dem Landrover geschleudert zu werden.

»Sie glauben doch an Gott, nicht wahr, Joshua?«

»Ja, Memsaab. An Gott in der Kirche. Sind die verrückt, wenn sie so viel Lärm wegen Gott machen?«

»Vermutlich. Aber egal. Da du an Gott glaubst, bete.«

»Wofür?«

»Daß wir ankommen.«

»Wo?«

»Irgendwo. Es spielt keine Rolle. Nur irgendwo.«

Ich weiß nicht, wie oder wann wir das Rasthaus in Kisoro erreichten, jedenfalls nicht an diesem Abend, und ich glaube, ich machte für einen Tag in Kabale halt, um meine Knochen zu pflegen. Kisoro habe ich ungewöhnlich vage in Erinnerung: ein kleiner, bärtiger, lustiger Mann zwischen fünfzig und siebzig, dem dieser Vorposten der Zivilisation gehörte; als Speisesaal ein Holzbau mit Kerosinlampen und unzähligen Insekten, die herumsurrten und am heißen Glas den Tod suchten; ein leichter Dauerregen auf endlose Wälder. Ich kam kaum noch in den Landrover – nicht daran zu denken, diese

Dschungelberge zu erklimmen, in der Hoffnung, einem Gorilla zu begegnen. Ich würde mich mit Alan Mooreheads schöner Schilderung des Aufstiegs und der riesigen kohlschwarzen Menschenaffen begnügen.

Andererseits mußte ich irgendwohin laufen, mich bewegen, bevor meine Beine unbrauchbar wurden. Seit Ende Januar hatte ich mich nur während der schrecklichen Augenblicke im Waza-Wildpark zu Fuß bewegt; in London war ich im Hydepark täglich länger spazierengegangen als bisher in Afrika. Es war Morgen, kühl in diesen Höhen, und ein Feldweg führte durch hohen Bambuswald. Bambus ist immer hübsch und noch hübscher hier, weil er mir vertraut war und freundlich im Wind knarrte – etwas ganz anderes als die unheimlichen dicken Bäume, die wir hinter uns gelassen hatten. Ich hielt an und stieg aus.

»Ich mache für eine Stunde einen Spaziergang, Joshua.«

»Wo, Memsaab?«

»Nur hier den Weg entlang. Wenn ich in einer Stunde nicht zurück bin, können Sie hinter mir herfahren. Es gibt hier keine Polizei, die Sie schnappen könnte.«

»Was soll ich tun, Memsaab?« Er wirkte furchtsam und ausgesetzt, als hätte ich ihn mitten in der Sahara seinem Schicksal überlassen.

»Warten Sie im Wagen, und lesen Sie Ihr Buch.« Joshua war noch immer mit seinem Thriller beschäftigt.

Ich hatte ihm erklärt, Istanbul sei wie Nairobi, nur größer, und die Hagia Sophia, wo die Spione sich immer hinter den Säulen verstecken, sei wie die Kathedrale in Nairobi.

Joshua sah mich stumm und vorwurfsvoll an.

»Es ist vollkommen sicher hier. Niemand wird Sie belästigen. Reißen Sie sich zusammen.«

Außer Sichtweite des Landrovers fühlte ich mich plötzlich von einer großen Last befreit. Befreit vom Lärm und der Anstrengung des Fahrens und vom Ärger über die Straßen und die Verfassung des Wagens und befreit von Joshua. Ich war frei. Ich konnte für eine Stunde die Bergluft atmen und das Rauschen der Bäume hören. Ich hüpfte lustig den Weg entlang, freudestrahlend. Es war mein erster Anfall von Glück in Uganda.

»Sie waren länger als eine Stunde weg«, sagte Joshua ärgerlich und zeigte seine Armbanduhr vor. »Eine Schlange war auf der Straße.«

»Na und? Schlangen können nicht klettern.« Und wie sie das können. »Wenn Sie Angst hatten, warum sind Sie mir nicht entgegengefahren?«

Joshua schüttelte den Kopf wie ein beleidigtes Fräulein und zog sich in schmollendes Schweigen zurück.

Ich hatte meine zweite Erleuchtung, was Joshua betraf: Ich wäre jede Wette eingegangen, daß er überhaupt nicht fahren konnte, nie gefahren war, keinen Führerschein besaß. Er war nichts als ein gewitzter Stadtjunge, der einen Job brauchte und versuchte, eine blöde europäische Touristin reinzulegen. Bei diesem Gedanken bebte ich vor Zorn. Erbärmlicher kleiner Betrüger! Ich würde ihn zwingen, mir seinen Führerschein zu zeigen. Ich würde ihn mit der Nase drauf stoßen. Ich würde ihm den Hals umdrehen. Ich steckte mir eine Zigarette an, um mich zu beruhigen, aber was in mir aufstieg, war müde Resignation. Wenn ich recht hatte, würde Joshua mit einer Lüge kommen – er habe seinen Führerschein in Kabale verloren oder so ähnlich. Wenn ich unrecht hatte, dann würde er noch lahmer und lästiger werden. Wir hatten noch eine lange Fahrt vor uns, fast unvorstellbar lang, und wir mußten sie gemeinsam hinter uns bringen. Frieden ist dem Krieg vorzuziehen. Joshua starrte auf seiner Seite trotzig aus dem Wagen. Ich würde mir nicht alles bieten lassen, es gab eine Grenze.

»Hören Sie zu, Joshua, ich werde mich verdammt noch mal nicht mit Ihren Launen abfinden. Sie kriegen hier eine kostenlose Fahrt durch Afrika – eine bezahlte kostenlose Fahrt –, und Sie sollten besser dankbar dafür sein. Sie reißen sich jetzt sofort zusammen, hören Sie, und hören auf zu schmollen, oder ich schwöre, ich schmeiße Sie raus, und Sie können zu Fuß nach Hause gehen.«

Er sah jämmerlich und eingeschüchtert aus, der hilflose Afrikaner, tyrannisiert vom grausamen Europäer. Geduld, hatten im Westen wie im Osten alle gesagt, ist das, was man in Afrika am dringendsten braucht.

Madame Dupré lebte auf einer Insel in der Mitte eines reißenden Stroms. Die Insel war gerade groß genug für ihr Haus und einen kleinen Garten drum herum. Eine zerbrechliche, schwankende Brücke verband die Insel mit dem Flußufer. Madame Dupré besaß zwei Gästezimmer und nahm Reisende auf, wenn sie ihr gefielen. Ich weiß nicht mehr, wo diese Insel lag, irgendwo zwischen Kabale und Mbarara, und ich habe auch vergessen, wie ich davon erfuhr. Sie zu finden war ein Kunststück. Ich ging auf Fußspitzen den steilen Weg hinter der Brücke hinunter und stellte mich Madame Dupré vor, die meine staubige Mitgenommenheit bemerkte und mich aufnahm. Der Landrover und Joshua sollten am Flußufer bleiben, wo Madame Duprés Dienstpersonal wohnte. Vielleicht zog Madame Dupré ihre Zugbrücke abends hoch.

Sie war eine zierliche Französin von etwa sechzig Jahren, mit blasser faltiger Haut, ohne Make-up, mit graumeliertem braunen Haar, das sie hochgesteckt trug, mit funkelnden, boshaften Augen und einem alten schwarzen Häkelschal, wie ihn die Pariser Concierges tragen. Die Wände ihres Wohnzimmers waren vom Fußboden bis zur Decke mit Büchern bedeckt, ebenso die kurzen Flure zwischen den Schlafzimmern. Das Wohnzimmer hatte viel Charme; ein runder Tisch, bedeckt mit einer Fransendecke unter einer Hängelampe, bequeme Sessel mit verschossenen blauen Baumwollbrokatüberzügen, lange Gardinen aus dem gleichen

Material, ein schöner Nußbaumschreibtisch – ein sehr französisches Zimmer. Madame Dupré führte mich über den Flur in mein Schlafzimmer, wo ich mit gallischem Überschwang mein Entzücken bekundete. Ein großes Messingbett mit einer weißen Spitzentagesdecke, ein Toilettentisch mit rosa Satinvolants, weiße Rüschengardinen, Rosen auf dem Teppich, weitere Bücher und kein verhaßtes Moskitonetz, Wandschirme an den niedrigen Fenstern. Madame Dupré eilte davon und kam mit einer Vase voller Blumen für den Toilettentisch zurück. Es blieb vor dem Essen noch reichlich Zeit für ein Bad und Drinks. Sie speiste zu einer zivilisierten Zeit, um halb neun.

Wäre ich als Reporter unterwegs gewesen, hätte ich ihr all die Fragen gestellt, die sich aufdrängten, und hätte es auf eine scharfe Zurückweisung ankommen lassen. Als müßige Dame hatte ich keine Entschuldigung, sie aus der Reserve zu locken. Diese Reserve fand ich überall; diese abgeschieden lebenden Leute mochten sich vor der Polizei verstecken, fürchterliche Geheimnisse haben; Gespräche über private Dinge waren tabu. Darum erfuhr ich über niemanden etwas, auch nicht über Madame Dupré; weder aus welcher Gegend von Frankreich sie kam, noch warum sie gerade auf diese erstaunliche Insel geraten war. Bei einem Aperitif – Gin mit Grapefruitsaft – teilte mir Madame Dupré mit, sie lebe seit zwölf Jahren hier, und deutete an, es gebe Leute, die nur auf eine Gelegenheit warteten, ihr die Insel abzunehmen. Ich konnte mir nicht vorstellen, wer das war. Dschungel säumte beide Ufer des rauschenden Flusses. Ihre Brücke lag am Ende einer holprigen Fahrspur, die von einer holprigen Route abging. Die nächstgelegenen Städte waren keine Metropolen und nicht einmal sehr nah. Man mußte schon gegen Klaustrophobie immun oder verrückt danach sein, um hier zu leben.

Madame Dupré sagte, es werde *un souper très léger* geben, da sie nicht mit Gesellschaft gerechnet habe. Es gab köstlichen kalten Fisch mit einer vorzüglichen Mayonnaise, ein Ragout von zartestem Fleisch und Zwiebeln in einer Rotweinsauce, einen prachtvollen grünen Salat, warmen Bananenkuchen mit brauner Zuckerkruste und einem Hauch Rum. Wir sprachen französisch, weil Madame sagte, sie sei froh über die Gelegenheit, und das gab mir die Gelegenheit, das ganze Spektrum lobender Adjektive anzubringen, von *exquis* bis *fantastique*. Während ich die köstlichen Speisen verschlang, sprach Madame geringschätzig von ihrem Koch, *un imbécile* wie alle Afrikaner, aber er wisse, sie würde ihm *des coups bien durs* versetzen, wenn er sich ernstliche Fehler leistete. Der servierende Boy reichte das Ragout von der falschen Seite an. Madame sagte im Plauderton zu ihm: »*Imbécile*. Idiot. Schwarzer Affe. So nicht, von der anderen Seite.«

Er grinste fröhlich und umkreiste meinen Stuhl. Ich war davon genauso überrascht wie von dem Wunder dieser Mahlzeit.

Wir nahmen den Kaffee, großartigen Kaffee, im Wohnzimmer. Wir sprachen über die Afrikaner, das ewige Thema aller Gespräche zwischen Europäern. Madame sagte, sie erwarte, daß man ihr nach der Unabhängigkeit den Hals durchschneiden werde. Ich dachte, sie mache Witze, merkte, daß dem nicht so war, und fragte erschrocken, warum. »Um das Haus auszurauben«, erklärte sie. »Das ist einfach für sie.« – »Meinen Sie Ihr Personal?« – »O nein, die verschwinden, sobald es Ärger gibt; andere Afrikaner aus dem Busch, aus den Dörfern. Ich werde ein paar erschießen, aber am Ende bringen sie mich um.« Natürlich könne es sein, daß derjenige, der ihre Insel so dringend an sich bringen wolle, sie sehr bald umbringen lassen würde.

Nach der Unabhängigkeit werde es ein totales Chaos geben. *»Ils vont se tuer et se manger, tout tranquillement, comme les sauvages qu'ils sont. Chère Madame,* die dummen Missionare glauben, sie haben aus diesen schwarzen Affen Christen gemacht. Sie sind einfach zu dumm, diese Missionare.« – »Also hassen Sie die Afrikaner, Sie fürchten sie?« – »Aber nein, sie sind wie ungezogene Kinder. Wenn man sie streng erzieht, benehmen sie sich; wenn nicht, tun sie, was sie wollen. Zuerst werden sie sich betrinken. Und danach kommt die Katastrophe.«

Da sie alle so überzeugt davon waren, daß sich im Oktober, wenn die Unabhängigkeit erklärt wurde, das allgemeine Unheil nicht vermeiden lassen würde, warum gingen sie dann nicht weg? Es war verrückt: Mr. Popper wartete darauf, vergiftet zu werden, Madame Dupré wartete darauf, daß man ihr die Kehle durchschnitt, der Besitzer des Rasthauses wartete auf – etwa auf tollwütige Gorillas? Ich hätte nie ein Leben in Uganda erwogen; ich stimmte aus vollem Herzen Sir James Hayes Sadler zu, dem englischen Commissioner um 1900, der befand, dieses Land solle man den Afrikanern überlassen, es sei weder wünschenswert noch vernünftig, daß Europäer dort siedelten. Aber ich würde ganz bestimmt jetzt meine Situation erkennen und verschwinden, wenn ich nach all den Jahren kein Vertrauen in die einheimischen Afrikaner entwickelt hätte. Als ich Madame schleunigsten Aufbruch vorschlug, sagte sie: »Dies ist mein Zuhause. Ich werde es freiwillig nicht verlassen.« Dann sprachen wir über Bücher, ein angenehmeres Thema.

In der Nacht hörte ich Geräusche vor meinem Fenster. Es gibt in Afrika nachts immer Geräusche, und mein System war bislang gewesen, an etwas anderes zu denken. Diese hier aber waren zu laut und dauerten zu lange. Ich nahm meine Taschenlampe und erblickte hinter dem Fliegengitter den gewaltigen Rücken eines Flußpferds, zum Anfassen nahe; besagtes Flußpferd fraß die Blumen von den Beeten entlang der Hauswand. Da ihre ungeheuren Mäuler, Kiefer, Zähne einen Menschen halbieren können, wirkte das Mampfen von Blumen geradezu niedlich. Ich glaubte nicht, daß ein »Weg da!« große Wirkung zeitigen würde, und ging wieder schlafen. Als ich Madame am Morgen von dieser Invasion erzählte, sagte sie: *»Ils sont détestables, ces bêtes«,* als spräche sie über Kaninchen im Salat. Ja, der Fluß sei voll von ihnen. Sie habe versucht, einen Zaun aufzustellen, aber sie hätten ihn niedergetrampelt. Sie habe es mit Pfeffer auf den Blumen versucht, aber *ces bêtes* schienen sie so noch mehr zu mögen. Sie wisse einfach nicht mehr, was man gegen Flußpferde im Garten noch unternehmen könne.

Ich dachte damals, die Briten in Fort Portal und Madame Dupré seien halb verrückt. Wenn auch die Unabhängigkeit in Westafrika wenig bewirkte, keineswegs beeindruckend und in mancher Hinsicht lächerlich war, so war sie doch nicht grausam, nicht gefährlich. Nach dem Theater um Präsident Tubman bezweifelte ich nicht mehr, daß die Unabhängigkeit allerlei Machenschaften zugunsten der herrschenden Klasse bedeuten würde. Korruption ist eine lausige Art, ein Land zu führen, aber keine neue, von Afrikanern erfundene Technik. Da ich meine eigene Freiheit sehr schätze, hielt ich es nicht für gerecht, anderen Völkern die ihre vorzuenthalten; und eine Grundfreiheit ist es wohl, von den eigenen Leuten schikaniert zu werden, nicht von Fremden.

Ich hatte völlig unrecht, was Uganda anging; die Leute in Fort Portal und Madame Dupré behielten recht. Sie sahen den Ruin voraus, aber nicht etwas so barbarisch Böses wie Idi Amin. Die Unabhängigkeit wurde für Uganda zum Schicksalsschlag. Vor allem für die unglücklichen Ugander, die erwarteten, daß ihnen die Unabhängigkeit Würde, Wohlstand, das gute Leben bringen würde. Die Briten in Fort Portal kamen bestimmt sicher davon, aber ich bange um Madame Dupré.

Es wird noch lange dauern, doch eines Tages werden die Afrikaner ihre Herrscher zu durchschauen lernen; niemand sonst kann das tun. Sie würden es schneller hinter sich bringen, wenn wir übrigen die Finger aus dem Spiel ließen. Der nach Afrika getragene kalte Krieg, der auf einen Wettbewerb im Bestechen der afrikanischen Regierenden hinausläuft, hat den Massen einfacher Afrikaner nicht geholfen. Im Gegenteil.

Es war ein langer, gewundener Weg: von Mbarara nach Masaka, am Viktoriasee entlang, der trotz der Bilharzia-Schnecken blau und einladend aussah, nach Kampala, zurück nach Jinja und wieder nach Kenia, wo Joshua sogleich auflebte. Er lebte aber zu früh auf. Mein Plan war, von Kisumu nach Süden zu fahren und vom unteren Ende des Viktoriasees in das Serengeti-Gebiet. Die Straßen waren auf der Karte eingezeichnet, warum also nicht? Weil es niemand tut, der es vermeiden kann, weil es eine verteufelt schwierige Strecke ist. Hinter Kisii teilte sich die Staubstraße, oder so sah es wenigstens aus. Sie verdiente keine rote Linie, aber vielleicht befanden wir uns gar nicht auf der rotmarkierten Straße. Ich kam mit der Karte nicht klar. Wir saßen an dieser schlecht gekennzeichneten Kreuzung in der Hitze. Zwei Afrikaner erschienen wie Geister aus der Flasche. Das haben sie so an sich.

»Fragen, Joshua.«

»Bitte sehr!« rief Joshua majestätisch vom Beifahrersitz.

Die Afrikaner blieben stehen, wo sie waren, und glotzten.

»Joshua, steigen Sie aus, gehen Sie zu ihnen rüber, und fragen Sie auf swahili, um Gottes willen. Welche Straße führt nach Musoma?«

Joshua kam ziemlich ärgerlich zurück, weil er sich erniedrigt fühlte. »Sie sagen ja.«

»Was heißt das, ja?«

»Sie sagen: ›Ja, diese Straße. Ja, die andere Straße.‹«

»Das ist nicht möglich, die Straßen gehen in verschiedene Richtungen.«

Joshua zuckte die Schultern. »Nicht gut, diese Kerle zu fragen. Sind vom Land. Nicht *eddicated.* Sie sagen ja, damit die Memsaab sich nicht ärgert.«

Ich entschloß mich, die rechte Straße zu nehmen, da der Viktoriasee irgendwo da liegen mußte. Es wurde langsam spät, und wir mußten uns eigentlich beeilen, aber vielleicht eilten wir in die falsche Richtung. Ich hatte einen ganz schön dicken Knoten im Magen, als wir zum Fluß kamen. Dünne blaue Linien auf der Karte bedeuteten Flüsse, und davon hatte es schon viele gegeben, aber nie solche Fluten. Es hätte nicht ein solcher Strom sein sollen, normalerweise; in einem normalen Jahr wäre es nur ein seichtes Flüßchen gewesen, einfach zu durchfahren. Die ungewöhnlichen Regenfälle hatten diesen breiten, rasch fließenden Strom erzeugt. Wir mußten dennoch hindurch; wir konnten nicht vor Einbruch der Dunkelheit nach Kisii zurück.

»Joshua, ziehen Sie Schuhe und Socken aus, suchen Sie einen langen Stock, steigen Sie rein, und messen Sie die Wassertiefe. Ich denke nicht, daß es zu tief zum Durchfahren ist, es sieht nur wegen der Strömung so schlimm aus.«

»Ich kann nicht schwimmen, Memsaab.«

»Natürlich nicht, wenn Sie schwimmen müßten, ginge es Ihnen über den Kopf, und der Landrover schaffte es nicht. Wenn es höher als Ihre Knie ist, bin ich nicht sicher, ob wir durchfahren können. Also los.«

»Memsaab, wir warten hier, bald kommen ein paar Kerle vom Land, die können ins Wasser gehen.«

»Was für Kerle vom Land? Wir haben seit einer Stunde niemanden mehr gesehen. Joshua, es ist fünf Uhr. Los jetzt.«

Er fand einen schönen, starken Stock im Gebüsch neben der Straße. Er ging an den Fluß und zog seinen rechten Schuh aus. Dann stand er wie ein Flamingo auf einem Bein da und wandte mir sein angsterfülltes Gesicht zu. »Ich werde ertrinken.«

Ich stieg fluchend aus, griff mir den Stock und watete mit Schuhen und allem hinein, da ich keine Füße wie die Afrikaner habe, die auf allem gehen können. Das Flußbett war mit Kieseln und kleinen Steinen bestreut, und ich benutzte den Stock in der Strömung als Wanderstab sowie als Meßlatte. Ich war bereits über die Mitte hinaus, und das Wasser hatte meine Knie noch nicht erreicht; also konnten wir es wagen. Joshua saß wieder auf dem Beifahrersitz, von mir abgewandt. Ich fuhr sehr langsam und dachte dabei an all die Innereien eines Motors, an Wasser im Vergaser, an nasse Zündkerzen; alles war möglich. Ich hielt den Atem an, hoffte, daß ich keine Wellen erzeugte, hoffte, daß wir nicht in der Mitte hängenblieben – ich hoffte. Als wir auf trokkenen Boden schlichen, stellte ich den Motor ab und lehnte mich auf das Lenkrad. Wir waren über den Jordan, aber wo waren wir?

»Sie sind zu naß, Memsaab«, sagte Joshua schüchtern.

»Nun, Sie sind nicht naß, also ist alles in Ordnung. Ich denke, wir verbringen die Nacht im Landrover.«

»Hier in diesem Wagen?« fragte Joshua entsetzt.

»Nicht unbedingt hier, aber an einer ähnlichen Stelle.«

Wir konnten genausogut weiterfahren, solange noch Tageslicht war. Wir kamen zu einem Dorf, wo in den Hütten an der Straße schon die Kerosinlampen brannten.

»Gehen Sie hin, und reden Sie mit ihnen. Fragen Sie, wo wir sind. Fragen Sie, ob es irgendwo ein Regierungsrasthaus gibt, wo wir übernachten können. Fragen Sie, ob es Essen zu kaufen gibt. Fragen Sie alles, was Ihnen einfällt.«

Ich fühlte mich so müde und unbehaglich, daß mir alles egal war. Wir konnten in diesem Dorf parken, wo wir sehr wahrscheinlich nicht von Löwen und Hyänen belästigt werden würden. Abgestumpft sah ich zu, wie Joshua sich auf ein Marathongespräch einließ. Es konnte nur an Joshua liegen; ich konnte nicht glauben, daß Swahili eine Sprache war, in der zehn Wörter für eines in einer anderen Sprache erforderlich waren.

»Es gibt!« verkündete Joshua strahlend.

»Es gibt was?«

»Was Sie sagen. Rasthaus für Regierung. Hier die Straße rauf. Hier ist ein Mann mit Schlüssel. Sie können Konserven kaufen, Memsaab, feine Sardinen. Auch eine Kerze für Sie, eine für mich. Sie geben mir Geld, ich kaufe.«

Der Mann mit dem Schlüssel ging voraus. Joshua brachte seine Beute an, und wir folgten dem Mann zu einer Holzhütte, die völlig zufriedenstellend gewesen wäre, wenn ich eine komplette Safariausrüstung besessen hätte. Eine Eisenliege mit Matratze, ein Tisch, ein Stuhl, ein Waschtisch mit Schüssel und Krug, alles ganz ordentlich, aber kein Bettzeug, keine Handtücher, kein Kerosin für die Lampe. Achte auf die guten Seiten, sagte ich mir trübsinnig. Es war weit besser, als im Landrover zu sitzen, naß bis zu den Knien. Joshua und der Mann mit dem Schlüssel, ein graumelierter Alter mit einer antiken Briefträgermütze auf dem Kopf, standen murmelnd herum.

»Was um Himmels willen ist jetzt los, Joshua?«

Mit züchtig gesenktem Blick sagte Joshua: »Die Toilette ist der kleine Schuppen dahinten.«

Bei Kerzenlicht zog ich trockene Sachen an und packte meine beiden Pullover aus. Sardinen als einzige Nahrung sind sättigend, wenn auch wenig erhebend. Ich hatte Whisky und abgekochtes bakterienfreies Wasser in meiner Thermosflasche sowie den Thermosbecher. Ich konnte meine nassen Stiefel und zusammengerollten nassen Hosen als Kopfkissenersatz unter die Matratze schieben. Ich konnte zum Glück trinken und hoffentlich betrunken werden. Ich konnte nicht lesen.

Und da fiel mir auf, daß mich die Thriller vor dem Wahnsinn gerettet hatten. Jeden Abend wandte ich mich von Afrika ab und flüchtete in die Traumwelt der Polizisten und Räuber; in eine unterirdische Atomraketenfabrik in Albanien, die ein furchtloser Geheimagent entdeckte und unbrauchbar machte; zu der geschickt inszenierten Entführung eines deutschen Superkriegsverbrechers aus einem elektronisch bewachten Dschungelversteck. Ich verließ Afrika und begab mich nach Finnland, in die Türkei, nach Brasilien und Ägypten, in Begleitung ungeheuer tapferer und einfallsreicher Männer, die irgendeinem wichtigen Irrsinn hinterher waren. Ich hatte weder *Krieg und Frieden* noch Jane Austen angerührt. Wer würde nach einem Tag auf afrikanischen Straßen die Energie aufbringen, sich mit einem wirklich vielschichtigen Rußland auseinanderzusetzen, oder den klaren Kopf, die englische Provinzgesellschaft des achtzehnten Jahrhunderts zu genießen? Es wurde eine traurige Nacht auf jener Matratze. Ich trank Whisky aus dem Thermosbecher und beobachtete die Insekten, die sich um die Kerze scharten, und kein heilsamer Thriller verscheuchte Afrika. Sich in den Schlaf zu trinken ist Unsinn; der morgendliche Kater wartet mit geschärften Krallen.

Musoma hatte nichts zu bieten außer einem heißen Bad und – nach einer heftigen Auseinandersetzung, da es schon später war als dafür üblich – einem Frühstück. Bevor die Stadt aus der Morgenapathie in die dumpfe Nachmittagsstarre fiel, mußten wir Lebensmittel kaufen. »Es ist besser, Sie kaufen für vier Tage ein«, sagte ich zu Joshua. Die Hotelbroschüre garantierte sechs voll möblierte Rundhäuser inmitten des Serengeti-Parks, samt Bettzeug, Handtüchern, Geschirr und Kochgeräten, aber ohne Proviant. Mein Appetit und meine Phantasie versagten, als ich von einem ungelüfteten Laden zum andern ging und Dosen mit Suppe und Corned beef und Gemüse und Cracker, Käse, Tee, Kondensmilch und Cornflakes erwarb. Der Mangel an Vorausschau muß Grundlage für die afrikanische Zufriedenheit sein, und wenn Joshua auch keineswegs ein Laß-doch-die-Dinge-laufen- und Vergnüg-dich-solange-du-kannst-Typ war, so konnte er doch nicht vier Tage vorausdenken. Er besorgte einen kleinen Sack *posho,* Tee und Zucker und zählte darauf, daß die Memsaab den Hungertod schon irgendwie abwenden würde.

Es war heiß. Die Einheimischen planschten am Rande des Viktoriasees im Bilharzia-Wasser und nahmen fröhlich die üblen Würmer in sich auf. Da Joshua ein Reinlichkeitsfanatiker war wie ich, schüchterte ich ihn mit medizinischen Warnungen ein und zog mich in mein Zimmer zurück. Ein langweiliger Tag war nicht das schlimmste; ich hatte ein Bett mit Kopfkissen und einen Thriller als Beruhigungsmittel. Laut Landkarte waren es 80 Kilometer bis zur westlichen Parkeinfahrt; danach hatte die Karte keine Vorschläge mehr. Ich wollte gern friedlich in das Gelobte Land fahren und nicht gehetzt von der Tageslichtpanik.

Die Serengeti, dieses lyrische Wort, war meine größte Hoffnung der ganzen Reise. Der Queen-Elizabeth-Park war enttäuschend gewesen, zu klein und zu sehr Touristenparadies. Aber die Serengeti ist mehrere hundert Quadratkilometer größer als Connecticut, größer als Nordirland, und ganze sechs kleine Rundhütten sind das einzige Zugeständnis an den Menschen. Es mußte, umgeben von blauen Bergen, die erträumte goldene Ebene sein, die zahllose herrliche, wilde Tiere frei durchstreiften.

Joshua machte mir nie Verdruß durch Zuspätkommen. »Dies ist Tanganjika, Joshua. Wie wär's mit dem Fahren hier?« Das war eine freundliche Neckerei und wurde auch so aufgenommen. Grinsend plapperte Joshua etwas von seinem Führerschein aus Kenia. Wir ratterten in die kühle Morgendämmerung hinaus, beide liebenswürdig, und zwei Stunden später nahm ich, ohne zu zögern, die falsche Straße. Diesem Fehler zufolge gaben uns dreien, dem Landrover, Joshua und mir, die nächsten acht Stunden beinahe den Rest. Für eine Weile war die Straße nur schlimm, aber das war nichts Neues. Ich hielt ständig Ausschau nach einem Parktor oder einem Parkschild und wunderte mich über magere Maisfelder und einige zerbröckelnde Lehmhütten abseits der Straße. Sicher waren wir doch weit genug gefahren, um auf einer anständigen Straße anzukommen, wie sie einem berühmten Wildpark wohl zustand! Nach drei Stunden auf dieser schmalen, ausgefahrenen, löcherigen Spur wußte ich, daß ich einen Fehler gemacht hatte, aber zurückzufahren bedeutete eine weitere Nacht im vergnüglichen Musoma.

Die Farbe der Straße änderte sich, und was ich sah, gefiel mir nicht, auch wenn ich dergleichen noch nie gesehen hatte. Aus dem Staub war schwarzer, schwammiger Schlamm geworden. Dieses unheilvolle Zeug heißt schwarze Baumwolle und besitzt die vereinten Eigenschaften von Treibsand und Kaugummi. Jeder hat aus Erfahrung gelernt, daß die einzige Möglichkeit, damit umzugehen, im Drumrumfahren oder Wegfahren besteht. Da ich diese Erfahrung nicht besaß, fuhr ich weiter, wenn auch sehr beunruhigt. Ich spürte, wie die Räder des Landrovers durchdrehten und langsamer wurden. In dieser Situation fing Joshua an, sich Schläge zu versetzen und »Ai, ai!« zu rufen.

Äußerst besorgt wegen der Straße, sagte ich: »Was ist los, aufhören, still jetzt!«

Joshua schlug sich nun so, als wolle er ein Feuer löschen, und stöhnte.

»Joshua, hören Sie auf!«

»Dudus!« schrie Joshua. Die Räder versanken, der Mann war ein Idiot, was kam es auf Insekten an, wenn wir dabei waren, in rätselhaftem schwarzen Schlamm unterzugehen? Dann stach mich das erste. Ich trug lange Hosen und hatte meine Ärmel in der Morgenkühle heruntergerollt, aber Joshua war halb nackt. Der erste Stich ging in den Hals, ein Stich wie der einer Biene, und ich schlug nach ihr, konzentrierte mich aber noch immer auf diesen besorgniserregenden Schlamm. Dann kamen sie wie Sturzbomber, stachen mich in den Hals, in die Hände, ins Gesicht und sausten sogar die Hosenbeine hoch, um mich in die Beine zu stechen. Joshua schrie gellend vor Schmerz und nicht ohne Grund. Dürre, lange schwarze und braune Fliegen wimmelten um uns herum. Ich war von diesem Angriff erschreckt und hilflos und hielt den Wagen an, die schlechteste aller Reaktionsweisen, weil wir nun ein unbewegtes Ziel

boten. Aufgeregte Bienen können Leute zu Tode stechen, erinnerte ich mich dunkel; Bienen waren Schnarchnasen im Vergleich zu diesen Fliegen.

Ich rief in voller Lautstärke »Scheiße«, und Joshua schrie anhaltend in höchster Tonlage, und beide schlugen wir wild in die schwirrende Luft. Dies waren Tsetsefliegen, eine teuflische Plage für Afrika; ihretwegen bleiben ganze Regionen des Kontinents leer. Weder Mensch noch Vieh können da leben, wo sie leben. Noch anziehender werden sie dadurch, daß sie die Schlafkrankheit übertragen. Joshua weinte bittere Tränen und schrie immer noch, und ich schwitzte Blut, aber es gab keine andere Möglichkeit, als weiterzufahren, und um weiterfahren zu können brauchte ich, wenn er überhaupt gehen sollte, den Vierradantrieb.

»Hilf mir, Joshua!« brüllte ich und zerrte an dem kleinen zweiten Schalthebel. Er hörte nichts mehr. Ich schlug ihn auf den Arm und zeigte auf die Schaltung. »Ziehen, ziehen, um Gottes willen, wir müssen hier raus! Mit beiden Händen!«

Er starrte mich mit leeren, wahnsinnigen Augen an; ich packte seine Hände, drückte sie fest auf den Schalthebel unter meinen Händen und zog, so fest ich konnte. Er begriff meine Absicht, wir zogen zusammen, der Gang war eingelegt, ich trat aufs Gas, und der Landrover bewegte sich voran, schwerfällig, aber er bewegte sich wenigstens. Das taten auch die Tsetsefliegen, die uns mühelos folgten. Joshua hatte schon alle Kraft zum

Schreien verloren, er jammerte nur noch leise, während ich schrill und vergeblich zu Gott flehte; ich wußte, daß ich den Verstand verlieren würde, wenn diese Biester nicht zu stechen aufhörten.

Genauso plötzlich, wie es begonnen hatte, hörte es auf. Wir waren raus aus dem schwarzen Schlamm und weg von den Mordfliegen. Um ganz sicherzugehen, fuhr ich ein paar Kilometer weiter und hielt an. Wir waren beide in Schweiß gebadet, Joshuas Augen waren rot und stier wie meine wahrscheinlich auch, aber die sah ich nicht. Wir saßen wie betäubt im Landrover. Ich erholte mich so weit, daß ich uns Wasser aus der Thermosflasche eingießen konnte, und zündete mir mit wackliger Hand eine Zigarette an.

»Wenn wir diesen *dudus* noch mal begegnen«, sagte Joshua mit leiser Stimme, »sterbe ich.«

»Schauen Sie mal, wir haben gar keine Flecken an uns.« Wir hätten eigentlich voller roter Beulen sein müssen, aber diese Stiche juckten nicht einmal.

»Memsaab, was ist das für eine schlimme, schlimme Gegend, in die Sie mich bringen?«

»Ich weiß es nicht.«

Joshua blickte mich mit einer seltsamen Miene an, teils hoffnungslos, teils haßerfüllt. Er hatte dummerweise jemandem vertraut, der Vertrauen weder verdiente noch wünschte: Die Memsaab, ein scheinbarer Fels in der Brandung, werde schon wissen, was sie tat und wohin sie wollte. Bislang war Joshua sehr viel besser dran gewesen als ich; er hatte mich, auf die er sich verlassen konnte. Eine Portion verspäteten, aber realistischen Zweifels konnte nur guttun. Joshua hatte einen Mann aus mir gemacht, und diese Rolle paßte mir nicht. Er konnte jetzt ruhig einmal selbst Mann sein und schauen, wie ihm das gefiel.

Die Straße war nicht besser, aber kam mir prachtvoll vor, weil sie eine ehrliche Staubfarbe hatte. Wir ruckelten und ratterten und wackelten voran und kamen an einen verzauberten Ort. Auf goldener Ebene, mit blauen Bergen dahinter, stand ein Fries aus Giraffen vor dem Himmel. Um sie herum grasten Zebras und seltsam gebaute bärtige Tiere. Antilopen verschiedener Größen und mit unterschiedlichen Hörnern knabberten und sprangen verspielt umher; eine Herde von Büffeln stand mit erhobenen Köpfen da; sie wirkten aus diesem Abstand unglaublich stark, aber nicht gefährlich. Ich konnte sie nicht zählen, aber es waren mehrere hundert einander vertrauende Tiere, der leibhaftige Garten Eden.

Joshua bettelte: »Nicht anhalten, Memsaab.« Ich beachtete ihn nicht. Ich blickte durch den Feldstecher und versuchte, sie alle in mein Gedächtnis aufzunehmen, mir wenigstens ein vollkommenes Bild von dieser Reise einzuprägen. Während Joshua quengelte, studierte ich den Feldführer; da ich nicht wußte, wo wir waren oder ob wir jemals Seronera erreichen würden, konnte ich mich ruhig vergnügen und bilden. Das Gnu, der Kleine

Kudu, Impala und wieder Thomsongazellen, wenn ich sie richtig identifizierte, und Mungos, kleine, dunkle Geschöpfe, die zwischen all den verschiedenen Hufen herumflitzten. Die Giraffen gingen nun in Richtung der Berge; ihre Hälse schwankten auf höchst kuriose Weise wie Spargel. Die Antilopen sprangen und liefen mit unbeschreiblich schönen Bewegungsabläufen. Schwerfällig kamen die Büffel uns näher. Joshua zog mich am Ärmel; es war Zeit weiterzufahren. Ich dachte nicht daran, Joshua zu sagen, daß Büffel auch mich ängstigten.

Wir fuhren aus der Grassteppe in niederen Wald hinein und an Vulkanfelsen vorbei. Mit Panik in der Stimme sagte Joshua: »Löwen.« Genau wie Ali fragte ich: »Wo?« Näher an Joshua, aber insgesamt zu nah, lagen ein Löwe und drei Löwinnen malerisch auf einem Felsen und darunter. Wir waren nah genug, um in ihre wütenden, starren gelben Augen zu sehen. Joshua bebte wie im Fieber. Gleichermaßen verängstigt hörte ich mich sagen: »Sie sind ganz zahm, Joshua. Sie sind an Leute gewöhnt, Touristen fahren hier ständig durch.« Ich wünschte nur, daß es so gewesen wäre. Doch erst Jahre später traf dann die große Reisewelle Ostafrika, begannen wie Zebras lackierte Minibusse durchs Land zu kurven, beladen mit Frauen in tief ausgeschnittenen Oberteilen und Männern in geblümten Hemden, die nun wirklich meinten, die Löwen seien zahm und nur für ihre Kameras da. Löwen waren die Spezialität der Serengeti, Löwen gab es hier reichlich, und ich hoffte glühend, daß wir ihnen niemals wieder so nah kommen würden.

Früher hätte es meine Nerven strapaziert, aber jetzt ging ich die kurze Flußdurchquerung ganz entspannt an. Ich mußte den Landrover nur auf einer Felsplatte halten. Daneben ging es nur einen Meter hinunter, gerade ausreichend, um uns zu erledigen. Joshua sagte vor sich hin: »Schlimme Gegend. Alles schlimm.« Dann teilte er seine Befürchtungen mit mir und sagte: »Viertel nach vier, Memsaab.« Als wüßte ich das nicht, als hätte ich nicht einen Knoten von der Größe eines Kürbisses im Magen.

»Wir sind bald da«, verkündete ich mit fester Stimme. Und wenn nicht, würden wir bei Sonnenuntergang die Seitenplanen anbringen und uns drinnen zusammenkauern, während draußen die Löwen uns umkreisten und wir beide vor Angst wie Wackelpudding zitterten.

Joshua sah die Rundhütten zuerst. Der Knoten, der mich beinahe erwürgt hatte, löste sich auf. Der afrikanische Verwalter schloß die Tür zu einem hübschen kleinen Haus auf und nahm Joshua mit. Wo Joshua nun auch unterkam, ich wußte, er würde drinnen bleiben, Fenster und Tür schließen und beten, die Nacht möge enden. Ich duschte und lag abgeschlafft auf dem Bett, bis ich zu neuem Leben erwachte, den Whisky hervorholte und mir ein köstliches Mahl aus Corned beef und Gemüse und Suppe kochte, alles zu einem schönen

Pamp zusammengerührt. Der afrikanische Verwalter klopfte an die Tür, Taschenlampe in der Hand.

»Das Feuer ist fertig, Memsaab.«

Was für ein Feuer? Dies gehörte hier zur Gastlichkeit: ein Lagerfeuer hinter den Rundhütten, an dem die fröhlichen Besucher auf Baumstämmen unter den Sternen sitzen und von den Tieren, die sie tagsüber gesehen hatten, berichten konnten. Es gab aber keine anderen Besucher. So saß ich allein da und lauschte den lachenden Hyänen, wenn ich auch nicht verstehe, warum man ihre Laute Lachen nennt; und sah – oder glaubte zu sehen, was aufs gleiche hinauslief – dunkle Schatten am Rand des Feuerscheins umherhuschen. Ich sagte mir, dies sei eine seltene, wundervolle Erfahrung für mich; keine Schranken trennten mich von Afrika. Selten, ja; wundervoll, nein.

Der Parkaufseher wohnte ein paar Kilometer entfernt, aber das wußte ich nicht; afrikanische Wildhüter wohnten ebenfalls ein paar Kilometer entfernt. Soweit ich wußte, saßen der afrikanische Verwalter und Joshua irgendwo sicher beisammen, während ich die ängstigenden Schatten und die lauten Hyänen zur Gesellschaft hatte. Ich sehnte mich mit ganzem Herzen nach einem weißen Jäger, nach jedem weißen Jäger, mit Ausnahme des Typs mit dem roten Halstuch, nach einem Afrikakenner, der mich bei der Hand nehmen und sagen würde: »Nur ruhig, es macht doch Spaß, es ist großartig, dies ist Afrika, dies ist nicht einfach nur haarsträubend und die Hölle.«

Joshua lächelte tatsächlich, als wir das Lake Manyara Hotel erreichten. Es war ein langer, aber harmloser Tag gewesen, an die zehn Stunden auf der Straße, durch die Serengeti-Ebene und dann in Schleifen durch grüne Berge, wo Zebras wie Schafe grasten, hinauf zum Ngorongoro, wo ich mir die fast senkrecht in den Krater führende Route ansah und entschied, das sei zuviel für den Landrover und mich. Danach schlängelte sich die Straße wie üblich den Westhang des Rift Valley hinab. Das Lake Manyara Hotel war die Zivilisation, ein bergender Hafen für uns beide. Über dem Tal erbaut, war es ein reizendes, modisches Ferienhotel inmitten eines Gartens, mit vielen ganz normalen Leuten, die Sommerkleidung trugen und rund um den Swimmingpool Drinks nahmen. Richtige Autos parkten vor dem Hotel. Ich glaube, Joshua fühlte sich beinahe zurückversetzt in sein geliebtes Nairobi.

Joshua hörte pünktlich um 7 Uhr 30 am nächsten Morgen zu lächeln auf, als wir in den Lake-Manyara-Park hineinfuhren. Dies ist ein kleiner, schöner, geheimnisvoller Park. Auf dem Papier sah er ganz überschaubar aus; ein langer, schmaler Streifen von 150 Quadratkilometern zwischen dem Rift und dem Manyarasee; 50 Kilometer gut in Schuß gehaltene Fahrspur, sagte der Feldführer, geeignet für große Limousinen und mit zahlreichen Rundfahrtmöglichkeiten, um das reichlich vorhandene Wild und Myriaden von Vögeln zu beobachten. Ein Kinderspiel, dachte ich, bis ich mich verirrte.

Der Feldführer erwähnte auch, daß die Löwen hier auf Bäume kletterten, um den Tsetsefliegen zu entkommen. Wenn schon Löwen den Tsetsefliegen gegenüber diese Einstellung hatten, dann waren Joshua und ich dafür entschuldigt, daß wir durchgedreht hatten. Ich zögerte, mich einem neuen Überfall auszusetzen, aber der Feldführer klang zu verführerisch – riesige Feigen- und Mahagonibäume, Akazienwälder –, Wildparks waren nun mal das Ziel der Reise, und ich hatte schon Ngorongoro ausgelassen. Die Tsetsefliegen hatten uns am brennendheißen Mittag angegriffen; in den frischen, frühen Morgenstunden sollten wir vor ihnen sicher sein.

Ein großer Trupp Paviane überquerte den Pfad. Sie sind nicht sehr reizvoll mit ihren roten Hinterteilen, lauernden Gesichtern und überzeugend kräftigen Zähnen. Sie schnatterten uns an und hätten uns leicht auf den Schoß springen können; mit Ausnahme der Babys, die sich unter dem Bauch der Mutter festklammerten, waren sie mir unangenehm. Joshua sah sofort einen schläfrigen Löwen, der sich auf einem Ast fast über unseren Köpfen ausgestreckt hatte. Er schrumpfte in seinem Sitz zusammen und wurde stumm. Ich bog in einen Rundweg ein und kam an einem Büffel vorbei, der sich glücklich in einem Schlammbad suhlte; auf einer Lichtung weiter draußen am Seeufer fraßen Giraffen die Spitzen von Dornbäumen, während für mich neue Arten von Antilopen umherwanderten. Ein einzelnes Nashorn, das erste, das uns begegnete, stand in der Mitte der Lichtung; es sah häßlich und schlecht gelaunt aus. Es war wunderbar, es war das, weswegen ich hergekommen war. Ich war begeistert von diesem kleinen Park, der einen so üppig beschenkte, ohne Schwierigkeiten zu machen.

Dann war es plötzlich nicht mehr einfach. Ein dicker Ast, dick wie ein Baumstamm, war auf den Pfad gefallen. Wir konnten wegen des dichten Buschwerks nicht darum herumfahren. »Steigen Sie aus, und schaffen Sie ihn weg, Joshua.«

Er sagte ruhig und endgültig: »Nein.«

Ich war gerade dabei, vornübergebeugt den dicken Ast wegzuziehen, als Joshua »Memsaab! Memsaab!« rief und die Arme schwenkte, als wolle er morsen. Das Nashorn galoppierte langsam auf uns zu. Mit der Kraft, die Panik einem einflößt, zerrte ich den Ast weit genug weg, daß wir vorbei konnten, sprang in den Landrover und fegte davon, das zielstrebige Nashorn im Galopp hinter mir. Auf soviel Feindseligkeit war ich nicht gefaßt und beschloß fortzufahren. Alle Pfade sahen gleich aus. Ich fuhr im Kreis herum, in der Hoffnung, eine jener großen Limousinen zu treffen, für die dieser Park geeignet war, aber erneut waren wir allein. Unheimlich leise tauchten fünf Elefanten zwischen den Bäumen auf. Ich stellte mich auf die Bremse und kam ganze zehn Meter vor ihnen zum Stehen. In unheimlicher Stille überquerten sie den Pfad und verschwanden zwischen anderen Bäumen.

Joshua sagte: »Ich hasse diesen Ort. Ich hasse Tiere. Memsaab, bringen Sie mich jetzt nach Hause. Jetzt, Memsaab.«

»Reißen Sie sich zusammen, Joshua! Glauben Sie, ich mache das zum Spaß? Ich finde die Ausfahrt nicht!«

Der Landrover fing an, schlimme Geräusche von sich zu geben, so als bräche ein wichtiges Teil ab. Ich wußte nicht, was tun, aber etwas mußte ich tun, zum Beispiel unter den Wagen sehen. Joshua war sicher so wenig gewillt, einen Fuß aus dem Landrover zu setzen, wie seinen Kopf in einen Flußpferdrachen zu legen. Ich nahm allen Mut zusammen und kroch unter den Wagen. Ein langer toter Ast hatte sich im Gestänge verfangen und schlug nun gegen die Ölwanne. Ich zog ihn weg und sprang zurück in den Landrover, staubbedeckt und keuchend.

»Sie fahren mich nach Hause!« sagte Joshua drohend.

»Sie halten die Klappe!« sagte ich ebenso drohend.

Weiter im Kreis herum. Die Rettung erschien in Form einer kastanienbraunen Limousine. Jammernd wie Joshua rief ich: »Wo ist das Tor?«

»Verirrt, was?« sagte ein stämmiger, ungerührter Kerl. Seine Freunde lachten fröhlich. »Sie stehen genau davor. Etwa hundert Meter geradeaus.«

Ich kam mir vor wie ein ausgemachter Idiot. Wir hatten nur zwei Stunden in diesem Irrgarten verbracht, aber sie verbitterten Joshua und können auf mein Nervensystem nicht heilsam gewirkt haben. Joshua hielt nun wirklich den Mund. Sein Lächeln gehörte der Vergangenheit an, es war verschwunden wie die Tsetsefliegen; jetzt weigerte er sich zu sprechen. Zu meiner Überraschung erhob sich der Kilimandscharo über der Ebene, mit seinen gewaltigen Pyramidenhängen, der langgestreckten Schneefläche unter dem Himmel. Dieser Berg ist eines der Naturwunder der Welt. Vor Freude vergaß ich die Gefahren des Morgens und Joshuas Verbitterung.

»Schauen Sie, Joshua! Der Kilimandscharo! Ist das nicht herrlich?«

Joshua sah weder hin, noch antwortete er. In Arusha hielt ich an, um ein Bier zu trinken, ein Sandwich zu essen, zu tanken und den Klang von Stimmen zu hören. Die Landschaft zwischen Arusha und Namanga war die großartigste der ganzen Reise, Wellen sanfter Berge. Der Kilimandscharo zeigte sich wieder, verschleiert jetzt, der Schnee rosa im Nachmittagslicht. Joshua verdarb alles mit seiner frostigen Schweigsamkeit. Verdammt, sollte Joshua doch zur Hölle fahren. Er war zu nichts nütze. Er war die ganze Zeit nur eine Last gewesen, und dennoch hatte er die Unverschämtheit, den Beleidigten zu spielen. Ich wünschte, ich könnte ihn loswerden, ich hatte ihn satt; es half mir wenig, wenn ich selbst vor Angst schlotterte, auch noch mit seinen chronischen Ängsten umgehen zu müssen. Er taugte zu nichts außer zu gelegentlichen Gesprächen und nun nicht mal mehr dafür. Seine finster mißbilligende Miene brachte mich zum Kochen.

Wir passierten die Grenze zwischen Kenia und Tanganjika ohne ein Wort. Joshuas Stimmung wurde auf heimischem Boden nicht milder, er hatte sich entschlossen zu leiden. Am Namanga River Hotel gingen wir in ungebrochenem Schweigen jeder zu seinem Quartier. Das Hotel war eine attraktive, rustikale Karawanserei gleich neben der Straße, ein Hauptgebäude aus Holz mit hohem Dach, von dem aus nach beiden Seiten Zimmer gingen, und alles inmitten eines hübschen Blumenmeers. Ich konnte es nicht würdigen; so aufgebracht war ich über Joshua, daß ich laut eine Litanei von Beschwerden herunterbetete, während ich mich duschte und mein staubverklebtes Haar bürstete. Die angestaute Anspannung der Reise explodierte jetzt wie eine Bombe über dem armen Joshua. Ich hatte einen schweren Anfall von afrikanischer Geistesgestörtheit.

An der Bar unterhielt sich ein normales, gelassenes Paar über das Wetter. Der Mann hoffte, es würde in der Nacht nicht regnen, die ungepflasterte Straße sei schon auf dem Hinweg klebrig genug gewesen. »Ach, es sind doch nur hundertdreißig Kilometer bis Nairobi«, sagte seine Frau. »Jemand wird uns schon helfen, wenn wir es nötig haben.«

Es mag in Ostafrika ein ungeschriebenes Gesetz geben, das verbietet, Fremde anzusprechen, aber ich war verzweifelt. »Entschuldigen Sie«, sagte ich, »wenn Sie morgen nach Nairobi fahren und Platz haben, könnten Sie dann möglicherweise meinen Boy mitnehmen? Er fühlt sich nicht wohl, und ich möchte gern noch einige Tage hierbleiben.« Weit davon entfernt, mich wissen zu lassen, ich möge mich um meinen Kram selbst kümmern, zeigten sie mir auf dem Parkplatz ihre blaue Limousine, sagten mir, daß sie um acht Uhr führen und mir gern behilflich seien. Ich hätte sie am liebsten geküßt.

Der nächste Schritt war, Joshua zu finden. Ein Kellner spürte ihn auf, und Joshua erschien mit der gleichen gehässigen Miene.

»Ein paar Leute hier fahren morgen nach Nairobi zurück, Joshua. Ich habe ihnen gesagt, Sie fühlten sich nicht gut, und sie nehmen Sie nach Hause mit.«

Der haßerfüllte, verschlossene Blick verschwand, und ein strahlendes Lächeln kam zum Vorschein.

»Danke, Memsaab!« Es war das erste Mal, daß ihm dieses Wort über die Lippen kam, und ich taute eine Spur auf.

»Nun, wir haben es geschafft, Joshua.«

Wir hatten es in der Tat geschafft – kein kleines Wunder. Niemand war krank geworden, wir hatten keinen Unfall, nicht einmal eine Reifenpanne gehabt, und ich war die ganze Strecke allein gefahren. Nun würde ich Gott sei Dank einen Tag ohne Joshua und seine belastende Psyche haben, einen schönen, aufheiternden

Tag im Amboseli-Park, eine weitere Nacht in diesem angenehmen Hotel und eine glatte Fahrt nach Nairobi. Ich führte Joshua zum Parkplatz und zeigte ihm die blaue Limousine. Er berührte den Kühler und sagte: »Oh, schön.« Natürlich, es war der richtige Wagen für die Stadt.

Wir gaben uns am Morgen die Hände, Joshua hatte mir vergeben, wir wünschten einander Glück, und ich winkte ihnen nach, entzückt, Joshua los zu sein. Beim Frühstück grübelte ich über die sonderbare Tatsache nach, daß ich mit Joshua länger gereist war als mit irgend jemandem sonst in meinem ganzen Leben, abgesehen von UB in China und meiner Mutter, mit der ich in Mexiko das Gegenteil einer Schreckensreise unternommen hatte. Was wußten Joshua und ich nach so langer Zeit voneinander? Ich wußte, daß Joshua ein hundertprozentiger Stadtjunge mit sehr schwachen Nerven war. Ich wußte noch immer nicht, ob er fahren konnte. Er wußte, daß ich, wenn ich müde war, so liebenswert war wie eine Klapperschlange, und ich war von Tag zu Tag müder geworden. Nicht eben das, was man eine Begegnung Gleichgesinnter nennen würde. Zum Teufel damit. Es war vorbei; wenn ich das nächste Mal beschließen würde, die Weltkugel zu umrunden, würde ich meinen Gefährten sorgfältiger wählen. Vor allem würde ich ihn erst einmal bitten, um den Block zu ahren.

Oh, was für ein herrlicher Morgen, oh, was für ein herrlicher Tag, sang ich stumm und zufrieden. Ich hatte keine Sorgen, ich war nicht in Eile und ich fühlte mich desinfiziert. Als ob mich Joshuas unaufhörliche Ängste angesteckt und langsam krank gemacht hätten – als hätte ich mir geistige Bilharziose geholt. Ungeduld, die schnell in Langeweile umschlägt, ist mein Laster, Panik nicht. Allein, mit mir selbst zufrieden, fand ich Afrika einzigartig. Ich würde mir die Tiere in Ruhe ansehen, und ich konnte bei klarer Sicht stundenlang den Kilimandscharo betrachten, sobald ich erst dieses flache Buschland hinter mich gebracht und zur Amboseli-Ebene gekommen war. Ich hatte während der gestrigen, unangenehmen Fahrt kaum einen Blick auf diesen Wunderberg werfen können, nur gerade so viel gesehen, um zu erkennen, daß er mystische Bedeutung für mich hatte – die ganze Kraft und Schönheit und die Fremdheit Afrikas. Ich tuckerte weiter, voller Zuversicht, daß ich allem, was auf mich zukam, gewachsen war.

Das nächste war ein Fluß, eher ein Bach, schmal, flach, von Steinen beachtenswerten Umfangs durchsetzt. Das Problem waren die Ufer – viel zu steil, ein spitzes V mit Wasser am Boden. Der Landrover würde schon unten ankommen, aber wie würde er wieder hinaufkommen? Dies war ein kleiner Canyon, und es fehlte die kleine Brücke darüber. Doch andere fuhren durch, also mußte es machbar sein. Hier herumzuhängen löste das Problem nicht; es ziemlich schnell im zweiten Gang anzugehen wäre wohl die beste Methode. Der Landrover schoß nach unten, die Vorderräder landeten in der Mitte des Bachs, die Hinterräder blieben auf dem Ufer hinter mir hängen, und in dieser geneigten Stellung liefen sie leer. Ich schaltete in den ersten Gang und hörte ein mahlendes Geräusch. Keine Bewegung. Ich versuchte das Vierradgetriebe einzuschalten – vergeblich; entweder klemmte es, oder ich hatte keine Muskelkraft mehr.

Wenn das kein Riesenreinfall war ... Aber kein Grund zur Aufregung. Jemand würde vorbeikommen und mir helfen, das Vierganggetriebe einzuschalten, oder mich schieben oder ziehen. Die Stelle war schattig und kühl, Insekten gab es nur wenige, und die waren keine Fleischfresser. Wenn ich auch nichts mehr zu sehen bekam, das Warten auf Hilfe würde mich nicht umbringen. Geduld. Niemand kam vorbei. Da es auf unserer langen Fahrt nicht einen Tag geregnet hatte, dachte ich nicht mehr an die Überschwemmungen. Ich hatte auch einen Zeitungsbericht vergessen, den ich ganz nebenbei in Nairobi gelesen hatte, über ungewöhnlich große Überschwemmungen in der Amboseli-Ebene und die Bergung hilfloser Nashörner aus dem Wasser. Die Einzelheiten dieser unwahrscheinlichen, tollen Hubschrauberaktion hinterließen damals keinen Eindruck, und erst jetzt, als die einsamen Stunden dahingingen, begann ich zu überlegen, ob nicht vielleicht andere mehr wußten als ich und einen Bogen um dieses

Gebiet machten. Vielleicht erklärten die ungewöhnlichen Regenfälle diesen Canyon, eine Sturzflut hatte womöglich Erde mitgerissen. Ich verzehrte mein Picknick-Lunch.

Da ich nichts weiter zu tun hatte, las ich den Feldführer zu den Nationalparks. Unter anderen Bedingungen gab es hier sicher bemerkenswerte Dinge zu sehen, wie die bebrillte Elefantenspitzmaus, die Kleine Hufeisennase, den Schabrackenschakal und den Zorilla, die Weißschwanz-Manguste, den Aardwolf, den Waldducker, die Giraffengazelle, das Kongoni, den Afrikanischen Schläfer, ganz zu schweigen von Giraffen, Löwen, Leoparden, Nashörnern, Elefanten, Hyänen, Zebras und einer schönen Kollektion von Antilopen. Als willkommene, wenn auch kurze Ablenkung sausten ein paar Affen durch die Bäume, entweder Grüne Meerkatzen oder Diademmeerkatzen. Weit mehr Vögel besuchten den Amboseli- als den Nakurusee, vier Seiten waren ihnen gewidmet, aber ich befand mich wahrscheinlich erst 30 Kilometer tief im Park, und der See, an dem sich die Vögel versammelten, lag noch vor mir. Ich las über die Parks, die ich nicht gesehen hatte. Ich las und las, und der Nachmittag verging.

Es war vier Uhr, Zeit für den Knoten in meinem Magen, aber Angst kannte ich nicht mehr, ich hatte davon für mein ganzes Leben genug durchgemacht. Das Hotel erwartete mich am Abend zurück, mein Koffer war dort, mein Zimmer reserviert. Wenn es mir nicht gelang zurückzukehren, würde man einen Suchtrupp nach mir ausschicken, das heißt, falls man davon ausging, daß ich in den Amboseli-Park gefahren war, sonst konnte man wohl kaum Afrika nach einer verlorengegangenen Frau absuchen. Natürlich würden sie wissen, wohin ich gefahren war, nämlich dahin, wohin andere vernünftigerweise nicht führen, nicht einmal eine Verrückte würde ein Picknick mitnehmen, um nach Tanganjika zurückzufahren, und es gab keine andere Straße.

Fünf Uhr. Ich wünschte, ich hätte den Whisky nicht im Namanga River Hotel gelassen. Der Feldführer interessierte mich nicht mehr. Nun gut, früher oder später mußte es ja passieren; vor Einbruch der Dunkelheit würde ich die verdammten Seitenplanen finden und anbringen. Hier in der Gegend waren vielleicht Fledermäuse eine Gefahr, von denen im Park zwölf verschiedene Arten existierten. Kein vernünftiges Tier, das aus drei Seen trinken konnte, würde Kilometer laufen, um aus diesem erbärmlichen kleinen Fluß zu saufen.

Es war mir nicht eingefallen, in den Fluß zu steigen, das Ufer zu erklimmen und mir wenigstens die Beine zu vertreten. Ich hatte mich für eine Weile auf den Rücksitz gelegt, ich hatte über den beiden Vordersitzen gelegen und die Beine hinaushängen lassen. Ich empfand nun überhaupt nichts mehr, ich war stoisch gefühllos geworden, als ich einen Wagen hörte. Einem Landrover am andern Ufer entstieg ein Mann. Er war der perfekte Safarityp, tief sonnengebräunt, in sauberen, gestärkten

Khakishorts, kurzärmeliger Buschjacke, langen Khakisocken und alten Stiefeln; er hätte der Parkaufseher oder ein weißer Jäger oder einfach ein alter Afrikahase sein können.

Zugleich verwundert und ärgerlich sagte er: »Was machen Sie denn da?«

»Ich hänge fest.«

»Warum?«

»Weil ich nicht weiterkann. Warum sonst?«

»Ist Ihr Wagen kaputt?«

»Weiß ich nicht. Ich kriege den Vierradantrieb nicht rein.«

»Also, das wollen wir doch mal sehen«, sagte er und schlitterte das Ufer herunter ins Wasser. Ich rutschte auf den Beifahrersitz. Er legte den Vierradantrieb so leicht ein, als würde er eine Ameise wegschnippen. Er legte den Rückwärtsgang ein, was ein gräßliches, mahlendes Geräusch hervorrief, aber keine Bewegung.

Er murmelte etwas, worin das Wort »Frauen« erkennbar war. Er ging ohne Rücksicht auf seine schönen, sauberen Sachen auf die Knie und sah unter den Wagen.

»Sind Sie nicht auf die Idee gekommen, die Steine aus dem Weg zu räumen, bevor Sie hier reinfuhren?« fragte er ärgerlich. War ich offensichtlich nicht. »Sie sitzen auf einem unverschämt großen Stein fest, Sie haben Ihre Achse kaputtgemacht.«

Vielleicht sagte er Achse, ich bin mir da nicht sicher. Ich weiß nur, es war ein wichtiges Teil.

Er rief etwas auf swahili, und ein Afrikaner, den ich nicht gesehen hatte, sprang mit einem langen Schraubenschlüssel aus seinem Landrover. Beide waren nun naß und alles andere als belustigt, und gemeinsam wuchteten sie den Felsbrocken und was es sonst noch an Hindernissen gab zur Seite. Vom Fahrersitz aus steuerte der Weiße meinen Landrover im Rückwärtsgang ans Ufer und wendete ihn. »Sie müssen mit dem Vierradantrieb weiterfahren, so kommen Sie bis Nairobi, und da kriegen Sie eine Reparaturrechnung, die sich gewaschen hat.«

Ich bedankte mich überschwenglich, aber er war nicht zu rühren.

»Wenn Sie sich nicht auskennen, ist es nicht das klügste, hier allein herumzukutschieren«, sagte er und watete zu seinem Wagen zurück. Es blieb ihm genug Platz auf dem Pfad, an mir vorbeizufahren. Er rauschte geschickt mit Vierradantrieb durch den Canyon und fuhr vorbei. Langsam, ganz langsam und mit dem Lärm zweier Panzer wühlte ich mich zurück zum Hotel.

Nach einem Start bei Tagesanbruch wühlte ich mich durch 100 Kilometer dicken Schlamms, etwas schneller als zu Fuß, über die ungepflasterte Strecke zwischen Namanga und Nairobi. Ich hielt häufig an, damit sich der Motor erholen konnte. Ich goß Wasser in den Kühler. Ich benutzte die Benzinkanister. Jeden Augenblick erwartete ich, der Vierradantrieb werde den Geist aufgeben. Vom Athi River bis nach Nairobi war die Straße gepflastert und fühlte sich an wie Samt. Als ich den Landrover vor dem New Stanley Hotel abstellte, glich ich in nichts den stolzen, sonnengebräunten, gutgebügelten Bürgern, die triumphierend von ihren kundig umsorgten Safaris zurückkehrten.

Abgesehen von der afrikanischen Politik, Grund genug zum Kummer, bekümmert mich etwas, was weder die weißen Staatsmänner noch die Afrikaner berührt, ob groß oder klein. Die herrlichen wilden Tiere. Sie haben keinen Wert oder nur so, wie Chartres oder der Prado wertvoll sind, und sie werden nicht zu retten sein. Keine Macht wird ihrem Fortbestand große Bedeutung beimessen.

Die Elefanten in Kenia sind dezimiert worden, damit ihr Elfenbein einen bedeutenden Afrikaner reicher machen kann. Niemand weiß, was aus den Elefanten in Uganda geworden ist, aber wo schon Menschen so bereitwillig umgebracht werden, warum sollte man da Geld verheißende wilde Tiere verschonen? Das letzte Nashorn im Amboseli-Park ist bereits geschossen, weil sein Horn, zu Pulver gemahlen, als angebliches Aphrodisiakum ein Vermögen wert ist. Die Giraffe, so reizend und seltsam wie das Einhorn, läßt sich einfach töten, damit man aus ihren Schwanzhaaren ein dünnes Armband machen kann. Überreste von getöteten Tieren sind in Kuriositätenläden überall zu finden, man sehe sich nur um. Wenn Sie so reich sind wie ein Araber, können auch Sie Elefantenstoßzähne, in Silber gefaßt, bei Harrod's kaufen.

Für die prächtigen, wilden vierfüßigen Geschöpfe Afrikas gibt es keine Hoffnung. Wir werden traurige, eingekerkerte Tiere in Zoos für unsere Kinder aufbewahren. Ich weiß, das wird geschehen, und an den Verlust zu denken ist unerträglich. Wir sind eine furchtbare Spezies; wir sind die gefräßigsten aller Raubtiere.

»Ich fürchte, das kostet Sie eine Menge«, sagte Mr. Whitehead und führte die Schäden an verborgen liegenden Teilen des Landrovers auf. Ich sagte ihm, es tue mir furchtbar leid, diesen Ärger verursacht zu haben, und er möge es bitte in Ordnung bringen lassen, bevor der weiße Jäger zurückkomme, und der Preis spiele keine Rolle. Nichts spielte eine Rolle. Mein Haar war gewaschen, mein hübsches Nairobi-Kleid war sauber, ich hatte zwölf Stunden geschlafen, aber ich fühlte mich nicht wie neu geboren. Einer von den freundlichen, hilfsbereiten Leuten, die ich während der ersten Tage in Nairobi kennengelernt hatte, kam hereinspaziert, grüßte Mr. Whitehead und sah mich nachdenklich an.

»Sie haben wohl den Krieg hinter sich, was?« sagte er. »Sie fahren jetzt besser zur Küste und ruhen sich aus, bevor Sie nach Hause fliegen. Man müßte Sie sonst ja auf der Bahre aus dem Flugzeug tragen.«

Zur Küste? Wo war die Küste? Ich wußte nichts von der Küste. Die Vorstellung von weiterem Reisen in Afrika fand ich haarsträubend. Er blieb dabei; er lasse mir die Tickets auf mein Zimmer bringen, einer seiner Freunde würde mich morgen früh in Mombasa vom Flugzeug abholen, das Nyali Beach Hotel würde mich wieder aufblühen lassen. Ich gehorchte wie ein Zombie, dankbar dafür, daß sich jemand um mich kümmerte, dankbar dafür, daß mir jemand das Denken und Planen abnahm. Wie ein Zombie stieg ich aus dem Flugzeug in eine heiße grüne Welt, wurde von einem großen, freundlichen Mann in einem klimatisierten Mercedes im Nu weggebracht, folgte meinem Koffer in ein klimatisiertes Zimmer und fiel ins Bett. Als ich am späten Nachmittag erwachte, waren Erschöpfung und Anspannung verflogen.

Das Nyali Beach Hotel war damals ein geräumiges Gebäude im edwardischen Stil mit dunkelgetäfelten Aufenthaltsräumen und hölzernen Deckenventilatoren. Die Schlafzimmer waren mit den bedrückenden marineblauen Ripsvorhängen und braungebeizten Möbeln ausgestattet, die in Afrika so beliebt waren. Man hatte mir das erste renovierte Zimmer gegeben, ein modernes Luxusnest mit weißem Kunstleder und hellen Hölzern und Klimaanlage, die ich schnell abstellte. Dann öffnete ich die Fenster, um auf das Meer zu sehen und die weiche Luft zu atmen. Dies war das einzige Hotel an Kilometern von weißem Sandstrand, und jetzt nach der Hochsaison war er fast leer. Ich leerte meinen Koffer aus, um den Badeanzug zu finden, und lief durch Gärten, die nach Jasmin und Kamelien dufteten, viele Stufen hinunter zum Indischen Ozean und in das klare, seidige Wasser.

Weinkenner, diese entsetzlichen Langweiler, reden endlos über die verschiedenen feinen Aromen von Wein. Ich bin Kennerin von Wasser zum Schwimmen und auf diesem Gebiet in der Lage, jeden mit genauen Details zu langweilen. Nur das Beste in der Karibik – um St. Martin und Virgin Gorda – konnte mit dem Indischen Ozean mithalten. Zu schwimmen war noch nie so berauschend angenehm gewesen. Mein Körper war nach endloser Gefangenschaft in Autos zu mir zurückgekehrt.

Die Afrikaner gehen in Afrika zu Fuß, wenn sie müssen oder wenn es zu ihrer Lebensart als Angehörige von nomadischen, viehzüchtenden Stämmen gehört. Europäer tun das nicht, die Entfernungen verbieten es. Sie halten sich fit mit Tennis, Golf, Polo und in Swimmingpools. Ich kann keinen Ball in irgendeine Richtung schlagen, und Swimmingpools sind etwas für die Gesundheit, aber die Lebensgeister werden vom pflichtbewußten Hin- und Herpflügen nicht geweckt. Endlich konnte ich die angstmachende Größe Afrikas nutzen – ich hatte einen Strand, der sich bis zum Horizont erstreckte, einen Ozean ganz für mich allein.

Erlöst von der Tyrannei von Zeit und Entfernung, ging ich am Rand des Wassers den harten Sand entlang und beobachtete die Farben des Sonnenuntergangs, ein helles Grün, von mauve und rosa Bändern durchzogen, beobachtete, wie der Himmel einen durchsichtigen saphirblauen Ton annahm, *l'heure bleue,* und die ersten Sterne erschienen. Ich ging in der abrupt hereinbrechenden Dunkelheit des Äquators zum Hotel zurück. Die überwältigend strahlende Nacht barg keine Schrekken, die Luft fühlte sich auf der Haut an wie Satin. Das Glück packte mich mit der Gewalt eines Sturms. Dieser Ort unterschied sich von allen andern in Afrika. Es war eine einzige Erleichterung.

In aller Frühe schon munter, nahm ich Brille und Schnorchel, schwamm, ließ mich treiben und staunte über die Wunder unter Wasser, schöner, als ich je welche gesehen hatte. Gehirnkorallen in Pilzform, so groß wie runde Eßtische, ganze Wälder von schwankenden Farnkorallen, rosa und violett, große weiße Geweihkorallen und Tausende, Zehntausende von Riff-Fischen. Es muß einen ökologischen Grund für ihre Farben und Muster geben, aber für mein ungebildetes Auge sehen sie aus wie Spielereien der Schöpfung, wie Phantasiegebilde, erfunden aus purer Freude am Erfinden. Die Zeit verging unbemerkt, eine Stunde, drei Stunden, das Wasser trug mich, und ich war verzaubert. Durst trieb mich schließlich an Land. Bereits als ich durch den Garten zu meinem Zimmer zurückstieg, spürte ich die Hitze in mir. Ein Blick über die Schulter in den Badezimmerspiegel zeigte mir, daß meine Haut vom Hals bis zu den Fersen feuerrot leuchtete.

Verbrennungen beschreibt man in Graden. Ich weiß nicht, welchen Grad ich erreicht hatte, aber ich war gehörig verbrannt. Flach auf dem Bauch liegend, schluckte ich Aspirin gegen das Fieber und Vitamin A, wie es die englische Hausdame mir empfahl; und von Zeit zu Zeit begoß ein kleines afrikanisches Zimmermädchen meinen brennenden Körper mit Essig. Ich hatte Schmerzen und war über mich verzweifelt. Irgendein Mechanismus, den ich mir in Form einer Handbremse vorstellte, ohne Zweifel wegen meiner in letzter Zeit engen Beziehungen zu Autos, war ausgefallen. Erwachsene waren mit diesem Mechanismus ausgestattet; er hielt sie von Torheiten ab. Sie setzten ihn unbewußt ein; ohne großes Nachdenken vermieden sie so übertriebene und schwachsinnige Handlungen.

Ich war ein unheilbarer Narr. Ich hatte nicht eine Prise gesunden Menschenverstand. Ich wurde älter, aber nicht weiser.

»Nehmen Sie's nicht so tragisch, meine Liebe«, sagte die englische Hausdame. »Sie sind nicht die erste, der das passiert. Die Ausländer erkennen nicht, wie stark die Sonne hier ist.«

»Aber durchs Wasser?« fragte ich und bemühte mich, nicht zu wimmern vor Selbstmitleid.

»Allerdings, wie Sie es ja selbst entdeckt haben. Am besten geht man mit einem T-Shirt ins Wasser, wenn man vorhat, länger drin zu bleiben. Und setzen Sie einen Hut auf, wenn Sie am Strand spazierengehen. Sie haben für dieses Klima wirklich nicht die richtige Hautfarbe. Aber macht nichts, die Blasen entwickeln sich schon schön. Sie schälen sich in ein, zwei Tagen, und dann sind Sie wieder topfit.«

Ich werde nie wieder topfit, dachte ich trübsinnig, ich werde mir immer was Neues einfallen lassen, um weiter den Idioten zu spielen. Und in der Zwischenzeit verlor ich wertvolle Tage; meine Nackenmuskeln schmerzten, weil ich den Kopf ständig anhob, um lesen zu können, und falls ich versuchte, meinen Kummer im Alkohol zu ertränken, würde ich wahrscheinlich in Flammen stehen.

Aber obwohl ich es bezweifelt hatte, erholte ich mich und schwamm nun im T-Shirt und trug an dem makellosen Strand in der Morgenkühle und am späten Nachmittag einen Hut. Wenn die Sonne hoch über mir stand, lag ich in meinem angenehmen Zimmer und las Jane Austen, die hier zeigen durfte, was sie wert war. Es gab nicht ein Stückchen Abfall oder ein Kügelchen Öl an dem herrlichen Strand, keine Verunreinigung des Wassers. Es liegt erst fünfzehn Jahre zurück, daß mich das eine wie das andere empört hätte. Aber nun trifft man beides überall an, sogar dort.

Ich stieg widerstrebend ins Flugzeug. Ich hatte mich in das Land und den Himmel, die Fauna und Flora, das Wetter Ostafrikas verliebt. Diese Verehrung der Natur erstreckte sich nicht auf die Menschheit in Afrika oder ihre unterschiedliche Lebensart. Wie ein Liebender wollte ich alles von der Geliebten wissen, aus jedem Blickwinkel, in jeder Stimmung. Ich wollte mit Afrika leben. Überall sonst würde es dem Leben an Leidenschaft fehlen, es wäre ein fader Ersatz. Zehn Monate später kehrte ich an jene Küste zurück und richtete dort meinen neunten ständigen Wohnsitz ein. Diese Aufgabe war so hart, wie sie es immer ist, aber ich ertrug das tägliche Chaos ungewöhnlich hoffnungsvoll. Wenn das Haus erst einmal stand, würde ich die Beine hochlegen – außer zum Gärtnern – und mich ganz dem Glück hingeben. Ich glaubte, ich hätte endlich alles gefunden, was mein Herz begehrt.

Die Liebesaffäre mit Afrika war lang, besessen und unerwidert. Sie dauerte mit Unterbrechungen dreizehn Jahre. Afrika blieb außer Reichweite, mit Ausnahme von Augenblicken der Verschmelzung, wenn ich bei Sonnenaufgang oder Sonnenuntergang am langen, leeren Strand spazierenging oder wenn ich den Nachthimmel betrachtete. Oder später, als ich meinen zehnten ständigen Wohnsitz hoch oben im Rift Valley gebaut hatte und von meinem Zweizimmerhaus auf vier Horizonte blicken konnte, trunken von Weite und Stille. Oder immer dann, wenn ich allein über Straßen im Hinterland fuhr und Afrika mir seine Überraschungen schenkte – die herrlichen umherstreifenden Tiere, die Formen der Berge, die wilden Blumen.

Augenblicke sind nicht genug; wir leben den ganzen Tag; wir können zwischen solchen Augenblicken nicht ins Koma fallen. Ich brauchte eine Arbeit, die mit Afrika zu tun hatte, wie Botanik oder Zoologie oder Geologie oder Landwirtschaft. Zu schreiben war hoffnungslos. Ich kam mir sowohl winzig als auch anmaßend vor, wenn ich den Versuch unternahm, inmitten der Größe dieser Naturwelt zu schreiben, in der alles älter war als die Zeit und ich das jüngste Ding in der Landschaft.

Dann aber störte es mich auch, daß ich die Afrikaner nicht verstand, wenn ich auch nicht erwartete, die geniale Ausnahme zu sein, der einzige Europäer oder Asiate, der fähig war, die Geheimnisse der afrikanischen Seele zu durchdringen. Ich wurde von Unsicherheit gequält; nicht zu verstehen bedeutete, falsch zu verstehen. Afrikaner sind äußerlich (und nur so kannte ich sie) die bestgelaunten Menschen, mit denen ich gelebt habe. Sie lachen leicht und fast ständig über alles, aber ihre Witze sind nicht meine. Die Schranke zwischen uns war jene, die ich schon vor so langer Zeit in China empfunden hatte.

Ich wäre in Afrika selig geworden und wirklich zu Hause gewesen und wäre noch immer dort, wenn ich nur Mowgli oder Tarzan oder eine Giraffe hätte sein können.

Die heiße Liebe ist noch nicht tot. Wenn ich die erste Reise mit Joshua nachzeichne, regen mich die Ortsnamen immer noch auf, und ich sehne mich danach, die

Gegenden zu sehen, die ich verpaßt habe. Doch Afrika hat sich verändert, die Politik und der Touristenboom haben viel von dem ruiniert, was ich geliebt habe, und vielleicht bin ich nur gerade so weise geworden, daß ich weiß, wann man aufgibt.

Einen Monat nachdem ich nach London zurückgekehrt war, wo ich meine Zeit damit verbrachte, Afrika nachzutrauern, traf ein Brief von Joshua ein. Er war mit violetter Tinte auf grünes Notizpapier geschrieben, in das oben rechts ein Gänseblümchen eingeprägt war. Joshua muß dieses schöne Papier für diesen besonderen Anlaß gekauft haben. Er schrieb, daß er unsere Safari nie vergessen werde, daß er noch nie im Leben so glücklich gewesen sei und ich ihm Mutter und Vater ersetzen würde.

5
Ein Blick auf Mütterchen Russland

Ich wußte schon, daß dies eine Horrorreise werden würde, ehe sie begann, und damit wurde sie zu einem Unternehmen der Sonderklasse. Ich konnte da nicht mehr raus, es war eine moralische Verpflichtung. Ich mußte nach Rußland, wohin ich eigentlich um keinen Preis je wollte, nicht einmal mit den Straßenbahnen aus meiner Kindheit. Aber vorgewarnt ist nicht vorbereitet.

Obwohl Russen mit dichterischer Hingabe über ihre Landschaft schreiben, hatte ich meine eigenen Vorstellungen. Ich war sicher, Rußland sähe so aus wie der Mittlere Westen, zu flach und zu viel davon. Das Klima war abstoßend: der Schnee, die Kälte, die vereisten Flüsse. Ich glaubte an keinen russischen Sommer. Offensichtlich war das sprenklige Sonnenlicht durch Birkenbäume, waren die Schmetterlinge nur Erfindungen, Phantasiegebilde von Literaten. Der Sommer in England ist größtenteils imaginär, Rußland mußte zehnmal schlimmer sein. Ich war damit ganz zufrieden, daß ich das Rußland seiner großen Schriftsteller und die ungestümen, dumpfen Charaktere aus ihren Büchern kannte.

Das moderne Rußland ist eine allgemein und weitverbreitete fixe Idee, und Millionen von Rußlandbeobachtern erliegen ihr. Die Lebensqualität in Demokratien zu verbessern scheint mir von größerem strategischen Wert zu sein, als Sowjetpanzer zu zählen und über sowjetische Bedrohungen zu mutmaßen. Ich könnte in keiner Diktatur leben, und ich verabscheue die Leute, die sich nur über kommunistische Diktaturen aufregen. Wenn ich über Rußland nachdachte, und das keineswegs häufig, dann bedauerte ich die Einwohner der Sowjetunion, die in ihrer aufgezeichneten Geschichte niemals eine anständige Behandlung erfahren haben. Und mein heftiges Verlangen, niemals dorthin zu reisen, wurde noch heftiger.

Wie aber geriet ich in diese Zwickmühle? Durch Zufall und ein Buch aus Harrod's Leihbücherei. Es war ein dickes Buch und kein Roman, zwei Punkte, die eigentlich dagegensprachen, weil ich zum Vergnügen lese, und Romane sind eben mein Vergnügen. Doch ich hatte noch nie etwas Geschriebenes von einer russischen Frau gelesen, und so nahm ich das dicke Buch mit nach Hause und begann mit lauwarmer Neugier zu lesen. Und war wie elektrisiert und las das Buch in einem durch, nur mit Pausen zum Essen und Schlafen. Nichts hatte mir vorher so klar gezeigt, wie es war, unter dem Terror einer Diktatur zu leben, gehetzt, gejagt, Tag für Tag. An diesem Buch gab es soviel zu bewundern, ich wußte nicht, womit ich anfangen sollte. Mit dem Mut dieser Frau? Der Kraft ihres Gedächtnisses? Mit der flotten, klaren Prosa, die mühelos das formulierte, was zu sagen beabsichtigt war?

Seit meinem vierzehnten Lebensjahr, als ich Carl Sandburg die frohe Botschaft verkündete, ich glaube, er sei ein bedeutender Schriftsteller, habe ich Briefe mit Lob und Dank an jeden geschickt, der mir das aufregende Erlebnis neuen Verstehens mit seiner Schriftstellerei schenkte. Das ist doch nicht mehr als die übliche Höflichkeit. Wir sagen danke, wenn wir's nicht meinen, also warum nicht ein Danke, wenn wir wirklich dankbar sind? Ich konnte der russischen Frau nicht schreiben, aber einen Brief über den Verlag an den Übersetzer schicken. Die Übersetzung war selbst ein Kunstwerk. Ich konnte ihm für seinen Anteil an diesem vorzüglichen Buch nur danken und ihn bitten, falls er Kontakt hatte, der Autorin meine Verehrung, meine Ehrfurcht etc. zu übermitteln. Vermutlich würde er ihr meinen Brief zukommen lassen.

Die Zeit verging, und natürlich vergaß ich diesen Dankeschön-Brief, bis ich eines Morgens einen Brief aus Moskau bekam – ich war baff vor Staunen. Vier Zeilen auf einem groben gelben Stück Papier von der Autorin selbst. »Liebe Frau Martha Gellhorn. Vielen Dank für Ihren freundlichen Brief. Ihr Brief war der beste, den ich über mein Werk gelesen habe.« Der Umschlag war exotisch: billiges Papier, das Luftpostzeichen ein stilisierter Storch, der durch stilisierte Wolken flog und eine stilisierte Rose trug. Die große Briefmarke war das herrliche Porträt eines herrlichen Rotschopfs von Renoir. Kein Absender. Ich wollte einfach nicht glauben, daß

Rußland einen ganz normalen Postdienst hatte, der Briefe rein- und rausgehen ließ. Ich war so überrascht, als sei der Brief mit dem Storch gekommen.

Ein zweiter Brief folgte, diesmal mit Absender, und so wurden wir Brieffreundinnen. Ich besitze achtundzwanzig Briefe, die Briefmarken sind toll. Wenn man ein Land anhand seiner Briefmarken beurteilen müßte, dann wäre die UdSSR *die* Kulturnation. Meine Briefe waren lang, weil ich während dieser Zeit allein im Rift Valley auf einem Berghang lebte, und statt mit Leuten zu reden, redete ich mit meiner Schreibmaschine. Ihre handgeschriebenen Briefe sind in der Regel eine Seite lang, auch die Ecken und Ränder waren vollgeschrieben. Ich habe sie gerade noch einmal gelesen und begreife jetzt, warum ich mich verpflichtet fühlte. Diese außergewöhnliche Frau, damals zweiundsiebzig Jahre alt, glaubte, sie habe nur noch kurze Zeit zu leben. Sie würde mich niemals besuchen kommen können, aber ich sei doch frei, sie zu sehen. Ich konnte mich einfach nicht verweigern, es sei denn, ich wäre ein kaltherziges Monster. Das war vor etwas mehr als fünf Jahren, und ich freue mich, sagen zu können, daß sie noch lebt.

Und so schrieben wir uns. Sie fragte mich, was ich in meinem afrikanischen Einsiedlernest so tat. Ich beschrieb den Reiz eines Frauenlebens auf vorgeschobenem Posten und fügte hinzu, daß ich mich abends mit Thrillern ins Bett kuschelte. Sie verstand das Wort nicht, und ich hatte nicht die Absicht, sie in Gefahr zu bringen, indem ich ihr ein Paket mit diesen pfiffigen Geschichten schickte, in denen 80 Prozent der Übeltäter zum KGB gehören. Ihre ganze Leidenschaft waren Detektivgeschichten, die ich schon hinter mich gebracht hatte. Ich schickte ihr die besten: Margery Allingham, Ngaio Marsh, Nicholas Blake, Edmund Crispin, diese so wunderbar flott schreibenden Engländer – sie mochte sie aber nicht. Sie wollte Ed McBain und Mickey Spillane, so etwas in dieser Art. Ich hatte Schwierigkeiten, mein Niveau zu senken und den Stoff zu finden, den sie mochte. Außerdem war sie begierig, Pornographisches zu lesen, aber da mußte ich völlig passen. Ich wußte nicht, was ich da nehmen und wo ich's herbekommen sollte. Ich bin blind für die Versuchung Pornographie, sogar die regelmäßig in Thrillern zu findenden Sexeinlagen langweilen mich, und ich sah sowieso keinen Grund, die Sowjetpostzensur aufzuschrecken. Ich schickte ihr Fotos von Tieren in Afrika. Sie war von einem vergrößerten, unscharfen Giraffenfoto entzückt, ein großer Fries in der Serengeti, den man dort immer noch sehen kann. Sie hatte einen Freund, einen zwölf Jahre alten Jungen, der Briefmarken sammelte und tauschte. Ich schickte Briefmarken.

Manches in ihren Briefen war lustig, das meiste klang bitter. Manchmal war sie so starrsinnig, daß sie mir, da ich an der gleichen Krankheit leide, auf die Nerven ging. Faulkner ist nicht der *einzige* gute, moderne Romancier im Englischen, um Gottes willen. Faulkner und vielleicht Djois. Blödsinn! Und warum erklärte ich mich nicht entweder für Dostojewskij oder für Tolstoj, gegensätzliche und ausschließliche Positionen würden von allen Russen eingenommen, schrieb sie mir. Sie war pro Dostojewskij. Dann waren also *Krieg und Frieden* und *Anna Karenina* für Leser zweiter Klasse? Wieder daneben. Es gab in jedem ihrer Briefe neue und andere Hinweise auf ihre Gesundheit. Sie war zu müde aufzustehen, sie konnte kaum gehen, sie hatte ein Magengeschwür, das sich nur im Frühling und Herbst bemerkbar machte, ein schwaches Herz, ob ich etwas gegen Diabetes finden könnte. Sie war zum Sterben bereit, aber fürchtete sich vor einem Schlaganfall. Am Leben bleiben, dabei aber altersschwachsinnig zu werden, war das schlimmste Schicksal. Sie hatte sich ihre Krankheiten schwer verdienen müssen: Seit dreißig Jahren lebte sie allein, nachdem ihr Mann in einem Gefangenendurchgangslager gestorben war, gab Unterricht in Provinzschulen und verbarg dabei ihre wahre Identität, ein Leben unaufhörlichen körperlichen und seelischen Elends.

Als ich mich endlich durchgerungen hatte zu fahren, kamen wir zur Sache: was ich nun wirklich mitbringen sollte. Ich machte mich am 3. Juli 1972 nach Moskau auf, mit dem größten aller Koffer, den ich besitze, bis zum Platzen gefüllt mit folgenden Dingen für sie: drei Glas Orangenmarmelade, sechs Schallplatten von Yehudi Menuhin, sechs Block gutes Schreibpapier mit Umschlägen, ein Dutzend Kugelschreiber, 14 Paar Nylonstrümpfe, drei Flaschen mit Pillen einer holländischen Medizin gegen ihren Saison-Ulkus (eine ungeheure Anstrengung seitens meines Arztes und von mir, sie ausfindig zu machen), Winterkleidung und Pullover (meine) für ihre Freundinnen zum Anziehen oder Verkaufen, ein Kaschmirschal für sie, Eau de Toilette Arpège von Lanvin, zwölf Taschenbuchkrimis und ein großer Versandumschlag von ihrem Verleger, vollgestopft mit Ausschnitten, Besprechungen ihres Buches, das international berühmt geworden war. Man hielt sie jetzt für eine der großen russischen Schriftstellerinnen, aber diese Nachricht hatte sie noch nicht erreicht.

Um für mich selbst Kleidung auszuwählen, hatte ich den Wetterbericht in der *Times* studiert: das Moskau, das ich vom Lesen kenne, liegt immer unter Schnee begraben. Die Temperatur, so wurde behauptet, läge bei 31°, 32°, 33° und 32,5° Celsius. Ohne Zweifel ein typographischer Irrtum, man verwechselte Moskau mit Malta. Mein Anteil an besagtem Riesenkoffer war ein zweites Paar dicker brauner Jeans, zwei T-Shirts und ein Sweater. Im Flugzeug trug ich Jeans, T-Shirt und Sandalen. Was immer ich mir für Sorgen auch machte, ich würde mich nicht darüber sorgen müssen, in Moskau richtig angezogen zu sein.

Man schickt Intourist nicht einfach einen Scheck für eine Woche »Bett und Frühstück« zwischen diesem und jenem Tag, das Reisebüro beantragt ein Visum. Das dauerte so lange, daß meine vorgegebene Abfahrtszeit gestrichen werden mußte und mir die wilde Hoffnung blieb, daß ich abgelehnt werden könnte und mir die Reise erspart bliebe. Wie viele andere unterschreibe ich jede Bittschrift, die mir über den Weg kommt, die gegen schlechte Behandlung russischer Dissidenten und russischer Juden protestiert. Ich konnte zwar nicht ernstlich erwarten, daß mein Name unter so vielen bemerkt worden war, aber ich spielte mit dem Traum des Berechtigungsentzugs. Nein, dies war einfach die ganz normale sowjetische Methode, Reisen angenehm und einfach zu gestalten. Nach der Verzögerung erfuhr ich, daß einem Intourist nicht sagt, wo man in Moskau wohnen wird, man bekommt das Hotel am Flughafen zugeteilt.

Ich war ängstlich wegen meines Koffers, mehr als ängstlich, ich zitterte und bebte. Sogar in einem normalen Land könnte ein Zollbeamter den Inhalt des Koffers doch als etwas seltsam für einen Touristenaufenthalt von einer Woche im Hochsommer ansehen, aber in einem normalen Land erklärte man dann, daß man einem Freund Geschenke mitbringe. Falls ich befragt würde, war das allerdings das letzte, was ich antworten konnte. Ich malte mir schon aus, wie man mir die Fingernägel ausreißen würde, während ich mich weigerte, die Gründe preiszugeben, warum ich drei Glas Orangenmarmelade und Platten von Yehudi Menuhin bei mir hatte. Ein amerikanischer Freund in London hatte einen amerikanischen Freund, der in Moskau arbeitete.

Er hatte mir versprochen, seinen Freund zu bitten, mich zu treffen und mir am Flughafen beizustehen.

Die Ankunftshalle in Moskau war lautes Chaos. Ich wusste nicht, wo ich meinen Koffer finden sollte, und stand da wie ein Depp vom Lande, der noch nie gereist war. Ein großer, ansehnlicher Fremder erschien und küßte mich auf die Wange. Er plauderte mit mir wie mit einer alten Freundin oder Verwandten, führte mich am Zoll vorbei, der nur einen flüchtigen Blick auf mein aufreibend lästiges Gepäck warf. Der große, dunkle, ansehnliche Fremde dachte wahrscheinlich, es gäbe eben solche und solche auf dieser Welt, einschließlich einer nervigen, kribbeligen und von ganzem Herzen dankbaren Dame mittleren Alters. Er konnte meine Erregung kaum verstehen, da er nichts von meiner verrückten Fracht ahnte. Er mußte sofort wieder los zu seinen eigenen Geschäften, aber dirigierte mich noch zu einer Gruppe säuerlicher Frauen hinter einem Schalter, die widerwillig Hoteladressen an verwirrte Reisende verteilten. Die Reisenden irrten und fragten herum und wurden mit Verachtung behandelt, der erste Geschmack auf die vorherrschende Art und Weise. Ich fragte, ob ich Geld wechseln könne. Nein. *Njet.* Ich solle doch Geld im Hotel wechseln, und das Taxi sei draußen.

Das Taxi war sehr alt, eine alte Limousine, die auf einer Seite heruntersackte. Der Fahrer sah ebenfalls mürrisch aus. Wenn wir auch kein Wort miteinander wechseln konnten, ein Lächeln wäre nicht schlecht gewesen. Er fuhr, als wäre dies die Rallye von Monte Carlo – in halsbrecherischem Tempo auf einer fast leeren Straße. Die Szenerie war trostlos, flach und dürftig, Mittelwesten auf niedrigstem Niveau. Ich sah einige Birken. Wie wir wissen, lebt die russische Literatur geradezu von Birken. Diese Birken waren nicht so gut wie die in Wisconsin, und es gab nicht viele.

Nach einer sehr langen Fahrt bog das Taxi in der Mitte von nirgendwo von der Straße ab, und ich fand mich an so etwas wie einem Motel abgesetzt, jedenfalls sähe das in jedem anderen Land so aus: ein neues Gebäude, Typ Sardinendose mit Zimmern, in ein kleines Wäldchen mit Kiefern verpflanzt, drum herum leeres Land. Drinnen an einem Schreibtisch noch eine mürrische Frau. »Aber wo ist Moskau?« sagte ich. Es sah so aus, als wären wir an der Straße nach Minsk. Ich sagte wütend, daß ich nicht nach Rußland gekommen sei, um irgendwo in der Nähe von Minsk zu landen. Ich hatte doch gezahlt, um nach Moskau zu fahren und um mich nur dort aufzuhalten. Das war natürlich für sie alles andere als fröhlicher Zuspruch. Sie zog es auch vor, nicht zu antworten.

»Sie müssen in Ihr Zimmer gehen«, sagte sie. Wenigstens konnte ich mein verschwitztes Gesicht waschen, ehe ich die Schlacht wieder aufnahm. Das Zimmer war das eines Motels fünften Grades, klein, mit der Art Spanplattenmöbel, die gleich nach dem Krieg in Massen hergestellt wurden, in England Gebrauchsmöbel genannt. Da ich nicht einmal vom 4. Stock aus Moskau sehen konnte, eilte ich die Treppe hinunter (der Lift außer Betrieb) und fing zu brüllen an wie die *Drei Schwestern. »Ich will nach Moskau!«* Es war zum Verrücktwerden. Ich hatte nur diese sieben Tage, inklusive An- und Abreisetag, und hatte diese Pilgerfahrt doch nicht unternommen, um in einem erbärmlichen Kiefernwald zu sitzen.

Zunächst mal, wie wär's mit Geldwechseln. *Njet.* »ABER MAN SAGTE MIR, ICH SOLLE MEIN GELD HIER WECHSELN!« Geschrei. *Njet.* Zwei andere vor Wut rasende Reisende erschienen, ein dicker, großer Texaner und ein kleiner Asiate von unbestimmbarer Nationalität. Der Texaner war großartig. Rot im Gesicht, verkündete er, dies sei der gottverdammteste Platz, den er je gesehen habe, wer wolle denn hier schon länger bleiben, was für ein höllisch stinkendes Land das hier sei. Der Asiate, weniger artikuliert, war dennoch genauso ungehalten. Er schwenkte seine Kamera zur Lobby, in der nichts drin war außer nackten Wänden, nacktem Fußboden und dem Empfangsschalter. Er schwenkte seine Kamera nach draußen, zu dürftigen Kiefern. »NO GOOD PICKSHA!« sagte er in ungeduldig hohem Ton, »NO GOOD PICKSHA!«

Ich schrie noch immer wegen meines Geldes herum. Sie stimmten mit ein, da sie auch knapp an Bargeld waren. Die mürrische Frau ließ sich herab, ihr verächtliches Schweigen zu brechen, und sagte, wir könnten ein Taxi nach Moskau nehmen. »WIE?« brüllten wir unisono. Hier gab's weder ein Lebenszeichen noch ein Auto, nur uns und sie. Was kostete ein Taxi? Es machte etwa 20 Dollar aus. Die widerspenstige Dame am Empfang überwand sich, mir ein paar Dollarscheine zu wechseln. Sie machte dabei einen Gewinn von 50 Prozent, freie Marktwirtschaft. Wir drei warfen unsere Rubel in einen Topf und konnten so fürs Taxi genug zusammenkratzen. Dann mußten wir sie erst umschmeicheln, dann bedrohen, damit sie uns ein Taxi herbeitelefonierte: Taxis zu bestellen wäre nicht ihre Aufgabe. Wie in Gottes Namen, sagte ich mit Wut, könnte sie erwarten, daß *wir* ein Taxi anriefen? Welche Sprache sollten wir gebrauchen, ihrer Meinung nach? *»Didja evah see such a bitch in yuh whole life?«* fragte der Texaner. Dann warteten wir aufs Taxi und fuhren die öden Meilen bis Moskau.

Im Hotel Metropole überzeugte ich nach intensiver Auseinandersetzung die Frau, deren Aufgabe es war, Geld zu wechseln, davon, daß sie nun wirklich etwas Geld wechseln müßte. Ich war so aufgebracht, daß ich mich kaum noch beherrschte. Nun mußte ich ein anderes Taxi finden, und da die Nacht hereingebrochen war, war das keine leichte Aufgabe. Mrs. M.s Adresse war in Russisch auf ein kleines Stück Papier geschrieben (ich war nach bester Tradition vorbereitet, es aufzuessen); das zeigte ich dem Taxifahrer. Wir machten uns auf den Weg. Moskau ist ein gewaltig ausuferndes Etwas und spärlich beleuchtet. Es muß das Gegenstück schlechthin zu einer lebendigen, geschäftigen Stadt sein. Der Fahrer hatte keine Ahnung, wo Mrs. M.s Straße lag, und es gab nur wenige Leute, die man fragen konnte. Die, die er fragte, gaben unterschiedliche Antworten; wir folgten allen angegebenen Richtungen. Ich konnte mir nicht vorstellen, daß dieses so besonders abstoßende Betongebäude unter all den anderen abstoßenden Betongebäuden nun wirklich das Ende der Reise bedeutete. Vierzehn Rubel ärmer; der offizielle, künstlich hochgehaltene Wechselkurs macht den Rubel sehr teuer. Diese Horrorreise, die ja bereits gut begonnen hatte, wurde noch durch ein klassisches Merkmal bereichert: den hohen Preis des Elends.

Die Eingangshalle war so breit wie die hölzerne Innentreppe, der Boden war mit abgetretenem, beschmutztem Linoleum bedeckt. Ich drückte auf die Klingel im Erdgeschoß. Die Tür öffnete sich einen Spalt. Sie guckte hervor, löste die Kette und entpuppte sich als klein, matronenhaft, alt, mit dünnem grauen, nachlässig hochgestecktem Haar, in weitem Mother-Hubbard-artigen Kleid und mit dem Ausdruck verwunderter Überraschung. Sie ließ mich auf den engen Flur, der nicht breit genug war, um zwei Leute Seite an Seite stehen zu lassen, und sagte lächelnd: »*Marta*. Man sagte mir, Sie kämen heute nicht.« Wer war »man«? Die Tomtoms schlagen nicht nur in Afrika. Es ist nur zu logisch, daß Gerüchte, richtig oder falsch, dort die Mittel der

Verständigung sein müssen, wo man niemals irgendwelche Tatsachen als die richtigen herausfinden kann. Man stelle sich eine Hauptstadt *ohne ein Telefonbuch* vor! Übertrifft das nicht alles an verrückter Geheimniskrämerei?

Eine Freundin war bei ihr. Ich glaube, Mrs. M. war selten allein, nur um zu schlafen vielleicht. Ich vermutete, die Freundin war Mitte Sechzig, groß, noch ansehnlich, mit aufrechter Haltung, eine Persönlichkeit, die fließend Englisch sprach. Sie trug eine Art verblichenes Baumwollkleid, wie es die farbigen Putzfrauen in den USA zur Arbeit tragen. Ich hatte einiges von meinem Gepäck in einem Duty-free-Plastikbeutel mitgebracht und hatte vor, jeden Tag kleine Portionen zu transportieren, um mich nicht verdächtig zu machen – bei diesen unsichtbaren, alles beobachtenden Augen. Die mitgebrachten Kleinigkeiten lieferten uns ein Thema für die Unterhaltung. Mrs. M. reichte ihrer Freundin mehrere Paare Strümpfe, und sie strahlte, als bekäme sie Perlen und nicht Peter-Jones-Strumpfwaren zweiter Wahl. Mrs. M. sagte mit ihrer sanften Stimme, daß sie noch nie Duftwasser verwendet habe, was mich weinerlich machte. Ich tat etwas Arpège auf ihre Handgelenke. »Es ist *besser* als französisches«, sagte sie. »Es ist französisch«, sagte ich und wünschte, ich könnte meinen Mund halten. Mrs. M. war von den Menuhin-Platten so begeistert, daß sie nicht sprechen konnte; sie hielt sie nur fest.

Es war spät. Mrs. M. war müde, und ich hatte noch das Problem der Rückfahrt in die reizende Karawanserei an der Straße nach Minsk vor mir. Mrs. M.s Freundin half mir, ein Taxi zu finden. Der Fahrer hatte noch nie von meinem entfernt liegenden Hotel gehört und war nicht gerade begeistert, aufs Geratewohl Richtung Minsk zu fahren. Geld bewirkt wie überall Wunder in der Sowjetunion, vielleicht mehr als sonstwo. Es dauerte zwei Stunden, in mein kleines, häßliches Zimmer zurückzukehren. Ich wäre überglücklich gewesen, mit dem nächsten Flugzeug Moskau verlassen zu können.

Um den KGB total zu verwirren, verteilte ich wesentliche Notizen zu meiner Reise in meinem Terminkalender auf mehrere Seiten und schrieb so krakelig, daß selbst ich es kaum lesen kann. Aber ich entziffere meinen Kommentar zum ersten Tag so: »Die *fröhliche* Art und Weise, nicht behilflich zu sein.« Das war und blieb der erste und sich einprägende Eindruck: Die Leute, die von der Regierung beauftragt waren, sich um ausländische Reisende zu kümmern, zogen tiefe Befriedigung aus ihrem *Njet.* Mit Pokergesicht und völlig stur taten sie ihr Bestes, alles so zum Verrücktwerden zu handhaben, wie es das Gesetz vorschrieb.

Ich war schon schlimm genug dran, überhaupt in Rußland zu sein, aber auch noch als Pendler, das war schier unerträglich. Ich mußte auf jeden Fall ein Zimmer in Moskau selbst bekommen und wandte mich an meinen Flughafenretter, wozu ich überhaupt kein

Recht hatte, aber ich kannte niemanden sonst und war verzweifelt. Er erschlich sich für mich ein Zimmer. Bis zehn Uhr war ich in meine neue Luxusherberge umgezogen. Die Vermittlung des Hotels Ukraina verneinte bis zum letzten Tag meine Anwesenheit, weil ich ja offiziell und wie zugeteilt im Kiefernwald zu sein hatte.

Das Hotel Ukraina ist hohe Stalin-Gotik. Wenn ich nicht vor Schweiß triefend, nahe am Hitzschlag und ständig in Rage versetzt gewesen wäre über den reinen Stumpfsinn in der Hauptstadt der Sowjetunion, hätte ich es lustig gefunden. Es sei geklagt, für sieben Tage war mir das Lachen völlig vergangen. Das Hotel, vier Sterne nach Moskau-Standard, hat drei kathedralenartige Turmspitzen mit einem roten, beleuchteten Stern auf der höchsten Spitze. Die Fassade ist mit einer Akne aus Steinornamenten bedeckt. Es ist ein Wolkenkratzer, neunundzwanzig Stockwerke hoch, mit 1000 Zimmern, aber es gibt nur vier Aufzüge, zwei zu jeder Seite in der Eingangshalle, und von diesen arbeitete nur einer handgesteuert, immer durch eine Blondine, deren Körperhaltung und Gesicht das wahre Abbild haßerfüllter Bitterkeit waren. Man stellte sich in einer Schlange an, um ins Zimmer zu kommen. Die Leute kämpften wie die Tiger um einen Platz im Lift. Dann klebte man in der erstickenden Hitze der ungelüfteten Schachtel zusammen, während sie sich langsam nach oben bewegte. Nach einer halben Stunde Warten wäre ich gern zu meinem Zimmer geklettert, aber es gab keine Treppen.

Auf der Zimmeretage, wo sich die Korridore trafen, saß die Etagengefängniswärterin wie die Medusa. Ihr Job war es, einem den Zimmerschlüssel zu geben und ihn einzusammeln, wenn man das Stockwerk verließ. Das ist sehr praktisch, wenn man Zimmer durchsuchen will. Ich hätte gern gewußt, ob die Polizei, von der finsteren Frau alarmiert, bei »unerlaubten« Paaren eindrang, oder ob die finstere Frau die Liebe im Keim erstickte, bevor die Pärchen ein Zimmer erreichen konnten. Tatsächlich sah ich keinen Reisenden, der glücklich genug aussah, einen Versuch in puncto Sex zu wagen. Sie sahen alle so aus, als ob auch sie die Tage zählten und sich nach Erlösung von Bussen und Vorträgen durch Intourist-Führer sehnten.

Mein Zimmer, mal abgesehen davon, daß es so heiß war wie Zimmer überall sonst auch, war einfach schmuddeliger Plüsch, der mal eine kräftige Reinigung brauchte. Das Fenster lag einem der Ausländerghettos gegenüber, wo auch mein neuer amerikanischer Freund mit seiner Frau wohnte. Dieses Ghetto war eine Reihe gelber Backsteinmietshäuser mit einem Wachhaus und Soldaten am Tor zur Anlage und Stacheldraht drum herum. Es gab keine bessere Warnung an die Russen, sich von Ausländern fernzuhalten, einmal abgesehen vom Erschießen. Die Hauptstraßen in Moskau waren so gebaut, daß sechs Panzer bequem nebeneinanderher fahren konnten. Auf die andere Seite kam man an bestimmten Punkten durch lange Tunnel oder indem man rannte wie der Teufel. Der Verkehr war schwach, aber es wurde stets für die Monte-Carlo-Rallye geprobt. Es mag viele krumme, alte Pflastersteingassen mit kleinen Holzhäusern und Ecken und Winkel von malerischem Reiz geben. Ich sah nur die touristischen Höhepunkte und die Vorstädte, und glauben Sie mir, es ist *Depression City*.

Da mein Wohnproblem gelöst war, konnte ich jetzt darangehen, das Problem Hunger zu überwinden: Ich hatte außer dem Plastiklunch im Flugzeug am Vortag nichts gegessen. Das Abendessen ging auf der Suche nach Mrs. M. verschütt, das Frühstück ging drauf wegen der Telefonate, aus dem Kiefernwald zu entkommen. Moskau ist keine Stadt, in der man zu einem Hamburger-Paradies oder zu Wimpey's oder einem Sandwich-Laden oder einem Kiosk läuft, um schnell was zu futtern. Nichts Derartiges existiert. Die einzige Speise, von jedermann empfohlen und auf den Straßen zu haben, ist Eiscreme, aber wegen der Hitze war Eiscreme ausverkauft. *Njet*.

Es war der vierte Juli, und am vierten Juli geben amerikanische Botschaften Empfänge; meine neuen amerikanischen Freunde hatten angeboten, mich mitzunehmen. Nun mußte ich nur noch eine weitere Stunde oder so überleben und entscheiden, welches unpassende Winterteil von der mitgebrachten Kleidung zum Verschenken ich tragen sollte. Ich raste über die riesige Straße und redete mich an den Ghettowachen vorbei. Der Zugang zu diesen vorzüglichen Wohnungen sah wie eine dreckige Lieferanteneinfahrt aus, wie es sie überall gibt. In deutlichem Kontrast dazu meine neuen Freunde, großer Mann, kleine Frau, die genauso nett und elegant aussahen wie ihr amerikanischer Wagen, der hier jetzt zu einem Symbol unbeschreiblichen Reichtums aufgestiegen war. Nach weniger als vierundzwanzig Stunden in Moskau schlugen meine Wertvorstellungen Purzelbäume.

Ich besitze kein Auto, weil ich keins brauche. Ich betrachte das Bekommen und Behalten (und das Unterhalten) von Besitztümern als eine Verschwendung von Leben. Niemand kann sich völlig frei fühlen, aber doch freier, und die erste Falle, in die man stolpert, ist die Besitzfalle. Ich habe die Dinge, die ich benötige, und ich begehre nichts und nehme auch bei freier Auswahl nichts. Oder richtiger: Ich bin nur wild auf Flugreisen und würde nicht nein zu einem Saisonticket mit Gültigkeit für alle Fluglinien sagen. Nun sah ich, daß der Gedanke, weniger und einfachere Wünsche zu haben, aus dem Leben in einer Überflußgesellschaft stammt, die bis zu den Ohren, wenn nicht halb ertrunken in einem Zuviel an Dingen steckt.

In die verwahrloste Gesellschaft geworfen, hielt ich's für fabelhaft, daß Leute in unserem Teil der Welt genug verdienen, um wie Geistesgestörte alles einzukaufen, woran sie Gefallen finden. Und fabelhaft auch, daß es soviel Unsinn zu kaufen gibt, soviel billigen Dekokram, soviel gefälligen Trödel. Die lustige Spanierin, die mir die Gunst erweist, jede Woche sechs Stunden ihrer kostbaren Zeit zur Reinigung meiner Wohnung aufzubringen, hatte mich unlängst zu versilberten Kerzenleuchtern befragt. Ich dachte, sie hätte nicht mehr alle Tassen im Schrank. Warum, um Himmels willen, wollte sie versilberte Kerzenleuchter haben? Wie die Zeiten sich ändern. Ich war begeistert, daß sie sich versilberte Kerzenleuchter leisten, zwei Schulkinder ernähren, kleiden und verwöhnen konnte und ein langes Abendkleid für eine Hochzeit dazu – von ihrem Lohn und der Behindertenrente für ihren Mann aus der Staatskasse.

Diese profunden Gedanken bewegten mich, bis wir die amerikanische Botschaft erreichten, ein ziemlich französisch wirkender, mittelgroßer Herrensitz, 1914 von einem Moskauer Kaufmann erbaut. Es war das erste schöne Gebäude, das ich sah. Edward parkte den Wagen. Sofort fing ein uniformierter Mann zu bellen und zu brüllen an.

»Was ist denn los?« fragte ich und erstarrte bei diesem Tonfall.

»Er möchte, daß ich woanders parke.« Edward drehte das Steuer herum, fuhr weiter. Wir alle schwitzten leicht auf unseren Vordersitzen.

»Warum?«

»Er braucht keinen Grund dafür.«

Ich bekäme in diesem Land innerhalb einer Woche ein Magengeschwür und nicht nur im Frühling und im Herbst.

Das Haus war sparsam und gefällig möbliert, kühle, blasse Farben, dunkles, poliertes Holz, eine Oase der Zivilisation. Ich hatte vor, mich der Barmherzigkeit der Gattin des Botschafters auszuliefern, einer Mrs. Beam. Mrs. Beam gab mir keine Gelegenheit, mich fürs Hereinplatzen zu entschuldigen, und sprach vielmehr von unserer Begegnung vor zwölf Jahren in Warschau, so als wäre es gestern gewesen. Ein ganz und gar beneidenswert höflich-diplomatisches Gedächtnis. Und das ermutigte mich, meinen nagenden Hunger zu beschreiben. Mrs. Beam führte mich in den Garten, wo Leute mit Gläsern in der Hand unter Bäumen standen und höfliches Partygeschnatter absonderten.

Die Sonne stand heiß und steil am Himmel zur Mittagszeit, nicht gerade die beste Gelegenheit zum Trinken, aber die Leute vom Kreml-Protokoll hatten mitgeteilt, daß leider genau an diesem Tag kein einziger russischer Gast zur eigentlich vorgesehenen Stunde am Nachmittag würde erscheinen können. Daher diese unpassende Mittagsstunde. Wenn Ausländer zu Magengeschwüren neigen, können sie nicht in Moskau leben. Mrs. Beam postierte mich an einer Tür im Haus und sagte mir, daß alle Tabletts diesen Weg nehmen müßten. Ich machte mir also einen herzhaften Lunch aus Kanapees und kleinen Würstchen und Nüssen, die Getränke nicht zu vergessen. Als ich mich wiederhergestellt fühlte, blickte ich mich um, um zu sehen, was es zu sehen gab.

Die Gäste waren meist Russen, da es nur wenige Amerikaner in Moskau gibt. Männer in Uniformen, Männer in bejammernswerten Anzügen, zwei orthodoxe Priester, die für sich herumstolzierten. In einem abgelegenen Gartenhaus standen vier knirpsige Männer mit Käppchen schweigsam nebeneinander. Ich wußte von niemandem hier etwas, aber sie kannte ich, eine unterdrückte Minderheit, und ich rannte hinüber, schüttelte Hände und sagte ihnen, daß Israel ein großartiges Land sei, eines der besten in der Welt. Sie wichen zurück, denn niemand von ihnen sprach Englisch, außerdem war ich zweimal so groß wie sie, eine übergroße Blondine, die lächelte und schwatzte. Ich bekam den Eindruck, daß ich Unbehagen verbreitete und Angst dazu anstelle von Wohlwollen und dachte mir, ich sollte besser noch etwas essen, aber da kam mir Mr. Beam über den Weg gelaufen, und ich fragte ihn, wer der Mann mit dem fröhlichen, lebendigen Gesicht und einem schlechtsitzenden grellblauen Anzug sei. Er sah anders als die anderen aus, er sah nicht besorgt aus. Rostropovich. »Oh, toll, dann gehe ich los und gratuliere ihm für die Unterstützung von Solschenizyn.« Mr. Beam meinte, es wäre wohl besser, wenn ich auf eine weniger öffentliche Gelegenheit wartete.

Zurück im Hotel, um in die schön warmen Jeans zu steigen und die Mitbringsel des Tages für Mrs. M. zusammenzustellen. Ich hatte erfahren, daß jeder, der mit ausländischen Touristen zu tun hatte, verpflichtet war, dies dem KGB zu melden, und Taxifahrer, die täglich die Runde zu Touristenhotels machten, waren in der Regel Informanten für die Polizei. Es ist nicht nach meiner Vorstellung, daß man sich fühlt wie in einem Spionagethriller, der in Moskau spielt. Ich war lediglich gewohnt, von dieser Atmosphäre zu lesen, nicht aber in ihr zu leben, und es machte mich schrecklich kribbelig. Die Nerven der ortsansässigen Ausländer waren offenbar besser angepaßt. Mit einer großen Flasche Whisky vom Flughafen, dem Versandumschlag mit Zeitungsausschnitten und Orangenmarmelade ging ich in die Saharasonne und suchte nach einem sicheren, verschwiegenen Taxi. Wiederum konnte der Taxifahrer Mrs. M.s Straße in der Vorstadt, weit hinter der Universität, nicht finden. Bei Tage sah ihr Gebäude noch schlimmer aus, eine schäbige Betonschachtel, fünf oder sechs Stockwerke hoch, eine unter vielen identischen Betonschachteln, eine Siedlung jüngeren Datums, aber schon in deutlichem Zustand des Verfalls.

Ich drückte zweimal auf die Klingel; das war die Vorschrift. Einmal läuten bedeutete ein Fremder, sie öffnete dann die Tür an der Kette, währenddessen die Gäste drinnen sich fertig machten, durch die Fenster zu verschwinden. Bei Tage sah auch die Wohnung noch schlimmer aus. Eine Tür in dem mikroskopisch winzigen Flur führte in ein Zimmer, das ich zwar niemals betrat, aber in das ich hineinsah und als fensterlos und abstoßend erkannte, das Badezimmer. Mrs. M. hatte mir geschrieben, daß es sie fast glücklich mache, ein Badezimmer zu besitzen. Der Küchenwohnraum war knapp 3 Meter breit und 4 Meter lang, mit einem alten Herd und einem Kühlschrank möbliert, weiter mit einem kleinen Spülbecken, einer Küchenvitrine, einer hochlehnigen, geschnitzten, dunklen Holzbank, einem runden Tisch und Metallklappstühlen. Das Schlafzimmer war auch 4 Meter lang, aber nur breit genug für gerade ein Einzelbett und einen kleinen Nachttisch. Bücherregale waren in einer Ecke bis hoch hinauf festgenagelt, eine Kommode und ein kleiner runder Tisch füllten die Wand mit dem Fenster aus.

In der Küche war jede Oberfläche, außer dem Herd und dem runden Tisch, mit Treibgut aus Büchern, Zeitungen, Gegenständen, Kleidung, Lebensmitteln bedeckt, und als Krönung des Ganzen gab es Glaskrüge mit verblichenen Trockenblumen. Mrs. M. war Eigentümerin dieser tristen Behausung, denn man kann sehr wohl in der Sowjetunion Eigentum erwerben – wie bei uns Kapitalisten. Es war ihre erste Bleibe für sich, ihr erstes eigenes Heim in dreißig Jahren. Es war nicht so, daß sie seit der Revolution immer eine sichere Bleibe gehabt hätte. Ihr Leben mit ihrem Mann war ein fröhliches Laufen von Pontius zu Pilatus, bis es zu einem tragischen Laufen von Pontius zu Pilatus wurde.

Draußen im heiteren Moskau schwankte die Temperatur zwischen 32° und 35° Celsius; in Mrs. M.s Wohnung war es weit heißer.

Es kamen immer Besucher, zu jeder Stunde. Manchmal blieben sie den ganzen Tag, manchmal auf einen kurzen Besuch von drei Stunden. Das Gespräch verebbte nie. Mrs. M. war Kettenraucherin und hustete. Den langen, erstickenden Husten eines Emphysems. Man meinte, daß Fetzen der Lunge hochgehustet werden würden. Dann steckte sie sich eine neue Zigarette an. Sie wird sehr geliebt. Das Telefon klingelte dauernd, kurze Schwätzchen, jeder wollte wissen, ob es ihr gutging. Über das Telefon wurden keine Namen genannt, man erkannte sich an der Stimme. Dieselben Leute treffen sich jahrein, jahraus. Zellen der Freundschaft, die kleine menschliche Antwort auf die große, feindliche Bürokratie des Staats.

Mrs. M.s Freunde waren natürlich die Intelligenzija, die Wissenschaftler, die Schriftsteller, Übersetzer, Professoren. Manieren machen Leute und nicht ihre Kleidung; die Männer in grober Arbeitskleidung, die Frauen nicht viel besser. In der Sowjetunion bringt Macht Reichtum, nicht wie bei uns, wo Reichtum Macht bringt. Niemand hier war Parteimitglied, keiner hatte irgendwelche Macht. Nach unseren Begriffen waren sie quälend arm außer im Geist. Sie waren keine »Aktivisten«, sie waren Liberale, was ganz einfach bedeutet, daß sie für sich selbst dachten, aber das wird von der Regierung nicht toleriert. Was für mich mildeste Kritik, Scherze, abweichende Ansichten waren, gehört nur in einen vertrauten Kreis, sonst ist es gefährlich.

Bis zum Alter von sechzig Jahren muß jeder eine Arbeit haben. Vier Monate Arbeitslosigkeit klassifizieren den Arbeitslosen als »Parasiten«, und das ist ein schweres Verbrechen. Wenn man zur Intelligenzija gehört und die Arbeit verliert, steckt man tief im Pech. Man bekommt keinen Job für ungelernte Arbeit, weil die ungelernten Arbeiter einen nicht haben wollen. Der unverkennbare Verdacht besteht, daß arbeitslose Intelligenzler gefährliche Ideen haben. Oder warum haben sie ihre Arbeit verloren? Dieses System ist die Hölle, besonders für Juden, die sofort ihre Beschäftigung verlieren, wenn sie sich für die Auswanderung nach Israel bewerben. Und dann stecken sie in der Vorhölle, deutlich als Juden unerwünscht infolge eines epidemischen Antisemitismus und als Verräter gestempelt. Was könnte treuloser sein als der Wunsch, diesen Garten Eden zu verlassen, wo doch alles in Ordnung ist und alle Menschen gleich sind?

Mrs. M.s Küche in der winzigen Mietskasernenwohnung war ein Salon. Ihre Umgebung hatte ihr Buch in Samisdatabschriften gelesen und verehrte es, aber sie war auch die Witwe eines großen Mannes. Ruf und Stellung hängen nicht von einer Inneneinrichtung und Grundbesitz ab. Die Russen nehmen die Literatur sehr viel ernster, als wir es tun; der Beweis dafür ist, daß Stalin es für notwendig hielt, so viele Schriftsteller umzubringen, und seine Nachfolger Schriftsteller in Konzentrationslager oder Irrenanstalten schicken oder sie deportieren. Die totale Zensur beweist ebenfalls, wie der Staat die unabhängige Macht des Wortes fürchtet. Den Schöpfern dieser Worte erweist man Ehre. Mrs. M. bekam diese wichtige Belohnung, und die schrecklichen Lebensbedingungen in ihrer Mietskaserne störten sie und ihre Freunde nicht. Ich war die einzige, die davon Notiz nahm.

Um 3 Uhr 30 nachmittags, das T-Shirt naß auf dem Rücken, tauchte ich mit meinem Flughafenwhisky auf. Mrs. M. machte mich flüchtig mit sechs Besuchern bekannt. Ich kann schon Namen in Englisch nicht behalten, geschweige denn Namen und Geschlechtsnamen in Russisch. Mein Name war einfach: Marta. Ich wurde aufgenommen, als wäre ich schon Jahre wie alle übrigen in diese Wohnung gekommen. Mrs. M. verteilte Tassen, da sie keine Gläser besaß, und goß den schön erwärmten Whisky ein, den alle pur tranken und meinten, er sei besser als Wodka. Mir schauderte, und ich sagte, ich würde warten.

Privatgespräche fanden im Schlafzimmer statt. Mrs. M. und ich zogen uns zurück, so daß ich ihr den Umschlag geben konnte. Ich weiß nicht, ob sie zum Lesen eine Brille brauchte. Ich sah sie nie eine tragen. Sie breitete die Ausschnitte auf dem Durcheinander des Schlafzimmertischs aus und sah dabei ihr Foto und das ihres Mannes, weil es neue Übersetzungen seiner Gedichte und, meines Wissens, eine Biographie gegeben hatte. Sie konnte die Ausführlichkeit und Länge der Rezensionen erkennen, ich bezweifle aber, ob sie ermessen konnte, was das in bezug auf ihren Erfolg bei uns bedeutete, in unseren Zeitungen und Zeitschriften zu erscheinen; sie sah die Quantität. Sie berührte alles mit den Fingerspitzen, lächelte und sagte: »Ich wußte das nicht, ich wußte das nicht. Ist es wahr?«

Wir kehrten in die Wohnküche zurück. Kleine Häppchen fettiger gebackener Pilze wurden herumgereicht. Es war 4 Uhr 30. Ich überlegte, ob diese Mahlzeit wohl Teezeit bedeutete, die Pilze vielleicht ein besonderer russischer Einfall waren, aber die Pilze waren Anfang und Ende. Um halbwegs den Kontakt zu halten, reichte ein Mischmasch aus Deutsch, Französisch und Englisch. Mrs. M. hörte all diesen Unterhaltungen zu und wandte sich dann von einer Person der nächsten zu, um an einer anderen Konversation teilzunehmen. Jeder begann sofort zu reden. Ein Rätsel, daß überhaupt jemand etwas verstand.

Um 5 Uhr 30 kamen ohne Vorwarnung kleine Häppchen gebackener Auberginen auf den Tisch. Ich hatte einem teilweise übersetzten, heftigen Wortwechsel über Pilze gelauscht. Mrs. M. sagte: »Glauben Sie ans Paradies, Martha?«

Ich dachte, es ginge um Pilze, und sagte: »Nun, nein. Ich fürchte, nein.«

»Lena ist absolut sicher, daß sie ihre Mutter im Paradies treffen wird«, sagte Mrs. M.

»Sa mère est morte il y a neuf jours«, sagte ein junger Mann neben mir, den ich jeden Tag sah, ein Ersatzsohn oder Enkel, vermutete ich.

Lena, Gegenstand unseres Gesprächs, sprach nur Russisch, bekam den Mund aber nicht auf. Sie sah nett aus, blond, jung. Mrs. M. hatte sie liebevoll als »meine Adoptivtochter« vorgestellt.

Mrs. M. sagte: »Wie ist der Name, den Sie für meinen Husten hatten?«

»Emphysem.«

Mrs. M. redete sprudelnd über den Tisch zu einem Mann von vierzig Jahren; er hatte einen großen, widerspenstigen schwarzen Haarwust auf dem Kopf, einen Zwei-Tage-Bart und steckte in schwerer, warmer Arbeiterkleidung: ihr Arzt. »Nein«, sagte Mrs. M. in fester Überzeugung. »In Rußland haben wir diese Krankheit nicht.« Dann hustete sie, bis ich dachte, sie erstickte. Ihr Arzt verzehrte den Rest seines Anteils an Auberginen und disputierte laut mit dem Ersatzsohn, über den Lärm von Mrs. M.s fürchterlichem Husten hinweg.

Es kamen noch mehr Besucher. Weitere Klappstühle wurden aufgestellt. Als ich glaubte, ich würde vor Hitze ohnmächtig, verkrümelte ich mich ins Schlafzimmer, wo ich die Dame vom Abend vorher traf. Sie hatte telefoniert. Sie sagte, sie kenne Mrs. M. seit fünfzig Jahren und: »Ich mag diese neue Frömmelei nicht. Es stammt alles von Lena. Nein, Lena ist kein Mädchen. Sie ist vierzig und ist dreimal verheiratet gewesen.« Sie begrüßte auf russisch eine Frau, die wohl gerade erst gekommen war. »Setz dich, setz dich, du siehst nicht gut aus.«

Sie sah wirklich nicht gut aus. Sie war weiß wie Kreide und atmete nur flach. Diese Dame erholte sich von ihrem dritten, schweren Herzanfall. Sie befand sich in einem gefährlichen Zustand der Anspannung, weil ihr Sohn sich für die Auswanderung nach Israel beworben hatte und nun von Zwangsaushebung für die Armee bedroht war, eine weitverbreitete Bestrafung und Einkerkerung für Juden. Ihr Telefon war seit Monaten abgeschnitten, und ein KGB-Agent, der sich im Hausflur aufhielt, begleitete jeden Besucher zu ihrer Wohnung.

»Warum?«

Die große Frau sagte: »Damit niemand sie besucht und sie noch einsamer wird.«

Man könnte schreien. Man hatte das Gefühl, erstikken zu müssen. Was in Gottes Namen hatte die Sowjetregierung denn schon von einer älteren, kranken Frau und einem jüngeren, ganz gewöhnlichen Juden zu befürchten?

Die große Frau sagte, ohne dem einen besonderen Wert beizumessen: »Der Mann meiner Freundin ist bei Stalins Säuberung von Ärzten umgekommen.«

Die weißgesichtige Frau lächelte ein ironisches Lächeln und sagte: »Ihr Mann war Botschafter. Er ist bei Stalins Säuberung von Diplomaten umgekommen.«

Stalin-Witwen. Drei in einer kleinen Wohnung. Es muß Millionen von ihnen in der Sowjetunion geben. Und es ist keine sichere Gruppe: schuldig, weil mit den Toten verbunden.

Ich ging in die Wohnküche zurück. Kleine Portionen Bratkartoffeln mit Pilzen wurden herumgereicht. Der Whisky war alle. Es war sieben Uhr. Der Ersatzsohn sagte: *»Tout est beaucoup pire depuis Nixon.«*

»Ja«, sagte Mrs. M., hellhörig wie sie war, »wegen des Nixon-Besuchs wurden viele Juden eingesperrt und viele Telefonleitungen unterbrochen. Es ist nun viel schlechter. Er fragt« (und dabei zeigte sie auf ein neues Gesicht), »ob Sie Erdbeeren mögen.«

Erdbeeren wurden auf einen Teller in der Mitte des Tisches gelegt. Ich war nicht schnell genug: ich bekam zwei …

Mrs. M. sagte: »Sie sprechen von …« Ein Name, den ich nicht mitbekam. Sie lachte und hustete. »Marta, als sieben oder acht Leute auf dem Roten Platz wegen der Tschechoslowakei demonstrierten, waren eineinhalb davon Russen, der Rest Juden.« Sie wiederholte das in Russisch, vermute ich, und sie alle lachten fröhlich.

Ein Mann fing an, etwas teils in Deutsch, teils in Englisch zu erklären. Mrs. M. griff ein. »Er sagt, wenn man ein jüdischer Krimineller ist oder ein Schwachkopf oder Tuberkulose oder Krebs hat oder ungelernt ist oder sehr alt, lassen sie einen nach Israel gehen. Meistens die aus Georgien. Aber wenn man jung ist oder jüdischer Akademiker, nein.«

Kleine Portionen Tomaten und Gurken wurden herumgereicht. Es war 8 Uhr 30. Zehn Leute saßen um den Tisch. Offenbar brachten die Besucher etwas zu essen mit; was kam, wurde gegessen. Mrs. M. lachte ganz schrecklich und hustete noch mehr. »Es geht um …« Der Name, den ich wieder nicht verstand. »Sie ist eine Dichterin. Sie war die einzige Frau auf dem Roten Platz. Sie ließen sie ein Jahr lang in Ruhe und brachten sie dann für drei Jahre in eine Irrenanstalt. Sie ist wieder da. Sie sagte, die Ärzte behandelten sie gut, das ist etwas, was es vorher nicht gab, verstehen Sie. Aber ich glaube, daß sie dennoch ziemlich verrückt ist, immer hinter den Männern her.«

Ich wollte fragen, ob Hinter-Männern-Herlaufen Grund genug war, zum Aufenthalt in einer Klapsmühle verurteilt zu werden, und auch, wie es sich mit dem Geisteszustand der russischen Männer verhielt, die Frauen nachliefen, aber ich weiß nicht, wie ich überhaupt etwas hätte fragen können, ohne ruheheischend auf den Tisch zu schlagen.

»Sa fille avait deux ans et maintenant elle a cinq ans et elle a des crises de nerfs de peur que sa mère va repartir«, sagte der Ersatzsohn.

»Ja, es ist wahr«, sagte Mrs. M., »niemand sollte Kinder haben.«

Ein Mann sagte etwas, und alle brachen in schallendes Gelächter aus.

Seit dem College, als ich erstmals begann, russische Schriftsteller zu lesen, dachte ich, sie *erfänden* die Art von Dialog, bei dem alle sprechen, wenige zuhören, und *non sequitur* sich fröhlich oder traurig auf *non sequitur* türmt. Es gibt in der Literatur keine anderen Dialoge wie diese. Ich rechnete den russischen Schriftstellern hoch an, daß sie etwas völlig Neues erfunden hatten, so neu für die Welt wie Edisons und Marconis Erfindungen. Erfindungen, nicht zu glauben. Sie berichteten nur. Russen reden einfach so. Jeder an Mrs. M.s Tisch kam direkt aus Tschechow und Dostojewskij. Ich lachte schallend. Sechs Stunden »echten« russischen Dialogs hatten mich wirr im Kopf gemacht, wenn nicht gar meinen Verstand zerrüttet.

»Warum lachen Sie, Marta?« fragte Mrs. M. und ging weg, um sich am Telefon zu melden.

Ein Mann sagte: »Sie wissen, wie manipulieren Telefon, so ist sicher? Nein? Kommen Sie mit, ich zeigen.«

Mrs. M. hatte ihren wie gewöhnlich kurzen Plausch beendet. Der Mann drehte die Wählscheibe ganz nach hinten und arretierte sie mit einem Bleistift. Ich habe es nie fertiggebracht, es zu wiederholen, also muß ich wohl nicht richtig hingeguckt haben.

»Wenn man das so macht, können sie nicht hören, was man sagt.«

Verbrachte der KGB wirklich seine Zeit damit, solche irren, harmlosen Unterhaltungen in ganz Moskau abzuhören? Wenn der KGB genug Personal besaß, eine arme, kranke, unschuldige Frau zu behelligen, dann hatten sie Zeit und Personal für einfach alles.

»Man kann auch ein kleines Kissen darüberlegen«, sagte Mrs. M.

Es war nah an der Sperrstunde, zehn Uhr. Nach ungefähr zwölf Stunden dieser Nonstop-Geselligkeit zog sich Mrs. M. um zehn zurück. Die Leute verschwanden nun zu zweit oder allein, ganz ohne Lärm; so als ob dieses unschuldige Treffen im verborgenen bleiben müsse und, wie ich sicher bin, auch blieb. Sie kannten ihr Land nur zu gut.

»Juri besorgt Ihnen ein Taxi«, sagte Mrs. M. und schickte mich mit dem Ersatzsohn los. »Ich sehe Sie doch morgen?«

O ja, jeden Tag, deshalb war ich ja ins verhaßte Moskau gekommen. Im Taxi sagte ich mir, wie glücklich und privilegiert ich sei, direkt vom Flughafen (über das Minsk-Hotel, schreiend, streitend, und zwei Taxis) ins wirklich russische Leben hineingeraten zu sein und nicht in eine Maskerade für Ausländer. Das ist eine Erfahrung, dachte ich zutiefst trübsinnig, derer man sich erinnern wird.

Vom ersten Tage an wußte ich, was das Beste an Mrs. M. war, was mir an ihr gefiel. Ihre Augen, hellblau, müde, traurig, aber immer noch mit einem Ausdruck der Unbekümmertheit. Diese rührende Unbekümmertheit oder Verletzbarkeit kam und ging. Es reichte zu wissen, es gab beides. Und ihr Lachen. Sie vergnügte sich. Trotz der Vergangenheit und der Gegenwart und der immer zweifelhaften Zukunft war sie bereit, Freude am Leben zu finden. Sie liebte es, sich zu amüsieren, es war ihr ein Spaß, von Freunden umgeben zu sein – in diesem häßlichen, heißen Schuppen. Das Lachen war ihr noch nicht vergangen. Das war ihr größter Triumph, ihr ganz eigener Sieg.

Ich ging nun auf Besichtigungstour, um dem KGB eine vollständige Titelgeschichte zu liefern. Falls ich verhört werden sollte – *was haben Sie in Moskau gemacht?* –, mußte ich in der Lage sein zu antworten: »Ich habe mir die Wunder und Schönheiten Ihrer großartigen Stadt angesehen.« In diesem Sinne und so schnell wie möglich rannte ich im Verlauf einer Woche durch den Kreml, über den Roten Platz, ins Puschkin-Museum, zum Eingang zur Universität und ins GUM. Unglaublich, ich habe nicht die geringste Vorstellung, wie der Rote Platz aussieht, nicht den Schatten eines Bildes in meinem Gedächtnis. Nicht viel anders beim Kreml: Es gab da eine Kirche mit einem in Baugerüste gekleideten Äußeren und pflichtbewußte Schulkinder drinnen und Ikonen überall. Im Puschkin-Museum sah ich so wenig, um es getrost vergessen zu können. Die Universität ist auch Stalin-Gotik. Ich glaube mich zu erinnern, daß es irgendwo Bäume in einem kleinen Park außerhalb des Kremls und in der Nähe der Universität gab. Mein Haupteindruck jedenfalls war, daß Moskau ein einziger Haufen Steine sei.

GUM war anders. Ich ging zu GUM, um etwas Schweres zu kaufen, damit ich meinen Koffer für die Rückreise wieder auffüllen konnte. Ich war bereits jetzt mindestens so in Sorge wegen des leeren Koffers, wie ich es wegen des vollen Koffers war. GUM, das große Warenhaus der UdSSR, ist eine Mischung aus Macy's Erdgeschoß und einem orientalischen Basar, und man mußte schon Russe sein, um es nicht als großen schwarzen Witz zu sehen. Mich mit den Ellbogen durch die sich schiebenden anderen Besucher durchdrückend, fand ich eine Theke, an der Gardinenstoff verkauft wurde. Eine müde Verkäuferin, von Käufern umlagert, kapierte schließlich, daß ich vier Meter von einem ziemlich abscheulichen, dicken gelben Baumwollbrokat haben wollte. Mit einem Zettel ging ich zur Kasse und wieder zurück zur Verkaufstheke und verbrachte so eine ganze siedendheiße Stunde mit einem einzigen Einkauf. Aber selbst dann war ein Koffer mit einem Paar Jeans, zwei T-Shirts, einem Sweater, vier Metern Gardinenstoff und einer Menge zusammengeknülltem Zeitungspapier nicht ganz einfach zu erklären.

Ich hatte den Staat für ein Frühstück bezahlt und wollte nun gern etwas davon haben. Der Speisesaal des Hotels war riesig groß, und auf allen Tischen lagen schmutzige Decken. Nach zwanzig Minuten spazierte ein dünner, blasser, müder, junger Kellner vorbei, auch noch schmutzig, und fragte: *»Thé? Café?«* – *»Thé* bitte.« Nach fünfundzwanzig Minuten kam er wieder mit einem fingerhutgroßen Glas mit wäßrigem Fruchtsaft, einem Teetopf mit lauwarmem bräunlichen Wasser darin, einem kleinen gelben Kuhfladen, kaltem Rührei aus Eipulver, und altbackenem Brot. Manche Leute rühren niemals ein Frühstück an und fühlen sich dabei wohl. Ich fühle mich erbärmlich ohne Frühstück, aber mit diesem Dreck konnte ich nichts anfangen und versuchte es nie wieder. Ich fühlte mich noch erbärmlicher, als ich mich ohnehin schon gefühlt hatte.

Ohne ein Mittagessen fuhr ich zurück zu Mrs. M., diesmal mit Pillen gegen Magengeschwüre, Detektivgeschichten und Sweatern. Im Schlafzimmer hörten sich Juri und sie eine Menuhin-Schallplatte mit strahlenden Gesichtern an. Sie standen in andächtiger Haltung am Tisch, nahe dem Grammophon.

»Warum setzen Sie sich nicht aufs Bett?« sagte ich wie gewöhnlich aus der Perspektive des *douceur de vivre,* denn nichts könnte ja sonst von Nutzen sein. Sie hörten es beide nicht, also setzte ich mich aufs Bett und bemerkte eine halbleere Flasche Chanel No. 5 in der dicken Unordnung auf dem Nachttisch. Mrs. M. dachte wahrscheinlich, daß das Wort »Duftwasser«, das ich gebraucht hatte, etwas anderes war als Parfum. Oder sie wollte mir die Freude machen, Überbringer eines einzigartigen Geschenks zu sein. Oder sie hatte nur durch List und Tricks überlebt und war von der langen Dauerprüfung so entartet, daß sie nicht mehr aufrichtig sein konnte. Ich grübelte über dieses Rätsel noch einmal nach, als sie die Magengeschwürpillen in die Küchenvitrine stellte, wo schon eine kleine Sammlung der gleichen Gefäße stand. Ihr Leben in diesem Land der Hölle – *ce pays maudit de Dieu,* wie einer ihrer Freunde bemerkte – hatte Mrs. M. so kompliziert gemacht, daß ich sie wohl nie verstehen würde, selbst ein fünf Jahre altes russisches Kindergartenmädchen würde wohl meine Verständnismöglichkeiten übersteigen.

Lena kam und wurde besonders herzlich begrüßt. Dann ein Schwarm Freunde.

»Wie konnten Sie jemals Ihre Bücher schreiben, Mrs. M.?«

»Ich lag auf dem Bett und tippte mit einer Hand. Die Schreibmaschine stand auf dem Nachttisch. Zehn Stunden täglich.«

Sie hatte zwei dicke Bücher geschrieben, das zweite war noch nicht erschienen.

»Ich meinte, mit so vielen Unterbrechungen.«

»Es gibt keine Unterbrechungen. Ich höre nichts, wenn ich schreibe. Ich schreibe ganz mühelos.«

Jetzt, da wir alle schwitzend um den Küchentisch herum saßen, fing Mrs. M. mit einer Neckerei an, die mir tagelang die Haare zu Berge stehen ließ. Sie sagte: »Ich werde auswandern.«

»Was?«

»Aber ich möchte Lena mitnehmen. Ich kann ohne Lena nicht weg, und sie ist keine Jüdin. Ich sage ihr, sie muß einen Juden heiraten, dann können wir gehen.«

»Gehen, wohin?« Mein Gott, dachte ich, nur nicht nach London.

»Ich glaube, nach London.«

»Mrs. M., es ist ganz anders als in Moskau. Wir besuchen uns nicht einfach so, wir telefonieren vorher und machen Termine. Wir besuchen uns auch nicht lange oder telefonieren den ganzen Tag. Ich glaube, Sie würden es langweilig finden, ziemlich kalt und traurig, es ist nicht das, was Sie gewohnt sind.«

»Ich muß meine Möbel mitnehmen«, sagte Mrs. M. traumverloren.

»Was?«

»Diese Bank ist sehr alt. Sie ist seit vielen Generationen in meiner Familie.«

Ich glaubte ihr kein Wort, hielt mich aber zurück zu sagen, daß sie in jedem Trödelladen auf der King's Road jenseits von World's End identische Stücke kaufen könnte. Ich sah meine Zukunft, wie ich Laufbursche spielte und Gesellschaft leistete. Zu meiner großen Erleichterung war ich nicht an ein Totenbett gerufen worden, befürchtete aber nun, zu ihrem ganz persönlichen American Express ernannt zu werden. Täglich änderte sie ihre Pläne. Vielleicht Paris wegen des Essens und intellektuellen Lebens. Vielleicht wäre Rom besser wegen des Klimas. Auch ihre Freunde wurden durch diese Art von Witzen nervös und aufgeregt, manche sagten: »Du darfst nicht weg, du wirst vor Einsamkeit sterben.« Andere sagten, sie bekäme gute medizinische Behandlung im Ausland. Das Spiel mit der Auswanderung war eine Plage, andererseits ein großer Erfolg. Sie meinte nichts von dem, was sie sagte, wie ich bald herausfand. Sie konnte nicht mehr außerhalb Rußlands leben, so wie ich nicht darin leben konnte. Rußland ist die Heimat des Herzens, trotz allem. Irgendwo anders sein ist die Verbannung.

Mrs. M. sagte: »Ich muß nach London, damit ich in der Nähe von Anthony Bloom bin. Er ist ein Heiliger.« Father Anthony ist der Erzbischof der russisch-orthodoxen Kirche in England.

Ich sagte irritiert: »Seit wann sind Sie so religiös?«

»Seit ich Anthony Bloom gesehen habe. Auch mein Großvater und mein Vater konvertierten.« Ich glaubte ihr auch das nicht eine Minute lang.

Juri flüsterte: *»Elle croit au paradis parce qu'elle veut voir son mari là-haut.«* Ich fühlte mich schuldig, aber nicht überzeugt. Ich bezweifelte ihre Religiosität, zu oft schon war sie darüber hergezogen. Aber falls ihr neuer oder alter christlicher Glaube ihr Hoffnung gab, den lange verlorenen Mann zu finden, was machte es schon aus, wie sie redete.

Mrs. M. sagte: »Solschenizyn schreibt einen sehr schlechten Stil. Außerdem ist er verrückt.« Ich hatte nicht mitbekommen, daß man jetzt über Solschenizyn sprach, war aber zutiefst verdrossen und sagte, er sei der beste russische Romanschriftsteller dieses Jahrhunderts, was auch Unsinn war, weil ich nichts über die moderne russische Literatur weiß und nur ein Minimum von der russischliterarischen Frühmoderne verstehe. Die Eifersucht ist ein weitverbreitetes menschliches Laster, auf keinen Fall auf Schriftsteller begrenzt. Mrs. M.s Eifersucht hatte gar nichts mit ihr zu tun, sie betraf ihren Mann. Er sollte der einzige große russische Schriftsteller dieses Jahrhunderts sein. Ich wurde mit jeder Minute hitziger, hungriger und ärgerlicher.

»Jakir hat einen Märtyrerkomplex«, sagte Mrs. M. Solche Bemerkungen wurden wie Treibholz aus den Wellen russischer Gespräche emporgeschleudert. Als ob sie sich plötzlich meiner erinnerte und in der Annahme, ich hätte alles gehört und verstanden, räumte mir Mrs. M. das Recht ein, über das Ende ihres Vortrags nachzudenken. Jakir war verhaftet worden. Ich wußte weiter nichts, als daß er eine zentrale Figur in der *Chronik der laufenden Ereignisse* war, eine geheime Veröffentlichung von Dissidenten. Weder war mir klar, wer er war, noch was es mit dieser Veröffentlichung auf sich hatte, aber es schien auszureichen, den Mann in schwere Bedrängnis zu bringen, weil er etwas gewagt hatte.

In Amerika gab es damals Meinungsverschiedenheiten, was den Vietnamkrieg betraf. Wir verachteten und verabscheuten die Politik unserer Regierung und schlossen uns zusammen mit nur einem Ziel: das Töten zu beenden. Jeder, der aufstand und sich dazu bekannte, war ein Bruder. Es war undenkbar für mich, schlecht über die Motive eines anderen Dissidenten zu sprechen. Wenn jedes meiner Worte mich nach Sibirien bringen konnte, wäre ich sicher nicht so fest und stolz in meinem Verhalten. Und doch wurde ich übertroffen; was machte es aus, wie oder warum Jakir oder Solschenizyn oder sonst jemand anders dachte? Schließlich kam es darauf an, daß eine abweichende Meinung an sich schon der Furcht Trotz bot und eine Bestätigung der Würde des Menschen war.

»Was halten Sie vom Leben in Moskau, Marta?«

»Ich glaube, es ist die Hölle.«

Das brachte sie zum Lachen und zum Husten; es brachte sie alle zum Lachen. »Sie wissen es nicht«, sagte Mrs. M. »Jetzt ist es das Paradies, verglichen mit früher. Das Paradies. Seit 1917 ist es nicht mehr so gut gewesen. Ich bin ein Feigling, kein Kämpfer. Ich möchte ein Buch schreiben, wie das Leben heute ist, aber ich fürchte mich, es hier zu schreiben. Ich muß, um ein solches Buch schreiben zu können, auswandern. Ich kann mein Leben als Zeitungsberichterstatterin verdienen, ich bin eine gute Zeitungsberichterstatterin.«

Wie konnte sie das wissen, fragte ich mich, wo sie nie eine gewesen war.

»Intellektuelle gibt es nur wenige in diesem Land«, sagte Mrs. M. »Sie haben keine wirkliche Bedeutung. Daß die Leute Brot haben, das ist alles, worum sie sich sorgen. Jetzt haben sie Brot, sie sind zufrieden.«

Mit Sicherheit war dem nicht so. Ich sah noch nie so ein gedrückt wirkendes Volk. Man könnte meinen, das Lachen sei per Dekret des Politbüros verboten worden und jeder, der beim Lachen erwischt würde, müßte zwanzig Rubel Strafe zahlen oder zwanzig Tage Haft absitzen.

»Sinjawskij ist dabei, ein sehr guter Schriftsteller zu werden«, sagte Mrs. M., als überlege sie schon, wem der Nobelpreis zu verleihen sei.

Sie war heute unerträglich mit ihren Neckereien und ihren großspurigen Ankündigungen. »Nach seiner Entlassung aus dem Lager schreibt er zu Hause an zwei Büchern auf einmal. Ich hoffe, sie erfahren nicht, daß er wieder schreibt. Masha, seine Frau, ist wunderbar, müssen Sie wissen. Sie ist meine Freundin. Aber sie haben Angst, einen Ausländer zu treffen. Während der ganzen fünf Jahre und neun Monate, in denen Sinjawskij im Lager war, verdiente sich Masha das Geld für sich und ihr Kind mit Ringen und Nadeln, die sie aus Silber herstellte.«

Lena schrie auf. Mrs. M. drehte ihre Handflächen nach außen. Ihre Hände sind sehr klein und zerbrechlich. Die Handflächen waren lippenstiftrot.

»Was ist das?« fragte ich beunruhigt.

»Ich weiß es nicht. Es ist noch nie passiert.« Sie starrte nun ebenfalls beunruhigt auf ihre Hände.

Auf der anderen Seite des Tisches sprach ein Mann, und Leute hörten ihm tatsächlich zu. Als er aufhörte, lachte Mrs. M. so wild, daß sie zu weinen begann. »Es ist ein *sehr* lustiger Witz über Chruschtschow.« Sie hatte ihre Hände vergessen.

Zu meiner Erleichterung und Freude aß ich mit meinen amerikanischen Freunden zu Abend. Ihre Wohnung war ein Erster-Klasse-Domizil für die schlappe, verweichlichte ausländische Bourgeoisie. Im Vergleich zu Mrs. M.s Bleibe war es ein Palast, andererseits recht bescheiden: ein kleiner Wohn-Eß-Raum, eine kleine Küche, ein kleines Bad und drei kleine Schlafzimmer für sich und ihre drei Kinder, die den Sommer in den USA verbrachten. Sie hatten einfache schwedische Möbel importiert und helle Stoffe für Gardinen und Polster. Die Wände waren weiß. Es war sauber, sogar kühl. Eis in den Drinks machte mich »fast glücklich«.

Sie erzählten, daß ihre beiden Dienstmädchen lieb und sehr vernarrt in die Kinder waren, aber natürlich auch KGB-Informanten, die alles, was sie sahen und hörten, weitergaben. Das Telefon war selbstredend angezapft, und in den Räumen steckten eine oder mehrere Abhörwanzen. Wie konnten sie das ertragen? Mich würde es zum Wahnsinn treiben. Aber hier gewöhnten sich alle an die örtlichen Spielregeln; das Leben in Moskau war aufregend, das Klima allerdings im Winter viel besser. Die kleine Welt der Ausländer war kurzweilig, und man hatte viele Freunde. Die Russen waren überaus angenehm, wenn sie nicht im Dienst waren; man langweilte sich nie. Aber wenn alles, was man dagegen sagt, gegen einen selbst oder einen anderen verwendet werden kann, macht das die Unterhaltung nicht so fade wie Haferschleimsuppe? Nun ja, es machte einen vorsichtig.

Nach dem Essen brachen wir zu einer Besichtigungstour mit der U-Bahn auf. Die Moskauer U-Bahn-Stationen gleichen ausgedehnten, unterirdischen türkischen Bädern mit einem Hauch von Roxy-Kinopalästen aus alten Tagen. Riesige Wanddekorationen als Mosaik und in leuchtenden Farben, Statuen in Nischen, Marmor in vielen Tönen, Säulen und Bögen. Es ist das verschwenderischst ausgestattete öffentliche Transportsystem der Welt. Verblüffend. Warum gab es unter der Erde diese Opulenz, wenn über der Erde alle Annehmlichkeiten fehlen? Aber in einem Punkt mußte ich das Sowjetsystem loben: Es gab nicht einen Krümel Abfall in den U-Bahn-Wagen oder -Stationen; nicht eine Zigarettenkippe, nicht einen Fetzen Papier. Vielleicht war die Strafe fürs Wegwerfen von Abfällen der Tod durch Erschießen, und wenn ja, ist es vielleicht keine so schlechte Idee und könnte das Nachahmen wert sein.

Moskowiter saßen aufgereiht auf einer gegenüberliegenden Bank. Nirgendwo bringt das Fahren der U-Bahn die Leute zum Strahlen, aber diese Einwohner sahen genauso aus wie auf der Straße. Sie können nicht alle in Grau, Braun, Schwarz gekleidet gewesen sein, aber das war zumindest der Eindruck. Nichtssagende Kleidung auf schweren Körpern und obenauf müde, ausdruckslose Gesichter. In diesem glühendheißen Sommer war ihre Hautfarbe wie bläßlicher Beton. Kam das durch die Ernährung von Brot und Kartoffeln? Sie sahen nicht wie andere Leute in Westeuropa aus, eher geschaffen, um auszuhalten, weniger der Schönheit wegen, und dieser traurigen, düsteren Stadt gut angepaßt. Ich habe überall Freude am Leben in den Straßen, an Gesichtern, an dem wilden Durcheinander der Kleidung, an unvorhersagbarem Verhalten der Leute, aber hier, über und unter der Erde, bekam man nichts anderes als den Blues.

Mir gegenüber versank ein kleiner Mann, kleiner und dünner als der gewöhnliche Menschenschlag, eher grünweiße als helle Betonfarbe, in den Tiefen der Trunkenheit. Armer kleiner Mann. Sein Kopf fiel auf jemandes Schulter zu seiner Rechten, wurde weggewischt wie eine Fliege, rollte dann auf die linke Seite und wurde wieder weggewischt. Wenn ihn jemand nicht eine Weile ausruhen ließ, machte ich mir Sorgen um seine Zukunft. Warum sollte er nicht vollkommen betrunken sein? Ich würde selbst froh sein, vollkommen betrunken zu sein, nur – es war zu heiß. Wen wundert es, daß Alkohol eines der Hauptprobleme in Moskau ist?

Alle bohrenden Blicke im Teil dieses Wagens waren auf mich gerichtet. Hosen und ein T-Shirt waren doch sicherlich in Moskau nicht unbekannt?

»Was starren sie denn so an?« fragte ich meine Begleiterin.

»Ihre Zehennägel.«

»Wollen Sie damit sagen, dies ist das erste Mal, daß sie verwahrloste, westliche, lackierte Zehennägel sehen?«

»Sieht so aus.«

Ich wollte Mrs. M. eine Freude machen, mal was anderes tun, sie einladen. Ich hoffte dabei, auch für mich ein ordentliches Essen zu bekommen. Ich rief ein Taxi herbei, um sie zum Lunch mitzunehmen, und stellte fest, daß Lena auch mitkam. »Sie wird nicht reden«, sagte Mrs. M. entschuldigend. Herausgeputzt sah Mrs. M. zehn Jahre jünger aus. Sie trug ein schwarzgemustertes Tuch fest um den Kopf, eine bestickte weiße Nylonbluse, einen glatten senffarbenen, schmuddeligen Rock und senffarbene Kordschuhe. Eigentlich hatte ich vorgehabt, sie zu fragen, warum acht von zehn russischen Frauen so krummbeinig waren, entdeckte aber rechtzeitig genug, daß Mrs. M. ohne ihre verhüllende Mother-Hubbard-Hauskleidung so krumme Beine hatte, daß sie von den Hüften bis zu den Fußknöcheln ein V bildeten. Sie sah flotter aus als alle anderen, die mir bislang begegnet waren, aber ihr Körper war so typisch: ein schwerer, stabiler Rumpf, Hüften so breit wie Schultern, wie ein Fels auf kurzen, muskulösen Beinen. Ich hatte gedacht, das sei die Figur eines Bauern, aber Mrs. M. hatte nicht einmal Bauern als Vorfahren.

Wir fuhren den weiten Weg ins Zentrum der Stadt. Mrs. M. zitterte plötzlich; ich fühlte, wie ihr ganzer Körper vibrierte. Wir fuhren an einem großen gelben Bauwerk vorbei. »Der KGB«, flüsterte Mrs. M. Ich hatte keine Zeit, es mir anzusehen; es sah wie ein altmodischer Wohnblock aus. Sie sagte, es sei ein Hotel gewesen (tatsächlich waren es die Geschäftsräume der Groß-Russischen Versicherungsgesellschaft gewesen, schöne Ironie) und werde nun nicht mehr länger als Gefängnis, sondern nur für Verhöre und als Hauptquartier verwendet. Der Anblick der Lubyanka und die damit verbundenen Erinnerungen warfen schwarze Schatten über unseren Ausflug.

Nachdem ich mein Veto gegen Lenas Wahl, das Hotel Rossiya, dem Aussehen nach ein Staatskrankenhaus, größtes Hotel der Welt und zweifellos das schlechteste, eingelegt hatte, endeten wir im Armenischen Restaurant. In bezug auf die *couleur locale* war es eine totale Pleite, es war schlicht ein heißer, überfüllter Raum.

»O Gott«, sagte ich, »schick uns einen Kellner. Mrs. M., wenn je einer kommen sollte, lassen Sie uns gleich was Kaltes zu trinken bestellen.«

Nach einer langen, durstigen halben Stunde kam ein Kellner zu uns. Es gab nichts Kaltes zu trinken und auch keine Eiswürfel. Wir sollten irgendwas bestellen oder eben verrecken. Rotwein war da. Die Speisekarte war ein großes, in Leder gebundenes Buch, seine Seiten mit Fett- und Soßenflecken bekleckst. Mrs. M. redete; der Kellner sagte: *»Njet.«*

»Mrs. M., warum fragen wir ihn nicht, was sie nun wirklich haben, und bestellen dann davon?«

»Ich habe ihn schon so gefragt. Er sagt: ›Nein, so geht das nicht.‹ Wir müssen aus der Karte wählen.«

»Warum?«

Mrs. M. zuckte die Schultern. Ihre Augen sahen verwirrt und fast furchtsam aus. Sie suchte wortlos Hilfe bei Lena, die uninteressiert und nutzlos war. Natürlich brachte sie diese dümmliche Begleitung mit, weil sie sich ängstigte, allein an einen ihr nicht vertrauten Platz zu gehen. Ich war auch nutzlos, weil ich nicht wußte, wie man mit der Situation fertig werden konnte. An jedem anderen Ort wäre man wütend weggegangen und hätte sich ein anderes Restaurant gesucht, wo der Service annehmbar war, aber wohin ging man in Moskau, und ich spürte, daß alles, was eine Szene hätte bedeuten können, unangebracht war. Ich hätte sie niemals aus ihrer sicheren Höhle herauslocken und in die Ofenhitze zerren dürfen, nur um sich von einem Kellner tyrannisieren zu lassen. Ein weiterer Flegel, der keinen Grund brauchte für sein schlechtes Benehmen. Wie ich diese Stadt haßte, wo man zu nehmen hatte, was auch immer diese Bastarde auf den Tisch brachten, und das schweigend.

Wir rauchten wie die Schlote, sie unterdrückte ihren Husten wenigstens so, daß nicht allzuviel Lärm dabei entstand, und ich versuchte verzweifelt, eine Unterhaltung zu führen. Schließlich bekamen wir, was wirklich auf der Karte stand – kleine, harte Fleischklöße in einer dicken braunen Tunke und Rotkohl, beides kaum warm. Ich wollte heulen oder schreien vor Frustration. Wie sollten wir dieses schauderhafte Essen runterwürgen, ohne etwas zu trinken zu haben, nicht einmal Leitungswasser? Sinnlos, den Kellner an unsere Bestellung zu erinnern. Zusammen mit dem Dessert, kleinen, aber willkommenen Eisportionen, erhielten wir großzügigerweise die Flasche Rotwein. Der Rotwein war eisgekühlt.

Der Wein lockerte Mrs. M. auf und machte mich leicht beschwipst. Dies war das einzige Mal, daß ich mit ihr allein sein würde – Lena war nicht mehr als ein weiterer Stuhl –, und ich wollte etwas über ihr Leben erfahren. Ihr Leben war ihre Ehe; beinahe neunzehn Jahre waren sie zusammengewesen, und vierunddreißig Jahre war sie zu dem einzigen Zweck am Leben geblieben, ihren Mann aus einem unbezeichneten, unbekannten Grab wieder auferstehen zu lassen. In unserem barbarischen Zeitalter ist dies kein einmaliger Ablauf; sie war da in Gesellschaft zahlloser Frauen mit derart verstümmelten Leben. Der Unterschied lag nur in den Eigenarten dieses besonderen Mannes und dieser besonderen Frau, in ihrer Begabung und der Intensität ihrer Verbindung.

»Sie haben ihn verehrt«, sagte ich.

»Nein, ich habe seine Liebe erwidert«, und sie wirkte auf einmal sehr fröhlich.

Sie sprach weiter; er war ein Feigling gewesen, der auch tapfer war; manchmal fürchtete er sich vor nichts. Er hatte immer recht, immer; sie hatte sich nie mit ihm gelangweilt. Er wollte nicht, daß sie kochen oder putzen lernte; er wollte sie an seiner Seite haben. Sie konnte nie allein sein, auch keine eigenen Freunde haben. Entweder stahl er ihr die Freunde, oder er warf sie hinaus. Ihre Erinnerungen an »glückliche Zeiten« waren Erinnerungen an gemeinsames Lachen. Sie sagte: »Er blieb fröhlich bis zum letzten Tag.«

»Wie fing es an?«

»Wir lernten uns 1919 in Kiew kennen und gingen am ersten Abend zusammen ins Bett.«

»Liebe auf den ersten Blick«, sagte ich wie ein Dummerchen; ich fand nie heraus, wie ich mit Mrs. M. reden sollte.

»Ich würde es nicht Liebe nennen.« Sie warf mir einen Blick zu, und ich sah sie als junges Mädchen, ein sorgloses, unartiges Mädchen, sexy, aber nicht schön, das kann sie nie gewesen sein, aber dunkel und klein und zart und voller Freude am Leben, am aufregenden Leben. Wieviel Spaß sie miteinander gehabt haben mußten, der Dichter mit den glühenden, romantischen Augen und der Fröhlichkeit, die ihn nie verließ, und seine junge Braut. Anscheinend hatten sie nie Sorgen um so weltliche Dinge wie Geld gekannt, sie verdienten es, sie borgten es, sie trieben sich herum, schufen sich ein Nest, wo sie sich gerade befanden, glaubten an Poesie und Musik und Malerei und Freunde, haßten die Politik, aber waren für deren Grausamkeit nicht blind.

In den dreißiger Jahren muß der Terror Stalins im Land gewütet haben wie die schwarze Pest. Der Dichter las ein paar Freunden, wie es so üblich war, ein neues

Gedicht vor, in dem vier Zeilen Stalin als Mörder brandmarkten. Einer der Freunde war ein Judas. Die vier Zeilen besiegelten das Schicksal des Dichters. Hörte Stalin, der ein Land mit über 200 Millionen Einwohnern beherrschte, tatsächlich selbst von diesen vier Zeilen, die nur einmal heimlich vorgetragen wurden, und ordnete er persönlich die obszöne, langsame Zerstörung dieses Mannes an, das Arbeitsverbot für ihn, das Veröffentlichungsverbot, die Vernichtung seines publizierten Werks und schließlich seine Verhaftung und seinen Tod? Oder rollte einfach die Maschine des Stalinismus, darauf eingestellt, die geringste abweichende Meinung zu unterdrücken, über sein Leben hinweg und zerdrückte es? Hitler hätte nicht einmal vier Zeilen eines Gedichts als Grund für Mord gebraucht, denn der Dichter war Jude.

»Es kann niemals mehr so schlimm werden«, sagte ich.

»Was?«

»Die Welt. Wir werden niemals mehr einen Hitler und einen Stalin haben, nicht mal einen Mussolini.«

»O Marta«, sagte Mrs. M. und lachte und hustete.

John Shaw, Korrespondent vom *Time*-Magazin, lud mich zum Essen in seine Wohnung im Ausländerghetto ein und nahm mich mit in den Dollar Store, einen Minisupermarkt, in dem Ausländer gegen fremde Währung alles kaufen können, was das Herz begehrt, außer frischem Gemüse. Sowjetische VIPs können mit Gutscheinen dasselbe tun. Ich kaufte einen Vorrat an Delikatessen und mehr Whisky. Wir würden heute abend bei Mrs. M. zur Abwechslung einmal gut essen.

Inzwischen hatte ich gelernt, wie man sich durch die Stadt bewegt. Man wartet auf einen Privatwagen. Es gibt nicht viele, und es gibt in Moskau auch kein Verkehrsproblem. Man tritt vom Bordstein auf die Straße und hebt einen Finger (ein Rubel), zwei Finger (zwei Rubel) oder, wenn man ich oder verrückt ist, drei Finger. Der Wagen fährt langsamer und hält. Man läuft hin und zeigt den Zettel mit der russisch geschriebenen Adresse. Wenn der Fahrer in die gewünschte Richtung fährt, öffnet er die Wagentür, wenn nicht, schüttelt er den Kopf und fährt weiter. Freies Unternehmertum. Es funktionierte viel besser als die Taxis; die Fahrer der Privatwagen wußten, wohin sie fuhren.

Ich hatte eine Menge Lebensmittel und Winterkleidung dabei, aber es war ein schlechter Tag. Mrs. M. kam vom Telefon zurück, sah weiß und mitgenommen aus und sprach russisch. Dann: »Sie haben Medwedjew verhaftet.« Dr. Medwedjew war die Genehmigung verweigert worden, an einem internationalen Geriatrie-Kongreß in Kiew teilzunehmen. Er fuhr dennoch hin, weil Geriatrie sein Spezialgebiet ist, und wurde verhaftet. »In einer Telefonzelle«, sagte Mrs. M. Die Tomtoms verbreiteten diese Nachricht, ehe Reporter davon erfuhren; verbreiteten die Nachricht und die Angst. Mrs. M. kannte Medwedjew nicht. Aber jede Verhaftung wirkt, als wäre die alte Seuche wieder ausgebrochen; alle sind in Gefahr.

Wegen dieser Neuigkeit änderte sich die Atmosphäre in der beklemmenden Küche. Sie waren erregt; sie sprachen auf ihre unzusammenhängende Art und Weise über Politik. Ich glaube nicht, daß sie viel mehr über Rußland wußten als das, was sie aus herumschwirrenden Gerüchten erfuhren oder aus ihrem eigenen, beengten Leben kannten. Und noch weniger wußten sie von der Außenwelt; ausländische Bücher gibt es nur wenige, und sie werden in sehr kleinen Auflagen gedruckt. Die Presse bringt offizielle Propaganda, nicht Nachrichten, der Rundfunkempfang war gestört. Irgendwie kamen wir auf Vietnam zu sprechen, und das brachte uns auseinander. Ich war in Südvietnam gewesen, und dieser Krieg hatte mich seit inzwischen sechs Jahren unaufhörlich gepeinigt und mein Leben paralysiert. Auf nichts schien es mehr anzukommen, als dieses böse Unrecht zu beenden. Sie saßen um den Tisch herum und trugen mir die Nixon-Parolen vor. Ich explodierte wie ein Vulkan.

Ich sagte ihnen, sie seien unmenschlich, sie könnten sich kein anderes Leid vorstellen oder nachempfinden als ihr eigenes. Sie seien genauso unmoralisch wie ihre Regierung, wenn sie glaubten, daß der Zweck die Mittel heilige. Wir seien dabei, ein Land und eine komplette unschuldige Bevölkerung aus Bauern zu zerstören, während wir gleichzeitig herumposaunten, wir würden sie vor dem Kommunismus retten. Hatten sie denn eine Ahnung, wie Kinder aussahen und sich anhörten, wenn sie von Napalm halb enthäutet wurden? Konnten sie sich eine alte Frau vorstellen, die schrie, weil in ihrem Oberschenkel ein Stück weißen Phosphors brannte? Wir hatten Millionen hilfloser Leute entwurzelt und zu Flüchtlingen gemacht, weil wir, ohne auf Widerstand gestoßen zu sein, ihre Dörfer zerbombten. Wir wurden in Vietnam gehaßt, und zwar zu Recht. Wir hatten freie Wahlen verhindert und waren nicht besser als die Nazis und Faschisten, die Franco im spanischen Bürgerkrieg unterstützten. Dieser Krieg war die größte Schande in der amerikanischen Geschichte und eine Absage an alle moralischen Werte, für die Amerika angeblich stand. Er ruinierte die Amerikaner in Vietnam selbst und verdüsterte unser eigenes Land. Südvietnam war ein korrupter Polizeistaat, und ihr Gerede mache mich krank, und es widere mich an, ihnen zuhören zu müssen.

Also, das saß. Da ich bislang kein Wort hatte loswerden können, starrten sie mich betroffen und schockiert an, die aufgebrachte Fremde in ihrer Mitte. Juri versuchte, mich zu beruhigen, wogegen Mrs. M. mich mit ihren kategorischen Behauptungen wild machte.

»Wenn Nordvietnam gewinnt, werden sie drei Millionen Leute erschießen.«

»Warum? Aufgrund welcher Erkenntnisse sagen Sie das?«

»Hier haben sie auch drei Millionen Leute erschossen.«

»Glücklicherweise ist nicht überall Rußland.« Wie ich mich erinnere, sagte Vizepräsident Rockefeller 1975 voraus, es werde eine Million Hinrichtungen geben, was auch nicht eintraf. »Warum sollten sie ihre eigenen Leute töten? Die echten Kollaborateure sind nur eine kleine Gruppe, und sie werden flüchten. Die haben genügend Geld außerhalb Vietnams.«

»Die Chinesen nehmen sich Vietnam, wenn die Nordvietnamesen gewinnen.«

»*Warum?* Die Vietnamesen sind seit ewigen Zeiten die Feinde der Chinesen. Deshalb wollen sie Hilfe von der Sowjetunion, sie wollen ihre Unabhängigkeit bewahren.«

»Die Chinesen sind furchtbar. Wußten Sie schon, daß sie dem chinesischen Pianisten die Hände abgehackt haben, der hier den Tschaikowsky-Wettbewerb gewonnen hat? Ein chinesischer Student, der beschuldigt wurde, zehn Rubel gestohlen zu haben, wurde hingerichtet.«

Wenn sie den Pianisten ohne Hände oder die Hinrichtung nicht gesehen hatte oder jemanden kannte, der schwören konnte, Augenzeuge gewesen zu sein, konnte sie nicht wissen, ob es die Wahrheit war. Der Linie der sowjetischen Parteiführung aber entsprach es gewiß.

»Oh, um Himmels willen, Mrs. M., sprechen Sie von was anderem.«

Ein Besucher, für mich ein neues Gesicht, sagte: »Marta, glauben Sie nicht, daß es den Spaniern unter Franco besser geht als den Russen?«

Ein Tiefschlag. Ich hatte, seit ich erwachsen war, Franco gehaßt, aber Spanien war trotzdem besser dran als Rußland. Ich hätte sagen können, jedes Land in der westlichen Hemisphäre sei besser dran als Rußland. Und nicht erst jetzt. Ich hätte sagen können, daß Rußland anscheinend eine besondere geschichtliche Begabung für Unterdrückung und Unterdrücktwerden hat. Daß es mir so vorkomme, als hätten sie immer in ständiger Quarantäne gelebt, isoliert von der sich ändernden Welt dort draußen, und als habe die Quarantäne die Nation vergiftet, so wie lebenslange Haft einen Gefangenen deformieren muß. Daß mehr als die Hälfte von Spanien durch Franco besiegt und danach unterdrückt wurde, daß ich aber nicht glauben könne, daß Spanier für immer zu unterdrücken seien; sie seien eben keine Russen. Und ich sagte nichts von alldem, denn Russen sind Patrioten und verehren Mütterchen Rußland, und sie wären bei dem Hinweis, daß die schreckliche Unrechtmäßigkeit des Sowjetsystems auch etwas damit zu tun haben könnte, daß mit Rußland und den Russen etwas nicht stimmte, zutiefst beleidigt. Ich konnte wohl kaum sagen, daß die Spanier deshalb besser dran sein mußten, einfach weil sie in Spanien lebten.

Deshalb sagte ich: »Trotz Franco, sehen Sie das nicht? Daß eine kapitalistische Diktatur besser funktioniert als eine kommunistische Diktatur, liegt meiner Ansicht nach daran, daß die Menschen von Natur aus Kapitalisten sind. Jeder möchte etwas besitzen – Eigentum für sich und seine Familie erwerben. Es ist ganz natürlich, daß Menschen verdienen und sparen und ihren Kindern ein besseres Leben verschaffen möchten, als sie selbst eines hatten. Aber alle Diktaturen sind verabscheuungswürdig. Einige mehr als andere. Sie werden mich nicht dazu bringen, Franco gutzuheißen, nur weil Ihre Diktatur noch schlechter ist.«

Nun würden wir doch wenigstens die Leckereien essen können, die ich mitgebracht hatte, und ein Tropfen besänftigenden Whiskys hätte mir auch gutgetan. Aber nein, alles wurde im Küchenschrank verstaut. Es war fair; wir aßen das, was andere Leute beigesteuert hatten. Ich verspürte einen Hauch jenes Ausbeutungskomplexes, der reiche Leute plagt – ich wurde mißbraucht. Und ging hungrig und verärgert weg und hielt meine drei Finger so lange hoch, bis ich eine Rückfahrt zu den spitzen Türmen meiner Hotel-Kathedrale bekam. Der Privatunternehmer-Fahrer setzte mich weit oben an der Straße ab, jenseits des Hotels, wo er nicht riskierte, mit einem ausländischen Fahrgast beobachtet zu werden. Immer diese unsichtbaren, aufmerksamen Augen.

Um 7 Uhr 30 morgens holten mich meine amerikanischen Freunde ab, um mit mir auf den Bauernmarkt zu gehen, der bereits überfüllt war und der lebhafteste Ort, den ich bisher gesehen hatte. Die Bauern kamen im Morgengrauen mit ihren Erzeugnissen in einem Koffer oder einem Sack an. Sie mieteten sich einen halben Meter an einer Theke und eine Waage, stellten ihre spärlichen Waren aus, setzten ihre Preise fest und steckten das Geld ein. Legale freie Unternehmer. Mrs. M. hatte mir erklärt, ohne die kleinen Gemüsegärten der Bauern würde das Land verhungern; jedenfalls versorgte dieser Handel im Puppenformat Moskau mit Gemüse.

Die Leute standen wegen sechs Karotten Schlange. Kopfsalat wurde in einzelnen Blättern verkauft. Die Leute kauften eine Blume aus einer ganzen Vase mit Blumen und hielten, wenn sie weitergingen, dabei ihren Kauf mit außerordentlicher Vorsicht und verzückter Miene. Die junge Amerikanerin bat ihren Mann um Rat, ob sie Radieschen kaufen sollte. Billig war nichts.

Bei Gott dem Allmächtigen, nach fünfundfünfzig Jahren war dies die einzige Errungenschaft des Kremls, soweit es darum ging, frische Lebensmittel in die Hauptstadt zu schaffen. Was nützt die Eroberung des Weltraums, wenn man es auf der Erde nicht fertigbringt, ausreichend Lebensmittelgeschäfte zu organisieren? Kann man da nicht behaupten, daß der Kreml sich mehr vor uns fürchtet, als wir das Recht haben, uns vor ihm zu fürchten? Fehlerhaft, wie es ist, produziert unser System doch eine Menge Butter und Gewehre im Überfluß.

Ein amerikanisches Frühstück kam mir wie Manna vom Himmel vor, und ich kehrte in mein Zimmer zurück. Ich war von der Hitze mitgenommen, also legte ich mich auf mein Bett, zu schlaff, um mich zu bewegen, und verbrütete den Tag. Ich dachte über Polen nach, wo ich vor zwölf Jahren drei Wochen verbracht und Material für einen Artikel über die Nachkriegsgeneration gesammelt hatte, über jene Leute, die unter dem Naziregime kleine Kinder gewesen und unter dem Kommunismus ins Universitätsalter hineingewachsen waren. Ich wollte sehen, wie diese Erfahrung Geist und Persönlichkeit geprägt hatte – und fand, konträr zu jeder Logik, daß es heitere Persönlichkeiten von größtem Charme gab, die herrlich frei dachten, neugierig waren, sich auf ihren eigenen Kopf verließen.

Der polnische Polizeistaat funktionierte bestens; man konnte hören, daß das Telefon angezapft wurde, ein Echo, ein leichtes Schwirren; mein Zimmer wurde durchsucht; alle diese Dinge geschahen. Die polnische Landschaft ist eintönig flach. Das Wetter im frühen Winter war kalt, regnerisch und windig. Armut umhüllte wie ein Leichentuch das Land. Warschau sah noch immer zerbombt und verbrannt aus, geschwärzte Fassaden, leere Gebäude. Der Krieg hatte ihr Land und ihre Leben zertrümmert. Die sowjetische Politik nun zu Friedenszeiten war es, Polen arm und unter strikter Kontrolle zu halten. Das alles machte nichts aus – wegen der Polen.

Es sind ungewöhnlich gutaussehende Menschen, die jüngeren geradezu blendende Erscheinungen. Sie hatten nichts Schwerfälliges, Duldsames an sich. Ich hatte sie alle als schnell und ausdrucksvoll in Erinnerung, als verwegen freimütig. Das Reisen war wie in Rußland verboten, aber sie wußten etwas von der Welt außerhalb Polens, sie wirkten nicht abgeschnitten, sie waren Europäer, in keiner Weise fremdartig. Ich kam ohne jede Empfehlung nach Polen, und doch fing ich schon am gleichen Tag an, allerlei amüsante Weggefährten zu sammeln. Es war alles andere als vorsichtig, einen fremden ausländischen Journalisten einzuladen und nach Hause mitzunehmen. Ich hatte erwartet, daß es interessant würde, aber ich hatte nicht erwartet, daß ich nur so durch diese Wochen tanzen, über ihre Witze lachen und jeden gern haben würde. Ich war von Krakau verzaubert, obwohl es ungepflegt und seit 1939 vernachlässigt war, und fühlte mich dort so glücklich, daß ich ein paar Jahre später zurückkam, um alle wiederzusehen, und ich stehe noch immer in Kontakt mit ihnen.

Es war ihnen klar, daß das vom Kreml aufgezwungene und unterstützte Regime kurz nach dem Krieg nicht zu beseitigen war, und niemand wünschte sich jemals wieder Krieg. Man konnte nur auf stufenweise Reformen hoffen. In der Zwischenzeit trieben sie mit den Regierenden ihre Späße. Es war ein Nationalsport. In einem Studentennachtclub ließen die jungen Leute eine Statue von Stalin, Stil Sozialistischer Realismus, Striptease machen – Büstenhalter, Höschen und so weiter, und das Publikum tobte vor Vergnügen und mit ihm die ganze Stadt, sobald die Nachricht von diesem Ulk sich verbreitete. Das Verhör der Beteiligten war ebenso ein großes Amüsement. Agnostiker strömten in Scharen zur Sonntagsmesse, die Massen draußen vor den Kirchtüren schwollen an. Die ältere Generation küßte jeder Dame die Hand, wenn sie ihr in die Straßenbahn half, in den Korridoren der Gerichte, in den Lebensmittelläden, bei jeder zufälligen Begegnung auf der Straße. Die Manieren waren von einer besonderen, traditionellen Höflichkeit, und jeder wurde aufmerksam *Pan, Pani – Monsieur, Madame* – genannt und niemals Genosse. Sie verabscheuten die Nazis, sprachen jedoch von den Russen, ihren beschränkten, ungeschickten Herren, mit seltsamer Herablassung. Sie träumten vom skandinavischen Sozialismus als der idealen Regierungsform. Die Polen waren so wenig frei wie die Russen, aber sie bewahrten sich eine persönliche Freiheit – und mit welchem Geschick, mit welcher Bravour und welchem Stil.

Derlei gab es nicht bei Mütterchen Rußland. Diese Stadt war wortwörtlich nicht von dieser Welt. Sie gehörte zu keiner Welt, die ich kannte, war nicht Teil Europas, war ganz und gar fremdartig. Entweder hatte der Krake Staat das Leben aus diesen Leuten herausgequetscht, oder sie versteckten sich hinter diesen freudlosen Gesichtern, mißtrauten einander, weil man nie wußte, wer denunzierte. Die Polen, die Ungarn, sogar die reglementierten Ostdeutschen, selbst die langsamen Tschechen hatten gegen den Wahnwitz stalinistischer Unterdrückung rebelliert. Warum taten es nicht die

Russen? Die Russen hatten mehr und länger gelitten als alle anderen, die einer solchen Regierung ausgeliefert waren. War das Land einfach zu groß, eine Revolte unmöglich, weil sie nicht geplant und koordiniert werden konnte? Oder waren diese starken, schwerfälligen Leute nicht in der Lage, sich eine Regierung vorzustellen, die nicht mit Gewalt herrschte? Sie erlitten, erduldeten ihren Zaren vom ersten bis zum letzten, dann erlitten und erduldeten sie proletarische Zaren. Sie brauchten eine neue Revolution, um mit dem alten Schema vom Gefangenen und seinem Kerkermeister zu brechen, aber das war ihr Problem.

Ich bemitleidete die Gefangenen und bewunderte scheu alle, die den eisernen Mut aufbrachten, Dissident zu sein. Aber oje, eine ganz kleine Probe von diesem Land reichte einem für sehr lange. Die größte Strapaze einer jeden Horrorreise ist die Langeweile. Da ich nie im Gefängnis war, kann ich nicht sagen, wie es ist, den echten Gefängniskoller zu haben, aber ich dachte immer, es muß wie Langeweile sein, welche die Schmerzgrenze übersteigt, und die empfand ich hier und jetzt. Malaria wäre aufregend gewesen im Vergleich zu meiner Situation und dieser vorzuziehen. Wenn ich mich an Mr. Mas Tiger erinnere, muß ich immer lachen, und ich finde meinen Sinn für Proportionen wieder. Mr. Mas Tiger waren hier keine Hilfe. Ich spürte, daß mein Gehirn, meine Haut, meine Knochen betongrau wurden, und genau das ist die Farbe Moskaus.

So stand ich nachmittags auf und benutzte mein Zahnputzglas zum Duschen in der schmierigen Badewanne und machte mich mit dem Rest des Mitgebrachten auf den Weg zu Mrs. M.; mit Schreib- und Papierwaren, Kugelschreibern und den verbleibenden Winterkleidern. Das war meine Pflicht, und es blieben nur noch zwei Tage.

Mittags sollte mich ein Mensch aus dem Establishment anrufen und mich zum Lunch aufs Land mitnehmen. Ich war ihm ein paar Tage früher bei einem gespenstischen kleinen Essen begegnet, das ein Journalist gab. Alex war ein schlanker junger Mann im Italo-Look, *fils à papa,* und Papa war ein wichtiger Mann des Regimes. Dieses Exemplar von Privilegierten der zweiten Generation kam mir naiv und harmlos vor, und ich war neugierig, wie das Leben der Oberschicht aussah. Um zwölf Uhr stand ich in der Hotelhalle, bereit zum Aufbruch. Um 12 Uhr 45 stellte ich mich am Lift an, um in mein Zimmer zurückzukehren, wo ich mit zunehmender Wut auf einen Telefonanruf wartete. Um 1 Uhr 30 entschloß ich mich, wieder herunterzufahren, die Straße zu überqueren und von John Shaw oder meinen Amerikanern einen Bissen zu erbetteln. In der Halle sah ich Alex, nervös, aber fröhlich. Er kam angelaufen und sagte: »Es tut mir leid, daß ich ein bißchen zu spät komme. Es hat doch länger gedauert, die Kamera zu besorgen.«

»Sie sind eineinhalb Stunden zu spät dran«, sagte ich ungehalten in Edith-Wharton-Manier. »Was für eine Kamera?«

»Die Fernsehkamera da an der Tür. Sie können etwa fünfzehn Minuten über amerikanische Schriftsteller sprechen, fürs Kulturprogramm.«

Ich fuhr ihn an wie eine Kobra. »Wie können Sie es wagen, anderthalb Stunden zu spät zu kommen, und auch noch mit einer Fernsehkamera? Wer hat Ihnen die Erlaubnis gegeben? Was bringt Sie auf die Idee, ich würde im Traum daran denken, in Ihrem Fernsehen über irgend etwas zu sprechen? Ich betrachte das als die gröbste Unverschämtheit, die mir je begegnet ist.«

»Bitte, seien Sie doch nicht so böse! Ich schicke sie weg, wenn Sie wollen.«

»Sie schicken sie ganz sicher weg, und zwar sofort, und der einzige Grund, warum ich Sie nicht wegschicke, ist, daß ich ohne Sie kein Mittagessen bekomme.«

In dieser heiter-kameradschaftlichen Stimmung fuhren wir in seinem kleinen russischen Fiat los. Er war eingeschüchtert und suchte zu retten, was noch zu retten war, ich war hochmütig. Wir fuhren über einen braunen Fluß, wo Leute badeten und sich am Ufer sonnten. Der erste akzeptable Anblick bis jetzt.

»Wir fahren zu meiner Datscha.«

Traumbilder von Kaviar und geeistem Wodka stimmten mich bedeutend fröhlicher. Ich würde mit größtem Vergnügen an ihrem verborgenen Luxus partizipieren. Auf einer Lichtung zwischen wenig beeindruckenden Bäumen lag die Datscha, ein kleines halbfertiges Steinhaus. Wir stiegen über den üblichen Schutt, und Alex rief einen Namen. »Sie ist oben.«

Das Haus hätte Charme haben können, wenn es fertig gewesen wäre, aber in seinem gegenwärtigen Zustand sah es nicht nach Kaviar und geeistem Wodka aus. Im zweiten Stock, in einem Zimmer, in dem sie offensichtlich kampierten, stellte Alex mir seine Verlobte Vera vor. Seine Scheidung war noch nicht ganz über die Bühne. Ich war beeindruckt von dem russischen Talent, im Dreck zu verkommen. Es hatte in meinem Leben, unabhängig von der finanziellen Situation, nie eine Phase gegeben, in der ich Lust gehabt hätte, ein Wochenende in einem solchen Zimmer zu verbringen. Die junge Frau hatte langes braunes Haar, ein freundliches, waches Gesicht und den schönsten Körper, den ich bisher zu sehen bekommen hatte – das heißt, normal für ihr Alter, weder übergewichtig noch krummbeinig. Sie sprach nur Russisch.

»Alex, wie sieht es mit Essen aus?« sagte ich und versuchte, das Knurren aus meiner Stimme zu halten.

»Ja, ja, wir fahren jetzt zum Restaurant.«

Die Landschaft war flach, unauffällige Bäume wuchsen darin – ein Mittlerer Westen ohne ausgeprägte Züge. Das Restaurant, vielleicht die Moskauer Version von Pré Catalan, stand vor einem dichten, schattigen

Wald. Das Gebäude war eine moderne Kiste mit Tafelglasfenstern vom Boden bis zur Decke, einer breiten Terrasse mit Tischen darauf und einer eindrucksvollen Häufung davor geparkter Privatwagen. Jeder Tisch war besetzt.

Alex sagte: »Wir sehen uns das Jusupow-Museum an, und dann wird ein Tisch frei sein.«

Es war nun 3 Uhr 45, weniger heiß als in Moskau, aber noch warm genug, und ich hielt diesen jungen Mann für einen Versager. Zuerst die Fernsehkamera, dann seine nutzlose Datscha und jetzt auch noch kein reservierter Tisch. Das Jusupow-Museum war einmal ein Landhaus des Fürsten Jusupow, sehr hübsch im palladianischen Stil. Die Besucher zogen große Filzpantoffeln über ihre Schuhe, um das Parkett zu schonen. Die Leute schoben sich in respektvollem Schweigen durch die Räume und bewunderten ein paar Möbelstücke, einige Gemälde, etwas Porzellan in Schaukästen.

»Gefällt es Ihnen?« fragte Alex. »Es ist ein sehr schöner Palast.«

»Es ist ein nettes Haus«, sagte ich, »aber Sie können nicht von mir erwarten, daß ich es besonders aufregend finde. Es gibt Hunderte von Palladio-Landsitzen in Italien und einige in Irland und England. Keine Museen. Sie werden bewohnt.« Hitze und Hunger fördern weder die Gutmütigkeit noch gute Manieren.

Es gab immer noch keinen freien Tisch auf der Terrasse; wir konnten drinnen sitzen. Die Sonne kam durch die versiegelten Tafelglasfenster wie ein Laserstrahl. In diesem schicken Treffpunkt der Moskauer Elite servierten drei müde, schwitzende, gleichgültige Kellner. Alex gab ihnen Zeichen und Signale; ergebnislos. Die Zeit verging. Es war jetzt 5 Uhr 15, als Zeit für ein Mittagessen nicht sehr befriedigend.

Als uns der Kellner widerwillig ansprach, unterrichtete er Alex, es gebe nichts Kaltes zu trinken. Als *spécialité du jour* gab es Gulasch. »Er sagt, in einer halben Stunde.«

»Alex, sagen Sie mir, was tun hier arme Leute, wenn sie einen schönen Sonntagsausflug machen möchten?«

»Wie meinen Sie das?«

»Ich meine, ich habe nun die Freuden der Reichen gesehen, und ich bekomme gleich einen Anfall, wenn ich hier noch eine Minute bleibe. Haben Sie nicht was zu essen in Ihrer Wohnung in Moskau?«

Alex fuhr wie auf der Monte-Carlo-Rallye; vielleicht gab ihnen das schnelle Fahren mit ihren Wagen das einzige Gefühl von Freiheit in diesem verkommenen Land. Alex sprach für sie beide, als er sagte, sie bewunderten die amerikanischen Schriftsteller sehr. Warum besuchten nur so wenige Rußland? Ich wies darauf hin, daß ein Land, in dem die eigenen Schriftsteller umgebracht oder eingesperrt werden, für ausländische Schriftsteller nicht sehr einladend wirkt. Hemingway war ihr Held. Alex sprach von ihm so, wie junge Leute zu meiner Zeit von Baseballstars und Filmschauspielern schwärmten.

Davor war Jack London der Favorit der Russen gewesen. Sie konnten nicht begreifen, warum Hemingway niemals hergekommen war, wo sie ihn doch so liebten.

»Wenn er Russe gewesen wäre, hättet ihr ihn umgebracht. Ihr habt Babel umgebracht, und er ist euer Hemingway.«

Nach traurigem Schweigen sagte Alex: »Ich bin nicht auf der Seite der Mörder.«

»Was ist denn los mit diesem Land? Warum verfolgt Ihre Regierung Schriftsteller?«

»Idiotisme.«

»Na, Kopf hoch, wenn Sie an die Macht kommen, können Sie das alles ändern.«

»Leute wie ich werden nie an die Macht kommen. Dieses Land wird von Provinzingenieuren geführt. Sie suchen sich weitere Leute wie sie selbst und bilden sie aus.«

»Alex, um Ihnen die Wahrheit zu sagen, ich habe alles Interesse an diesem Land verloren. Ich interessiere mich nur noch für Essen und einen starken Drink.«

Sie unterhielten sich russisch. »Ich fürchte, wir haben nichts zu trinken. Vera sagt, sie hat nichts, und in dieser Woche wurde ein neues Gesetz gegen Alkoholmißbrauch erlassen. Wodka wird samstags und sonntags nicht mehr verkauft, damit die Arbeiter nicht ihren Wochenlohn dafür ausgeben und sich betrinken.«

Der letzte kleine Trost, der den getretenen Massen übrigbleibt! In Polen wäre es sofort zu Aufständen gekommen. Ich war allmählich der Meinung, daß Gehorsam eine Sünde ist. Es kam Alex nicht in den Sinn, daß es einmal Schwierigkeiten mit der aller Genüsse beraubten Arbeiterklasse geben könnte oder daß es da Anlaß zum Nachdenken gebe, zum Beispiel darüber, warum sie sich alle betranken – war das nicht ein Hinweis darauf, daß das Leben kaum die reine Freude war?

Um sechs Uhr stiegen wir müde zu Veras Wohnung im obersten Stock eines Hauses hinauf, die größer war als die von Mrs. M., aber so ärmlich, so unfreundlich, so ohne jeden Reiz. Ich bekam ein Käsesandwich.

»Ein Gutes hat Rußland an sich«, sagte ich, »es lehrt einen, daß man ein Glückskind ist.«

»Ich kenne den Ausdruck ›Glückskind‹ nicht.«

»Natürlich nicht, wie sollten Sie auch?«

Mrs. M. und ich speisten auswärts. Die Eltern des zwölf Jahre alten Briefmarkenhändlers hatten uns zu einer Abschiedsfeier geladen. Im Taxi erzählte ich Mrs. M. von meiner Babel-Replik. Sie sagte: »Babel fürchtete sich so vorm Sterben. Er ging jeden Tag zum KGB-Chef und zu Gorki. Aber der KGB-Chef wurde hingerichtet, und Gorki half niemals jemandem.« Babel hatte im Bürgerkrieg tapfer gekämpft. Seine Prosa ist herrlich und nicht das Werk eines Feiglings; vom KGB gejagt zu werden ist für jeden schrecklich. Hatte es nicht auch sie und ihren Mann in Panik versetzt? In ihrem Buch beschrieb sie ihre endlose Suche nach Beistand und Sicherheit. Sie war nicht die einzige in diesem Teil der Welt, die ein angsterfülltes Leben geführt hatte; und überdies war Babel tot.

Ich folgte ihr in unfreundlichen Gedanken die schlechtbeleuchtete Treppe hinauf. Wer hat nur behauptet, daß Leiden adelt? Wahrscheinlich jemand, der nie gelitten hat. Es gibt keinen Grund, warum Leiden adeln sollte; vor allem macht es müde und hart. Mrs. M. hatte die falsche Sorte von Leid erlebt, langes, zermürbendes, trauriges, einsames Leid. Dreißig Jahre der Furcht und niemanden, dem sie vertrauen, mit dem sie sprechen konnte. Sie hatte dabei so gut wie jegliches Mitgefühl eingebüßt.

Vor mir keuchte Mrs. M. wie ein Tier in Not. Sie bekam kaum Luft, auch wenn sie keine Treppen stieg, die Hitze war eine Tortur für sie. Sie lehnte sich gegen den Türpfosten und versuchte, wieder zu Atem zu kommen, bevor sie sich ihren Freunden zeigte. Sie sah so alt aus – und zweiundsiebzig ist in unserer Welt kein hohes Alter –, so schwach und erschöpft, daß mein versiegtes Mitleid sich wieder zu regen begann.

Diese Wohnung war viel angenehmer als die von Mrs. M., ein großer Raum, an den Wänden vom Boden bis zur Decke Bücher, ein großer Tisch, mit Büchern und Zeitungen bedeckt, eine Schlafcouch, ein paar Stühle. Ein anderes Zimmer blieb mir verborgen. Die Eltern, der Junge (zur Zeit in einem Ferienlager) und die Großmutter wohnten hier. Großmütter sind für die russische Familie sehr wichtig als Kindermädchen und Haushälterinnen, da beide Eltern notgedrungen zur Arbeit gehen. Baba Nadia war siebzig und sah mit ihren gesunden rosa Bäckchen wie glückliche achtzig aus. An jenem Abend fuhr sie aufs Land, um sich um Solschenizyn und sein Kind zu kümmern, da Solschenizyns Frau ihr zweites Baby bekam. »Nadia sagt, er ist ein guter Mann«, berichtete Mrs. M. Das machte Solschenizyn akzeptabel, diese Empfehlung aus ihrem eigenen Kreis.

Wir saßen auf der Couch und aßen von Tellern, die wir auf den Schoß stellten. Die anderen Gäste waren der junge Juri und eine Frau, die gut Englisch konnte und über Religion sprechen wollte. Sie war strenggläubig. Es wäre sicher ohne mich eine bessere Party geworden, wenn ich auch nicht groß störte und nur aus Höflichkeit hin und wieder um Übersetzung bat. Sie waren sehr heiter; ein Mittagessen in Gesellschaft ist ein seltenes Ereignis; sie schwatzten, kicherten, diskutierten. Plötzlich drängte es mich zu sagen: »In London nennen einen die Busschaffner, ob Mann oder Frau, weiß, schwarz oder braun ›Entchen‹ und ›Liebes‹. Manchmal steigt ein Kontrolleur ein, um die Fahrscheine zu kontrollieren. Letzte Woche gab mir ein Kontrolleur meinen Fahrschein zurück und sagte: ›Danke, meine Blüte.‹« Ich spürte ein großes Verlangen, ihnen diese lebenswichtige Information mitzuteilen, aber sie hätten sie nicht verstanden.

Mrs. M. sagte: »Marta, fürchten Sie sich?«

»Haben Sie darüber gesprochen, über Furcht?«

»Wir müssen nicht drüber reden. Wir haben sie immer. Und Sie?«

»Nein. Ich bin wütend. Jeden Augenblick, über alles.« Aber das war nur die halbe Wahrheit. Ich fürchte mich auch, man sog die Furcht mit der Luft ein wie Nervengas. Ich empfand eine irrationale Angst, daß ich aus diesem klaustrophobischen Gefängnisland nicht mehr herauskäme; eine quälende Angst um sie alle. Und eine besondere Angst vor dem Moment, in dem ich über meinen Koffer würde Rechenschaft ablegen müssen. Ich war bitterböse, weil ich in diese Angstgefühle hineingetrieben wurde, ich fühlte mich erniedrigt, es war eine Kränkung meiner Selbstachtung. Wenn ich nur sechs Tage dieses Gefühls bereits mit solcher Inbrunst haßte, wie brachten sie es fertig, auf Lebenszeit mit etwas umzugehen, was doch nur in Selbsthaß münden konnte?

Sie hielten freundliche Reden und bedachten mich zur Erinnerung an meinen Besuch in Moskau mit Geschenken. Ich wußte, ich würde es nicht wagen, jene Schale, jene Schachtel, jene Vase einzupacken; welche Erklärung sollte ich dafür geben, falls mein Koffer durchsucht würde? Und in Wahrheit wünschte ich mir keine Souvenirs an Moskau, wenn ich auch von ihrer Großzügigkeit gerührt war und es mich bekümmerte, daß sie für mich Geld ausgegeben hatten.

Mrs. M. hatte sich hustend mit unserer Gastgeberin unterhalten, und plötzlich sprang sie auf und beugte sich, eine Hand an den Körper gepreßt, weit vor. Ich dachte: Jetzt ist es passiert, der Herzanfall, oder was immer geschieht, wenn die Lungen kollabieren. Ich war ebenfalls aufgesprungen und fragte: »Was ist los? Was fehlt ihr? Sollte sie sich nicht hinlegen?« Sie schwatzten alle durcheinander und klangen merkwürdig vergnügt. Als Mrs. M. wieder atmen und aufrecht stehen konnte, erklärte sie mir, sie habe vor Lachen Seitenstechen bekommen.

Nun mußte ich nur noch die Abschiedsgeschenke bei meinen amerikanischen Freunden deponieren und Mrs. M. rasch einen letzten Besuch abstatten. Ich versuchte, nicht so glücklich zu erscheinen, wie ich mich fühlte. Mrs. M. hatte natürlich Besuch, eine lächelnde dunkelhaarige Frau mit ihrem schönen Mann, einem Riesen mit blondem Bart und kornblumenblauen Augen, und ihrem attraktiven blonden Sohn, der an der Universität studierte. Die Eltern waren ebenfalls gläubig. Der Mann zeigte mir das kleine hölzerne Kreuz, das er unter dem Hemd um den Hals trug. Seine Frau trug versteckt ein silbernes Kreuz. »Wir tun das alle«, sagte die Ehefrau. Wie der Talisman einer Geheimgesellschaft. Mrs. M. sagte zu dem Jungen: »Erzähle Marta, was die jungen Leute denken.«

Ich erriet, daß ihn dieser Familienbesuch langweilte; er war peinlich berührt und sehnte sich danach, wegzukommen. Er sagte: »Niemand glaubt an das, was sie uns erzählen, aber niemand kämpft. Jeder möchte ohne Ärger leben und materiell so gut wie möglich versorgt sein. Dafür ist es besser, in der Partei zu sein, aber sie meinen es nicht ernst.«

Nun hatte ich Mrs. M. zum Abschied geküßt und war weg. Koffer holen; Taxi zum Flughafen; am Abend zu Hause in London. Wie sonderbar und ungewöhnlich, dachte ich, daß niemand mir eine einzige Frage nach dem Leben gestellt hatte, aus dem ich kam, nicht eine einzige irgendeiner Art. Doch außer Mrs. M., die vor dem Ersten Weltkrieg im Ausland gewesen war, der Witwe des Botschafters und Alex, der eine Reise nach Südamerika unternommen hatte, war niemand je aus Rußland hinausgekommen. Ich versuchte, mich an den Artikel zu erinnern, den ich über eine Art von Fischen gelesen hatte, die in dunklen Höhlengewässern geboren wurden, lebten, laichten und starben. Und alle waren blind.

Es gab noch eine abschließende Szene im Hotel. Ich begann, meinen Koffer aus meinem Zimmer zu tragen. Ein Hoteldiener und zwei stämmige Zimmermädchen schwatzten auf dem Flur. Der Mann nahm mir den Koffer ab. Ich nahm an, er würde ihn hinunterbringen. Ich wartete am Lift, aber nichts geschah, ging in den Korridor zurück und sah meinen Koffer. Ich nahm ihn an mich. Die Stockwerkgefängniswärterin sagte, ich dürfe ihn nicht selbst tragen. WARUM? Weil sie nach unten telefonieren müsse, damit ein Gepäckträger heraufkam und ihn abholte. WARUM? Das ist die Vorschrift. *»Tun Sie's, tun Sie's, tun Sie's«,* plapperte ich. »Und lassen Sie mich raus aus diesem widerwärtigen Land, bevor ich vor Wut explodiere.«

Mein amerikanischer Freund hatte zu tun und konnte mich nicht durch den Zoll begleiten. Er delegierte diesen Job an einen liebenswürdigen Engländer, der über meine zittrige Verfassung einigermaßen verblüfft war. Ich probte meinen Vortrag zum Koffer: Ich besitze nur einen Koffer und konnte es mir nicht leisten, hierherzukommen und noch dazu einen kleineren Koffer zu kaufen, aber ich konnte diesem herrlichen gelben Brokatstoff nicht widerstehen, so etwas Schönes haben wir im Westen nicht. Und wieder segelten wir am Zoll vorbei, ohne daß ein Blick auf uns geworfen wurde. Und wieder schien die Sonne wie ein Laserstrahl durch die verglaste Abflughalle. Es gab nichts zu sehen, zu essen oder zu kaufen, aber eine Verspätung, die mich zwölf Zigaretten rauchen, zwei Fingernägel abbeißen und beträchtlich altern ließ.

Als der Flug aufgerufen wurde, war ich die erste an Bord der British-Airways-Maschine. Eine ruhige, korrekt lächelnde englische Stewardeß stand an der Tür. Ich sagte: »Ich bin ja so froh, Sie zu sehen, Sie können sich nicht vorstellen, wie glücklich ich bin, Sie zu sehen.« Bei ihrem Beruf war sie natürlich daran gewöhnt, es mit wunderlichen Originalen zu tun zu haben. Mich überkam das Verlangen, den Teppich zu küssen, der technisch gesehen britischer Boden war, ließ mich zurücksinken, genoß die Klimaanlage und die eisgekühlten Getränke, die mit einem Lächeln serviert wurden, und las gierig das Heft, in dem all der überflüssige Kram aufgeführt ist, den man an Bord unserer hervorragenden Kapitalistenflugzeuge kaufen kann.

Meine letzte Notiz lautet: »Mein vorherrschendes Gefühl ist die reine Angst vor Big Brother. Die Angst (auf Fakten beruhend und von der Phantasie verstärkt) dient dem Regime – hält die Leute stumm und auf Linie. Wenn die Herrschenden jemals das Volk aus der Angst entließen, könnte es eine große Nation sein.« Aber aus der Angst entlassen, würden die Leute die Herrschenden vielleicht auch am nächsten Laternenpfahl aufhängen.

Im allgemeinen beschwingt es mich nicht, nach Hause zu kommen, wo immer ich auch gerade zu Hause bin. Zu Hause ist da, wo der alte Trott wieder anfängt. Diesmal war ich in Ekstase. Oh, in welch einer herrlichen, sauberen, leeren, kühlen Wohnung lebe ich doch, sagte ich mir, ich werde mich nie mehr über irgend etwas beklagen. Ich werde mir jeden Morgen und jeden Abend sagen, daß ich ein Glückskind bin. Und ich werde auch jeden anderen glücklich schätzen – mit dem inspirierten Ausruf von E. M. Forster: Die Demokratie lebe zweimal hoch!

Es wurde immer schwieriger, die Brieffreundschaft mit Mrs. M. aufrechtzuerhalten, da mir bewußt war, daß ihr nichts anderes wichtig war als ihre eigene Vergangenheit, ihr derzeitiger Kreis und Rußland. Wie ermüdend muß sie meine langen Briefe aus Afrika gefunden haben, zu langweilig, um sie überhaupt zu lesen. Außerdem hatte sie nun viele ausländische Bewunderer und Besucher gefunden und brauchte mich nicht mehr. Auch sie empfand eine Brieffreundschaft zunehmend als Belastung. Ich bin sicher, ich war für sie eine Enttäuschung, keine neue Jüngerin, und mein Entsetzen über alles in Moskau muß sie verletzt haben, denn schließlich ist es ihre Heimat, und sie liebt die Stadt. Der beste Dienst, den ich ihr noch leisten konnte, waren gelegentliche Päckchen mit Krimis.

In einem ihrer letzten Briefe schrieb Mrs. M.: »Jeder, der hier fortgeht, ist für immer fort.« Ich kannte drei Reisende, die niemals zurückkommen würden: den großen, dicken Texaner, den kleinen Asiaten unbestimmter Nationalität und mich.

6

Was langweilt wen?

1971 machte ich meine fünfte Reise durch Israel. Der Zweck der Reise war ein Buch, das aber nie Gestalt annahm. Müde vom ernsthaften Arbeiten und Notizenmachen, fuhr ich nach Eilat zum Schwimmen. In der Umgebung von Eilat, auf den nackten Hügeln und in den Wadis am Roten Meer, versammelte sich die reisende, junge Welt, die Reisenden neuen Stils, die Hippies, die jungen Leute, die das Herumziehen als ihre Art zu leben ansehen, als eine Berufung. Ich war sehr interessiert, hoffte auf neue Sehweisen und Eindrücke, von denen sie mir erzählen würden, und verbrachte viel Zeit in einem aufgegebenen Wassertank, in dem sieben von ihnen hausten, in Hütten aus Wellpappe und Blechresten und an Lagerfeuern und hörte zu.

Ich war überzeugt, daß sie Hasch rauchten, eine Ware, mit der die Beduinen handelten, weil sich die jungen Leute zu Tode langweilten und es nicht einmal merkten. Hasch beruhigte ihren nagenden Ennui und brachte sie zum Kichern oder versetzte sie in Traumzustände. Sie sprachen von nichts anderem. Wie ihre bourgeoisen Vorgänger, die Namen von Restaurants austauschen, erzählten sie sich gegenseitig, wo das Hasch gut war. Es ist unmöglich in diesem Leben, einer schmerzlichen Anzahl nichtssagender Unterhaltungen aus dem

Wege zu gehen, aber was den rein einseitigen Stumpfsinn betraf, schossen diese jungen Leute den Vogel ab.

Sie waren schon überall gewesen. Ihr Mekka war Indien und die Ashrams und der reine Seelenzustand des spirituellen Ostens. Einige hatten die Reise tatsächlich gemacht, ein Kunststück, so ohne Geld durch den Iran und durch Afghanistan; sie verdienten Beifall für ihren Mut und ihre Entschlossenheit. Ich habe nicht vor, diese Route zu nehmen (so Gott will), und erkundigte mich nach dem Gelände. Der Name »Khyber-Paß« klang schon wieder wie Sirenengesang für mich. »Großartig, o Mann, einfach großartig«, murmelten sie. Drei Wörter reichten, um die Reiseerfahrungen zu beschreiben: großartig, herrlich, stark.

»Warum, warum«, frage ich dauernd und verführte sie zum Reden mit Futterei und Mount-Carmel-Wein. Warum machten sie diese Reisen? Ich wollte meine Nase nicht in anderer Leute Sachen stecken, ich wollte es nur begreifen. Ja, ich kann kapieren, warum ihr von Long Island und aus dem schönen Kopenhagen und aus Tokio weggelaufen seid – wer würde nicht aus Tokio weglaufen, wenn es mit den Eltern schwierig wurde? Aber was findet ihr denn, wenn ihr von zu Hause weggelaufen seid? *Was ist es?* Da ihr Grundprinzip »Leben und leben lassen« heißt, waren sie mit mir und meiner Fragerei geduldig.

Nur zwei junge Israelis wohnten in dieser Ansiedlung; sie nahmen Ferien vom Leben. Und ich traf nur zwei Juden aus dem Ausland, Amerikaner. Es war ein nichtjüdisches Durchgangslager für Aussteiger, einschließlich der Japaner. Die Japaner blieben unter sich, hielten ihre Seite des Hügels überraschend sauber und sich selbst durch strenge Übungen fit. Sie ließen ihr Haar lang wachsen, rauchten Hasch mit verwundert leuchtenden Augen – die Freude am Verbrechen – und befanden sich im Zustand strahlender Glückseligkeit wie Kinder, die die antiautoritäre Schule hinter sich gebracht hatten. Woher sie nun auch kamen, sie würden alle wieder traurig ihr Haar schneiden und zur Karriere im Tokioer Rennen um Erfolg zurückkehren.

Bücher waren entweder nicht existent oder ein verborgenes Laster. Niemand zeigte ein Interesse an Schönheit aus Menschenhand: die Kunst und Architektur waren nur für zickige Alte. Sie verschmutzten die Landschaft (eine hervorragende Landschaft) mit Abfall und verdammten die Israelis, weil sie das gleiche taten. Leute, die Landschaften verschandeln, beziehen ihren Unterhalt nicht aus der Natur. Ich wurde mir klar darüber, daß sich hier Weggefährten trafen, die, wie durch einen Kodex bestimmt, wirkliche Konversation mieden, abgesehen von weitschweifigen Geschichten darüber, wie stark jemand unter Drogen stand. Entweder verachteten sie die Wörter oder beherrschten noch nicht deren Gebrauch. Verständigten sie sich wie die Vögel, die bestens mit einer begrenzten Anzahl an Tönen auskommen?

Allein mit mir am Strand oder in einem Wadi zusammensitzend, waren sie weniger wortkarg. Aus ihrer Sicht waren sie nur unterwegs, um zu sich selbst zu finden, etwa so, als sei man selbst ein verlorengegangener Manschettenknopf oder Ohrring unterm Bett. Sie bewunderten diejenigen unter ihnen, die während einer bestimmten Dauer am Tage in der Lotushaltung meditieren konnten. Aber er mußte schon richtig scharf auf Meditation sein. Diejenigen, die meditierten, waren näher dran, sich selbst zu finden. Ich konnte mir keinen von ihnen in zehn Jahren vorstellen, solche konturlosen Leute hatte ich noch nie kennengelernt.

Ich fragte nach ihren Eltern. Niemand hier kam aus großartigen oder stinkreichen Familien. Einige schätzten ihre Eltern wenig, aber die meisten bedauerten die armen Tölpel, die ihr Leben damit verbrachten, Geld zu verdienen. Wozu? Nun, um diese Kinder hier großzuziehen und ihnen all diesen kleinen Luxus wie Essen, Kleidung, Unterkunft zu geben und soviel Bildung, wie sie aufnehmen wollten.

Geldanweisungen von zu Hause wurden gern gesehen, aber als selbstverständlich hingenommen. Der alte Herr arbeitete, er konnte sich die paar Kröten leisten. Arbeit war ein mehr als unanständiges Wort, das Sklaverei bedeutete. Sie hatten nicht vor, Sklaven des Systems zu werden.

Ich kann jetzt sehr wohl die jugendlichen Stimmen hören, die mir sagen, ich solle aufhören, die Leutchen da hätten mich auf den Arm genommen. (Hat Margaret Mead je vermutet, die Samoaner hätten sie auf den Arm genommen?) Es ist wahr, jemand, der Nikotin und nicht Hasch in solcher Begleitung raucht, wirkt wie ein Abstinenzler in einer Kneipe. Ich erklärte ihnen, daß ich einmal Marihuana versucht hatte, lange bevor sie geboren waren oder jedenfalls bevor sie Babynahrung schleckerten, und einmal reiche völlig. Zwölf Stunden lang lag ich da wie eine steinerne Statue auf einer Grabplatte, unfähig, mich zu bewegen oder zu schlafen, während ein paar Fliegen um mich kreisten, so laut und furchteinflößend wie Bomber. Sie vermuteten, die Schwingungen seien schlecht gewesen. Ich sagte, die Schwingungen waren optimal gewesen, das Problem war ich, ich hatte allergisch auf Marihuana reagiert, und im übrigen täte der Mount-Carmel-Wein für mich, was für sie Joints machen.

Sie dachten, ich sei verrückt, Zigaretten zu rauchen. Ob ich nicht wüßte, daß Zigaretten zu Lungenkrebs führten? Ich sagte, ich lebe gefährlich wie sie. In Wahrheit, mal ihren Hasch- und Sexkonsum außer acht gelassen, lebten sie wie die Pfadfinder in ihren kühnsten Träumen, aber viel roher und wilder als bei deren gutorganisierten Exkursionen. Ich glaube, sie bemerkten mich kaum, die halbe Zeit waren sie dicht. In den Wassertank schien das Tageslicht durch ein kleines quadratisches Loch im Dach. Ich war auch kaum zu sehen. Wenn ein Haufen aus Decken anfing, energisch zu bumsen, wunderte ich mich, ob die Decken nun Folge meiner Anwesenheit waren, aber nach weiteren Studien kam ich zu dem Ergebnis, daß dies der Tagesstil für Kopulation sein mußte.

Sie hatten keine Cliquen oder Grüppchen. Selbst wenn sie den einen für stark, den andern für eine Plage hielten, niemand wurde ausgeschlossen – niemals. Kinder lernen und Erwachsene perfektionieren die Tricks der Gesellschaft, jemanden sich nicht willkommen fühlen zu lassen. Sie praktizierten diese Art Unhöflichkeit nicht. Sie waren großzügig; wer immer etwas besaß, verteilte es. Das sind die guten Manieren, die aus dem Herzen kommen, und alles in allem lobenswert. Ich konnte nicht sagen, ob die Haschdiät Erklärung genug sein konnte für den allgemein verbreiteten Mangel an Intelligenz.

Die Mädchen überraschten und belustigten mich mit ihrer Bestätigung, daß das Geheimnis des Erfolgs bei Jungen das gleiche für Hippie-Tussis ist wie für Debütantinnen, wie für alle Mädchen schlechthin: anerkennendes Zuhören, sorgsame Pflege der männlichen Eitelkeit, den Platz im Hintergrund einnehmen. So macht man sich beliebt in einem Wassertank. Arme kleine Mädchen. Körperlich weniger widerstandsfähig als die Jungen, waren sie oft in eine einzige Decke geschlungen, husteten sich die Lunge aus dem Leib, zitterten vor Fieber, geschwächt von Durchfällen. Wenn sie an einen Mann gebunden waren, kamen sie mir wie arabische Frauen vor, immer die Nachhut bildend. Wenn sie ungebunden waren, dann kochten sie und säuberten die Töpfe und Teller unter einem etwas abgelegenen Wasserhahn.

Wie die Vögel waren sie alle ihren Weg nach Süden gezogen zu dem Slum, den sie nun an der Spitze Israels erschaffen hatten, wobei man sagen muss, daß es ein sehr hübscher Platz im Winter war und so warm, wie man es nur finden könnte. Sie wußten nichts von Israel und fanden es auch nicht gut. Die Bullen waren stark. Wo immer sie gewesen waren, wußten sie wenigstens etwas von der Polizei, und das ist ja auch eine Möglichkeit, etwas über das Land zu erfahren. Am Ende der Woche fingen sie an, mich nervös zu machen. Ich fürchtete, ich würde langsam so werden wie sie.

Wenn ich an die jungen Leute von Eilat denke, sehe ich Horrorreisen in einem völlig neuen Blickwinkel. Sie sind gänzlich subjektiv. Nun ja, natürlich. Wenn ich Zeit damit verbracht hätte, das Reisen zu analysieren, anstatt mich mit der Energie einer mexikanischen Springbohne in der Welt herumzutreiben, dann hätte ich das längst begriffen. Man bestimmt seine Horrorreisen ganz nach eigenem Geschmack. Meine Definition dessen, was eine Reise teilweise oder gänzlich zum Schrecken macht, ist die Langeweile. Man füge Unbehagen, Strapazen, Anspannung in großen Mengen hinzu, und man bekommt Horror reinster Qualität, aber die Hauptsache, der Kern, ist Langeweile. Ich biete das als allgemein gültigen Test für Reisen an. Langeweile ist es, jeder andere Name würde es auch tun, die einen nach der erstbesten Möglichkeit, den Ort wieder zu verlassen, schauen läßt. Aber was langweilt wen?

Die jungen Hippies waren nicht zu einer unbegrenzt langen Strafe ziellosen, mühsamen Reisens verurteilt worden. Sie glaubten, sie lebten; der Rest von uns existierte nur so vor sich hin. In ihrem Alter reiste ich auch mit dem Rucksack durch Europa, aber würde ihr von Schmutz und Rauschgift begleitetes Herumtreiben nur für eine Horrorreise gehalten haben, so wie ich's auch jetzt tat. Auf der anderen, ganz entgegengesetzten Seite erfreuen sich Leute an großartigen Studienreisen, die von einem reizenden Philologiedozenten begleitet werden, der informiert und instruiert. Man führt sie zu den antiken Stätten Griechenlands, zu den koptischen Kirchen in Äthiopien, den Moscheen in Persien und anderen glanzvollen Sehenswürdigkeiten. Die Mitreisenden sind zivilisiert, und Reiseführer nehmen ihnen die anstrengenderen Seiten des Reisens ab. Ich würde daran sterben.

Wie ich auch auf einer Kreuzfahrt sterben würde, die für eine große Zahl Reisender das Vergnügen schlechthin ist. Es langweilt mich sogar, nur an eine solche Fahrt zu denken; nicht daß ich nichts für Luxus übrig hätte und Berge köstlicher Speisen oder dafür, um elf vormittags mit einem Glas Champagner zur Beruhigung des Magens mit dem Trinken anzufangen. Aber was ist mit der organisierten Fröhlichkeit, der schrecklichen Vertraulichkeit mit Tischgenossen, dem endlosen Im-Kreise-Laufen, weil man ja nirgendwo sonst hingehen kann, was ist mit der Klaustrophobie? Eines der vielgerühmten Merkmale einer Kreuzfahrt ist die beruhigende Wirkung. Wenn Sie wirklich das Beste aus einer solchen Ruhekur machen wollen, schiffen Sie sich doch für drei Monate auf der Queen Elizabeth II. ein, die Penthouse-Staatskajüte für 100000 würde am besten sein, aber Sie können sich auch in so einer Art Kaninchenstall für nur 5000 auf der Kreuzfahrt entspannen.

Die längste Zeit, die ich je auf den Wellen verbracht habe, waren 1944 achtzehn Tage, als ich auf einem Dynamitschiff den Atlantik überquerte. Das Schiff hatte eine norwegische Besatzung von fünfundvierzig Männern, der Kapitän und der Erste Maat sprachen ausreichend Englisch, die Unterhaltung war einfach. Die Fracht an Deck bestand aus kleinen Amphibienfahrzeugen, die kaum Platz ließen, die Beine auszustrecken. Der Laderaum war mit hochexplosivem Sprengstoff gefüllt. Es gab keine Rettungsboote. Ich war der einzige Fahrgast. Rauchen war verboten. Aber mit besonderer Erlaubnis des Kapitäns konnte ich in meiner Kabine rauchen, neben mir eine große Schüssel mit Wasser als Aschenbecher. Das Essen war fürchterlich, und zu trinken gab's nichts.

Obwohl wir es nicht wußten, war dieser gewaltige Geleitzug Teil des großen, abschließenden Aufmarsches für den Tag der Invasion, elf Tage nachdem wir Liverpool erreichten. Es war bitterkalt, und die Abwechslungen waren Eisberge, ein Morgen mit prächtigen Zickzackmanövern, Ausweichmanövern angesichts gegnerischer U-Boote und Artillerie-Übungen, ganz schön laut. Nebel hüllte uns fast während der ganzen Fahrt ein. Der Kapitän machte sich wegen des Nebels bei Tag und Nacht Sorgen um seine Fracht und das Risiko einer Kollision mit einem Liberty-Schiff, die er für gefährlicher hielt als U-Boote. Er sagte ärgerlich: »Sie fahren sie wie Taxis.« Ich verstand nicht genug davon, um mir darüber Sorgen zu machen, und fand, es war ein angenehmer, interessanter Ausflug, wenn auch nicht gerade ein riesiges Vergnügen, eher etwas reizlos. Ich machte knappe Notizen, der letzte Eintrag lautet: »Die Reise war eine schöne Ruhekur.«

Ich möchte aus eigenem Willen nicht noch einmal achtzehn Tage lang auf dem Wasser schwimmen, aber wenn ich die Wahl hätte zwischen einem Vergnügungsdampfer und einem Dynamitschiff, ich hätte keine Mühe, richtig zu wählen.

Und dann ist da noch Bali, ein Name von garantiert zauberhaftem Reiz, den jeder kennt. Vor dem Zweiten Weltkrieg hatte ich über das unvergleichliche Bali von Reisearistokraten gehört – den Leuten, die sich so teure Reisen leisten konnten, und viele Bildbände bewiesen die Schönheit der kleinen Tempeltänzerinnen mit den unbewegten Gesichtern und Fingernägeln wie Stacheln, der hübschen Eingeborenenhäuser aus Webmatten und geschnitztem Holz, einer Landschaft von exotischer Eleganz. Seltsam genug, ich hatte kein Interesse, Bali zu besuchen, sehr seltsam, wenn man mein Interesse bedenkt, fast alles gesehen haben zu wollen. Ich bin nicht sicher, warum. Vielleicht stellte ich mir Bali wie eine Museumsinsel vor, ermüdend erlesen, voller armer, schöner Menschen, die von reichen, schönen Menschen angegafft wurden. Aber Bali war auch für mich eine alles übertreffende Erfahrung unter außergewöhnlichen Umständen: die Kapitulation Japans.

Dieser bedeutungsvolle Vorgang fand im März 1946 statt. Der Grund für die Verzögerung, so lange nach der japanischen Niederlage, war, daß niemand Zeit hatte, sich nach Bali aufzumachen. Ein einziges Kriegsschiff wurde abgestellt, diese eigenartige Invasion zu bewerkstelligen. Zwei Tage lang warteten wir an Deck, das mit Truppen vollgestopft war, bei Hitze, Dreck und Durst, und jeder fragte mürrisch, worauf wir eigentlich warteten. Dann brach der große Tag an, und wir schwärmten die Netze runter in die Landefahrzeuge. Das uns willkommen heißende Komitee japanischer Offiziere konnte man am schwarzen Strand sehen, und um nicht das Gesicht zu verlieren, erwartete man von uns ein tadelloses Anlegemanöver, alle Landefahrzeuge in Linie nebeneinander. Was wirklich folgte, war ein unglaubliches Durcheinander: die Landungsboote flitzten herum wie verrückte Wasserkäfer, wenn zwei aufschlossen, irrten die anderen herum. Die Truppen wurden zunehmend säuerlicher und seekrank. Wir wurden in diesen unbequemen Stahlkästen hin und her geschleudert, während uns die japanischen Offiziere bewegungslos beobachteten; kein Zweifel, sie wunderten sich, wie unsere Seite den Krieg gewonnen hatte.

Schließlich brüllte jemand, überwältigt von dieser Vorführung an Antiseefahrerkunst, den Befehl, zum Teufel noch mal anzulanden, und so liefen wir zerstreut an Land. Worauf japanische Offiziere ihre Schwerter übergaben, als wären es Füllfederhalter. Ein japanischer Fotograf aus Domei sprang herum und ließ die Kamera klikken wie bei einer Modepremiere. Ich lachte mich in einen unkontrollierbaren Schluckauf und wurde noch weiter stimuliert durch die ordentlich aufgereihten japanischen Offiziere, die in ihren feinen Fahrzeugen vor uns herfuhren, wir dahinter in miserablen, alten Lastwagen. Als die Truppen nackte balinesische Brüste erblickten, jubelten sie. Sofort wurden Brüste auf der ganzen Insel bedeckt.

Meine Notizen aus dieser Woche sind so bedeutungslos, als wären sie in Sanskrit geschrieben: Ortsnamen, Namen von Leuten, Probleme, Politik, balinesische Festlichkeiten, Beschreibungen der Landschaft, Kampongs, Bedingungen unter der japanischen Herrschaft. Alles, woran ich mich erinnere, ist Lachen und Freude am Leben.

Ich denke, ich habe Bali am besten erlebt, besser als die schicken Vorkriegsbesucher und viel besser als die

Horden, die jetzt die Insel überfallen, die zu einem Rummelplatz für Hippies und zu einem internationalen Urlaubsparadies erster Klasse geworden ist. Die Gerüchte besagen, daß die zarten Balinesen genauso geschickt sind, Touristen auszunehmen, wie jedermann sonst im geheimnisvollen Osten. Es klingt nach einem orientalischen Capri und ist es wert, gemieden zu werden.

Ja wirklich, was langweilt wen? Die Schwelle zur Langeweile muß der Schwelle zum Schmerz gleichen; sie ist bei uns allen verschieden.

7
Kein Ende vom Lied

Reisen nicht von Berufs wegen war immer Zeitvertreib der Privilegierten. Jetzt ist es ein Zeitvertreib für jedermann. Vielleicht besteht der größte soziale Wandel nach dem Zweiten Weltkrieg darin, daß die Bürger der freien Nationen reisen wie nie zuvor in der Geschichte. Wir sind eine ungeheuer große, in Umlauf gebrachte Bevölkerung und eine Industrie geworden. Wir sind für manche Nationalökonomie wesentlich, nicht daß man uns deshalb mit liebevoller Dankbarkeit behandelt, eher schon wie goldbeladene Heuschrecken. Leute aller Kategorien und jeden Alters reisen voller Selbstvertrauen. Der Gemüsehändler und seine Familie sind weg auf die Kanarischen Inseln zum Sonnenbaden und Schwimmen. Der Friseur fährt nach Sevilla zu den Stierkämpfen. Ältere Damen in bügelfreien Baumwollkleidern haben ihre Gärten verlassen, um eine Busfahrt zu machen und die Tulpen in Holland anzuschauen. Fußballfans in johlenden Horden folgen ihren Teams von Land zu Land. Isländische Hausfrauen chartern ein Flugzeug, um bei Marks and Spencer einzukaufen, wo sie dann auf verschleierte arabische Hausfrauen treffen, die ähnlich beschäftigt sind. Amerikaner verstopfen ihre eigenen Nationalparks und Ausflugsorte, fliegen zu Millionen nach Europa, überschwemmen Mexiko. Sind wir so glücklich wie nie?

Ich habe viele Leute gesehen, die so aussahen, als wären sie auf ihrer ganz persönlichen Horrorreise. Männer mit toten Augen, die Pakete für gierige Ehefrauen schleppten. Wie billig doch diese Lederbrieftaschen in Florenz sind, wie billig das Steingut in Oaxaca, die Kuckucksuhren in Bern! Gruppen in Museen mit hängenden Schultern und geschwollenen Füßen, von den Führern eingeschüchtert. Freunde und Liebespärchen in schrillem Streit auf der Traumreise nach so romantischen Städten wie Amsterdam, Venedig, Bangkok. Müde Schlangen in Bahnhöfen, das Gepäck rutscht Stückchen für Stückchen weiter nach vorn mit. Ehepaare, grau und stumm und melancholisch, in jedem ausländischen Hotelspeisesaal. Junge Eltern, beladen mit kleinen Kindern, Spielzeug, Windeln, Fläschchen, die die Straßen nach einem Zimmer mit Frühstück absuchen. Sie alle waren aufs Vergnügen aus, aber »Wer sucht, der findet« trifft nicht unbedingt aufs Reisen zu. Einmal wieder heil zu Hause angekommen, vergaß man schnell, wie schrecklich einiges, vieles oder das meiste gewesen war, konnte die Souvenirs hervorkramen, die Fotos, redigierte Erinnerungen, und die nächsten Ferien planen.

Kein Anblick ist besser geeignet, einen vom Reisen abzubringen, als die Abflughalle eines großen Flughafens. Es ist wie die Inschrift auf der Freiheitsstatue: »Gebt mir … eure sich drängenden Massen« und laßt sie warten. Wenn der Aufenthalt auf Flughäfen von Gesetzes wegen vorgeschrieben wäre, würden wir Protestmärsche veranstalten, demonstrieren, das Weiße Haus und das Parlament mit Streikposten garnieren, den Fall vor den Internationalen Gerichtshof bringen, der *Times* einen Leserbrief schicken, allen aufs Dach steigen. Ganz freiwillig aber sitzen wir da, Knie an Knie, mit unserem Handgepäck und Duty-Free-Plastikbeuteln um uns herum, taub von Ankündigungen, bummeln angegriffen und bleich von einer Ecke zur andern. Wir sehen erschöpft, übermüdet aus, die ganze Sache hängt uns zum Hals raus. Dann wird der Flug aufgerufen, wir machen den endlos langen Treck zum Abfluggate, wir klettern und quetschen uns in einen Bus oder, wenn wir Glück haben, marschieren geradewegs auf das Flugzeug zu. In der Maschine klären sich unsere Gesichter auf, wir machen Späßchen, lachen, schwatzen mit Fremden. Unsere Herzen sind leicht und froh, weil es jetzt wieder geschieht, wir starten, wir reisen.

In möblierten Übergangswohnungen in
Claviers, Spetses, Comino,
Icogne, Naxxar, Antigua, Ta'Xbiex,
Lindos, Symi, Marsalforn.
1975–1977

Die Letzte ihrer Art

Anmerkungen zu Martha Gellhorn, der großen Impulsiv-Reisenden, und ihren unterhaltsamen Horror-Trips

Zwischen dem Reisenden und dem Touristen besteht ein himmelweiter Unterschied – zumindest im Selbstverständnis des Reisenden. Was der Reisende am Tourismus am meisten verabscheut, sind die Touristen. Die Nähe anderer Besucher verdrießt ihn. Schon der Verdacht, daß andere vor ihm die gleiche Strecke bereist haben könnten, verdirbt ihm die Laune, und nichts fürchtet er mehr, als womöglich mit einem Touristen verwechselt zu werden.

Ihr Leben lang sah sich Martha Gellhorn, die Kriegsreporterin, Schriftstellerin und dritte Ehefrau Ernest Hemingways, nicht als Touristin, sondern als Reisende – allerdings als Amateur-Reisende: »Wir sind keine Helden wie die großen Reisenden, aber wohl gerade deshalb sind wir Amateure ein ziemlich zäher Menschenschlag.« Der Amateur-Reisende ist kein Pionier und Abenteuer-Virtuose wie die großen Reise-Aristokraten und Gentlemen-Entdecker des 19. Jahrhunderts: Er ist ein Liebhaber. Er reist enthusiastisch, doch mit begrenztem Risiko, durchaus im Wissen, daß alles bereits vor ihm entdeckt wurde, doch in der Überzeugung, selbst keinesfalls ein Tourist zu sein, und ohne höheren Ehrgeiz als den der Befriedigung der eigenen rastlosen Neugier.

Martha Gellhorn (1908–1998) war eine solche Enthusiastin des Reisens, und sie bereiste die Welt im gerade noch richtigen, im letztmöglichen Moment: noch abenteuerlich, noch exklusiv – knapp, ehe der globale Tourismus die ganze Welt mit seinen All-inclusive-Urlaubsparadiesen zurichtete. Nicht nur auf ihren manchmal lebensgefährlichen Reisen zu unzähligen Kriegsschauplätzen, vom Spanischen Bürgerkrieg bis zum Vietnamkrieg, erwies sie sich als ungestüme, bisweilen verwegene Welt-Verschlingerin. Auch ihre nicht-kriegerischen Fahrten zeigen sie als unersättliche Reise-Schlemmerin, die, heißhungrig nach allen Schönheiten der Erde, im Herumfahren schwelgen wollte zu ihrer Selbst-Intensivierung und ultimativen Selbst-Erfahrung. Leben hieß für sie Unterwegs-Sein, und sie sammelte Länder wie andere Leute Briefmarken.

Schon als Kind war die einzige Tochter eines angesehenen Mediziners in St. Louis, Missouri, fasziniert von jeder Ferne. Die Straßenbahnen ihrer Geburtsstadt trugen magische Namen wie Samarkand, Peking, Tahiti, Konstantinopel. »Ortsnamen«, schreibt Martha Gellhorn, »waren der stärkste Zauber, den ich kannte. Und sie sind's noch. Und ich arbeitete seit meinem 21. Geburtstag wie verrückt darauf hin, meinen Plan zu verwirklichen, überall gewesen zu sein und jedes und jeden gesehen zu haben und darüber zu schreiben.«

Im Anfang war immer der Name. Er weckte den Reise-Impuls. Die Karibik: »Eine Kette kleiner Inseln mit verlockenden Namen wie Tortola, Virgin Gorda, Anguilla, Saba, St. Kitts.« Ein Fluß in Surinam: »Der Saramacca, was für ein verführerischer Name, schrie förmlich danach, erforscht zu werden.« Zentralafrika: »Ich hegte romantische Träume über den Tschad, wenn ich auch nur den Namen des Landes kannte, der mich seit meiner Kindheit gereizt hatte.« Ostafrika: »Die Serengeti, dieses lyrische Wort, war meine größte Hoffnung der ganzen Reise.«

Neben ihren Kriegsreportagen, Novellen, Erzählungen, Kurzromanen und Briefen sind es die Reiseberichte, die Martha Gellhorns journalistischen und literarischen Ruhm ausmachen. Und unter ihren Reisereportagen nimmt wiederum der Band *Reisen mit mir und einem Anderen* (1978 erstmals erschienen) einen ganz besonderen Platz ein. Martha Gellhorn versammelt darin fünf Schreckensreisen – »die besten der schlechtesten Reisen«, die sie je durchgestanden und durchlitten hat. Es sind lauter Höllenfahrten, die ihr im Rückblick als schauderhaft und gräßlich erscheinen, doch zugleich auch als unfreiwillig komisch und amüsant mißraten, kurz: als fabelhafter Erzählstoff.

In diesen Reiseberichten kann sie mit ihrem boshaften Witz und ihrem sanguinisch-quecksilbrigen Schreib-Temperament brillieren und ihre Weltläufigkeit souverän und gelegentlich selbstironisch zur Schau stellen. Denn daß sie sich selbst nicht schont, vielmehr die eigenen Tölpeleien, Unbesonnenheiten, Ahnungslosigkeiten und Reise-Fehler freimütig eingesteht, als ihren ureigenen idiotischen Beitrag zum Mißlingen dieser Fahrten, ist nicht der geringste Charme dieser Reportagen und muß den Leser einfach für diese Schreckens-Reisende einnehmen, die zu ihren Weltfahrten stets nach dem Motto aufbrach: »Spring, bevor du schaust.«

Das beginnt mit der »unübertroffenen, unübertreffbaren Superhorrorreise« im Frühjahr 1941, als sie in Begleitung Ernest Hemingways China besuchte, mitten im Chinesisch-Japanischen Krieg; und das ist mit dem Härtetest einer Solo-Durchquerung Afrikas entlang dem Äquator im Frühjahr 1962 noch lange nicht zu Ende. Mitten im Zweiten Weltkrieg, im Sommer 1942, setzt sie es sich in den Kopf, auf eigene Faust in der Karibik nach deutschen U-Booten zu fahnden. Im Rückblick kann sie sich über die eigene Naivität nur wundern: »Mein heimlicher Traum war es, tatsächlich U-Boote zu sichten. Ich könnte doch Überlebende aus torpedierten Schiffen aufsammeln oder geheime Verstecke von U-Boot-Nachschub oder verborgene feindliche Funkgeräte aufspüren.« Daß sich nichts davon realisieren ließ, versteht sich fast von selbst.

Nicht minder impulsiv und unüberlegt ihr Entschluß, im Juli 1972 nach Moskau zu fahren und einfach Nadeschda Mandelstam (»Mrs. M.«) zu besuchen, bloß, weil ihr deren Autobiografie *Das Jahrhundert der Wölfe* solchen Eindruck gemacht hatte. Da nimmt sich die fünfte Schreckensreise – 1971 nach Eilat, in ein Hippie-Lager im äußersten Südzipfel von Israel – nur noch wie ein entnervter Nachtrag aus: eine Meditation zum geheimen Grundthema ihres Buchs, dem Stichwort »Langeweile unterwegs«.

Martha Gellhorn liebt fremde Länder und Landschaften; die Menschen dort liebt sie nicht. »Die Natur ist meine wahre Liebe«, bekennt sie, »besonders dieser herrliche Treffpunkt von Meer und Land.« Sie wird nicht müde, die einsamen, unberührten tropischen Strände und versteckten Inselbuchten »unter porzellanblauem Himmel« zu preisen, wo sie, ganz für sich allein, im »glasklaren, nilgrünen Wasser«, in einem »seidigen, tief saphirgrünen Meer« schwimmen konnte – »eine der größten Freuden im Leben«. Fast immer assoziiert sie Augenblicke von Glückseligkeit mit dem nackten Schwimmen in tropischen Meeren: »Ich war in dem Zustand der Gnade, den man zu Recht Glück nennen kann – Körper und Geist in heiterem Einklang. Das geschieht einem als himmlische Überraschung beim Reisen, und darum werde ich nie aufhören zu reisen.«

Sie kann die Schönheiten exotischer Landschaften geradezu lyrisch besingen. Etwa wenn sie am Rand des Rift Valley, des ostafrikanischen Grabenbruchs, steht und still um sich schaut: »Weit unter uns lag, so weit ich blicken konnte, die goldene Ebene, von blauen Bergen umgeben. Es war doch wahr, das gab es und noch verzaubernder, als ich es mir je ausgemalt hatte. Etwas Neues, Kostbares, Starkes strömt durch meine Adern, läßt mein Herz höher schlagen. Meine Lungen füllen sich mit Luft und Licht, die Welt ist zu schön, ich könnte mühelos die Arme ausbreiten und fliegen.«

Ostafrika ist und bleibt Martha Gellhorns Glücksregion, ihr Inbegriff landschaftlicher Schönheit. Bei Tage, wenn sie, »trunken von Weite und Stille«, hoch oben im Rift Valley auf vier Horizonte blicken kann; und bei Nacht, in Betrachtung des »großartigen afrikanischen Himmels«, der sie überwältigt: »Eine Sternenpracht, der Himmel ein samtschwarzes Gewölbe, und die Luft schien vom Licht der Sterne zu glitzern«. Solche »Augenblicke der Verschmelzung« widerfahren ihr etwa beim Spazierengehen an langen, leeren Stränden, frühmorgens oder bei Sonnenuntergang, oder beim Anblick des südlichen Nachthimmels.

Immer aber ist Menschenleere die unabdingbare Voraussetzung für solche Glücksmomente. Martha Gellhorn muß glauben können, das Land offenbare ihr seine Herrlichkeiten unmittelbar und exklusiv – nur ihr und nur ihr allein. Schon deshalb muß sie ihre China- und ihre Moskau-Reise als Höllenfahrten verbuchen: Das allzeit störende Menschengewimmel ringsum vereitelte bereits den Gedanken an die Möglichkeit glückhafter Verschmelzungsaugenblicke mit der Landschaft. Andererseits sind es solche Momente der Menschenleere, die sie für alle Schrecknisse, Mißhelligkeiten und

Strapazen entschädigen, die ihr auf ihren Fahrten durch die Karibik oder durch Afrika sonst widerfahren sind.

Als Amateur-Reisende hat sich Martha Gellhorn stets gesehen – wobei der Übergang zum Dilettantischen immer fließend bleibt. So ist sie aufrichtig genug, den himmelschreienden Fehlschlag ihrer China-Reise, die sie im Auftrag der amerikanischen Millionenzeitschrift *Collier's* unternahm, um von den Fronten des Chinesisch-Japanischen Kriegs zu berichten, großteils der eigenen Unbedarftheit zuzuschreiben (»Wir hatten keine Ahnung, was in China wirklich vorging«). Es gereicht ihr zur Ehre, daß sie dieses Fiasko nicht nur selbstkritisch einbekennt, sondern überdies den mitreisenden Ernest Hemingway sehr großherzig porträtiert, voll Zuneigung und Humor und frei von Ressentiment. Zwar war sie zum Zeitpunkt der Niederschrift ihres Berichts bereits seit drei Jahrzehnten von Hemingway geschieden, nach einer so kurzen wie mißglückten Ehe; doch besitzt sie die Noblesse, ihrem Ex-Ehemann in seiner Eigenschaft als Reisegefährten das denkbar beste Zeugnis auszustellen.

Hemingway figuriert in diesem Bericht nur unter dem Kürzel UB (Unwilliger Begleiter), als der namenlose »Andere«; offenbar jedoch erwies er sich als idealer Begleiter – flexibel, geduldig, tolerant, höflich und von unverwüstlicher Gutgelauntheit. Während Martha ständig die Nerven verliert, sich hysterischen Ekel-Anfällen wegen der unentwegt Schleim abhustenden Chinesen, der Wanzen, der sanitären Verhältnisse und des unzumutbaren Essens hingibt und voller Selbstmitleid über diverse Infektionen oder den gräßlichen Anblick von Lepra-Kranken jammert, übernimmt Hemingway die Rolle des unerschrockenen Front-Journalisten, vor allem bei den ewigen Festbanketten der Chinesen zu Ehren der amerikanischen Besucher. Martha läßt sich entschuldigen, während Hemingway fröhlich die Gastgeber bei Laune hält – mit endlosen Toasts, sogar mit Schlangenwein, und mit feurigen Trinksprüchen auf die Tschiang Kai-schek-Armee.

Martha Gellhorn verschweigt auch nicht die größte Blamage, die ihr in ihrem journalistischen Berufsleben unterlaufen ist. In Tschungking wurde den beiden ein klandestines Interview mit Tschou En-lai vermittelt. In seinem Versteck machten sie mit ihm französische Konversation, in vollkommener Ahnungslosigkeit, wer dieser Mann war. Sie schreibt: »Keiner von uns beiden hätte ihm intelligente Fragen über den Langen Marsch stellen können, über die Kommunisten, wo sie waren und wie sie vorgingen, weil wir nichts über diese Dinge wußten, nicht einmal wußten, wer Tschou war (Ich erröte über meine damalige Unkenntnis).«

Die Kehrseite von Martha Gellhorns exklusiven Einzelreisen in touristisch unberührte Weltregionen ist naturgemäß ein Mangel an Komfort. Zu den Schrecken ihrer Höllenfahrten gehören immer auch Schmutz, schlechtes Essen und noch schlechtere Unterkünfte, miserable Verkehrsverbindungen und unfähige Reisebegleiter. Übersetzer, die die Sprache nicht beherrschen, wie Mr. Ma in China. Ein schwarzer Typ namens Harold in Surinam, mit dem sie den Fluß Saramacca hinaufpaddelte (»Ich war mir sicher, er hatte die Syphilis, weiß der Himmel, warum«). Und vor allem ein gewisser Joshua, ein schlauer junger Nichtsnutz aus Nairobi, der sie eigentlich durch die ostafrikanischen Wildparks chauffieren sollte, sie aber im Handumdrehen zu seiner Chauffeuse und seinem Kindermädchen machte.

Umgekehrt zeugen Gellhorns Reisevorbereitungen selten von kluger Voraussicht. Planung scheint ihrer impulsiven und ungeduldigen Natur zu widersprechen. Für ihre Afrika-Durchquerung etwa rüstet sie sich mit Patiencekarten, einem Stapel Taschenbuch-Thriller und Tolstojs *Krieg und Frieden*; außerdem hat sie eine Wärmflasche, einen Pulli, zwei Paar Straßenschuhe und einen großen spanischen Fischerstrohhut im Gepäck; die zünftige Safari-Kleidung kundiger Afrika-Fahrer kommentiert sie mit der versnobten Herablassung einer beratungsresistenten Ahnungslosen.

Hält man sich ihre ständigen Klagen über Hitze, Dreck, Ungeziefer und Gestank vor Augen, die mitunter bedenklich rassistisch klingen (»Ich bin buchstäblich angeekelt vom Geruch der Schwarzen«), läßt sich ein Verdacht kaum abweisen: Was sich diese unerschrockene, aber zickige und unwirsche Dame eigentlich erträumt, ist ein Afrika ohne Afrikaner. Sie bekennt: »Ich hatte mich in das Land und den Himmel, die Fauna und Flora, das Wetter Ostafrikas verliebt. Diese Verehrung der Natur erstreckte sich nicht auf die Menschheit in Afrika.«

Im Grunde wünscht sie sich die Welt unberührt und naturbelassen, aber desodoriert, mit Klimaanlage, Top-Service, eisgekühlten Drinks und amerikanischem Frühstück. Insofern kann Martha Gellhorn die Zeitgebundenheit ihres spätkolonialen Blicks auf Afrika und Asien nicht verleugnen. Im britisch verwalteten Kenia atmet sie auf: »Dieses heilsame anglisierte Afrika war genau das Richtige für strapazierte Nerven.« Halb sind ihr die Widersprüche, die ihrem ewigen Ungenügen trotz aller hektischen Reisefluchten zugrunde liegen, sogar bewußt.

Wovor war Martha Gellhorn auf der Flucht? Vor der Langeweile. Wann immer bei ihr ein Gefühl von Öde, Eintönigkeit und Unruhe aufkommt, dann prescht sie einfach los und fährt weg, nach bloßem Hörensagen und Gutdünken, reist irgendwohin, ohne sich genau zu erkundigen, was sie dort vorfinden könnte. Spring, bevor du schaust. Auch fehlt ihr die Geduld, über ihre Anfälle von Reisekoller zu reflektieren. Was sie im Nachhinein bereut: »Horrorreisen sind gänzlich subjektiv. Wenn ich Zeit damit verbracht hätte, das Reisen zu analysieren, anstatt mich mit der Energie einer mexikanischen Springbohne in der Welt herumzutreiben, dann hätte ich das längst begriffen.«

Im Reisen sucht sie Erlösung von der ständig drohenden Langeweile. Doch die Langeweile reist immer mit. Insbesondere bei mißglückten Reisen. Sie schreibt: »Die größte Strapaze einer jeden Horrorreise ist die Langeweile. Meine Definition dessen, was eine Reise teilweise oder gänzlich zum Schrecken macht, ist die Langeweile. Man füge Unbehagen, Strapazen, Anspannung in großen Mengen hinzu, und man bekommt Horror reinster Qualität, aber die Hauptsache, der Kern, ist Langeweile. Ich biete das als allgemein gültigen Test für Reisen an. Langeweile ist es. Aber was langweilt wen?«

Gellhorns Antwort liegt auf der Hand: »Die Schwelle zur Langeweile muß der Schwelle zum Schmerz gleichen; sie ist bei uns allen verschieden.« Ihre eigene Schmerzgrenze war ganz unbestritten extrem niedrig. Daß sie im Grunde in genau jene Langeweile flüchtet, der sie eigentlich entfliehen wollte, macht Martha Gellhorns Reisen, bei aller Aufgekratztheit, Überdrehtheit und selbstironischen Komik, zu einem melancholischen Unterfangen. Sie wußte: Sie war die Letzte ihrer Art. Das Chaos war aufgebraucht. Was nachher kam, war nur noch Tourismus. Auch das macht *Reisen mit mir und einem Anderen* zu einem Klassiker.

Zu Anfang dieses Buches hockt die fast Siebzigjährige verbittert in einer von Unrat übersäten Badebucht auf Kreta und trauert den einst unberührten und nun zugemüllten und vom Tourismus verwüsteten Stränden nach. Alles erscheint ihr »für immer verloren, geschändet und überrannt«. Die Karibik: nur noch boomende, blühende, zerstörte Inseln (»Zuerst kamen die überwinternden Reichen, dann die Sommertouristen zum Spartarif. Eine Erfolgsstory«). Die Insel Bali: »Ein Rummelplatz für Hippies.« Ostafrika: im Banne von Foto-Safari-Touristen, überschwemmt von Minibussen, lackiert wie Zebras und »beladen mit Frauen in tief ausgeschnittenen Oberteilen und Männern in geblümten Hemden«.

In der Kulturverfallsklage findet Martha Gellhorns lebenslange Reise-Besessenheit ihr melancholisches Ende. Erst der Massentourismus hat es vermocht, ihre Unrast zu stillen. »An keinen Ort mehr hinfahren zu können, der des Hinfahrens wert war. Ich konnte genausogut mit dem Reisen aufhören. Vielleicht bin ich nur gerade so weise geworden, daß ich weiß, wann man aufgibt.«

Berlin,
November 2010,
Sigrid Löffler

Zum Buch

Martha Gellhorn war ihr Leben lang süchtig nach dem Reisen. In *Reisen mit mir und einem Anderen* erzählt sie von ihren »Fünf Höllenfahrten«, den Reisen, die – oftmals geplant als Entdeckungstouren entlang der eigenen Neugier – sich bald als schaurige Schreckensreisen erweisen.

Kaum hat sie einen Unwilligen Begleiter überredet, mit ihr nach China zu reisen, wo UB* keineswegs hinwill, entpuppt sich diese Fahrt gar als die Superschreckensreise. Doch was soll's, Marthas Credo lautet: »Egal, wie grauenhaft die letzte Reise auch war, wir geben niemals die Hoffnung auf, daß es bei der nächsten klappt!«

* Abkürzung für Unwilliger Begleiter. Hinter diesem Kürzel versteckt Martha Gellhorn ihren damaligen Ehemann Ernest Hemingway.

Zur Autorin, zu ihrem Übersetzer und zu der Verfasserin des Nachwortes

Martha Gellhorn wurde am 8. November 1908 in St. Louis geboren. Sie studierte in Bryn Mawr, ging 1930 nach Paris. 1937 folgte sie Ernest Hemingway in den Spanischen Bürgerkrieg. Bis zum Ende des Kalten Krieges war sie bei jedem wichtigen internationalen Konflikt an vorderster Front dabei, um als Kriegsreporterin darüber zu berichten. Martha Gellhorn starb auf eigenen Wunsch am 16. Februar 1998 im Alter von fast 90 Jahren in London.

Seit ein paar Jahren hat es sich der Dörlemann Verlag zur Aufgabe gemacht, *Ausgewählte Werke* Martha Gellhorns neu oder erstmals auf Deutsch vorzulegen. Bereits erschienen: Martha Gellhorn: *Paare – Ein Reigen in vier Novellen* (2007) und *Muntere Geschichten für müde Menschen* (2008). Beide Bände wurden mit einem Nachwort versehen von Hans Jürgen Balmes. Zu Martha Gellhorns hundertstem Geburtstag am 8. November 2008 erschien *Das Wetter in Afrika* und 2009 ihre *Ausgewählten Briefe* mit einem Nachwort von Sigrid Löffler. Alle vier Bände wurden von Miriam Mandelkow ins Deutsche übertragen.

Herwart Rosemann hat Martha Gellhorns *Reisen mit mir und einem Anderen* trefflich ins Deutsche übertragen.

Sigrid Löffler hat viele Jahre für das Nachrichtenmagazin *profil* gearbeitet. Sie war Mitglied des Literarischen Quartetts im ZDF und Feuilletonchefin der *Zeit*. 2000 begründete sie *Literaturen* und war bis Ende 2008 deren Herausgeberin. 1989 führte Sigrid Löffler ein langes Interview für *profil* mit Martha Gellhorn.